KB000324

조선왕실의 불교미술

조선왕실의 의례와 문화 9

조선왕실의 불교미술

초판 1쇄 인쇄 2020년 5월 22일

초판 1쇄 발행 2020년 5월 29일

지은이 김정희

펴낸이 이방원

편 집 윤원진·김명희·안효희·정우경·송원빈·최선희

디자인 손경화·박혜옥·양혜진

영 업 최성수 **기획·마케팅** 정조연 **업무지원** 김경미

펴낸곳 세창출판사

출판신고 1990년 10월 8일 제300-1990-63호

주소 03735 서울시 서대문구 경기대로 88 냉천빌딩 4층

전화 723-8660 팩스 720-4579

이메일 edit@sechangpub.co.kr 홈페이지 http://www.sechangpub.co.kr

ISBN 978-89-8411-875-1 04900

　　　978-89-8411-639-9(세트)

_ 이 도서의 국립중앙도서관 출판시도서목록(CIP)은 서지정보유통지원시스템 홈페이지(http://seoji.nl.go.kr)와
　국가자료공동목록시스템(http://www.nl.go.kr/kolisnet)에서 이용하실 수 있습니다. (CIP제어번호: CIP2020019843)

_ 이 도서는 2011년도 정부재원(교육과학기술부 학술연구지원사업비)의 지원에 의하여 연구되었음(AKS-2011-ABB-3101)

조선왕실의
의례와 문화

9

조선왕실의
불교미술

김정희

지음

세창출판사

대학원에 입학하여 불교미술을 공부하면서 늘 머릿속을 떠나지 않는 화두가 하나 있었다. 즉 '억불시대였던 조선시대의 불교미술, 그중에서도 왕실의 불교미술은 어떤 것일까'였다. 석사를 졸업하고 처음으로 쓴 논문이 조선 명종대의 왕실 관련 불화였던 것도 그래서이다. 이후 기회가 있을 때마다 왕실의 불화와 관련된 논문을 쓰면서 언젠가는 조선왕실의 불화, 더 나아가서 조선왕실의 불교미술을 정리하고자 하는 바람을 갖게 되었다. 우연인지 필연인지 모르겠지만, 지난해 한국연구재단 석학강좌의 강연을 모은 『왕실, 권력 그리고 불화―고려와 조선의 왕실불화』(2019)를 출간하였고, 이번에 『조선왕실의 불교미술』을 출간하게 되었다. 오랜 기간 동안 붙들고 있던 화두를 해결한 듯, 오래 묵은 숙제를 한 것처럼 후련하다.

이 책에서는 현존하는 왕실 발원 불교미술품에 보이는 '궁정 불교 미술 양식(宮廷 佛敎 美術 樣式)'의 성립 과정과 특징을 고찰하고, 이것이 당시 일반인들에 의해 제작된 불교미술과 어떤 차별성을 갖는가, 또 시기적으로는 어떤 특징을 보여 주는가를 살펴보았다. 아울러 각 시기별로 발원자와 후원자의 성격은 어떻게 다르고, 이것이 불교미술에 어떠한 영향을 주었는가에 주목하였으며, 왕실의 불교미술에 대한 인식은 어떠했는가를 중점적으로 고찰하였다. 조선시대 왕실의 불교미술을 고찰함에 있어 초기·중기·후기·말기 등 네 시기로 나누어 살펴보았으며, 각 장에서는 다음과 같은 내용을 다루었다.

제1장 '조선왕실과 불교, 불교미술'은 조선시대 왕실불교의 성격과 왕실

불교미술을 이끌어 간 사람에 대해 간략하게 다루었으며, 제2장 '조선 초기: 억불정책과 불교미술'에서는 개국 초 억불정책 아래서 이루어진 왕실의 불교미술을 전반적으로 다루었다. 먼저 조선 초기 불교미술의 배경이 되는 왕실 불교를 살펴보고, 조선 초기 왕실의 불교미술을 왕·대군 등 남성 후원자에 의한 불교미술과 비빈·공주 등 여성 후원자에 의한 불교미술로 나누어 살펴보았다. 왕실의 후원자를 남성과 여성으로 나눈 것은, 조선 초기에는 남성 후원자의 역할이 매우 커서 이들의 역할에 더욱 주목해야 한다고 생각하기 때문이었다. 남성 후원자들은 최고의 권력자로서 개인적인 불사를 넘어 국가의 지원과 후원에 의한 대규모의 불사를 할 수 있었으며, 이에 따라 불사 내용도 사찰의 중수와 중창에서 불교미술의 조성, 불경의 언해 및 간행, 법회 및 불교의식의 거행에 이르기까지 매우 다양했다. 더구나 그들은 당대 최고의 화가·조각가·공예가·건축가들을 동원하여 뛰어난 불교미술품을 발원·조성하였다. 그 결과, 새로운 미술 양식을 빨리 받아들일 수 있었던 궁정 미술가에 의해 조성된 초기의 불교미술품들은 새로운 양식을 수용하여 여느 시대 못지않은 뛰어나고 세련된 궁정 양식을 이루어 낼 수 있었다.

제3장 '조선 중기: 궁정 양식의 확립'에서는 조선 중기 문정왕후 및 비빈들을 중심으로 한 왕실의 불교미술을 살펴보았다. 태종·세종·성종·연산군 등에 의한 지속적인 불교 탄압의 분위기 속에서 일부 호불적인 왕과 비빈, 대군 등을 중심으로 이루어지던 왕실 불사가 조선 중기에는 문정왕후와 보우대사를 중심으로 새롭게 꽃을 피웠다. 특히 이 시대에는 왕실의 재정을 담당하던 내수사(內需司)의 후원하에 왕실의 조각가, 화원들이 불교미술 제작에 적극적으로 참여하면서 소위 '궁정 양식'의 새로운 불교미술을 창출했다. 그중에서도 1565년(명종 20) 회암사 중수 시 봉안되었던 400점의 탱화는 문정왕후를 중심으로 하는 왕실의 불사를 극명하게 보여 준다.

제4장 '조선 후기: 원당(願堂) 건립의 성행과 왕실 불사'에서는 임진왜란과 병자호란을 겪으며 많은 사찰들이 중수된 배경 속에서 조성된 왕실의 불교미술에 관해 살펴보고, 원당을 중심으로 이루어진 왕실과 불교미술 간의 관련성을 고찰하였다. 특히 이 시기에는 혼란한 정국 속에서도 왕실의 불사가 꾸준히 이루어졌는데, 특히 정조 때 창건된 용주사 등 원당을 중심으로 왕실 발원의 불교미술이 크게 꽃피었다.

제5장 '조선 말기: 서울 인근 사찰의 왕실 불사'에서는 조선 말기에 서울 인근의 사찰을 중심으로 이루어진 왕실의 불사를 다루었다. 조선 말기의 왕실 불사는 불교미술의 양적 성장뿐 아니라 질적 성장을 이루는 데 크게 기여하였다. 특히 조선 말기 왕실 불사 가운데 주목할 것은 왕비와 상궁, 종친, 고위 관료들의 불사 후원이 두드러졌으며 특히 서울 인근 사찰을 중심으로 대규모의 괘불도 조성 등의 큰 불사가 많이 행해진 점이다.

제6장과 제7장에서는 조선왕실의 불사가 어떠한 장소에서, 어떠한 재원을 바탕으로 이루어졌는가를 살펴보았다. 불사가 행해진 장소로는 궁궐 내에 설치되었던 내불당과 비구니 사찰[尼院], 그리고 서울 인근의 원당을 중심으로 고찰하였으며, 왕실 불사의 재정과 실제 업무를 담당했던 곳으로 왕실의 사재정 기관이었던 내수사와 상의원(尙衣院), 궁방(宮房)에 주목하여 고찰하였다.

제8장 '조선시대 왕실 발원 불교미술의 특징'은 이 책의 결론에 해당하는 부분으로, 조선시대 왕실에서 후원한 불교미술의 특징과 성격을 전반적으로 살펴보고, 각 시대별로 불교미술의 후원자와 제작자, 작품의 양식 등이 각각 어떠한 특징을 갖고 있는가를 살펴보았다. 이로써 조선왕조 500년 동안 억불의 주체가 되었던 왕실의 불교미술 제작 상황과 미술품의 특징이 무엇인지, 또 그것이 당시 미술에 끼친 영향은 무엇인지 등을 종합적으로 고찰하였다.

이 책은 2014-2016년 한국학중앙연구원의 연구과제인 「왕실문화총서」의 하나로 집필되었다. 연구과제가 끝난 후 바로 출간을 기획하였으나 이제야 책을 출간하게 되었다. 책 출간을 지원해 주시고 오랜 시간 기다려 주신 한국학중앙연구원 및 공동 연구자분들께 감사의 마음을 전한다. 무엇보다도 오랜 교정 기간에도 불구하고 정성스레 책을 만들어 주신 세창출판사의 편집부 여러분과 교정 및 자료 수집에 도움을 준 유경희 박사, 김아름 선생, 김지연 선생에게도 심심한 고마움을 표한다. 전공 이외의 분야까지도 다루다 보니 부족한 점이 많지만, 이 책이 '숭유억불시대이자 불교미술의 암흑기'라고 알려져 왔던 조선시대 불교미술에 대한 인식을 바꾸는 데 조금이나마 도움이 되길 바란다.

2020년 5월

김정희

차례

머리말 · 4

제1장   조선왕실과 불교, 불교미술 · 11

제2장   조선 초기: 억불정책과 불교미술

　　　1   조선 초기의 왕실 불교 · 23

　　　2   왕·대군의 불사와 불교미술 · 28

　　　3   비빈(妃嬪)의 불사와 불교미술 · 60

제3장   조선 중기: 궁정 양식의 확립

　　　1   조선 중기의 왕실 불교 · 89

　　　2   비빈의 불사와 불교미술 · 95

　　　3   왕실 주변 인물의 불사와 불교미술 · 133

제4장   조선 후기: 원당(願堂) 건립의 성행과 왕실 불사

　　　1   조선 후기의 왕실 불교 · 155

　　　2   사찰 중수 및 원당 불사의 성행 · 160

제5장   조선 말기: 서울 인근 사찰의 왕실 불사

　　　1   조선 말기의 왕실 불교 · 203

　　　2   왕·비빈의 불사와 불교미술 · 206

　　　3   종친 및 상궁의 불사와 불교미술 · 226

제6장 왕실 불사의 현장

1 내불당(內佛堂) · 247

2 비구니 사찰 · 257

   1) 정업원(淨業院) · 258

   2) 자수궁(慈壽宮)·인수궁(仁壽宮)·안일원(安逸院) · 265

3 원당 · 272

제7장 왕실 불사의 재원(財源)

1 조선왕실의 재정 · 294

2 왕실 불사의 재원 · 302

   1) 내수사 · 304

   2) 상의원 · 314

   3) 궁방 · 319

제8장 조선시대 왕실 발원 불교미술의 특징 · 327

도판목록 · 352

참고문헌 · 356

찾아보기 · 366

제 1 장

조선왕실과 불교, 불교미술

조선시대의 불교는 어떠했을까? 많은 사람들은 숭유억불의 시대였던 조선시대에 과연 불교가 어떠했을까 하는 의문을 가진다. 그 가운데서도 숭유억불정책을 강력히 추진했던 왕실의 불교에 대해서는 더더욱 그러하다.[1] 건국 초부터 성리학을 건국의 이념으로 내세우며 숭유억불정책을 단행함에 따라, 조선에서는 전 기간에 걸쳐 억불정책이 지속적으로 전개되었다. 전국의 수많은 사찰은 폐사되고 종파는 통폐합되었으며, 승려는 환속되는 등 큰 폐해를 겪었다.

그렇지만 조선 500년 동안 불교가 시종일관 억압만 당했던 것은 아니었다. 성리학을 기본으로 한 사회였기에 전반적으로 불교가 침체하기는 했지만, 때로는 왕이나 왕비에 의해 불교가 중흥하여 발전하는 등 흥망성쇠를 거듭했다. 조선 초기부터 말기에 이르기까지 호불적(好佛的)인 왕과 비빈(妃嬪)·대군·군·공주 등은 국가와 개인의 안녕 및 망자의 영가천도(靈駕薦度), 추선공양(追善供養)을 위해 사찰을 창건하고, 수륙재(水陸齋)와 천도재(薦度齋) 등 불교의식을 행하는가 하면 불경과 불상·탑·불화·범종 등을 시주, 조성하는 불사(佛事)를 꾸준하게 시행했다. 왕실 불사는 규모가 컸을 뿐 아니라, 왕실의 후원으로 제작된 불교미술은 규모나 재료 면에서 당대 최고의 미술품으

---

1 왕실은 역대 국왕의 가족, 즉 왕자군, 공주·옹주, 종친, 『선원록』에 실린 원친, 왕실과 혼인으로 맺어지는 인척 등을 말한다. 이들 가운데 왕자군, 공주·옹주, 종친 그리고 의빈 등이 1차 왕실 구성원이라고 한다면 외손과 복친의 범위를 넘어선 국왕의 원친, 왕비의 친족 등은 2차 왕실 구성원이다. 이 책에서 왕실은 주로 1차 구성원을 지칭하는 용어로 사용하였다.

로 손꼽을 정도로 뛰어났다.

왕실의 불교미술은 같은 시기 불교미술의 양식을 주도하면서 불교미술의 수준을 끌어올리는 데 크게 기여했다는 평가를 받는다. 억불시대였던 조선시대에 불교를 지탱시키고 불교미술을 발전시킨 요인은 여러 가지가 있지만, 무엇보다도 왕실을 중심으로 이루어졌던 호불적 분위기에 힘입은 바가 크다. 조선 초기에는 강력한 억불정책 아래서 몇몇 호불적인 왕과 비빈·대군·군·공주·옹주·종친 등을 중심으로 다양한 불사가 이루어졌다. 궁궐 안에서는 문소전(文昭殿) 불당이 조종(祖宗)의 원찰(願刹)로서 왕실 불교의 중심이 되었으며, 왕비와 대비·후궁 등 왕실의 여성들은 왕실의 안녕과 망자의 추선공덕을 위해 불사를 행하였다. 특히 왕과 대군의 사후에는 정업원(淨業院)과 자수궁(慈壽宮) 등 비구니 사찰[尼寺]에 머물며 그들의 명복을 빌었다.

조선 초기 왕실의 불교미술 가운데 특히 주목할 만한 것은 세조, 효령대군(孝寧大君, 1396-1486), 의빈 권씨(懿嬪 權氏, ?-?), 명빈 김씨(明嬪 金氏, ?-1479) 등에 의한 불사이다. 이들은 사찰의 중수와 중창에서부터 불상·탑·불화·범종 등 불교미술품의 조성, 불경의 언해 및 간행, 법회 및 불교의식의 거행에 이르기까지 다양하게 불사를 행하였다. 때로는 개인적으로, 또 때로는 국가 및 왕실의 든든한 후원 아래 당대 최고의 화가와 조각가·공예가·건축가를 동원하여 뛰어난 불교미술품을 발원, 시주하였다. 그 결과, 궁정 미술가에 의해 조성된 미술품들은 뛰어나고 세련된 양식을 이루어 냈다.

태종·세종·성종·연산군 등의 지속적인 불교 탄압 분위기 속에서 일부 왕실 구성원들을 중심으로 이루어지던 조선 초기의 불사는 조선 중기에 이르러 문정왕후(文定王后, 1501-1565)를 중심으로 새롭게 꽃을 피웠다. 특히 이 시기에는 왕실의 재산을 관리하는 내수사(內需司)의 후원하에 왕실 조각가와 화원이 불교미술 제작에 적극적으로 참여함에 따라, 소위 궁정 양식(宮廷樣式)으로 불리는 새로운 양식이 수립되었다. 이것은 동일한 조성 배경, 일정한 기관의 주관 아래 같은 공간[工房]에서 특정한 작가들에 의해 불교미술품이 제작되었음을 시사한다.

　조선 후기에는 임진왜란과 병자호란을 겪은 후 많은 사찰들이 중창 또는 중수되었으며, 이에 따라 불교미술이 새롭게 꽃을 피웠다. 왕실에서의 불사는 현저히 줄어들었지만 왕실의 원당 및 원찰을 중심으로 불사 후원이 이루어졌다. 왕실에서는 당쟁이나 반정 등으로 실추된 왕권의 회복과 열성조(列聖祖)에 대한 효를 다하기 위하여 원당을 설치하고, 불력(佛力)으로 죽은 사람들의 영혼을 위무하였으며 극락왕생을 기원하는 기신재(忌辰齋)·천도재·수륙재 등을 성대히 개최하였다.

　한 예로, 영조의 원당이었던 파계사는 왕실의 대대적인 후원을 받았다. 영조는 연잉군(延礽君) 시절인 1704년(숙종 30)에 파계사에 자응전(慈應殿)이라는 편액을 써 주고, 1707년(숙종 33) 대웅전 영산회상도를 시주, 조성한 것을 시작으로 1740년(영조 16) 9월 천불도(千佛圖)를 희사하고 파계사를 원당으로 삼았다. 1751년(영조 27)에는 우의정 이의현(李宜顯)을 파견하여 기영각(祈永閣)을 세우고 생전의 수복과 사후의 명복을 기원하는 축원당(祝願堂)으로 삼았다. 파계사에 대한 왕실의 후원은 이후에도 계속되어 1777년(정조 1)에는 정조가 첨향각(瞻香閣)이라는 편액을 하사하였고, 1831년(순조 31)에는 왕실에서 하사한 돈으로 미타암을 세웠다. 이후 일제강점기 무렵까지 성종·숙종·덕종·영조의 위패가 이곳에 봉안되었던 점도 파계사가 왕실의 원당으로서 중요한 역할을 지속하였음을 말해 준다. 정조가 사도세자를 위해 건립한 용주사에도 왕실과 관련된 불교미술품이 다수 남아 있어 조선 후기에 원찰을 중심으로 왕실 후원의 불교미술이 활발히 제작되었음을 확인할 수 있다.

　조선 말기에는 명성황후 시해사건(1895), 아관파천(俄館播遷, 1896), 대한제국 성립(1897), 을사조약(1905), 헤이그 밀사사건(1907) 등으로 이어진 숨 가쁜 정국 속에서 서울 인근 사찰을 중심으로 왕실 불사가 성행하였다. 19세기에 들어와 칠장사·홍천사·봉은사·망월사·불암사·홍국사·수국사·개운사·진관사·청룡사 등 서울·경기 지역 사찰을 중심으로 이루어진 왕실의 불사는 조선 말기 불교미술의 양적 성장뿐 아니라 질적 성장을 이루는 데에도 크게 기여하였다. 서울 인근에 거대한 마애불이 조성되었고, 불화에는 금박(金箔)이나 금니(金泥)와 같은 값비싼 안료를 많이 사용하거나 당시 궁중에서 애용하였던 기물들을 그대로 반영하는 등 왕실 취향의 양식을 수립하였다. 그중에서도 봉은사와 불암사, 수국사 등에서 이루어진 불교미술은 왕실의 적극적인 지원과 관료들의 동참으로 이루어진 조선 말기 최대의 불사라 할 수 있다.

아울러 이 시기 왕실 불사 가운데 특히 주목할 점은 왕비와 상궁들의 불사 후원이 두드러졌다는 사실이다. 현등사·보문사·견성암·용문사·봉은사·경국사·망월사·청룡사·불암사·전등사·청암사·직지사 등에는 명성황후(明聖皇后), 순화궁 김씨(順和宮 金氏), 순헌황귀비 엄씨(純獻皇貴妃 嚴氏) 등 왕비·후궁을 비롯하여 많은 상궁들이 시주하고 발원하여 후원한 불교미술품이 다수 전해 온다. 조선 말기 불교신자는 대부분 여성들이었고, 그중에서도 돈과 권력을 가진 왕실의 여인들은 불교와 불교미술의 든든한 후원자였다.

이상에서 보듯이, 조선시대 왕실의 불교를 이끌었던 것은 불심이 돈독한 왕과 대군·군·왕비·후궁·공주·종친 등이었다. 그렇다면 왕실 인물 가운데 불교미술의 대표적인 후원자는 누구였을까. 먼저 왕 가운데는 태조 이성계와 세조가 대표적인 숭불주(崇佛主)라 할 수 있다. 태조는 건국과 함께 유교를 국가의 통치 이념으로 채택하면서 억불정책을 시행하였지만, 개인적으로는 불교를 대단히 신봉하여 1393년(태조 2) 3월, 공양왕이 미처 완성치 못했던 개경 연복사(演福寺) 5층목탑을 완공하고, 1397년(태조 6)에는 170여 칸에 달하는 홍천사를 창건하는 등 많은 불사를 행했다. 태조에 의해 시작된 왕실의 호불적 분위기는 세종, 세조로 이어졌다. 왕실 내에 간경도감(刊經都監)을 설치하여 불경을 간행하고 언해한 것을 비롯하여, 원각사 같은 거찰(巨刹)의 창건, 불상·불화·불탑·범종 등의 조성에 이르기까지 활발한 불사가 행해졌다. 세조 이후에는 성종·연산군·중종·현종 등에 의한 억불정책이 시행되면서 왕실 불교는 침체기를 맞이하였고, 왕실에서의 불사는 현저히 줄어들었다. 그러나 임진왜란과 병자호란 등 전란을 겪고 난 후 왕이나 비빈, 대군 등의 원당을 중심으로 다시 왕실 불사가 행해졌다. 파계사를 후원했던 영조나 용주사에 후원을 아끼지 않았던 정조의 예에서 당시 왕실 불교의 모습을 볼 수 있다. 조선 말기에 이르면 고종과 순종에 의한 수국사, 진관사 불사 등 서울·경기 지역의 사찰을 중심으로 왕실 불사가 꾸준하게 이루어졌다.

왕뿐 아니라 대군과 군, 종친 가운데에도 불교를 신봉하고 불사를 후원했던 인물들이 눈에 띈다. 대표적인 인물로는 양녕대군(讓寧大君)과 효령대군·안평대군(安平大君)·임영대군(臨瀛大君)·영응대군(永膺大君)·월산대군(月山大君)·제안대군(齊安大君) 등을 들 수 있다. 양녕대군은 동생인 효령대군과 함께 월정사 중창 불사에 관여하였으며, 효령대군은 사찰 중수와 중창을 비롯하여 설재(設齋), 법회 개최, 경전의 언해와 간행, 불상·탑·불화·범종 등 불교미술의 발원 시주에 이르기까지 무려 40여 건의 불사를 행했을 정도로 불심이 돈독했다. 세종의 아들인 임영대군과 영응대군, 성종의 친형이자 세조의 손자인 월산대군과 예종의 아들 제안대군 등도 왕이나 왕비 등의 극락왕생을 기원하며 불화를 시주하고 경전을 간행하였다. 종친 중에는 상원사 목조문수동자좌상을 시주한 세조의 사위 정현조(鄭顯祖), 외할아버지 권찬(權纘)의 명복을 빌며 사불회도(四佛會圖, 1562)를 조성한 풍산정(豊山正) 이종린(李宗麟), 홍천사 괘불도(1832)를 시주한 순조비 순원왕후(純元王后)의 아버지 영안부원군(永安府院君) 김조순(金祖淳)과 정조의 사위 홍현주(洪顯周), 순조의 사위 김현근(金賢根), 김병주(金炳疇) 등이 불사를 행하였다.

　왕비와 후궁, 공주 등 왕실 여성들도 불교의 든든한 후원자였다. 조선 초기에는 태조비 신덕왕후(神德王后)를 비롯하여 태종비 원경왕후(元敬王后), 세종비 소헌왕후(昭憲王后), 세조비 정희왕후(貞熹王后), 성종의 모후 인수대비(仁粹大妃), 성종의 계비 정현왕후(貞顯王后) 등 왕비를 비롯하여 태종의 후궁 명빈 김씨와 의빈 권씨, 성종의 후궁 숙용 홍씨(淑容 洪氏)·숙용 정씨(淑容 鄭氏)·숙원 김씨(淑媛 金氏), 세조의 딸 의숙공주(懿淑公主), 세종의 며느리 영응대군부인 송씨(永膺大君夫人 宋氏) 등 많은 왕실 여성들이 불교를 믿고 불사를 행하였다. 특히 정희왕후는 불경 간행뿐 아니라 정인사·오대산 상원사·신륵사·봉선사 등 사찰의 중수에 많은 힘을 쏟았다. 인수대비는 남편과 아들의 복락(福樂)을 위해 간경도감을 통한 불경 간행에 적극적이었으며, 1471년(성종 2) 간경도감이 폐쇄되자 직접 흩어진 불경 목판을 수집해 무려 총 29편 2805권에 달하는 불경을 간행할 정도로 불심이 깊었다.

　조선 중기에 들어서는 중종의 계비 문정왕후를 비롯하여 인종비 인성왕후(仁聖王后), 명종비 인순왕후(仁順王后), 순회세자(順懷世子, 명종의 아들)의 비 덕빈(德嬪, 恭懷嬪), 선조의 계비 인목왕후(仁穆王后), 선조의 후궁 숙원 윤씨(淑媛 尹氏) 등이 다양한 불사를 행했다. 그중 문정왕후는 1545년(인종 1) 아들 명종이 왕위에 오른 뒤 1565년(명종 20) 사망할 때까지 불교 중흥을 위해 애썼다. 중종에 의해 폐지되었던 선교(禪敎) 양종을 복위하고 도첩제(度牒制)를 실시하는 한편 승과제도(僧科制度)를 부활하는 등 조선 중기 불교 중흥에 괄목할 만한 업적을 남겼으며, 회암사 중수를 기념하며 불화 400점을 공양한 것을 비롯하여 불교미술의 후원 및 불사에도 남다른 역할을 하였다.

　조선 후기와 말기에도 왕실 여성들의 불사는 꾸준히 이어졌다. 영조의 어머니 숙빈 최씨(淑嬪 崔氏), 영조비 정성왕후(貞聖王后), 사도세자의 어머니 영빈 이씨(暎嬪 李氏), 정조의 후궁 화빈 윤씨(和嬪 尹氏), 순조의 어머니 수빈 박씨(綏

嬪 朴氏), 순조의 후궁 순화궁 김씨, 고종비 명성황후, 영친왕의 어머니 순헌황귀비 엄씨, 순종비 순정효황후(純貞孝皇后) 등이 사찰을 중수하고 불상과 불화를 시주하였다. 왕실 여성들은 주로 왕실의 안녕과 선왕의 극락왕생 또는 태자의 탄생을 기원하며 불상과 불화를 시주하고 불경을 간행하였다. 이들은 남성 중심 사회에서 여성이라는 지위 때문에 왕과 대군 등 남성보다는 소극적이며 개인 중심의 불사를 행할 수밖에 없는 한계를 지녔지만, 오히려 남성보다 독실한 신앙으로, 때로는 밖으로 드러나지 않으면서 많은 불사를 행할 수 있었다.

이처럼 억불시대라고 알려진 조선시대에는 왕실을 중심으로 많은 불사가 이루어졌다. 그러나 그동안 조선왕실의 불교미술에 대한 연구는 매우 단편적이었다. 최근 조선왕실의 불교미술에 대해 관심이 일어나 불화와 조각 분야 등에서 괄목할 만한 논문들이 발표되고 있다. 하지만 특정 시대와 특정 계층 및 특정 인물, 예를 들어 명빈 김씨 등 비빈과 효령대군 등 대군을 중심으로 한 조선 초기, 문정왕후·인성왕후·인순왕후 등 왕비를 중심으로 한 조선 중기 등에 관한 연구가 주를 이루고 있어 조선시대 전반을 아우르는 연구는 전무하다고 해도 과언이 아니다. 이 책에서는 기존의 연구 성과를 바탕으로 하여 조선시대에 왕실을 중심으로 이루어진 불교미술의 실체를 파악하는 데 중점을 두되, 그것이 가능할 수 있었던 시대적 배경과 각 시대별 불교미술의 양식적 특징을 살펴봄으로써 조선시대 불교미술사 속에서 왕실 불교미술의 위상을 살펴볼 것이다.

조선 초기:
억불정책과 불교미술

1 조선 초기의 왕실 불교

1391년(공양왕 3) 전지(田地) 시납을 금지하고, 사사노비(寺社奴婢)의 매매·시납을 금지하는 등 이미 고려 말부터 불교에 대한 억압정책이 시작되었다.[1] 이를 이어 태조는 건국과 함께 정치적으로 불교의 폐단을 없애고 유교정책을 채택하면서 본격적인 숭유억불정책을 시행하였다. 그는 먼저 도선(道詵)의 밀기(密記)에 의해 지정된 절과 승려 100인 이상이 상주하는 절 외에는 사찰의 토지를 몰수하였고, 아무나 승려가 되지 못하도록 도첩제(度牒制)를 강화하였다.[2] 그러나 개인적으로는 불교를 신봉하여, 1393년(태조 2) 3월에는 개성 연복사 5층목탑을 중창하고 문수회(文殊會)를 개설하였다. 1397년(태조 6)에는 신덕왕후 강씨의 추복을 위하여 170여 칸의 흥천사를 창건하여 조계종(曹溪宗)의 본사로 삼고, 진관사에 59칸의 수륙사(水陸社)를 조성하였다.[3] 또 각종 소재법석(消災法席)과 도량을 열고, 선조(先祖)를 위한 기신재(忌晨齋) 및 반승(飯僧), 수륙재의 설행, 대장경 인성(印成) 등 다양한 불사를 행하였다.[4]

태종대에 들어서면서 본격적인 숭유억불정책이 시행되었다. 선종은 합하여 조계종, 오교(五敎)는 합하여 화엄종(華嚴宗)으로 삼는 등 종파를 11종에서 7종으로 축소하는가 하면[5] 경외(京外) 70개 사찰을 양종에 분속시키고, 사사

---

1 이봉춘, 「高麗後期 佛敎界와 排佛論議의 顚末」, 『불교학보』 27(동국대학교 불교문화연구원, 1990), 232-233쪽.
2 이봉춘, 「朝鮮 開國初의 排佛推進과 그 實際」, 『한국불교학』 15(한국불교학회, 1990), 79-120쪽.
3 權近, 『陽村集』 卷12 「貞陵願堂曹溪宗本社興天寺造成記」.
4 이봉춘, 「朝鮮前期 崇佛主와 興佛事業」, 『불교학보』 38(동국대학교 불교문화연구원, 2001), 48-49쪽.
5 『太宗實錄』, 太宗 6年 3月 27日條. 종파의 축소는 태종 6년 3월에서 7년 12월 사이에 단행되었는데, 曹溪宗·摠持宗·南山宗·天台疏字宗·天台法事宗·華嚴宗·道文宗·慈恩宗·中道宗·神印宗·始興宗 등

전(寺社田)을 혁거하여 군자감(軍資監)에 속하게 하였다.[6] 사찰은 242개만 사격을 인정하고 나머지는 그 노비와 토지를 몰수하였는데, 태종 때 몰수된 사사노비는 8만여 구였고 사사전도 5-6만 결이 몰수되어 전국에 1만 1000결만 남는 등 불교는 재기할 수 없는 상태에 빠졌다. 또한 태종은 왕사였던 무학(無學) 자초(自超)가 입적한 후 왕사, 국사를 책봉하지 않음으로써 왕사제(王師制)와 국사제(國師制)를 폐지하였으며, 도첩제의 엄격한 시행, 사찰 창건·불상 조성·법회 개최의 금지, 능사제(陵寺制)의 폐지 등 강력한 억불정책을 시행하였다.

이러한 태종조의 불교정책을 계승한 세종 또한 선교 양종으로 종파를 통합하고 불교 전반에 걸쳐 정비를 시행하였다.[7] 1418년(세종 1) 11월에는 승도들의 음란사(淫亂事)가 드러남에 따라 이를 계기로 태종조에 잔류되었던 사사노비마저 전원 혁거·속공시켜 버렸다. 1424년(세종 6)에는 불교의 7종파를 선종과 교종의 양종으로 정리하고, 사찰도 36본산만 사격을 인정하고 본산에는 7950결의 토지만을 보유하게 하였으며, 사사전과 사찰에 주석하는 승려의 수를 대폭적으로 개편하였다. 그러나 세종은 만년에 이르러 숭불 군주로서 많은 흥불사업을 행하였다. 먼저 태조가 창건한 왕실의 원당인 흥천사(興天寺)와 흥덕사(興德寺)를 중수하고 이를 기념하는 경찬회(慶讚會)를 개최하였으며, 1446년(세종 28) 3월 소헌왕후가 승하한 후 5월과 10월 두 차례에 걸쳐 전경법석(轉經法席)을 베풀었는데, 각 7일에 걸친 법석은 대군과 종

11개 종파를 총지종과 남산종은 총남종, 화엄종과 도문종은 화엄종, 중도종과 신인종은 중신종으로 통폐합하였다.

6   김영태, 「朝鮮 太宗朝의 佛事와 斥佛」, 『동양학』 18(단국대학교 동양학연구소, 1988), 149쪽.

7   세종의 불교정책에 대해서는 차문섭, 「朝鮮 成宗朝의 王室佛敎와 役僧是非」, 『(이홍직박사 회갑기념)韓國史學論叢』(신구문화사, 1969); 이봉춘, 「朝鮮 世宗朝의 排佛政策과 그 變化」, 『韓國佛敎文化思想史』 上(伽山佛敎文化研究院, 1992); 이정주, 「朝鮮 太宗·世宗代의 抑佛政策과 寺院建立」, 『한국사학보』 6(고려사학회, 1999); 사문경, 「세종대 禪敎兩宗都會所의 설치와 운영의 성격」, 『조선시대사학보』 17(조선시대사학회, 2001); 김용곤, 「世宗, 世祖의 崇佛政策의 目的과 意味」, 『朝鮮의 政治와 社會』(집문당, 2002) 등 참조.

친, 3000여 명의 승려가 모일 정도로 대규모로 거행되었다. 또 세종은 왕후를 위한 추천불사(追薦佛事)의 하나로 수양대군으로 하여금 훈민정음으로『석보상절(釋譜詳節)』을 짓게 하고 여기에 세종 자신이 찬송을 지어『월인천강지곡(月印千江之曲)』을 완성하였다. 또 1448년(세종 30)에는 1433년(세종 15)에 자신이 폐지한 궁궐 안의 내불당을 재건하고 경찬회를 베푸는 등 불교를 독신하였다.

조선의 왕 가운데 불교를 가장 신봉했던 세조는 유교정치의 기틀을 재정비하여 제반 제도를 정립해 나간 반면, 스스로 '호불(好佛)의 주(主)'라고 할 정도로 불교를 크게 옹호하였다. 그는 일찍이 개국 이래 천대받고 침탈당하던 승려와 사원을 보호하는 각종 조치를 취하는 한편 도첩제의 조건을 완화하여 양반과 공인은 물론 천민도 승려가 될 수 있도록 보장하였다. 이와 함께 사원의 중수 및 창건에 힘썼는데, 1457년(세조 3)에는 1448년(세종 30)에 폐지된 정업원(淨業院)을 다시 개설하고 이듬해에는 사망한 세자를 위하여 정인사(正因寺)를 중창하였으며, 1463년(세조 9)에는 장의사(莊義寺)에 수륙사를 세우고 1465년(세조 11) 흥복사 터에 원각사를 다시 세웠다.[8] 특히 그해 5월에 착공하여 다음 해 4월에 준공한 원각사는 세조대 최대의 불사라고 할 만큼 규모가 컸다. 이 밖에도 세조는 해인사와 상원사, 월정사, 청암사, 회암사, 도갑사, 신륵사, 쌍봉사 등의 중수와 보수를 지원하고, 수많은 사찰을 찾아 공양하는 등 많은 불사를 행하였다.

세조의 흥불사업 가운데 또 하나 주목할 만한 것은 바로 경전의 간행과 불경의 언해사업이다. 1457년(세조 3)에 왕세자가 죽자 명복을 빌며『금강반야경(金剛般若經)』을 수서(手書)하였고, 명을 내려『능엄경(楞嚴經)』·『법화경(法華經)』 등을 대조하며 교정하게 하였으며, 홍준(弘濬)·신미(信眉) 등으로 하여금

---

8   이병희, 「조선전기 원각사의 조영과 운영」, 『문화사학』 34(한국문화사학회, 2010), 111-145쪽.

기화(己和)의 『금강경설의(金剛經說誼)』를 교정하고 『오가해(五家解)』에 넣어 한 책으로 만들도록 하였다. 또, 『영가집(永嘉集)』의 여러 본의 같음과 다름을 확인하여 교정하고 『증도가(證道歌)』의 언기주(彥琪註)·굉덕주(宏德註)·조정주(祖庭註) 등을 모아 한 책으로 간행하였으며, 『법화능엄번역명의집(法華楞嚴翻譯名義集)』 등을 간행하였다. 그 밖에도 많은 경전을 금서(金書) 또는 묵서(墨書)하게 하였으며, 이 모든 경전에 왕은 친히 발어(跋語)를 짓기도 하였다. 1458년 (세조 4)에는 신미·수미(守眉)·학열(學悅) 등에게 해인사 대장경 50부를 인출하여 각 도의 명산대찰에 나누어 봉안하게 하였고, 이듬해에는 『석보상절』과 『월인천강지곡』을 합본하여 『월인석보(月印釋譜)』를 출간하였다. 1461년(세조 7) 6월에는 간경도감을 설치하고 대장경 등 불경 간행과 역경사업을 대대적으로 벌였는데, 간경도감에서는 한문본 불서를 간행하는 한편 불경을 한글로 언해하는 일에 중점을 두어, 1471년(성종 2) 간경도감이 혁파될 때까지 이곳에서 간행한 언해본은 모두 11종에 달하였다.[9]

이러한 세조의 흥불정책은 세조 사후 어린 성종을 대신하여 섭정하였던 세조비 정희왕후를 중심으로 한 왕실과 유신세력이 대립과 갈등을 보이면서 철폐되었다. 1469년(성종 1)에는 내불당이 궁 밖으로 옮겨졌으며 1471년 (성종 2)에는 성 안의 염불소(念佛所)를 없애고 간경도감을 혁파하였다. 이어 1473년(성종 4) 7월에는 비구니승 및 사족 부녀들이 불공을 목적으로 절에 묵는 일(上寺)을 금지하였으며, 1475년(성종 6)에는 대대적인 억불정책을 시행하여 성 내외의 비구니 사찰 23개소를 철거하였다. 성종이 친정을 시작한 1476년(성종 7) 이후에도 배불정책은 계속되어 이듬해 3월에는 일체의 사찰 창건을 금지하고 12월에는 태조 이래 전통적으로 사찰에서 시행해 온 왕의

9 권연웅, 「世祖代의 佛教政策」, 『진단학보』 75(진단학회, 1993), 197-218쪽; 이봉춘, 「朝鮮前期 崇佛主義와 興佛事業」, 52-54쪽. 당시 간경도감에서는 많은 佛典을 훈민정음으로 번역하여 간행하였다. 1462년에는 『능엄경언해』를, 1463년에는 『법화경』을, 그리고 이어서 『금강경』·『반야심경』·『원각경』·『영가집』 등을 국역, 간행하였다.

탄일축수재(誕日祝壽齋)를 없앴으며 그다음 해에는 도성 내의 연등(燃燈)을 금지시켰다. 이어 1484년(성종 15) 승려의 관부 출입을 금지하고 1487년(성종 18)에는 승려의 도성 출입을 금지하는 등 보다 강력한 억불정책을 시행하였다. 그러나 이런 상황에서도 사찰의 영건·제반 불사의 설행은 계속되어 1476년(성종 7) 대왕대비의 용문사(龍門寺) 중수를 비롯하여 1484년(성종 15) 귀빈 권씨의 안암사(安巖寺) 중건, 1488년(성종 19) 화재로 소실된 원각사 복구와 해인사 대장경판당(大藏經板堂)의 보수 등 많은 사찰의 개창과 중창 사례를 볼 수 있다. 또 당시 총 8300결이나 되는 사사전 43개소에 대한 혁파론이 일찍부터 대두하였음에도 불구하고 성종은 끝내 사사전을 혁파하지 않았다. 세조대 흥불정책의 철폐로부터 시작된 성종의 불교정책은 도승법(度僧法)의 정지에까지 이르렀다.[10]

연산군대에 이르러 폐불정책은 극에 달하였다. 그는 선종의 도회소(都會所)인 흥천사와 교종의 도회소인 흥덕사 및 대원각사를 모두 폐하여 관아로 삼았고, 삼각산의 모든 절에서 승려를 쫓아내어 폐사로 만들었으며, 성내의 비구니 사찰을 없앤 뒤 비구니들을 궁방의 노비로 만들었다. 또 승려를 환속시켜 관노로 삼거나 혼인시켰으며, 사찰의 토지는 모두 관부(官府)로 몰수하였다. 이러한 연산군의 폭정으로 인하여 불교는 더욱 박해를 받게 되었으며, 결국 승과마저도 실시할 수 없게 되었다.[11]

10　이봉춘, 「朝鮮 成宗朝의 儒敎政治와 排佛政策」, 『불교학보』 28(동국대학교 불교문화연구원, 1991), 259-290쪽.
11　양혜원, 「15세기 僧科 연구」, 『한국사상사학』 62(한국사상사학회, 2019), 59-88쪽.

2 왕·대군의 불사와 불교미술

조선 초기 왕실의 불사 후원은 대부분 왕비와 빈 등 왕실 여성들의 호불적 분위기 또는 왕과 대군, 군의 승하 후 정업원과 자수궁에 머물던 후궁과 왕실 여성들의 불심에 의한 것으로 알려져 있지만, 왕실의 여성뿐 아니라 대군과 군, 종친 등이 중심이 된 불사 역시 활발하게 이루어졌다.[12] 여성 후원자들은 대부분 권력에서 멀리 떨어져 정치적으로 소외되어 있었으며 선왕의 명복을 빌고 대군, 공주 등의 안녕과 명복을 기원하며 불교에 귀의하였기 때문에, 이들이 후원할 수 있었던 분야는 불상과 불화의 조성, 불전의 간행과 같은 소규모 불사에 한정되었다. 이에 비하여 권력의 중심부에 있었던 왕과 대군, 군, 종친 등 남성 후원자들은 왕실에서 행하는 대규모 불사에 적극적으로 참여하면서 조선 초기 불교미술의 새로운 양식인 궁정 양식을 형성하는 데 큰 역할을 하였다. 왕실 남성들의 불사는 최고 권력자인 왕을 비롯하여 정권에서 소외되고 왕권 계승에서 탈락한 대군, 군, 종친들이 주도하

---

12 조선 초기 왕실의 불사에 관한 논의로는 박은경, 「朝鮮前期 線描佛畵—純金畵」, 『미술사학연구』 206(한국미술사학회, 1995), 5-27쪽; 「朝鮮前期의 기념비적인 四方四佛畵—일본 寶壽院 소장 〈藥師三尊圖〉를 중심으로」, 『미술사논단』 7(한국미술연구소, 1998), 111-139쪽; 정우택, 「朝鮮王朝時代 前期 宮廷畵風 佛畵의 研究」, 『미술사학』 13(한국미술사교육학회, 1999), 129-166쪽; 김정희, 「文定王后의 中興佛事와 16世紀의 王室發願 佛畵」, 『미술사학연구』 231(한국미술사학회, 2001), 5-39쪽; 「1465年作 觀經16觀變相圖와 朝鮮初期 王室의 佛事」, 『강좌 미술사』 19(한국불교미술사학회, 2002), 59-95쪽; 박도화, 「15세기 후반기 王室發願 版畵—貞憙王后大妃 發願本을 중심으로」, 『강좌 미술사』 19(한국불교미술사학회, 2002), 155-183쪽; 강희정, 「조선전기 불교와 여성의 역할—불교미술의 조성기를 중심으로」, 『아시아여성연구』 41(숙명여자대학교 아시아여성연구소, 2002), 269-297쪽; 김정희, 「孝寧大君과 朝鮮初期 佛敎美術—後援者를 통해 본 朝鮮初期 王室의 佛事」, 『미술사논단』 25(한국미술연구소, 2007), 107-150쪽; 박아연, 「1493년 水鍾寺 석탑 봉안 왕실발원 불상군 연구」, 『미술사학연구』 269(한국미술사학회, 2011), 5-37쪽; 김자현, 「15세기 왕실발원 변상판화와 새로운 도상의 유입」, 『동악미술사학』 17(동악미술사학회, 2015), 7-43쪽 등이 있다.

였으며, 이들은 국가와 왕실의 적극적인 후원 혹은 개인적인 불심으로 사찰의 중수와 중창에서 불상·불화·탑파·범종 등 불교미술의 조성, 불경의 언해 및 간행, 법회 및 불교의식의 거행에 이르기까지 다양한 불사를 행하였다. 남성 후원자들은 대부분 조정에서 상당한 지위를 차지하고 영향력을 행사하던 인물이었기 때문에 이들의 불사는 조선 초기 불교미술의 양식에 큰 영향을 미쳤다.

조선 초기 왕과 대군의 불사 가운데 가장 이른 시기의 예는 태조에 의한 개성 연복사 5층목탑의 중창 불사를 들 수 있다.[13] 이 탑은 현재 남아 있지 않지만, 연복사 목탑의 중창 불사는 태조가 조선을 개국하고 가장 먼저 시행했던 불사라는 점에서 태조의 불교 및 불사에 대한 태도를 살펴볼 수 있으며, 고려시대의 불교미술이 조선 초기에 어떻게 계승되었는가를 보여 주는 사례로서 주목된다.

연복사는 원래는 광통보제사(廣通普濟寺)로 불렸는데,[14] 창건시기는 정확하지 않으나 1037년(고려 정종 3) 왕이 행차한 기록이 있어 그 이전에 건립된 것으로 추정되며,[15] 1563년(명종 18) 화재로 완전히 소실되었다. 연복사에는 1346년(충목왕 2)에 원나라 장인이 주조한 범종이 남아 있었는데, 현재 그 종은 개성 남대문 누각에 걸려 있다. 권근(權近)이 지은 「연복사탑중창기(演福寺塔重創記)」(1394)[16]에 의하면 연복사는 도성 안의 시가지에 있던 1000여 칸이 넘는 대찰로서 서쪽에는 풍수설에 따라 세워진 탑이 있었는데, 언젠가 무너진 것을 1391년(공양왕 3)에 정면 6칸, 측면 6칸의 5층탑으로 세웠다고 한다. 하지만 여러 신하들의 반대 의견이 있어 완전히 낙성시키지 못하고 태조가 즉

---

13 연복사 탑의 중영 과정에 대해서는 황인규, 「麗末鮮初 演福寺 塔의 中營과 落成」, 『동국역사교육』 7·8(동국대학교 역사교육과, 1999), 151-177쪽 참조.
14 『新增東國輿地勝覽』 卷4「開城府」上.
15 『高麗史』, 靖宗 3年 9月 丙寅條.
16 『東文選』 78「演福寺塔重創記」.

위한 후 1392년(태조 1) 12월에 탑을 완공하고 이듬해 봄에 단청을 하였으며, 위에는 사리를 모시고 중간에는 대장경 만축(萬軸), 아래에는 비로초상(毗盧肖像)을 봉안하였다고 한다. 이 기록에서 확인할 수 있는 사실은 연복사 탑은 전각의 서쪽에 위치하고 있었고 정면 6칸, 측면 6칸의 5층탑이었으며, 탑 안에는 비로자나를 비롯하여 사리와 대장경 등이 봉안되어 있었다는 점이다.

먼저 전각의 서쪽에 탑이 위치하고 있었던 사실은 불상을 모신 불전과 사리를 모신 탑이 동서로 나란히 위치해 있었음을 나타낸다. 삼국시대 이래 전각과 탑은 남북 선상에 위치하는 것이 일반적임을 볼 때 연복사에서와 같이 전각과 탑을 동서로 나란히 배치하는 방식은 전형적인 가람배치와는 다르다. 그러나 통일신라 때 경주 고선사[17]와 분황사[18]에서도 동서로 나란히 불전과 탑을 배치했던 예를 볼 수 있으며, 고려시대의 남원 만복사지에서도 같은 배치가 확인되고 있어, 연복사의 이와 같은 배치는 드물긴 하지만 전통적 가람배치를 따랐음을 알 수 있다.

다음으로 탑의 규모가 정면 6칸, 측면 6칸의 5층탑이었다는 기록은 연복사 5층목탑이 목조건물 형식의 목탑이었음을 말해 준다. 1123년(고려 인종 1) 고려를 방문한 송나라 사신 서긍(徐兢, 1091-1153)이 "연복사(광통보제사)의 정전인 나한보전(羅漢寶殿)은 왕실의 건물을 능가하는 규모이며 정전 서쪽에 5층탑이 있는데 높이가 200척이 넘는다"[19]라고 기록한 사실은 연복사의 규모가 왕궁에 버금갈 만하였으며 탑은 높이가 200척, 즉 60m 정도에 달하는 거대한 5층목탑이었음을 알려 준다. 신라 때 건립된 9층의 황룡사 목탑이 당시 사용하던 동위척(東魏尺)으로 계산해서 225척, 즉 79m 정도의 높이였던 것을

---

17 경주 고선사지는 전각과 탑을 봉안한 구역이 각각 회랑으로 격리되어 동서로 나란히 배치되어 있다.
18 『三國遺事』 3 「塔像」 4, 芬皇寺千手大悲盲兒得眼條에 "左殿比壁畵千手大悲前"이라는 기록으로 볼 때 분황사에는 전각과 탑이 횡렬식으로 배치되었던 것을 알 수 있다. 『분황사의 재조명』(동국대학교 신라문화연구소, 1999), 『분황사 발굴조사보고서』 I·II(국립경주문화재연구소, 2005·2015) 참조.
19 『高麗圖經』 17 「祠宇」, 廣通普濟寺條.

제2장 조선 초기: 억불정책과 불교미술

보더라도[20] 연복사 5층목탑은 당대 최고의 목탑이었을 것이다. 조선 초기 문신이자 문인이었던 유호인(俞好仁, 1445-1494)은 『명산답사기(名山踏査記)』에서 연복사 5층목탑을 보고 "삼천교를 지나 곧바로 가서 연복사에 이르렀다. 한 중앙에 우뚝 선 5층 누각이 온 성중을 압도하고 있는데 창문과 기왓장에 저녁놀이 비친다. 참으로 웅장한 건물이다"라고 묘사하였다. 탑을 누각이라 표현하고 "창문과 기왓장에 저녁놀이 비친다"라고 표현한 것에서 탑의 사방은 목조건물처럼 문을 달아 장식했으리라 짐작된다.

연복사 5층목탑은 과연 어떤 모습이었을까. 이 탑은 고려 말에 착공되어 조선 초에 완성되었으므로 고려시대 목탑의 형식을 갖추었을 것이다. 영암 사자사지와 남원 만복사지, 개풍 흥룡사지 등 열두 군데 정도에서 고려시대의 목탑지가 확인되지만 현재까지 목탑이 남아 있는 곳은 하나도 없어 그 형식을 알 수 없다.

다행스럽게도 현존하는 고려시대의 금속제 탑에서 당시 목탑의 흔적을 찾을 수 있다. 금속제 탑은 현재 몇 점이 남아 있는데, 삼성미술관 리움 소장 금동대탑(도 1)은 현존하는 금속제 탑 가운데 가장 큰 것으로, 충남 논산 개태사 북쪽의 500m 되는 곳에서 출토되었다고 전한다.[21] 원래는 7층이었다고 생각되지만 현재 남아 있는 5층만도 1.55m나 되는 큰 규모이다. 10-11세기에 제작된 것으로 추정되는 이 금동대탑은 목조건축을 모방하여 청동으로 각 부분을 따로 주조한 후 조립하였다. 정면의 계단을 오르면 문을 열고 전

---

20 「皇龍寺利柱本記」(872)에는 황룡사 9층탑의 높이에 대해 "鐵盤已上高七步已下三十步三尺"라 기록하고 있어 1보를 6척으로 환산하면 9층탑의 높이는 약 225척으로 추정된다. 황수영, 「新羅 皇龍寺 利柱本記와 그 舍利具」, 『동양학』 3(단국대학교 동양학연구소, 1973), 269-328쪽; 「新羅 皇龍寺九層木塔 利柱本記와 舍利具」, 『皇龍寺遺蹟發掘調査報告書』 1(문화재관리국, 1984), 332-370쪽; 한정호, 「〈皇龍寺利柱本記〉와 불사리장엄구 연구」, 『미술자료』 77(국립중앙박물관, 2008), 15-40쪽.

21 이 탑에 대해서는 Kim Seung-hee, "Gilt-bronze pagoda, National Treasure No.213—Man's Dream of Divine Existence," Koreana Vol.17, No.1(The Korea Foundation, 2003), 84-85쪽과 김윤정, 「고려시대 금속제 소형탑의 조성배경과 유행」, 『미술사연구』 25(미술사연구회, 2011), 209-240쪽 참조.

각 안으로 들어가는 목조건물 형태이며, 2-5층의 탑신에는 각 면마다 평주
(平柱) 사이에 2층에는 4구씩, 3층과 4층에는 3구씩, 5층에는 2구씩의 불좌상
을 조각하였다. 옥개석은 밑면에 받침 1단이 있고, 처마 끝에 서까래를 2단
으로 배치한 겹처마를 나타내었으며, 기왓골이 잘 표현되어 있다. 합각(合角)
의 추녀마루에는 보주와 용두(龍頭) 등을 조각해서 올려놓았고, 끝에는 풍탁
을 달았으나 현재는 몇 개만 남아 있다. 상륜부는 노반·복발·앙화·보주로
장식하였다. 1.55m의 금속제 탑과 60여 m에 달했던 연복사 5층목탑을 직
접 비교하기는 어렵지만, 금속제 탑이 고려시대 목조건축의 양식을 충실하
게 반영하고 있다는 점에서 연복사 5층목탑의 전체적인 모습을 추정해 볼
수 있다. 또한 탑 안에는 비로초상과 대장경을 함께 봉안하였다고 했는데,
이것은 고려 말-조선 초 목탑 내부의 봉안방식을 보여 준다는 점에서 주목
된다. 연복사 탑이 언제 파괴되었는지는 알 수 없다. 조선 중기까지 연복사
는 그대로 존속되었던 것으로 추정되는데, 왕륜사·광명사·개국사 등과 함

께 절은 남아 있었지만 황폐해졌다는 기록으로 보아[22] 당시 탑은 이미 무너져 없었던 것으로 보인다.

연복사 5층목탑은 비록 공양왕대에 중창되었지만 태조가 개국 후 바로 탑을 완공한 사실을 볼 때 그가 이 탑을 얼마나 중요하게 생각했는지를 알 수 있다. 공양왕 때 성균관대사성(成均館大司成), 세자좌보덕(世子左輔德)을 지낸 김자수(金子粹)가 천변이 자주 일어나는 것은 숭불로 인한 것이니 연복사 탑의 중수 공사를 중지하라는 상소를 올린 것을 보면[23] 당시 연복사 탑의 중창이 호불을 상징하는 정치·사회적 문제였던 것 같다. 그럼에도 불구하고, 태조는 즉위 후 1393년(태조 2)에 이 탑을 중창하였고, 탑이 완성된 후 새로 만든 탑을 구경하러 연복사에 행차했을 뿐 아니라[24] 준공을 기념하는 문수법회를 베풀고 친히 거동하여 자초(自超)의 선법(禪法) 강설(講說)을 들었다.[25] 여기서 태조의 불교에 대한 태도가 잘 드러난다. 즉 태조는 개국과 함께 불교억압정책을 시행하기는 했지만 그것은 어디까지나 불교의 폐단을 없애고 유교정책을 채택하기 위한 정치적인 결단이었으며, 개인적인 불심과는 관련이 없었음을 보여 준다. 불교 가문에서 성장한 태조는 보우, 혜근과 같은 고려 말 고승들의 문도로 이름을 보이고, 왕위에 오르기 전 금강산 비로봉에 사리장엄구를 발원, 봉안했을 정도로 불사에 적극적이었으며,[26] 왕위에서 물러난 후에는 염불삼매(念佛三昧)로 만년을 보내는 등 매우 독실한 불교신자였다.[27]

---

22 『明宗實錄』, 明宗 6年 2月 4日條.

23 『高麗史節要』, 恭讓王 2年 5月條.

24 『太祖實錄』, 太祖 2年 1月 5日條.

25 『太祖實錄』, 太祖 2年 3月 28日條. 태조는 그 이듬해(1394년) 2월 11일과 14일, 17일에도 연복사에 거동하여 문수법회를 구경하였다.

26 이성계 발원 사리기에 대해서는 주경미, 「李成桂 發願 佛舍利莊嚴具의 硏究」, 『미술사학연구』 257(한국미술사학회, 2008), 31-65쪽 참조.

27 김영태, 『韓國佛敎史』(경서원, 1997), 242-245쪽. 태조는 연복사에 5층목탑을 세운 경험을 바탕으로 5년 뒤인 1398년에 흥천사에 목탑사리전을 세웠다. 사리전은 태조가 1397년에 계비인 선덕왕후 강씨의 명복을 빌기 위해 흥천사를 세우고 그다음 해에 조영을 시작하여 정종 1년(1399)에 완공되었다. 이 사리전은 8각다층의 목탑으로, 그 안에 사리를 안치한 석탑을 봉안한 특이한 구조였다고 한다(강

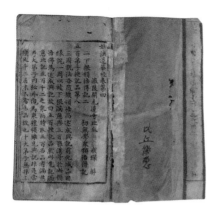

도2 『법화경』, 1422년, 목판본, 대자암간, 서울 은평구 수국사 소장.

다음으로 살펴볼 것은 대자암(大慈菴)에서 간행된 『법화경』(도 2)이다.[28] 이 경전은 1422년(세종 4) 인순부윤(仁順府尹) 성억(成抑)이 태종의 넷째 아들인 성녕대군(誠寧大君)과 원경왕후를 위하여 사촌인 성달생(成達生)과 성개(成槪) 형제에게 필사를 청하여 대자암에서 간행한 것으로, 효령대군과 삼한국대부인(三韓國大夫人) 정씨[29] 등 여인들, 승려들이 함께 시주하였다. 경전의 앞부분에는 위태천(韋駄天)과 석가모니영산설법도(釋迦牟尼靈山說法圖) 등 2매의 판으로 이루어진 변상도가 붙어 있다. 제1판에는 연속의 당초문이 새겨진 난곽 안에 위태천이 새겨졌는데 위태천의 크기와 형태, 얼굴 표정, 갑옷의 구성과 천의의 흐름, 화염광배 등 세부 표현이 1405년(태종 5) 안심사에서 간행된 『법화경』 판본의 위태천과 거의 동일하다. 제2판에는 석가설법도가 새겨졌는데, 중앙의 석가모니와 좌우의 협시보살이 원형의 두광과 신광에 싸여 대좌 위에 앉아 있고 10대 제자와 보살들·제석천·사천왕·팔부중이 그 주위를 둘러싸고 있다. 존상들은 3단으로 배치되

병희, 「興天寺 舍利殿과 石塔에 관한 연구─朝鮮初期 漢城의 塔婆」, 『강좌 미술사』 19(한국불교미술사학회, 2002), 237-269쪽. 홍천사 사리각 및 조선 전반기 사리각의 형식에 대해서는 이강근, 「조선 후반기 제1기 불교건축의 형식과 의미─사리각에서 적멸보궁으로」, 『강좌 미술사』 38(한국불교미술사학회, 2012), 182-189쪽 참조.

28 조선 전기 왕실 발원 경전에 대해서는 박도화, 「朝鮮朝 妙法蓮華經 版畵의 硏究」, 『불교미술』 12(동국대학교박물관, 1994), 181-182쪽 목록; 「15세기 후반기 왕실발원 판화─정희대왕대비 발원본을 중심으로」, 155-183쪽; 김자현, 「15세기 왕실발원 판화와 새로운 도상의 유입」, 『동악미술사학』 17(동악미술사학회, 2015), 7-43쪽 참조.

29 1417년(태종 17) 9월 12일 命婦의 奉爵하는 법식을 정하여 종실 정1품 大匡輔國의 처에게 三韓國大夫人이라는 호칭을 내렸다고 한다(『太宗實錄』, 太宗 17年 9月12日條). 따라서 여기서 삼한국대부인 정씨는 효령대군의 부인 정씨를 가리키는 것으로 생각된다.

었으며, 가장 위쪽에는 천개와 보수 및 팔부중, 중단에는 삼존과 사천왕, 제자 및 보살 일부가 배치되어 있고, 가장 아랫단에는 보탑용출(寶塔湧出) 장면을 중심으로 가섭과 아난, 보살중, 제석천이 일렬로 늘어서 있다. 이러한 모습은 1405년 안심사본 『법화경』 변상도를 축소한 것이다. 일본 교토 즈이코지[瑞光寺]에 이와 동일한 도상을 보여 주는 고려 말-조선 초의 『백지금니묘법연화경(白紙金泥妙法蓮華經)』 권5 변상도가 전하고 있어 이를 바탕으로 변상도를 새긴 것으로 추정되며,[30] 1986년 9월 기림사 대적광전 소조비로자나불좌상의 복장에서도 동일한 판본이 출토된 바 있다.[31]

이 『법화경』을 시주한 효령대군은 태종의 아들이자 세종의 형으로, 조선 초기 왕실의 대표적인 호불자로서 누구보다도 많은 불사를 행하였다.[32] 그가 살았던 시기는 조선 초기 억불정책이 가장 극심했던 때였고, 부왕인 태종은 가장 강한 억불정책을 시행하였지만, 효령대군은 어린 나이에도 여러 불사를 행하는 등 불심이 깊었다. 13세 때인 1408년(태종 8) 부왕인 태종에게 백금 2만 냥을 하사받아 금강산 유점사에 건물 3000칸을 중건케 한 것을 시작으로,[33] 87세인 1482년(성종 13) 강진 만덕사에 전답 10결을 시주하는 등[34] 70여 년 동안 설재(設齋)와 법회 개최, 사찰의 중수 및 중창, 경전의 언해 및 간행 등의 불사와 불상·불화·범종·불탑 등 불교미술품의 시주, 발원에

---

30 박도화, 「朝鮮朝 妙法蓮華經 版畵의 硏究」, 191-192쪽.
31 기림사 불상 복장 발견 『법화경』은 권3-4에 해당하는 것으로, 박도화는 이 판본이 국립도서관에 소장된 1422년 大慈庵刊 『법화경』 권4-7과 동일하게 말미에 天台判事 行乎스님 등의 시주질이 붙어 있는 것으로 보아 기림사 발견 『법화경』 역시 1422년 대자암 간행본으로 추정하였다. 박도화, 「朝鮮 前半期 佛經版畵의 硏究」(동국대학교 박사학위논문, 1997), 53쪽의 각주 35.
32 효령대군의 불교신앙과 불사에 대해서는 이봉춘, 「孝寧大君의 信佛과 朝鮮前期 佛敎」, 89-120쪽; 김정희, 「孝寧大君과 朝鮮初期 佛敎美術―後援者를 통해 본 朝鮮初期 王室의 佛事」, 107-150쪽; 인용민, 「孝寧大君 李補(1396-1486)의 佛事活動과 그 意義」, 『선문화연구』 5(한국불교선리연구원, 2008), 25-60쪽 등 참조.
33 한국문헌연구소, 「孝寧大君願堂 完文」, 『乾鳳寺本末事蹟·楡岾寺本末事蹟』(아세아문화사, 1977), 2-3쪽.
34 李敦榮, 「萬德山白蓮寺施僧文」.

도3 수종사 사리탑, 1439년, 경기 남양
주 수종사.

이르기까지 30여 건의 불사를 행했을
정도로 불심이 돈독했다.[35]

1458년(세조 4) 세조에 의해 중창된 수
종사에는 8각5층석탑과 8각원당형 사
리탑이 남아 있다. 그중 남양주 수종사
사리탑으로 알려진 8각원당형 사리탑
(도 3)은 태종의 딸 정혜옹주의 사리탑으
로, 1439년(세종 21)에 금성대군(錦城大君)
과 유씨(柳氏)가 시주하여 조성하였다.[36]
사리탑은 8각의 상대석과 하대석 위에
8각의 탑신과 옥개석을 놓고 그 위에
보주(寶珠)·보륜(寶輪)·복발(覆鉢) 등의 상륜부를 얹은 간단한 형식을 취하고
있다. 기단은 8각형의 상하 2중으로 이루어졌고, 지대석이 기단을 받치고
있다. 하층 기단에는 옆면에 연꽃무늬를 조각하였고 상면에는 복련을 새겼
다. 상층 기단은 8각 모서리에 개구리 또는 두꺼비처럼 생긴 동물이 배치되
었으며, 각 면마다 운문(雲文)이 새겨져 있다. 원형의 탑신에는 화려한 구름
무늬가 장식되었고 한 마리의 용이 고부조로 조각되어 있어 장식성이 강하
다. 탑신에는 보통 상·중·하대석으로 구성되는 기단부가 상·하대석만 표
현되어 있어 간략화된 모습을 볼 수 있다. 이러한 형태는 조선 전기에 조성
된 무학대사탑(無學大師塔)과 유사하다.[37]

35 김정희, 「孝寧大君과 朝鮮初期 佛敎美術—後援者를 통해 본 朝鮮初期 王室의 佛事」, 142-144쪽의 표
    '효령대군의 불사 및 불교미술조성례' 참조.
36 이 사리탑은 원래 수종사 경내 왼쪽의 산비탈에 있었는데, 1939년 해체되어 현재의 위치로 옮겨졌다
    고 한다. 이건 당시 金製九層小塔, 銀製鍍金六角函, 水晶舍利甁(보물 제259호) 등이 납입된 청자호가 발
    견되었다. 윤무병, 「近來에 發見된 舍利關係 遺物」, 『美術資料』 1(국립중앙박물관, 1960), 5-6쪽.
37 무학대사탑은 1939년 해체 당시 그 내부에서 청자유개호 1점, 금동9층소탑 1점, 은제도금6각감 1점
    이 발견되었다. 조선 전기 사리탑에 대해서는 정영호, 「조선 전기 석조부도양식의 일고찰」, 『동양학』

사리탑의 옥개석 낙수면에는 '태종태후정혜옹주사리조탑시주문화유씨금
성대군정통4년을미10월일립(太宗太后貞惠翁主舍利造塔施主文化柳氏錦城大君正統四年乙
未十月日立)'이라는 명문이 새겨져 있어,[38] 이 사리탑이 정통 4년, 즉 1439년(세종
21)에 세워진 태종의 딸 정혜옹주의 사리탑이며,[39] 시주자는 문화 유씨와 금
성대군임을 알 수 있다. 이 사리탑의 주인공인 정혜옹주(?-1424)는 태종과 의
빈 권씨(懿嬪 權氏, 1387-1469)[40]의 소생으로, 1419년(세종 1) 1월 22일 박신(朴信)의
아들 박종우(朴從愚)와 혼인하였으며[41] 1424년(세종 6)에 사망하였다.[42] 정혜옹
주가 사망한 지 15년이나 지난 1439년(세종 21)에 문화 유씨와 금성대군이 사
리탑을 시주한 것을 보면 시주자는 태종과 의빈 권씨 또는 정혜옹주와 특별
한 관계였음을 알 수 있다. 먼저 문화 유씨는 금성대군보다 연장자이며 금성
대군 또는 정혜옹주, 의빈 권씨 등과 관련 있는 왕실 인물로 추정되지만, 누
구인지는 확실치 않다.[43] 금성대군 이유(李瑜, 1426-1457)는 세종과 소헌왕후의

3(단국대학교 동양학연구소, 1973), 329-362쪽; 전미숙, 「고려 말-조선 전기 구형부도 연구」, 『불교미술
사학』 13(불교미술사학회, 2012), 14-21쪽 참조.

38 사리탑의 명문 및 시주자 등에 대해서는 엄기표, 「남양주 水鍾寺의 조선시대 舍利塔에 대한 고찰」,
『美術史學硏究』 285(한국미술사학회, 2015), 131-164쪽 참조.

39 이 사리탑은 권상로에 의해 명문이 소개된 후 오랫동안 세종의 딸 貞懿公主의 사리탑이라고 알려져
왔으나(권상로 편, 『韓國寺刹全書』 下卷(동국대학교출판부, 1979), 723쪽, "太宗太后貞□翁主舍利塔施主□□柳
氏錦城大君正統四年己未十月日立"), 박아연과 엄기표는 사리탑의 주인공을 정혜옹주로 추정하였다. 박
아연, 「1493년 水鍾寺 석탑 봉안 왕실발원 불상군 연구」, 『美術史學硏究』 269(한국미술사학회, 2011),
5-37쪽; 엄기표, 「남양주 水鍾寺의 조선시대 舍利塔에 대한 고찰」, 131-164쪽 참조. 세종과 소헌왕후
의 차녀인 정의공주는 1477년(성종 8)에 사망했으므로 사리탑 조성시기와 맞지 않으며, 시주자인 금
성대군 및 유씨와의 관계 등을 볼 때 사리탑의 주인공은 정혜옹주로 보는 것이 맞다고 판단된다.

40 의빈 권씨는 그동안 생몰년이 알려져 있지 않았으나 2005년 4월 육군사관학교 화랑대연구소 국방
유적연구실에 의해 경기도 연천군 남면에서 묘가 발견됨에 따라 사망 연도가 1469년(성종 즉위년)으
로 확인되었다. 또 『端宗實錄』, 端宗 1年 6月 26日條에 금성대군이 병이 든 의빈을 자신의 집으로 모
시기를 청하면서 의빈이 70세라고 한 것으로 보아 의빈은 83세 정도에 사망하였으며, 출생 연도는
1387년(우왕 13)경으로 추정된다.

41 『太宗實錄』, 太宗 18年 11月 8日條; 『世宗實錄』, 世宗 1年 1月 22日條.

42 『世宗實錄』, 世宗 6年 10月 6日條.

43 문화 유씨로 추정되는 인물 중 하나는 의안대군(宜安大君, 1382-1398) 방석(芳碩)의 첫째 부인인 현빈
유씨(賢嬪 柳氏)이다. 유씨는 1392년(태조 1) 의안대군이 세자로 책봉된 후 세자빈이 되었으나 다음 해
인 1393년(태조 2) 내시 이만(李萬)과의 불미스러운 일로 궁에서 폐출되었다(『太祖實錄』, 太祖 2年 6月
19日條). 유씨가 폐출된 후 새 세자빈이 된 현빈 심씨(賢嬪 沈氏)와 의안대군 사이에 태어난 원손은 태

여섯째 아들로서, 1433년(세종 15) 1월 금성대군에 봉해졌으며 1436년(세종 18) 6월 부왕 세종의 명으로 태조의 여덟째 아들인 의안대군(宜安大君) 이방석(李芳碩, 1382-1398)에게 입양되어 봉사손(奉祀孫)이 되었다.[44] 조카인 단종이 즉위하면서 그를 지지하다가 친형인 수양대군(세조)의 반감을 샀으며, 단종 폐위 이후 순흥부사(順興府使) 이보흠(李甫欽) 등과 함께 단종 복위운동을 주도하다가 귀양지에서 사사(賜死)되었다.[45] 금성대군이 사리탑을 공양한 시기는 14세 때인데, 의빈 권씨는 그의 양모(養母)로서 금성대군을 키웠으며 의빈이 병이 났을 때 금성대군이 자신의 집으로 모시겠다고 청했을 정도로 친분이 깊었던 사이다.[46] 이러한 인연으로, 금성대군이 비록 나이는 어렸지만 1424년(세종 6)에 사망한 정혜옹주의 사리탑에 시주자로 참여한 것으로 추정된다.

1448년(세종 30)에 간행된 『법화경』(도 4)은 효령대군과 안평대군이 함께 발원하였다. 안평대군이 수서(手書)하고 성균생원 양윤손(梁尹孫)이 발문을 썼는데, 2매판에 신장상과 삼존불좌상을 중심으로 한 변상도는 대자암간 『법화경』과 유사하지만, 화면 구성과 도상의 배치가 약간 다르다.[47] 첫 번째 판에는 신장상·좌협시보살·제자·성문보살중·천왕·팔부중 등의 권속들이 새겨져 있으며, 두 번째 판에는 오른쪽에 법상(法床)을 앞에 놓고 대좌에 앉아 설법하는 본존과 주위의 8제자·범천·제석천·청문중 등과 대좌 앞에 구름

어난 지 약 세 달 만에 사망하였고, 의안대군 사후 40년이 지난 1437년(세종 19) 6월에 금성대군이 의안대군의 봉사손으로 입양되었다(『世宗實錄』, 世宗 19年 6月 3日條). 폐출된 세자빈인 유씨가 왕실의 불사, 그것도 태종의 서녀인 정혜옹주의 사리탑 시주자로 금성대군과 함께 참여했을 가능성은 크지 않다고 생각되지만, 1437년에 금성대군이 봉사손으로 입양된 사실을 보면 금성대군과 유씨가 서로 알고 지냈을 가능성이 있으며, 따라서 2년 후인 1439년(세종 21)에 함께 시주자로 참여했을 가능성도 배제할 수 없다.

44 『世宗實錄』, 世宗 19年 6月 3日條.

45 『世宗實錄』, 世宗 3年 10月 21日條.

46 『端宗實錄』, 端宗 1年 5月 3日條.

47 효령대군은 1441-1486년 사이에 부인 藝城府夫人 鄭氏, 아들 寶城君과 함께 『父母恩重經』과 『長壽滅罪護諸童子陀羅尼經』을 사경하여 천안 廣德寺에 시주하였다. 광덕사 사경에 대해서는 문명대·박도화, 「廣德寺 妙法蓮華經 寫經變相圖의 硏究」, 『불교미술연구』 1(동국대학교 불교미술문화재연구소, 1994), 7-44쪽 참조.

위로 용출하는 보탑이 작게 그려져 있고, 왼쪽에는 협시보살을 중심으로 권속들이 배치되어 있다. 존상의 단아한 모습과 섬세한 이목구비, 가는 먹선으로 그린 듯한 섬세하고 정교한 각선 등은 고려시대 사경변상도의 전통을 이은 듯하며, 당시 최고의 화가와 각수(刻手)가 제작했음을 짐작하게 한다.[48]

도4 『법화경』, 1448년, 목판본, 20.8×13.2cm, 개인 소장.

효령대군과 함께 『법화경』을 발원한 안평대군 역시 불심이 깊어 불경을 간행하고 사경을 하는 등 불사에 적극적이었다. 안평대군은 1446년(세종 28)에 사망한 소헌왕후의 명복을 빌기 위해 왕명에 따라 대자암에서 거행된 사경 불사와 문종 초년에 선왕인 세종대왕을 위한 불사를 주관하였다. 특히 대자암을 왕실의 원당으로 삼고 임금에게 아뢰어 무량수각을 헐어 극락전으로 고쳐 짓고 불경을 봉안할 전각을 짓는 등 불사에 적극적이었다.[49] 1447년에는 세조의 명을 받아 홍천사 사리각에 불골(佛骨)을 안치하고,[50] 다음 해 4월 소헌왕후의 명복을 빌기 위하여 당시 왕실 불사를 주도했던 효령대군과 동심 발원하여 『법화경』을 간행하고 그 발문을 썼다. 그뿐만 아니라, 같은 해 8월에는 수양대군과 함께 궁궐 옆에 불당을 두고 불당의 경찬회 때 성녕대군 집에서 감독하여 조성한 금불(金佛) 3구를 안치하였다.[51] 그다음 해에는 세자의 치병을 위해 대자암에서 수륙재를 개최하고,[52] 1450년(문종 즉위

---

48 박도화, 「朝鮮條 妙法蓮華經 版畵의 硏究」, 192-193쪽.

49 『文宗實錄』, 文宗 卽位年 4月 10日條. 안평대군의 불사에 대해서는 이완우, 「安平大君 李瑢의 文藝活動과 書藝」, 『미술사학연구』 246·247(한국미술사학회, 2005), 78-82쪽 참조.

50 『世宗實錄』, 世宗 29年 9月 24日條.

51 『世宗實錄』, 世宗 30年 8月 5日條, 31年 2月 5日條.

52 『世宗實錄』, 世宗 31年 11月 1日條.

년) 선왕의 초재(初齋)를 지낼 때 『법화경』 등 9종을 금자(金字)로 사성(寫成)하
여 선왕의 명복을 빌었다.[53] 1451년(문종 1)에는 승려 신미가 속리산 복천사를
중창할 때 그곳에 가서 중창 불사를 살핀 뒤 수륙재를 올리고 불상을 주조하
였으며,[54] 세조가 즉위한 후에는 언해 불서를 널리 간행하고 상원사를 중창
하는 등 불교 중흥에 앞장섰다.

1447년(세종 29)에 제작된 곡성 태안사 청동대바라(도 5)는 효령대군의 불
사를 잘 보여 주는 작품 가운데 하나이다.[55] 이 바라는 지름이 92cm로 현존하
는 최대의 바라로 알려져 있는데, 제작기법이 우수할 뿐 아니라 손상이 거의
없어 보존 상태도 양호한 편이다. 원형 중심부에는 조금 튀어나온 돌출부가
있으며 그 가운데에 조그마한 구멍이 뚫려 있다. 두 점 모두 표면의 가장자
리와 중앙부 등에 명문이 새겨져 있는데, 내용은 같지만 자수와 문구는 약
간씩 차이가 있다. 명문에 의하면 세종대왕과 왕비, 왕세자의 수복을 위해
정통 12년(1447) 8월 효령대군이 대공덕주가 되고 안성부인(安城夫人) 이씨 등
이 시주하여 동리산 태안사 대발을 조성하였으며, 경태 5년(1454, 단종 2) 3월

53 『文宗實錄』, 文宗 卽位年 4月 10日條.
54 『文宗實錄』, 文宗 1年 9月 5日・10日・13日條.
55 최응천, 「조선 전반기 불교공예의 도상해석학적 연구—명문과 도상적 특성」, 『강좌 미술사』 36(한국
    불교미술사학회, 2011), 337-338쪽.

에 대공덕주 효령대군, 고혜부인(高惠夫人), 안성부인 이씨 등이 개조하였다고 한다.[56] 바라는 원래 승가에서 범패 같은 행사에 사용되는 무구로서 악사가 무자(舞者)·여기(女妓)·집박악사(執拍樂師)·악공(樂工) 등을 인도할 때나 취타와 무악 등에 사용되던 악기이다. 태안사에서 이처럼 대형의 바라가 조성될 수 있었던 것은 이곳이 효령대군의 원당으로 왕실의 비호를 받았던 사찰이었기 때문이다. 『태안사사적기(泰安寺事蹟記)』에 수록된 효령대군의 수결이 있는 완문(完文)에는, 동리산 산사가 효령대군의 원당임을 확인하고 태안사에 종이를 만드는 등의 일체의 잡역을 면제하며 향약배들의 절에 대한 훼손을 금지하고 전토 내의 벌목 등과 함께 병영운력(兵營運力)이나 산성운력(山城運力), 그리고 관아에 바치는 각종 세금을 면제한다는 내용이 있어, 왕실의 비호가 상당했음을 알 수 있다.[57] 즉 효령대군은 자신의 원당인 태안사에 대바라를 조성하여 왕실의 안녕을 빌었던 것이다.

같은 해 중수된 파계사 건칠관음보살좌상(도 6)은 영응대군(永膺大君)과 신빈 김씨(愼嬪 金氏), 영해군(寧海君)이 함께 대시주로 참여하여 조성하였다.[58] 보살상은 원통전에 본존으로 봉안되었는데, 113㎝의 크기이며 금속으로 만들어진 높고 큰 보관을 쓰고 화려한 수미단 위에 상현좌(裳懸座)의 형식으로 결가부좌하였다. 오른손은 가슴 부근으로 들어올리고 왼손은 무릎 위에 대어 첫째와 셋째 손가락을 마주 잡고 있는데, 신체에는 화려한 영락(瓔珞)이 전신을 감싸며 늘어져 있다. 1979년에 보살상을 개금(改金)하면서 영조대왕이 입었던 도포와 중수발원문(1447) 등의 복장(腹藏)이 발견되었으며, 복장 내부의

---

56 명문은 정영호, 「泰安寺의 大鉢과 銅鍾 二口」, 『고고미술』 74(한국미술사학회, 1966), 230-231쪽 및 『淸權祠 三十年史』(청권사, 2000), 126쪽을 참조하였다.

57 한국학문헌연구소, 「願堂完文」, 『泰安寺誌』(아세아문화사, 1984), 203-204쪽.

58 파계사 관음보살좌상은 그동안 목조라고 알려져 왔으나 2002-2011년에 실시된 문화재청과 조계종 불교문화재연구소의 불교문화재 일제조사사업 도중 X-ray 촬영을 통해 건칠불상임이 새롭게 밝혀졌다. 파계사 건칠관음보살좌상에 대해서는 최은령, 「한국의 건칠불상 연구—대구 파계사 건칠관음보살좌상」, 『불교미술사학』 5(불교미술사학회, 2007), 133-177쪽 참조.

도6 파계사 원통전 건칠관음
보살좌상, 1447년 중수, 높이
113cm, 대구 파계사 소장, 보
물 제992호.

벽면에는 대시주와 화주(化主)의 명단이 기록되어 있었다.

　시주자 중 첫 번째로 등장하는 영응대군 이염(李琰, 1434-1467)은 세종과 소
헌왕후 심씨의 소생으로 세종의 여덟째 아들이며, 1441년(세종 23)에 영흥대
군(永興大君), 1443년(세종 25)에 역양대군(歷陽大君), 이후에는 영응대군이 되었
다. 세종은 영응대군을 무척 사랑하여 혼인할 때 모든 물품을 여러 아들과
달리할 정도로 특별히 여겼으며,[59] 영응대군의 집인 동별궁(東別宮)에서 승하
할 정도로[60] 애정이 각별했던 것 같다. 영응대군이 이 보살상을 중수했을 때
나이는 14세였으며, 영응대군은 그 후 1453년(단종 1)에는 경태 4년명 금강령
을 시주하고, 1457년(세조 3)에는 대단월(大檀越)이 되어서 약사여래 3구를 만
들어 도갑사 감전(紺殿)에 봉안하였으며,[61] 1462년(세조 8)에는 효령대군, 임영
대군 등과 함께 흥천사 범종 조성 시 도제조(都制調)로 참여하는 등 많은 불사

59　『世宗實錄』, 世宗 27年 4月 21日條.
60　『世宗實錄』, 世宗 32年 2月 17日條.
61　『朝鮮金石總覽』下卷 道岬寺妙覺和尚碑[진홍섭 편, 『韓國美術史史料集成』(3), 일지사, 1991, 204쪽].

　　　　　　　　　　　　　제2장　조선 초기: 억불정책과 불교미술

를 행하였다. 영웅대군의 부인 송씨 또한 불심이 매우 깊어서, 1467년(세조 13)에 남편이 서거하자 보물을 모두 팔아서 사찰을 영건하기도 했다.[62]

두 번째 시주자로 기록된 신빈 김씨(愼嬪 金氏, 1406-1464)는 세종의 후궁이자 영해군의 어머니이다. 그는 원래 내자시(內資寺)에서 일하다가 1418년(태종 18) 원경왕후의 발탁으로 13세에 소헌왕후의 궁인이 되었으며, 훗날 세종의 눈에 들어 소의(昭儀), 1439년(세종 21) 귀인(貴人)을 거쳐 정1품 신빈에 진봉되었다. 1427년(세종 9) 첫아들인 계양군 증(桂陽君 璔, 1427-1464)을 출산한 것을 시작으로 의창군 공(義昌君 玒, 1428-1460), 밀성군 침(密城君 琛, 1430-1479), 익현군 곤(翼峴君 璭, 1431-1463), 영해군 당(寧海君 瑭, 1435-1477),[63] 담양군 거(潭陽君 璖, 1439-1450) 등 여섯 아들과 두 딸 등 모두 8명의 자녀를 두었다. 그는 영웅대군의 유모 역할을 맡기도 했는데, 그러한 인연으로 함께 불사를 했을 것으로 생각된다. 평소에 불교를 깊게 믿었으며, 세종 승하 후 여승이 되었다고 한다.

세 번째 시주자인 영해군 이당은 신빈의 다섯째, 세종의 아홉째 아들로, 영웅대군과는 한 살밖에 차이가 나지 않는다. 영해군에 대해서는 자세한 내용이 알려져 있지 않아서 그가 어떻게 이 보살상의 시주자로 참여하게 되었는지는 알 수 없지만, 어렸을 때 영웅대군의 유모 역할을 했던 어머니 신빈과 영웅대군과의 긴밀한 관계 속에서 어머니를 따라 시주자로 이름을 올렸을 가능성이 크다.

동국대학교박물관에 소장된 경태 4년명 금강령(도 7)은 영웅대군이 시주, 조성하였다.[64] 금강령 몸체 외연에는 영웅대군이 조성하여 윤필암(潤筆庵)에 시주하였다는 간단한 명문이 새겨져 있다. 손잡이 부분은 단순하여 아무런 장식이 없으며 상단의 삼고저(三鈷杵) 역시 단순한데, 몸체에는 물결무늬와

---

62 『睿宗實錄』, 睿宗 1년 10月 6日條.
63 영해군의 처음 이름은 이장(李璋)이었는데, 후일 이당(李瑭)으로 바꾸었다.
64 최응천, 「조선 전반기 불교공예의 도상해석학적 연구—명문과 도상적 특성」, 338-339쪽 참조.

도7 금강령, 1453년, 높이 17.2cm, 동국대학교박물관 소장.

구연부 쪽에 하대와 같은 격자문 띠를 둘렀지만 매우 도식적이다. 윤필암은 경상북도 문경과 경기도 양평군 용문면 등 두 곳에 있으나, 양평 윤필암의 본사인 상원사가 효령대군의 원당이었던 점으로 볼 때 영응대군이 금강령을 시주한 곳은 양평에 있는 윤필암일 것으로 추정된다. 상원사는 효령대군의 농장이 있어 자주 왕래하며 수련하던 도량으로, 백의관음상이 현신하고 상서로운 일이 자주 일어났다고 한다. 1462년(세조 8) 10월 27일에는 세조가 이곳에 들러 관세음보살을 친견하고 어명을 내려 크게 중수했는데, 최항(崔恒)이 그때의 모습을 기록한 『관음현상기(觀音現相記)』가 지금도 전해 오고 있다.[65] 따라서 상원사의 부속 암자였던 윤필암 역시 왕실 인물들이 자주 왕래했던 곳으로, 영응대군이 의식법구를 공양했을 것이라 생각된다. 왕실에서 태안사 대바라, 윤필암 금강령 등 의식법구를 공양했다는 사실은 이들 사찰에서 왕실 주관의 불교법회 내지 의식이 거행되었을 가능성을 말해 준다.[66]

한편, 조선 초기에는 왕실에서 발원한 범종이 다수 제작되었다.[67] 그중 가장 이른 시기의 것은 1396년(태조 5)에 승하한 태조의 계비 신덕왕후 강씨의 명복을 빌기 위해 1397년(태조 6)에 건립된 흥천사에 봉안했던 흥천사 범종

65 김정희, 「孝寧大君과 朝鮮初期 佛敎美術—後援者를 통해 본 朝鮮初期 王室의 佛事」, 각주 108 참조.
66 1999년 12월에서 2000년 10월에 걸친 회암사 2차 발굴 조사 때 8단지 정청 건물지 주변에서 "孝寧大君正統丙辰"(1436)이라고 새겨진 기와가 발견되었으며, 2002년 7월 월정사에서 1446년에 양녕대군과 효령대군이 시주한 기와가 발견된 것은 왕실의 불사가 사찰의 창건에서부터 소규모의 공예품까지 폭넓게 이루어졌음을 보여 준다.
67 조선 초기 왕실 발원 범종에 대해서는 남진아, 「조선초기 왕실발원 범종연구」, 『불교미술사학』 5(불교미술사학회, 2007), 555-583쪽; 이광배, 「발원자 계층을 통해 본 조선 전기 범종의 양식」, 『미술사학연구』 262(한국미술사학회, 2009), 5-32쪽; 최응천, 「조선 전반기 불교공예의 도상해석학적 연구—명문과 도상적 특성」, 318-330쪽 참조.

44   제2장 조선 초기: 억불정책과 불교미술

(도 8)이다.[68] 세조의 명을 받은 효령

대군이 1462년(세조 8)에 임영대군,

영응대군 등과 함께 도제조가 되어

조성하였다. 효령대군과 함께 종의

조성에 참여한 임영대군은 세종의

넷째 아들로, 큰아버지인 효령대군

과 함께 불경을 편찬하기도 했다.[69]

홍천사 범종은 높이가 2.82m, 지름

이 1.7m에 달하는 대형 종으로서,

구 보신각 범종(1468),[70] 낙산사 범종

(1469), 봉선사 범종(1469), 유점사 범

종(1469) 등과 함께 조선 전기 왕실

도8   홍천사 범종, 1462년, 높이 2.82m, 구 서울 덕수궁 소장, 보물 제1460호.

에서 발원한 대표적인 범종이다. 이 범종은 1510년(중종 5) 홍천사가 화재로

소실된 후 1747년(영조 23)에 경복궁의 정문인 광화문으로, 경술국치 이후에

는 잠시 창경궁으로 옮겨졌다가 옛 홍천사 터인 덕수궁으로 옮겨졌다.[71]

범종의 형태는 1346년(충목왕 2)에 원나라 장인이 주조한 개성 연복사 범종

이후 조선 전기에 유행했던 중국 범종의 양식이 잘 반영되어 있다. 전통 범

---

68   홍천사 범종에 대해서는 최응천, 「조선전기 왕실발원 범종과 홍천사 종의 중요성」, 『강좌 미술사』
49(한국불교미술사학회, 2017), 123-144쪽 참조.

69   성암고서박물관 소장 『묘법연화경』은 15세기 말경에 간행된 것으로 추정되는데, 권말에 「孝寧大君補/
臨瀛大君증」 이하 「正板人二/著漆人一/爐冶匠二/執饌釋七」에 이르는 刊記가 있다.

70   구 보신각 범종은 318cm의 높이에 19.6톤(t)의 중량을 가진 우리나라 최대의 종이다. 종이 걸려 있던
보신각은 원래 鐘樓라 하여 1395년(태조 4)에 종을 만들어 아침저녁으로 시각을 알리는 용도로 사용
되다가 임진왜란 이후 圓覺寺에 있던 종을 새로 옮겨 걸었고, 1895년(고종 32)에 종각에 普信閣이라는
이름을 내림에 따라, 이 종 또한 보신각종이라 불리게 되었다. 이 종은 신덕왕후의 정릉 곁에 있던 원
찰인 홍천사(정릉사)에 걸려 있다가 원각사로 옮겨졌다는 설(『東國文獻備考』, 『遺閑雜錄』)도 있는데, 그
것은 종 자체에 봉안 사찰명이 없고, 홍천사가 신덕왕후의 원찰이었기 때문에 정릉 곁에 있는 사찰
이란 점에서 당연히 홍천사 종으로 판단하여 잘못 기록하였던 것으로 보고 있다(최응천, 「보신각종」,
『불교신문』, 2018년 5월 15일).

71   홍천사 범종은 현재 덕수궁에서 옮겨져 보존 중이다.

종에서 단룡(單龍)으로 표현되던 용뉴는 쌍룡(雙龍)으로 변하였고, 종신에는 당좌가 없어지는 대신 돌출된 횡대선이 표현되었다. 또 상대는 복련의 연꽃으로 표현되었으며, 하대는 위로 올라가 나선형의 파도문이 새겨지는 등 새로운 양식이 보인다. 명문은 중대와 하대 사이에 양각되어 있는데, 명문의 글씨는 세조-성종대의 문신이자 글씨에 능했던 정난종(鄭蘭宗, 1433-1489)[72]이 정연한 해서체(楷書體)로 썼다. 명문에는 분신사리(分身舍利)의 상서를 기념하기 위해 이 범종을 주조했다고 밝히고 있다. 즉 1461년(세조 7) 5월 13일 회암사에서 석가여래의 금사리(金舍利)가 분신하였는데, 효령대군이 25매를 얻어 세조에게 올리자 왕과 왕비가 내전에서 예를 갖추어 받들었으며, 이 사리가 내전과 함원전(含元殿)에서 계속 분신하여 모두 102개가 되었다고 한다. 이에 세조는 이 일을 크게 기뻐하여 죄수를 사면하고 『능엄경』을 번역하였으며 여래상 2구와 관음보살상, 지장보살상을 만들어 안치하였고, 사리는 흥천사 사리각에 모시고 사리분신을 기념하기 위해 다음 해 범종을 만들었다고 한다.[73]

범종 주조 시 효령대군이 도제조가 되어 일을 주관한 것은 그가 1452년(문종 2) 자신의 원당인 용문산 상원사에 종을 걸기 위해 별서에 공장(工匠)을 모아 범종을 주성했던 경험이 있었을 뿐만 아니라[74] 이미 오래전부터 흥천사의 불사에 관여했기 때문일 것이다. 1435년(세종 17) 5월 세종은 흥천사 사리탑

---

72 정난종은 「圓覺寺碑陰」을 비롯하여 「高靈府院君申叔舟墓表」, 「洛山寺鐘銘」, 「楡岾寺鐘銘」 등을 썼으며, 원각사 창건 후 효령대군이 교정한 『圓覺經』을 쓰기도 하였다. 1984년에는 정난종의 글씨를 乙亥字로 새겨 찍은 『圓覺經』이 상원사 문수동자좌상의 복장에서 발견되었다.

73 흥천사 범종명: "…乃於七年辛巳夏五月壬子 釋迦如來金利分身於檜巖寺 祥光端氣熏灼于天異香勃遍滿山谷 孝寧大君補在寺進二十五枚 上與慈聖王妃禮於內殿 又分身安于含元殿 又分身越丙辰大君又得又進王妃禮於內殿 又分身丁巳上親製伽陀被之管絃偕王妃供養於含元殿 又分身前後所得分身舍利總一百又二檜巖會中人自取去又不知其幾 上大歡慶肆赦發大誓願 親自譯楞嚴經 率宗親政府六曹臺省諸辭 爲祖宗及一切含靈造如來像一軀又爲中宮世子造一軀又夢觀音地藏二菩薩相對之異及造二像旣成各安舍利於中安靈于禪宗興天寺之舍利閣 上同 王妃禮拜於寶座燎香供養 命鑄鴻鐘以警六時以導幽滯刻此緣起昭示無窮焉…"

74 『端宗實錄』, 端宗 1年 10月 25日條.

제2장 조선 초기: 억불정책과 불교미술

전의 바깥 절[表刹]이 기울어져 위태롭고 종루는 비가 새어 썩고 파손되어 신
도들의 시주를 거두어 이를 수리하자는 예조의 건의에 따라 효령대군에게
그 일을 주관하게 하였다.[75] 흥천사의 사리전은 본래 5층의 8각목조누각이
었는데, 수리 시 다소 구조를 변경하였다. 단청은 모두 예전대로 하였으나
맨 아래층은 처마를 보태고 벽을 조금 물려 안을 넓게 하였으며, 증계[階]·축
대[臺]·난간[欄]·원장[墻]을 새로 수리하고 바깥 담장도 높게 쌓아서 외인이 엿
볼 수 없게 하였다고 한다.[76] 이어 7월에는 궁내에 있던 사리각의 불골, 사리,
불상 등을 흥천사로 보냈다.[77] 1440년(세종 22)과 1442년(세종 24)에는 사리탑의
중창 불사를 마치고 5일간 경찬회를 베풀었는데, 천함(千函)의 불경을 수장
하였으며 승도가 1만 818명, 속인이 387명이나 참석하였다.[78]

효령대군은 이처럼 세종 때부터 흥천사의 불사에 깊이 관여했던 일이 있
어 세조가 신덕왕후의 명복을 빌기 위해 범종 불사를 행했을 때 그 일을 맡
아 주관하게 된 것으로 보인다. 효령대군의 감독하에 제작된 이 범종은 왕
비의 명복을 빌며 왕실에서 제작한 범종답게 3m에 가까운 거대한 규모와
단순하면서도 중후한 양식 등에서 조선 초기의 범종 양식을 대표한다. 이와
함께 이 종에서 비롯된 전통 범종의 양식과 중국 범종의 양식이 결합된 새로
운 범종 양식은 이후 조선시대 범종의 양식으로 자리 잡았다는 점에서 한국
범종사에서 중요한 작품으로 평가된다.

1469년(예종 1)에 조성된 금강산 유점사 범종(도 9) 또한 효령대군이 도제
조를 맡아 조성하였다.[79] 이 범종은 현재 묘향산 보현사 범종각 안에 봉안되

---

75 『世宗實錄』, 世宗 17年 5月 20日條.
76 『世宗實錄』, 世宗 20年 3月 16日條.
77 『世宗實錄』, 世宗 20年 7月 11日條.
78 『世宗實錄』, 世宗 22年 6月 11日條, 24年 3月 24日條.
79 국립춘천박물관에도 유점사 범종이 한 점 소장되어 있다. 종신에는 "金剛山楡岾寺小鍾," "天三
    一百九十斤"이라는 명문이 點刻의 형태로 남아 있지만 정확한 출토지를 증명할 수 없는 구입품이라
    제작시기와 봉안장소를 확인할 수 없다. 그러나 이 종은 1491년에 인수대비가 시주한 것으로 추정되

도 9 　유점사 범종, 1469년, 높이 2.1m, 묘향산 보현사 소장.

어 있으며 북한의 국보 제162호로 지정되어 있다. 명문에 의하면 1469년(예종 1)에 처음 주조되었으며 1729년(영조 5)에 원래의 것보다 크게 새로 만들었다고 한다. 높이는 2.1m인데, 새로 만들 때 기존보다 조금 크게 만들었던 것을 본다면 처음에는 지금보다 작았을 것으로 생각된다. 쌍룡의 용뉴와 상대에 복련의 연판문을 두른 점, 종신에 횡대의 돌기대를 두고 상대 아래에 연곽[80]과 보살상을 배치하였으며 당좌가 사라진 점, 중대와 하대 사이에 명문을 배치한 점은 구 보신각 범종(1468)과 동일하지만, 상대의 연판문 아래 범자문(梵字文)을 돌린 점, 상대 아래 한 줄의 돌기대가 생략된 점 등은 18세기에 새로 주조하면서 다소 변화된 것이 아닌가 생각된다. 그러나 전체적으로 볼 때 흥천사 범종, 낙산사 범종, 구 보신각 범종 등 조선 초기 왕실 발원 범종의 양식과 거의 흡사하여, 개주(改鑄)하면서도 초주 때의 양식을 거의 그대로 재현하였음을 볼 수 있다. 종명은 정난종이 썼다.[81]

　　는 합천 해인사 대적광전 홍치 4년명 범종과 유사한 특징을 보여 주며, 15세기 중반 세조, 예종, 성종, 효령대군 등에 의해 유점사에 왕실의 후원이 이루어지고 있었던 것으로 보아 이 범종 또한 왕실 발원으로 조성되었을 것으로 추정된다.
80　종신에 배치된 사각형의 곽과 그 안에 표현된 9개의 연꽃 봉오리 모양은 유곽과 유두라고 불렸으나 최응천은 이를 연곽과 연뢰로 바꿔 부르고 있다(최응천, 「한국범종의 특성과 변천」, 『국립경주박물관 성덕대왕신종』, 1999). 이 책에서도 연곽과 연뢰로 칭하고자 한다.
81　『(사진으로 보는) 북한 국보 유적』(국립문화재연구소, 2006), 214쪽; 『유리건판으로 보는 북한의 불교미술』(국립중앙박물관, 2014), 260-261쪽.

같은 해 조성된 낙산사 범종(도 10)은 1466년(세조 12)에 금강산 순행길에 나선 세조가 낙산사에 이르렀을 때 정희왕후, 세자(예종)와 함께 관음보살상에 예배하자 사리가 분신하고 오채가 빛나는 등 상서가 일어나 승려 학열에게 낙산사 중창을 명하였으며, 예종이 즉위한 후 세조의 서원을 추념하며 조성한 범종이다.[82] 쌍룡으로 구성된 용뉴와 범자무늬, 종신에 둘러진 세 줄의 횡대 아래로 파도무늬 띠를 두르는 등 전형적인 중국 범종의 양식을 따랐다. 종신에 비

도10 낙산사 범종, 1469년, 높이 1.58m, 소실.

해 크게 묘사된 용뉴는 두 마리의 용이 하나의 몸체에 서로 엉켜 머리를 반대로 두었으며, 불룩 솟아오른 천판을 두 다리로 굳건히 밟고 있다. 천판 아래의 종신 윗부분에는 네모꼴의 연판무늬 띠를 두르고, 그 바로 아래에 양각의 굵은 범자무늬를 둥글게 돌아가며 배치하였다. 직선으로 된 종신의 가운데 부분에는 세 줄의 융기선 띠를 둘러 위아래로 나누었는데, 상부 종신에는 우리나라 범종에 보이는 방형의 연곽과 연뢰가 전혀 표현되지 않은 점이 독특하다. 대신 네 방향으로 보살입상을 1구씩 부조하였다. 보살입상은 양손을 가슴 앞에 모아 합장한 채 두 발로 연화좌를 밟고 있다. 각 보살입상 사이의 여백에도 범자무늬를 네 자씩 양각하였으며, 융기선 횡대 아래에는 긴 내용의 양각 명문을 새겼고 종구 쪽에서 조금 위쪽으로 올라온 곳에 파도무늬 띠를 둘렀다. 명문에는 조각장, 각자, 주성장(鑄成匠), 노야장(爐冶匠), 목수, 주

82 金守溫, 「洛山寺鐘銘」. 낙산사 종의 도상과 명문에 대해서는 최응천, 「조선 전반기 불교공예의 도상해석학적 연구—명문과 도상적 특징」, 317-345쪽 참조.

철장과 같은 세밀한 분업 상황과 참가자 명단이 자세히 기록되어 있어 조선 전기의 수공업을 연구하는 데에도 많은 자료를 제공해 준다. 특히 범종에 부조된 보살입상을 그린 것으로 추정되는 이장손(李長孫)은 조선 전기의 도화서 화원으로, 당시 화원들이 범종 제작에도 참여하였음을 알 수 있다.

고려시대 관경변상도의 도상과 양식을 계승한 조선 초기의 관경변상도인 이맹근필(李孟根筆) 관경16관변상도(도 11)는 1465년(세조 11) 효령대군이 부왕 태종의 명복을 빌고 삼전(三殿) 및 엄모(嚴母), 단월 및 모든 고혼들이 극락에 왕생하기를 기원하며 월산대군, 영응대군부인 송씨, 김제군부인 조씨(金堤郡夫人 趙氏), 대구군부인 진씨(大丘郡夫人 秦氏), 인천 허씨(仁川 許氏), 진씨 소비(陳氏小非), 강철정(姜哲丁), 비구 혜심(惠心), 비구 성눌(性訥) 등과 함께 조성하였다. 사직(司直) 이맹근이 그림을 그리고 경징(岡徵)이 화주를 맡아 제작한 이 작품은 『관무량수경(觀無量壽經)』 정종분(定宗分)의 16관 내용을 도상화한 것으로서, 현재는 일본 교토 지온인(知恩院)에 소장되어 있다.[83] 세로 269cm, 가로 201cm의 거대한 화면 상부에는 제1관 일상관(日想觀)에서 제7관 화좌관(華座觀)까지, 중앙부에는 제8관 상상관(像想觀)에서 제13관 잡상관(雜想觀)까지, 외연부에는 상배관(上輩觀)·중배관(中輩觀)·하배관(下輩觀) 등 제14관에서 제16관까지의 내용과 타방보살화생지(他方菩薩化生池), 보살성문화생지(菩薩聲聞化生池)의 모습이 도설되어 있다.[84]

83 이 작품에 대해서는 유마리, 「麗末鮮初 觀經十六觀變相圖─觀經變相圖의 硏究 Ⅳ」, 『미술사학연구』
    208(한국미술사학회, 1995), 5-37쪽; 정우택, 「朝鮮王朝時代 前期 宮廷畵風 佛畵의 硏究」, 129-166쪽;
    문명대·조수연, 「고려 관경변상도의 계승과 1435년 지은사장 관경변상도의 연구」, 『강좌 미술사』
    38(한국불교미술사학회, 2012), 371-394쪽 등의 논고에서 다루었으며, 도상의 자세한 내용은 김정희,
    「1465年作 觀經16觀變相圖와 朝鮮初期 王室의 佛事」, 59-95쪽 참고.
84 이 관경변상도의 구성은 1323년에 제작된 2점의 관경16관변상도, 즉 일본 지온인 소장 관경16관변
    상도와 일본 구 린쇼지 소장 관경16관변상도의 구도를 계승한 것으로, 남송대 관경16관변상도 양

▶도11 관경16관변상도, 1465년, 견본채색, 269×201cm, 일본 지온인(知恩院) 소장.

이 작품은 고려시대에 조성된 일본 구 린쇼지[隣松寺] 소장 관경16관변상도(1323)의 구도를 충실히 계승하면서도 부분적으로는 생략되고 간략화되었다. 먼저 16관 중 자신이 극락에 태어나는 모습을 보는 보관(普觀, 12관)이 생략되었다. 또 구 린쇼지 소장 관경16관변상도에는 일상관의 좌우에 시방불과 시방보살이 각각 구름을 타고 내려오는 장면이 묘사되었으나 여기에서는 시방불만이 묘사되었으며, 보지관(寶池觀)의 표현에서도 좌우로 뻗어 가는 물줄기는 생략된 채 여의주에서 물이 뿜어져 나오는 모습만이 그려져 있다. 보루관(寶樓觀)의 경우, 구 린쇼지 소장본에서는 좌우에 치미가 있는 높고 화려한 금색누각의 중앙에 '제6총관(第六總觀)'이라고 적혀 있고 좌우로 건물의 추녀가 길게 표현되었으며, 1323년 지온인 소장본에서는 세 부분으로 이루어진 2층의 건물 안에서 천인이 음악을 연주하는 모습이 보이지만, 여기에는 그 아래 묘사된 상상관(8관)의 보개와 구름에 가리어 전각의 양쪽 부분만이 일부 나타나 있다. 이 밖에도 14관, 15관, 16관의 극락왕생 장면의 왕생자와 좌우 외연부의 보살성문화생지 및 타방보살화생지의 주악천녀 등도 간략하게 그려져 있어, 고려시대의 두 관경16관변상도(지온인 및 구 린쇼지 소장본)에 비해 전체적으로 생략되고 간략화되었음을 알 수 있다. 반면 15관과 16관에서 왕생자를 맞이하는 불보살의 모습은 오히려 고려시대의 두 작품에 비해 더욱 확대되어 있으며, 진신관·관음관·세지관이 크게 묘사된 점을 볼 때 왕생자를 맞이하여 극락으로 인도하는 보다 적극적인 아미타왕생신

식을 수용한 일본 사이후쿠지[西福寺] 소장 관경16관변상도와는 다르다. 이와 같은 형식이 어디에서 유래하였는지는 알 수 없으나, 남송계열의 관경16관변상도에 비하여 중앙부의 像想觀(8관), 眞身觀(9관), 觀音觀(10관), 勢至觀(11관), 雜想觀(12관) 등이 특히 강조되어 있는 것을 볼 때, 아미타 설법에 의한 극락왕생의 이미지를 더욱 강조한 것으로 보인다. 또한 이와 같은 거대한 아미타불회의 모습은 "구체적으로 눈에 보이는 아미타불의 色身을 관상한 것이며 또한 그 신장을 六十萬億那由他恒河沙 由旬이라는 상상조차 어려울 정도로 거대하게 이미지화한 것이다"라는 견해도 있다[菊竹淳一·鄭于澤, 『高麗時代의 佛畵』 해설편(시공사, 1996), 80쪽, 일본 사이후쿠지 소장 관경16관변상도에 대해서는 문명대, 「高麗 觀經變相圖의 硏究」, 『불교미술』 6(동국대학교박물관, 1981), 16-18쪽; 이승희, 「고려후기 西福寺 觀經十六觀變相圖의 天台淨土信仰의 해석」, 『미술사학연구』 279·280(한국미술사학회, 2013), 5-34쪽 참조].

제2장   조선 초기: 억불정책과 불교미술

앙을 표현한 것으로 생각된다.

아미타불은 육계가 큼직하고 중앙에는 붉은색의 중간계주(中間髻珠)가 표현되었으며, 얼굴은 넓적하며 이목구비가 작고 가늘게 묘사된 점이 특징적이다. 아미타불이 앉은 팔각의 화려한 대좌, 붉은 법의에 새겨진 금니의 원문양, 14세기 중엽의 불상에 보이는 치레장식, 오른손에 걸쳐진 법의자락을 군의 안으로 여며 입은 착의법 등은 고려시대의 양식을 계승하였지만, 신체에 비하여 얼굴이 크게 표현된 점이나 이목구비가 유난히 작은 점, 허리가 다소 길어 세장한 느낌을 주는 점 등은 조선 전기 불화에 보이는 인물 표현의 특징을 잘 보여 준다.[85] 고려불화에 비해 섬세한 필치가 줄어들고, 채색은 연두색, 홍색, 녹색, 감청색, 갈색, 금채 등이 첨가된 밝고 부드러운 중간색을 많이 사용하였으며, 고려불화의 특징적인 보상화문(寶相華文), 연당초문(蓮唐草文), 보상당초문(寶相唐草文) 등이 거의 사라지고 문양을 생략하거나 겹동심원문 같은 간단하면서도 단순한 문양을 사용한 점이 눈에 띤다. 이러한 특징은 조선시대 전반기 왕실 관련 불화에 공통적으로 보이는 특징으로 일종의 '궁정 양식'이라고 부를 수 있다.[86]

화기 끝부분에는 "경화사직이맹근(敬畵司直李孟根)," 즉 "사직 이맹근이 삼가 그리다"라고 적혀 있어 당시 사직의 벼슬을 지낸 이맹근이 그렸음을 알 수 있지만[87] 이맹근에 대해서는 도화서의 화원으로 사직의 벼슬을 지냈다는 사실 외에는 별로 알려진 바가 없다.[88] 이맹근은 이 그림을 그리기 9년 전인

---

85 조선 전기의 불화 양식은 유마리, 「朝鮮前期 佛敎繪畵」, 『韓國佛敎美術大典 2—佛敎繪畵』(韓國色彩文化
　　社, 1994) 및 김정희, 「文定王后의 中興佛事와 16世紀의 王室發願 佛畵」, 5-39쪽 참조.

86 조선 전기 궁정 양식의 불화에 관한 최근의 논고로는 정우택, 「朝鮮王朝時代 前期 宮廷畵風 佛畵의 硏
　　究」, 129-166쪽; 박은경, 「朝鮮前期의 기념비적인 四方四佛畵—日本 寶壽院所藏 藥師三尊圖를 중심으
　　로」, 111-139쪽; 김정희, 「文定王后의 中興佛事와 16世紀의 王室發願 佛畵」, 5-39쪽 등이 있다.

87 司直은 조선시대의 五衛에 속하였던 정5품의 무관직으로, 공신과 공신의 嫡長子孫을 후대하고 또한
　　待機文官에 봉급만을 주기 위하여 임명한 관직이다.

88 李孟根을 비롯한 조선시대의 畵員에 대해서는 안휘준, 「조선왕조시대의 화원」, 『한국문화』 9(서울대학
　　교 규장각 한국학연구원, 1988), 147-178쪽; 「조선시대의 화원」, 『한국회화사연구』(시공사, 2000) 참조.

1456년(세조 1) 사용(司勇, 정9품)으로서 세조즉위원종공신(世祖卽位原從功臣) 2등에 녹훈되었으며,[89] 관경16관변상도를 그렸을 즈음에는 품계가 올라 정5품인 사직이 되었다. 이맹근은 당대 최고의 화원으로 알려졌던 최경(崔涇), 안귀생(安貴生) 등과 더불어 도화서에서 활동하였고, 왕과 왕후의 어용을 그릴 정도로 실력이 뛰어난 화원이었던 듯하다.[90] 따라서 효령대군 등이 선군 및 고혼의 영가천도를 위하여 불화를 조성하면서 어진 제작으로 이름이 높았던 이맹근으로 하여금 그림을 그리게 했을 것이다.

효령대군과 함께 이 불화를 발원한 월산대군은 성종의 친형이자 세조의 손자로서, 효령대군에게는 증손자뻘이다. 불화를 시주하였던 1465년(세조 11)에 월산대군은 12세에 불과한 어린 나이였기 때문에 1465년작 관경16관변상도의 시주로서 큰 역할을 하지는 못했을 것이다. 그러나 월산대군은 1474년(성종 5)에 성종비인 공혜왕후(恭惠王后) 한씨가 승하하자 세조비인 정희왕후 윤씨가 세종·소헌왕후·세조·의경대왕·예종 등의 명복을 빌기 위해 새긴 『예념미타도량참법(禮念彌陀道場懺法)』[91]의 간행에 인수대비·인혜대비·제안대군·공주·숙의(淑儀)·상궁 등 궁중의 인물 및 승려 신미·학열·학조 등과 함께 참여하는 등 왕실 불사에 참여한 적이 있다.

이맹근필 관경16관변상도보다 1년 뒤에 조성된 환성사(還城寺) 목조아미

89　『世祖實錄』, 世祖 1年 12月 27日條. 세조는 즉위한 후 鄭麟趾·韓確·李思哲·權擥·洪達孫·崔恒·韓明澮 등 1453년의 癸酉靖亂에 공이 있는 37명을 靖難功臣으로 임명하고, 작은 공이 있는 사람들을 원종공신으로 녹훈하였다. 당대의 유명한 화원이었던 崔涇도 원종공신에 녹훈된 바 있다(『成宗實錄』, 成宗 3年 5月 29日條).

90　이맹근은 1472년에는 昭憲王后와 世祖大王, 睿宗大王, 懿敬王의 御容을 받들어 그린 공으로 인하여 別提 崔涇·安貴生 및 화원 裵連·金仲敬·白終隣·李春雨·曹文漢, 司勇 李引錫 등과 함께 한 資級을 더하였다고 한 것으로 보아 초상화에 뛰어난 화가였던 듯하다(『成宗實錄』, 成宗 3年 5月 25日條).

91　이 책은 목판본으로 5권본인데, 권말에 있는 金守溫의 발문을 보면 글씨는 당시 지중추부사 成任이 쓰고 白終麟, 李長孫 등 일류화가와 權頓一, 張莫同, 李永山 등 刻手들이 총동원되어 판각한 것으로 조선시대 전적 가운데 가장 뛰어난 목판본이다. 세로 35.6cm, 가로 21.6cm이며, 재질은 楮紙이다. 현존하는 판본은 보물 제949호(국립중앙박물관 소장)와 보물 제1144호(목아박물관 소장)로 각각 지정되어 있다. 이 『禮念彌陀道場懺法』에 대해서는 박도화, 「15세기 후반기 왕실발원 판화—정희대왕대비 발원본을 중심으로」, 159-162쪽 참조.

타불좌상(도 12)은 세조와 예종, 효령대군 등이 동심 발원하여 제작하였다. 최근 복장 조사 시 발견된 아미타불상 조성기와 중수기에 의하면 팔공산(八公山) 미륵사(彌勒寺)에서 미타삼존상을 조성하여 1466년(세조 12) 1월 13일에 환성사로 이안하여 점안하였으며, 1470년(성종 1)에 두세 번 점안한 후 1474년(성종 5)에 불상을 완성하였다고 한다. 또 전 단속사 주지 대선사 성료(性了)와 선사 혜정(惠正)이 불상을 조각하였으며, 1716년(숙종 42)에는 상화사(上畵師) 청윤(淸允)이 중수하였다고 한다.[92]

도 12 환성사 목조아미타불좌상, 1466년, 상높이 77㎝, 경북 경주 왕룡사원 소장.

이 불상은 아미타삼존으로 조성된 불상 중 본존인 아미타불로 전체 높이가 77㎝에 이르는데, 세장하면서도 단아한 신체적 특징은 의빈 권씨 등이 발원한 1458년작 흑석사 목조아미타불좌상(도 16)과 동일하다. 머리에는 육계가 뾰족하고 얼굴은 갸름한 달걀형으로 백호가 큼직하다. 눈은 가늘고 길게 뜨고 있으며 갸름한 코와 단정한 입 등이 균형을 이룬다. 신체는 세장하면서도 단정하고 우아한데, 흑석사 목조아미타불좌상이나 천주사 목조아미타불좌상(1482) 등 같은 시기의 불상에 비해 무릎이 높고 큼직하여 당당한 느낌을 준다.[93] 이 불상에 보이는 뾰족한 머리, 수척한 얼굴, 세장하면서 날씬한 신체 등은 명대 티베트계 불상의 영향을 받아 조선 전기에 새롭게 등장한 양

92 문명대, 「왕룡사원의 1466년작 아미타불좌상 연구」, 『강좌 미술사』 28(한국불교미술사학회, 2007), 3-22쪽. 당시 효령대군과 함께 불상을 발원한 사람은 세조와 예종 등 국왕을 비롯하여 河陽縣監 鄭玉良, 上戶長 玄准, 上主 命玉, 記官 玄元, 中訓大夫 金九河 등 왕실뿐 아니라 양반과 상민계층까지 총망라되어 있다.

93 문명대, 「왕룡사원의 1466년작 아미타불좌상 연구」, 9-15쪽.

식이다.[94] 이러한 양식은 조선 중기 왕실 발원 불화에도 영향을 주었다는 점에서, 이 불상은 새로운 양식의 수용을 보여 주는 중요한 작품이다.

원각사 10층석탑(도 13)은 1464년(세조 10) 4월 효령대군이 회암사 동쪽 언덕에 석가모니의 사리를 안치하고 『원각경』을 강의할 때 여래가 모습을 나타내고 사리가 분신하는 장면을 목도한 것을 계기로[95] 건립되었다.[96] 세조는 사리분신 소식을 접하고 그다음 날 대사령을 내려 흥복사에 거둥하여 왕세자와 효령대군·임영대군·영응대군·신숙주(申叔舟)·구치관(具致寬) 등과 더불어 원각사 창건을 의논하고, 효령대군 등을 조성도감 도제조로 삼았다.[97] 다음 해인 1465년(세조 11) 세조는 낙성경찬회(落成慶讚會)를 베풀고 승려 2만 명에게 공양을 베풀었으며,[98] 1466년(세조 12) 7월 15일에는 원각사에 봉안할 백옥불상(白玉佛像)을 함원전에서 맞아들여 점안법회를 베풀었고,[99] 1467년(세조 13) 10층

---

94 조선 전기 불상에 보이는 티베트 불상의 영향에 대해서는 문명대, 「朝鮮 前半期 彫刻의 對中國(明)과의 교섭 연구」, 『朝鮮 前半期 美術의 對外交涉』(예경, 2006), 131-152쪽; 김경미, 「조선 전반기 티베트계 명양식 불교미술의 영향연구」(고려대학교 박사학위논문, 2014) 참조.
95 『世祖實錄』, 世祖 10年 5月 2日條.
96 원각사의 조영에 대해서는 이병희, 「조선전기 원각사의 조영과 운영」, 『문화사학』 34(문화사학회, 2010), 111-145쪽 참조.
97 『世祖實錄』, 世祖 10年 5月 3日條.
98 『世祖實錄』, 世祖 11年 4月 7日條.
99 『世祖實錄』, 世祖 12年 7月 15日條.

석탑이 완공되자 연등회를 열어 낙성하였다.[100] 원각사는 민가 200여 채를 허물고 지은 대역사(大役事)였으며 8만 장에 달하는 청기와를 덮어 장식하였다고 한다.[101]

현재 원각사는 남아 있지 않지만 원각사 10층석탑은 그 자리에 그대로 남아 있다. 이 탑은 일본 승려 도은(道誾)이 천하에서 제일이라 하며 보기를 청할 정도로[102] 당시에 대내외적으로 주목을 받았다. 탑의 높이는 약 12m로 대리석으로 만들어졌으며, 3층 기단 위에 10층의 탑신으로 구성되었다. 현재 10층 옥개석까지 남아 있고 그 위의 상륜부는 없어졌다. 기단은 3층으로, 면석과 갑석으로 이루어졌으며, 평면은 아(亞) 자형을 이루고 있다. 탑신부는 3층까지는 아 자형, 그 이상은 방형인데, 층마다 각 면석은 조각으로 화사하게 장식되었다. 초층의 각 면에는 용 또는 사자, 모란·연화문이 조식되고, 2층에는 각종 인물·조수·초목·궁전, 3층에는 나한과 선인들이 새겨져 있다. 각 층의 갑석은 아랫면에 웅건한 당초문이 조식되고, 측면은 굽을 돌출시켜 갑석형(甲石形)을 이루었으며, 상층기단 갑석 상단에는 난간을 장식하여 그 위에 탑신부를 받도록 하였다. 탑신부는 초층부터 3층까지 평면이 기단과 같이 아 자형을 이루고 있으며, 방형의 평면을 이루는 4층부터는 각 층마다 지붕, 공포, 기둥 등 목조건물의 세부수법을 충실하게 모방하였다. 각 층의 옥신에는 하단부에 굄대를 높직하게 마련하고 측면에는 난간을 모각하였다. 각 면 중앙에는 13회(十三會)의 불·보살·천인상 등을 조각하였으며, 네 귀퉁이에는 원형의 석주를 모각하였다. 옥개석은 팔작지붕으로, 아랫면에 두공(枓栱)을 모각하였는데, 지붕의 기왓골 등 모두 목조건축의 옥개를 그대로 모방하고 있다. 특히 2층 정면의 지붕은 전각 지붕과도 같고, 더욱이 3층

100 『世祖實錄』, 世祖 13年 4月 8日條.
101 『世祖實錄』, 世祖 10年 6月 5日·12日條.
102 『世祖實錄』, 世祖 13年 3月 6日條.

은 이중의 지붕 모양으로 조성되어서 그 디자인과 기교가 놀랍다.

이러한 탑의 형식은 우리나라의 전통적인 석탑양식과는 전혀 다르다. 3층의 기단 4면의 중앙이 내밀려서 속칭 '아(亞)' 자형이라고 부르는 원나라 티베트식 탑의 기단 형식을 취했고 층수도 홀수가 아닌 10층의 짝수인 점, 그리고 표면에 13불회의 모습을 양각한 점 등이 특징이다. 이 탑의 조각 양식 또한 전체적으로 고려 후기의 불상 양식을 따르면서도 새로운 양식이 잘 드러나 있다. 단정한 눈, 코, 입의 표현, 오른쪽 어깨에 반달 모양의 옷자락이 걸쳐지는 착의법 등은 고려 후기 불상에서도 볼 수 있는 특징이지만 사각형에 가까운 얼굴과 둥근 육계에 중심계주가 있는 나발의 머리카락, 신체에 비해 작아진 손, 굴곡 없이 표현된 신체, 키형 광배 등 새로운 양식도 나타나 있다.[103]

또 이 탑은 전체적인 형태나 세부의 구조, 그리고 표면 전면에 장식된 불상의 조각 등이 국립중앙박물관 소장 경천사 10층석탑(1348)[104]과 흡사할 뿐만 아니라 사용된 석재가 대리석이라는 공통점을 가지고 있어 더욱 주목을 받고 있다. 원각사 탑이 경천사 탑과 유사한 양식으로 조성된 이유는 확실치 않지만 태조와 태종, 세종 등이 경천사에 여러 번 행행하여 천도재 등을 지냈던 사실을 볼 때[105] 경천사에서 본 석탑을 원각사 석탑 조성 시 참고하였을 것으로 짐작된다.[106] 1467년(세조 13) 원각사 석탑이 완공되자 세조는 탑의

---

103 원각사 탑 부조의 도상과 양식에 대해서는 문명대, 「圓覺寺 10層石塔 13佛繪圖의 圖像特徵—한성의 조선 초기 조각」, 『강좌 미술사』 19(한국불교미술사학회, 2002), 5-39쪽; 신소연, 「圓覺寺址 10層石塔의 西遊記浮彫 연구」, 『미술사학연구』 249(한국미술사학회, 2006), 79-112쪽 참조.

104 이 탑은 원래 경기도 개풍군 부소산에 있다가 경복궁으로 이전되었고, 현재는 국립중앙박물관에 전시되어 있다.

105 이은희·김사덕·신은정, 「敬天寺 10層石塔 復元에 관한 考察 I—相輪部를 중심으로」, 『문화재』 35(국립문화재연구소, 2003), 102-103쪽.

106 경천사 석탑 부조의 도상과 양식은 문명대, 「敬天寺 10層石塔 16佛會圖 浮彫像의 연구」, 『강좌 미술사』 22(한국불교미술사학회, 2004), 25-43쪽; 정은우, 「敬天寺址 10層石塔과 三世佛會考」, 『미술사연구』 19(미술사연구회, 2005), 31-58쪽; 신은정, 「敬天寺 10層石塔 復조성과 조성장인의 연구」, 『강좌 미술사』 26(한국불교미술사학회, 2006), 475-493쪽; 「敬天寺 10層石塔의 조형연구」, 『불교미술사학』 4(불교

완공을 축하하며 연등회를 베풀었다.[107] 또 원각사 석탑에서 사리가 분신하는 이변이 여러 번 일어나자 교지를 내려 모반에 연좌된 도적과 형벌을 남용한 관리 이외에 도형(徒刑)·유형(流刑)에 처한 자를 모두 방면하였으며, 고신(告身)을 거둔 자는 이를 환급하여 주고, 자급(資級)을 강등한 자는 그 자급을 회복해 주는 등 은사를 베풀었다.[108]

　　미술사학회, 2006), 317-339쪽 등 참조.
107 『世祖實錄』, 世祖 13年 4月 8日條.
108 『世祖實錄』, 世祖 11年 5月 6日·12月 24日條, 12年 4月 12日·10月 16日條, 13年 4月 7日條.

3 비빈(妃嬪)의 불사와 불교미술

왕, 대군 등과 함께 조선 초기 왕실 불사의 주축을 이룬 것은 대비·왕후·
빈·공주 등 왕실 여성들이었다. 왕실 여성들은 때로 문정왕후처럼 수렴청
정을 하면서 선교 양종과 도첩제, 승과를 부활시키는 등 앞장서서 불교의 중
흥에 힘쓰기도 했지만 대부분 권력 뒤에 가려져 정치에서 소외되었는데, 바
로 그러한 점이 자신들의 신념과 신앙을 적극적으로 펼칠 수 있는 이점이 되
기도 했다. 이들은 조선왕조가 정치적으로 내세운 성리학적 이념에 얽매이
지 않았으며, 왕의 어머니, 부인, 딸이라는 높은 신분을 이용하여 적극적인
불사를 행할 수 있었다. 이들의 불사 후원은 선왕 및 선후의 극락왕생과 왕
자의 탄생을 기원하는 등 주로 왕실의 안녕과 번영을 축원하기 위해 이루어
졌다.[109]

왕실 여성들이 발원한 유물 가운데 가장 이른 시기의 것은 태조의 계비
신덕왕후가 발원한 청곡사 은입사향완(銀入絲香椀, 도 14)이다. 이 향완은 고려
의 전통을 이어받은 은입사향완으로서 높이 39.1㎝의 당당한 형태와 화려
한 문양을 잘 갖추고 있다. 외반된 구연부의 밑부분에는 은입사로 1397년(태
조 6)에 태조 이성계의 후비(中宮)인 신덕왕후가 본향인 진양대도호부(晋陽大都
護府, 현재의 진주)의 비보선찰이었던 청곡사 보광전(普光殿)의 봉안용으로 만들
었다는 내용이 새겨져 있다. 특히 이 향완에 기록된 중창 비구 상총(尙聰)은

---

109 조선 초기 왕실 여성들의 佛事 後援은 강희정, 「조선전기 불교와 여성의 역할―불교미술의 조성기를
중심으로」, 『아시아여성연구』 41(숙명여자대학교 아시아여성연구소, 2002), 267-297쪽; 박아연, 「1493年
水鍾寺 석탑 봉안 왕실발원 불상군 연구」, 5-37쪽 참조.

송광사 주지를 역임한 바 있고 1398년 (태조 7) 신덕왕후 정릉의 능침사찰인 홍천사의 감주(監主)가 되었는데, 이 명문을 통해 1397년(태조 6)에 청곡사 중창에 참여했던 사실을 확인할 수 있다. 또한 발원자인 김사행(金師幸)은 고려 말 환관으로 1397년(태조 6) 가락부원군(駕洛府院君)의 자리에 올랐으며, 김진(金溱)은 태조대에 찬성사(贊成事)를 지냈다. 입사장 김신강(金信剛) 또한 왕실과 관련된 장인으로 추측된다.[110]

도14 청곡사 은입사향완, 1397년, 높이 39.1cm, 국립중앙박물관 소장.

이 향완의 형태는 고려 후기보다 다리의 외선이 직선화되는 동시에 하부가 보다 둔중해졌다. 특히 대부의 굴곡이 지나치게 높이 솟아올라 과장된 모습은 조선시대 양식으로 바뀌어 나가는 향완의 새로운 변화라 할 수 있다. 또한 범자가 작게 축소된 모습이나 원권 바깥에 둘러진 여의두문(如意頭文), 연화당초문, 연판문 등은 고려 은입사향완에 장식되던 문양요소가 계승되어 있으면서도 도식화된 모습이 역력하다. 향완의 범자는 태선과 세선의 동심원 안에 여의두문을 배치하고 다시 그 안에 작은 원을 만들어 범자를 은입사하였다. "am huam dme ya tgi ma"로 판독되는 6자의 범자문은 고려시대의 범자 형식과 다른 청곡사 향완에만 보이는 독특한 글자인 점이 이채롭다.[111] 신덕왕후 강씨는 왕비가 되기 전부터 독실한 불교신자였으며, 이성계가 조선을 건국하기 전부터 불교에 귀의하도록 설득하고 무학대사를 왕사로 봉하게 했다고 알려져 있지만 그가 후원한 불사 중 청곡사 향완 외에는

---

110 최응천, 「조선 전반기 불교공예의 도상해석학적 연구―명문과 도상적 특징」, 335쪽.
111 이용진, 「韓國 佛敎 香爐의 硏究」(동국대학교 박사학위논문, 2011), 253쪽.

현재 남아 있는 것이 없다.

태종비 원경왕후 민씨 또한 불사를 행했던 것이 주목된다. 민씨의 불교신 앙에 대해서는 알려진 바가 많지 않지만 1418년(태종 18) 넷째 아들인 성녕대 군이 14세의 나이로 요절하자 아들의 명복을 빌기 위해 대자암을 세웠으며, 주상 전하의 성수를 기원하며 궁인에게 천불(千佛) 1축과 팔난관음(八難觀音)· 범왕(梵王)·제석(帝釋)을 각각 1축씩 수놓게 하여 시주하였던 것을 보면[112] 불 심이 깊었음을 알 수 있다. 특히 민씨는 동생 민무구(閔無咎)의 투옥(1407년)과 아버지 민제(閔霽)의 죽음(1409년), 민무구와 민무질(閔無疾)의 자진(1413년), 민 무휼(閔無恤)·민무해(閔無悔)의 사사(1416년) 등 친정 가문의 몰락이라는 충격적 인 사건을 겪으면서 자연스레 불교에 귀의하였을 것이며, 그녀의 불심은 아 들인 효령대군에게 영향을 주었을 것으로 추정된다.

태종의 후궁 의빈 권씨와 의빈의 아버지 판한성부사(判漢城府事) 권홍(權弘, 1360-1446),[113] 태종의 딸 정혜옹주가 함께 발원 시주한 금강암 석조미륵불좌 상(도 15)[114]은 무학대사의 제자인 영암(玲嵒)이 1412년(태종 12) 겨울, 동인들의 후원으로 사찰을 창건할 때 함께 조성하였다.[115] 머리에 개석(蓋石)을 얹고 앙 복련(仰覆蓮)의 대좌 위에 결가부좌로 앉은 석불은 광배만 결실되었을 뿐 거 의 완전한 형태를 보여 준다. 얼굴은 턱 부분이 갸름하면서도 뺨에 살이 올

---

112 權近, 『陽村集』 卷22 「繡成願佛跋」.

113 權弘은 의빈의 아버지로 1382년(우왕 8) 과거에 급제하여 春秋館檢閱에 임명되고, 여러 번 전직한 뒤 司憲糾正이 되었다. 1388년 右正言에 오르고 이조·병조의 佐郎을 지낸 뒤, 1391년(공양왕 3) 趙浚·鄭 道傳 등을 탄핵하다가 貶職되었다. 1402년(태종 2)에 딸이 태종의 빈이 되자 永嘉君에 봉해졌다. 知議 政府事로서 사은사로 명나라에 다녀왔으며, 判敬承府事, 判恭安府事, 判漢城府事, 判敦寧府事, 禮曹判 書를 지냈으며 1423년에 致仕하였다. 1394년(태조 3) 왕명으로 韓理·曹庶·鄭矩·卞渾 등과 함께 『법 화경』 4부를 金泥로 썼다고 전한다.

114 문명대, 「조선시대 불교조각사론」, 『고려·조선 불교조각사 연구—삼매와 평담미』(예경, 2003), 306- 327쪽 및 문명대, 「조선전반기 불상 조각의 도상해석학적 연구」, 『강좌 미술사』 36(한국불교미술사학 회, 2011), 109-186쪽.

115 금강암과 석불의 조성 사실을 기록한 금강암비편(보령박물관 소장)은 청석의 재질 판석에 총 17줄 세 로로 각자한 비석편으로, 태종 12년(1412) "宮主權氏願堂, 永樂十年壬辰冬季上澣"이란 내용으로 보아 당시에 건립된 것으로 보인다. 석불과 비편은 현재 충청남도 유형문화재 제158호로 지정되어 있다.

라 통통하며 입에는 미소를 머금고 있어 전체적으로 생기발랄한 느낌을 준다. 신체는 직사각형에 가까운 좁은 어깨에 허리가 길며, 무릎 폭이 좁고 높은 편으로 단아하면서도 단정하다. 대의는 간결한 의문선으로 처리하는 등 전체적으로 단아한 인상을 준다. 중대(中台) 없이 단순한 앙복련으로 이루어진 대좌는 한 돌로 조성되어 있어 간결한 제작의도를 잘 반영하고 있는데, 이런 특징은 고려 말-조선 초의 티베트 불상의 대좌 형식을 따른 것이다.[116] 특히

도 15 금강암 석조미륵불좌상, 1412년, 높이 183.7㎝, 충남 보령 금강암 소장.

미륵불상은 두 손을 무릎 위에 모아 용화수(龍華樹) 꽃송이를 올려놓고 있는 이른바 용화수인(龍華樹印)을 짓고 있는데, 이는 비명(碑銘)의 미륵불상을 조성한다는 내용과도 일치한다.[117]

불상의 시주자 가운데 가장 먼저 등장하는 의빈 권씨는 태종의 넷째 후궁으로 정혜옹주의 생모이다. 궁인으로 궁중에 들어와 태종의 총애를 받아 1402년(태종 2) 정의궁주(貞懿宮主)에 봉해지고,[118] 1422년(세종 4) 의빈으로 진봉(進封)되었다.[119] 그해 5월 태종이 사망하자 머리를 깎고 비구니가 되어 밤낮으로 불경을 외우면서 선왕의 명복을 빌었다고 한다.[120] 의빈은 궁궐뿐 아니

116 문명대, 「조선전반기 불상 조각의 도상해석학적 연구」, 118-119쪽.
117 「玲嵓比丘創金剛庵碑銘」, "무학왕사의 문인 영암스님이 암석이 많은 산을 골라 靑石을 얻어 미륵상을 조성하니 금강의 뜻이 밝혀지고 … 이제 영암스님이 그윽한 곳임을 살펴보고 절터를 열었다 … 석불을 조성하니 천연한 진리에 부합함이라. 이 도량에 주석하면서 사람들을 제도하는 데 온 힘을 다 쏟았네." 문명대, 「조선시대 불교조각사론」, 269-270쪽.
118 『太宗實錄』, 太宗 2年 4月 18日條.
119 『世宗實錄』, 世宗 4年 2月 20日條.

라 지방에서도 많은 불사를 행했는데, 대표적인 것이 바로 친정아버지 권홍 및 딸 정혜옹주와 함께 원당인 보령 금강암을 중건하고 미륵불을 조성한 것으로, 이 불상은 당시 최고의 조각장이 조성했을 것으로 추측된다.

의빈 권씨가 행했던 불사 가운데 또 대표적인 것은 1458년(세조 4) 태종의 후궁 명빈 김씨(明嬪 金氏), 효령대군 등 왕실 인물, 종친 등과 함께 조성한 흑석사 목조아미타불좌상(도 16)이다. 이 불상은 정암산(井巖山) 법천사(法泉寺) 의 아미타삼존불좌상 중 본존인 아미타불좌상으로, 현재는 삼존불상 중 관세음보살상과 지장보살상은 없어지고 이 불상만 남아 있다. 1992년에 이 불상의 몸체 안에서 복장기와 백지묵서『법천사아미타삼존조성보권문(法泉寺阿彌陀三尊造成普勸文)』,『불설대보부모은중경(佛說大報父母恩重經)』목판본, 백지묵서『불조삼경합부(佛祖三經合部)』, 금니

『묘법연화경』권2 변상도, 감지은니 (紺地銀泥)『묘법연화경』3권, 부적 등 의 전적류, 사경보(寫經褓) 등 직물류, 사리·오향(五香)·칠약(七藥)·오곡(五穀)·유리·구슬 등 많은 유물들이 발견되면서 불상의 조성 경위와 시주자, 조성시기 등이 밝혀졌다.[121]

복장물 가운데 아미타삼존상복장기에는 187행에 걸쳐 아미타불좌상의 조성시기와 참여 인물, 시주자들이 적혀 있으며,『법천사아미타삼존조성보권문』에는 아미타불좌상을

도16　흑석사 목조아미타불좌상, 1458년, 높이 72cm, 경북 영주 흑석사 소장, 국보 제282호.

120 『世宗實錄』, 世宗 4年 5月 20日條.
121 당시 발견된 유물에 대해서는 『動産文化財報告書』'92-'93지정편(문화재관리국, 1994), 50-80쪽 참조.

조성하기 위해 알리는 글과 시주자들의 이름이 적혀 있다. 두 기록에 의하면 천순(天順) 원년(1457)에 정암산 법천사에 아미타불과 관음보살, 지장보살을 봉안하려는 목적으로 뜻을 모아 다음 해인 1458년(세조 4)에 성철(性哲)·성수(性修)·극인(克仁)·혜총(惠聰) 등의 승려를 화주(化主)로 하여 태종의 두 후궁인 의빈 권씨와 명빈 김씨, 효령대군, 광덕대부(光德大夫) 연창위(筵昌尉) 안맹담(安孟聃, 1415-1462)[122] 등 275명의 시주자가 참여하여 아미타삼존상을 조성하였다고 한다. 화원에 사직 이중선(李重善)과 이홍손(李興孫), 금박에 이송산(李松山), 각수에 황소봉(黃小奉), 소목에 양일봉(梁日峯) 등이 참여하였다.[123]

이 목조아미타불좌상은 조선 초기의 대표적인 목불좌상으로, 나발(螺髮)의 머리에 높은 육계, 원형의 정상계주, 계란형의 긴 얼굴, 단정하면서도 아담한 신체, 세장한 상체, 군의의 단정한 띠 매듭 등 조선 초기 불상의 특징이 잘 표현되어 있다. 이러한 특징은 14-15세기 중국의 명대 초기 불상에서 볼 수 있는 것으로, 조선 초기 명과의 교섭을 통해 전해졌다. 명빈 김씨 등이 시주한 수종사 불감(1459-1493년경)의 선각삼존불상과 효령대군 등이 발원한 관경16관변상도(1465), 문정왕후 발원 약사삼존도(1565) 등 왕실 관련 불상 및 불화에 이와 유사한 양식이 주로 나타나는 점은 이러한 양식이 주로 왕실 소속 화원 및 조각가들에 의해 수용되었음을 시사한다.[124]

---

122 안맹담은 1428년 세종의 딸인 貞懿公主와 혼인하여 竹城君에 봉해지고 崇政大夫의 품계를 받았다. 1432년(세종 14)에는 延昌君에 봉해졌으며, 崇祿大夫에 올랐고, 1444년(세종 26) 다시 光德大夫가 되었다. 불법을 몹시 좋아하여 집안에서 반승을 베풀고 승복을 입었으며, 불경을 독송한 다음 밥을 먹고 살상을 싫어하여 양잠도 하지 않았을 정도로 불심이 깊었다고 한다(『文宗實錄』, 文宗 2年 2月 2日條).

123 이 불상에 대해서는 김길웅, 「黑石寺 木造阿彌陀如來坐像考」, 『문화사학』 10(문화사학회, 1998), 37-50쪽; 최소림, 「黑石寺 木造阿彌陀佛坐像 研究—15世紀 佛像樣式의 一理解」, 『강좌 미술사』 15(한국불교미술사학회, 2000), 77-100쪽 참조.

124 최소림은 법천사 불상의 화원으로 참여하고 있는 사직 李重善을 廣平大君의 명복을 빌기 위해 府夫人 申氏가 세운 見性庵 약사삼존의 발원문에 보이는 李中善과 동일인물로 보았다. 또한 장인들은 內需司, 繕工監 등 관청에 소속되어 있으면서 국가 차원의 큰 행사나 왕실, 혹은 나라에서 인정하는 승려들이 주관하는 불사에 파견되었을 것으로 보았다. 최소림, 「黑石寺 木造阿彌陀佛坐像 研究—15世紀 佛像樣式의 一理解」, 87쪽.

의빈 권씨를 비롯하여 효령대군 등 왕실과 종친 중 불심이 깊었던 인물들이 법천사 아미타삼존불상을 조성하는 데 동참하게 된 것은 불상 조성을 발원한 해인 1457년(세조 3) 9월 의경세자(懿敬世子)가 갑자기 사망하고 12월에 해양대군(海陽大君, 예종)이 왕세자로 책봉되는 등 왕실의 불행한 사건과 연관이 있을 것으로 보기도 한다.[125] 그러나 의경세자가 죽기 이전인 2월에 이미 아미타삼존불상 조성이 계획되었으며 다음 해 10월에 무려 275명의 시주자가 참여하여 불상이 완성된 것을 볼 때, 보권문과 복장기에서 밝힌 것처럼 '왕실의 안녕과 국태민안'을 기원하며 동참 발원하여 조성한 것으로 생각된다.

명빈 김씨는 태종의 후궁으로, 불심이 매우 깊어 부모와 왕실의 안녕 및 망자의 극락왕생 등을 기원하며 많은 불사를 행하였다. 1432년(세종 14)에 『불설대보부모은중경』의 간행을 주관한 것을 시작으로[126] 1447년(세종 29)에는 친정오빠(혹은 동생) 등과 함께 태종, 원경왕후, 소헌왕후, 부모의 명복을 빌며 『상교정본자비도량참법(詳校正本慈悲道場懺法)』을 간행하였다.[127] 또한 1451년(문종 1)에는 태종과 세종, 소헌왕후, 부모의 명복을 빌며 『묘법연화경』을 간행하였으며,[128] 1458년(세조 4)에는 의빈 권씨, 효령대군 등과 함께 정암산 법천사 목조아미타삼존불상을 시주, 조성하였다.[129]

오대산 상원사에 전하는 목조문수동자좌상(도 17)은 의숙공주(懿淑公主) 부부가 발원, 조성하였다. 높이 98cm의 비교적 큰 상으로, 이 동자상 안에서 발견된 발원문에 의하면 세조의 둘째 딸인 의숙공주 부부가 1466년(세조 12) 이 문수동자상을 상원사에 봉안한다고 적혀 있어 왕실에서 발원한 것임을 알

125 최소림, 앞 논문, 84쪽.
126 보물 제959호(기림사비로자나불복장본), 보물 제1125호(국립중앙박물관 소장)로 지정되었다.
127 현재 권4-6(보물 제1143호)은 아단문고(강태영)에 소장되어 있으며, 권9-10(보물 제1252호)은 보림사에 소장되어 있다.
128 이 중 권5-7(보물 1107호)은 호림박물관에 소장되어 있다.
129 명빈 김씨는 1459-1493년에 조성된 수종사 팔각석탑에서 발견된 金銅佛龕의 시주자로도 추정되고 있으나 여기에 기록된 명빈 김씨가 성종의 후궁인 명빈 김씨일 가능성도 배제할 수 없다.

수 있다.[130] 양쪽으로 묶은 동자의
머리를 제외한 자세라든가 착의법
등은 일반적인 보살상의 형식을
따르고 있다. 왼쪽 다리는 안으로
접고 오른쪽 다리는 밖으로 두었
으며, 수인은 오른손은 들어 엄지
와 중지를 맞대고, 왼손은 내려서
엄지와 약지를 거의 맞댈 듯이 표
현하였는데 손가락이 매우 섬세하
다. 동자같이 앳된 미소를 띤 양감
있는 얼굴, 부드럽게 굴곡진 허리,
균형 잡힌 안정된 신체, 왼쪽 어깨
에서 오른쪽 겨드랑이로 비스듬히

도17　상원사 목조문수동자좌상, 1466년, 높이
98cm, 강원 평창 상원사 소장, 국보 제221호.

묶은 천의(天衣), 신체의 윤곽에 따라 자연스럽게 형성된 부드러운 옷 주름선
등에서 앞 시대의 영향이 엿보인다. 그러나 얼굴을 약간 숙인 모습이나 가
슴 아래까지 올라오는 상의(裳衣, 치마)의 윗부분을 수평으로 처리한 점, 불룩
한 가슴의 젖꼭지 표현 등에서 같은 시기에 조성된 수종사 8각5층석탑 출토
금동석가불좌상(1459-1493년경)과의 친연성을 엿볼 수 있다. 이 밖에 왼쪽 어
깨에 N자형으로 드리워진 천의자락이 한 번 둥그렇게 말린 점, 목걸이 이외
에 장식이 거의 없는 점은 1476년(성종 7)경에 제작된 강진 무위사(無爲寺) 목
조아미타삼존상의 협시보살상과 비슷하다. 이 목조문수동자좌상은 제작연
대와 발원자가 분명하고 단독으로 봉안된 희귀한 예로서, 조선 초기의 조각

130 목조문수동자상의 복장 유물에 대해서는 박상국, 「상원사 문수동자상 복장발원문과 복장전적」, 『한
　　국불교학』 9(한국불교학회, 1984), 79-100쪽; 김연미, 「불복장 의복 봉안의 의미-상원사 문수동자상
　　의 저고리와 전설을 중심으로」, 『미술사학』 34(한국미술사교육학회, 2017), 165-196쪽 참조.

사 연구에 매우 귀중한 자료이다. 또한 세조 때의 흥불정책에 힘입어 왕실에서 조성한 수준 높은 목조불상으로, 조선적인 불상미를 새롭게 파악할 수 있는 대표적인 작품이라 할 수 있다.[131]

1469년(예종 1)에 조성된 수종사 범종(도 18)은 성종의 모후인 수빈 한씨(粹嬪 韓氏)와 정업원 주지 이씨가 함께 시주, 조성하여 원찰인 수종사에 시납한 것이다. 높이 48.5㎝의 작은 종이지만 조선 전기 왕실 발원 범종과 달리 천판이 평평하고 천판 가장자리에 입상화문대를 배치한 점, 상대와 하대, 당좌를 갖추고 있는 점 등은 전통적인 범종 양식을 보여 준다. 용뉴는 일부가 파손되어 없어졌는데 '6' 자를 등을 맞대어 모아 놓은 듯한 독특한 모습이다.

도18 수종사 범종, 1469년, 높이 48.5㎝, 국립중앙박물관 소장.

천판과 상대가 만나는 곳에는 아름다운 입상의 화문대가 둘리어 있는데 일부는 파손되었다. 상대는 일정한 간격으로 구획하고 그 안에 당초문을 세로로 배열하였으며 하대는 파도문으로 장식하였다. 상대와 당좌 사이의 공간에는 12자의 범자를 배열하였으며, 당좌에는 8엽의 연화문을 이중으로 둘렀다.

종신에는 성화 5년(1469)에 수빈 한씨와 정업원 주지 이씨가 시주하여 수종사 소종을 만들었다는 내용의 명문이 새겨져 있다.[132] 여기서 수빈 한씨는

---

131 홍윤식, 「조선 초기 상원사 문수동자상에 대하여」, 『고고미술』 164(한국미술사학회, 1984), 9-22쪽.

132 명문: "成化五年七月日水鍾寺小鍾鑄成」施主粹嬪韓氏口淨業院住持李氏口口"(황수영 편, 『韓國金石遺文』, 일지사, 1976, 337쪽 및 木崎愛吉, 『京都 東本願寺朝鮮鍾』, 『大日本金石史』 3, 歷史圖書社, 1972, 92-93쪽 참조).

성종의 모후인 인수대비(1437-1504)이다. 인수대비는 세조의 장남인 의경세자의 빈으로서 1455년(세조 1) 수빈에 봉해졌으며, 1469년(예종 1) 7월 예종이 승하하고 11월에 아들인 잘산군(乽山君)이 성종으로 즉위하자 의경세자가 덕종(德宗)으로 추존되면서 인수대비에 책봉되었다.[133] 이 종이 만들어진 것은 인수대비로 책봉되기 네 달 전으로, 아직 수빈이라는 지위에 머물러 있을 때였기 때문에 수빈 한씨라고 기록되어 있다. 수빈 한씨와 함께 시주자로 참여한 정업원 주지 이씨는 누구인지 알 수 없지만, 조선 초기 정업원에는 주로 왕실 여성들이 주지로 임명되는 것이 일반적이었으므로 이씨 또한 왕실 관련 여성으로 추정된다. 수종사는 1439년(세종 21)에 세워진 정혜옹주 사리탑의 소재지이며, 1459년(세조 5) 왕명에 의해 크게 중창된 이후 왕실의 원찰로 많은 비빈들이 불사를 행했던 곳이다. 따라서 불심이 깊었던 수빈 한씨 또한 이곳에 범종을 시주, 조성한 것으로 추정된다.

수종사에서 멀지 않은 가평 현등사에는 왕실 발원의 사리기(도 19)가 전하고 있다. 1476년(성종 7)에 조성된 현등사 사리기는 인수대비 못지않게 불심이 돈독했던 대방부부인 송씨(帶方府夫人 宋氏)가 대시주가 되어 딸, 사위와 함께 조성하였다. 사리기는 원통형의 은제합 모양인데, 뚜껑이 낮고 중앙이 솟아오른 형태이며 문양은 전혀 없다. 내부에 봉안된 수정제 사리기는 수종사 정혜옹주 사리탑(1439)에서 발견된 수정 사리병과 비슷하지만 몸체가 훨씬 둥글며 단순화되었고 사리병 아래로 육각

도19 현등사 사리기, 1476년, 경기 가평 현등사 소장.

133 『成宗實錄』, 成宗 1年 1月 22日條.

의 받침을 둔 점이 다르다.

은제의 사리기 표면에는 성화 6년(1470)에 원당인 운악산 현등사의 탑을 개조하고 사리 5매를 안치한 것과 대방부부인 송씨 등이 발원한 내용을 기록하였다.[134] 사리기를 발원한 대방부부인 송씨는 세종의 여덟 번째 아들인 영응대군 염의 후취(後娶)로, 세종대왕의 며느리이자 효령대군의 조카며느리이다. 여산 송씨(礪山 宋氏) 판중추(判中樞) 송복원(宋復元)의 딸이며 송현수(宋玹壽)의 누이로서 1445년(세종 27) 당시 12세였던 영응대군과 혼인하였다.[135] 그러나 얼마 안 되어 시아버지인 세종에 의해 본가로 쫓겨났다가 1450년(세종 32) 세종대왕이 승하한 후 그를 잊지 못하는 영응대군에 의해 1453년(단종 1) 해주 정씨(海州 鄭氏) 참판 충경(忠敬)의 딸 정씨 부인이 폐출된 후 다시 영응대군의 후취로 들어갔다.[136] 세종은 처음에 송씨를 며느리로 맞이하기 위해 송씨의 아버지 송복원을 4품에 올리고 은대(銀帶)를 하사하는 등 송씨를 아꼈던 듯하다.[137] 실록에는 송씨가 병이 있어 세종에 의해 내쫓겼다고만 적혀 있으나, "성품이 질투심이 많고 사나워 영응대군이 송씨를 두려워했으며, 희첩들도 그의 얼굴을 보는 것을 두려워했다"[138]라는 후일의 기록을 보면, 아마도 이러한 연유로 세종에 의해 내쳐진 것이 아닌가 생각된다. 그러나 송씨는 세종이 승하한 후 영응대군의 부인 정씨를 내치고 다시 후취로 들어가 상당한 권력을 행사하였으며,[139] 특히 성종대에는 원자를 맡아 기를 정도로 권세가 컸다.

송씨는 불심이 깊어 많은 불사를 행하였다. 앞에서 살펴보았듯이 효령대

---

134 최응천, 「조선 전반기 불교공예의 도상해석학적 연구—명문과 도상적 특징」, 〈표 4〉의 舍利器 및 舍利莊嚴具-① 참조.
135 『世宗實錄』, 世宗 27年 4月 21日條.
136 『世祖實錄』, 世祖 13年 2月 2日條; 『端宗實錄』, 端宗 1年 11月 28日條.
137 『世宗實錄』, 世宗 27年 3月 9日條.
138 『睿宗實錄』, 睿宗 1年 10月 6日條.
139 『睿宗實錄』, 睿宗 1年 10月 6日條; 『成宗實錄』, 成宗 14年 8月 26日條.

군, 월산대군과 함께 이맹근필 관경16관변상도(1465)를 함께 시주, 발원하였다. 1467년(세조 13) 남편인 영응대군이 서거하자 "(송씨가) 보물을 모두 팔아서 불찰을 영건하니 그 경비가 100만이었다"[140]라는 기록이나 "영응대군 이염의 아내가 무덤 곁에 불찰을 크게 경영하려고 재목을 청하는데, 그 비용이 과다하여 내(세조)가 비록 재물을 아끼는 것은 아니지만 일의 적당함을 어기게 되어 진실로 하고자 하는 대로 따를 수 없다"라는 기록,[141] "대방부인(송씨)이 과부와 승니를 많이 모아 놓고 절간에서 유숙하였으니 … 중 학조(學祖)와 선종판사(禪宗判事) 보문(普文), 원각사 주지 연희(衍熙)가 모두 송씨의 불사에 참여하였다"라는 기록[142] 등은 송씨의 불심이 상당하였으며 불사 또한 활발히 하였음을 보여 준다. 1457년(세조 3)에 영응대군이 대단월(大壇越)이 되어 약사여래 3구를 만들어 도갑사 감전(紺殿)에 봉안하였던 것도 부인 송씨의 불심과 관련이 있을 것으로 생각된다.[143] 이러한 송씨의 불심은 불교에 심취하였던 효령대군에게도 알려졌을 것이며, 이에 따라 1465년(세조 11)에 효령대군이 관경16관변상도를 제작할 때 함께 시주로 참여하게 되었다고 본다. 최근 해인사 법보전 목조비로자나불에서 발견된 '해인사 중수기'에 송씨가 1490년(성종 21)의 해인사 중창 불사에도 시주로 참여한 사실이 기록되어 있어 불사에 적극적으로 참여했음을 다시 한번 확인할 수 있다.

1477년작 약사삼존십이신장도(도 20)는 성종의 누이동생 명숙공주(明淑公主, 1455-1482)와 남편 홍상(洪常, 1457-1513)[144]이 성종과 자신들의 무병장수를 기원하며 발원, 조성하였다. 화면 가운데 높은 대좌 위에는 약합을 손에 든 약

---

140 『睿宗實錄』, 睿宗 1年 10月 6日條.

141 『世祖實錄』, 世祖 13年 4月 5日條.

142 『燕山君日記』, 燕山君 2年 4月 24日條.

143 『朝鮮金石總覽』 下卷 道岬寺妙覺和尙碑[진홍섭 편, 『韓國美術史料集成』 (3), 일지사, 1991, 204쪽].

144 홍상은 1466년 명숙공주와 혼인하여 唐陽尉에 봉해지고 都摠官, 綏祿大夫를 지냈는데 1504년 갑자사화에 연루되어 귀양살이를 하다 1506년 중종반정으로 풀려나 原從功臣이 되었다.

도 20　약사삼존십이신장도, 1477년, 85.7×
56cm, 개인 소장.

사여래가 결가부좌하였으며, 좌우에 일광보살과 월광보살 및 약사십이신장이 이들을 둘러싸고 있다. 본존의 대좌 아래에는 공양물이 놓인 불탁이 놓여 있는데, 대좌 앞면의 당초문과 대좌 앞에 따로 놓인 탁자의 꽃무늬 등은 고려불화의 문양을 능가할 정도로 아름답다. 십이신장은 각 상의 형상과 색감의 조화도 완숙해 당대 최고의 솜씨를 가진 화공이 그렸을 것으로 짐작된다. 상부에는 천개(天蓋)와 서운(瑞雲), 시방불을 묘사하여 약사여래의 설법을 장엄하고 있다. 본존 머리에는 정상계주가 높게 표현되었으며, 얼굴에는 이목구비가 작게 묘사되는 등 15세기 왕실 발원 불화의 특징을 잘 보여 준다. 반면, 우견편단의 대의와 아래로 처진 무릎, 앙복련이 묘사된 대좌 등은 고려 말-조선 초의 티베트식 불상과 유사하다.[145] 붉은색과 녹청, 군청을 주조색으로 한 뛰어난 색채와 배색, 섬세한 문양, 치밀한 세부 묘선 등이 고려불화와 거의 같아 고려불화의 전통을 이은 조선 전기 불화의 성격을 한눈에 보여 준다.[146] 붉은 바탕에 금니로 적은 화기에 의하면 이 불화는 명숙공주와 홍상이 아미타여래도, 치성광여래도, 관음보살도 등과 함께 조성했다고 한다.[147]

145　박은경, 『조선 전기 불화 연구』(시공아트, 2008), 56쪽.
146　『국보전─동국대학교 건학 100주년 기념특별전』(동국대학교박물관, 2006), 20쪽.
147　화기는 박은경, 『조선 전기 불화 연구』, 480쪽 참조.

명숙공주는 세조의 큰아들인 덕종과 소혜왕후(인수대비)의 딸로 12세에 홍상과 혼인하여 1471년(성종 2)에 아들을 낳았으나 1482년(성종 13)에 28세로 요절하였다. 성종은 누이의 죽음을 슬퍼하며 부의(賻儀)로 쌀 60석(碩), 콩 20석, 청밀(淸蜜) 10두(斗), 기름 15두, 밀 3석, 석회(石灰) 50석을 특별히 하사하였으며,[148] 어머니 인수대비는 외동딸인 명숙공주의 천도를 위하여 법화경을 인출하기도 했다.[149] 명숙공주는 이 불화 외에는 불사를 행한 흔적이 없지만 어머니 인수대비와 오빠인 월산대군이 불심이 깊어 많은 불사를 행했던 사실을 보면 그 역시 불심이 깊었을 것으로 보인다.

봉선사 범종(도 21)은 1469년(예종 1)에 세조비 정희왕후가 봉선사를 창건하면서 1468년(세조 14)에 승하한 세조의 추복을 위해 조성한 종이다. 조선 초기 왕실 발원으로 제작한 종 가운데 가장 완성도가 높은 종으로 평가받고 있는 이 종은 이보다 3개월 전에 완성된 낙산사 범종(도 10)과 형태와 문양이 비슷하지만 크기가 더 크고, 용뉴는 종신과 비례가 맞게 적절한 크기로 제작되었다. 천판에 머리를 가까이 댄 쌍룡의 모습은 구조적으로 안정감을 주며, 견대의 연판무늬를 장식한 귀꽃은 낙산사 범종보다 화려하다. 보살상 옆에 다시 등장한 연곽에는 유려한 당초무늬가 조각되었다.

도 21 봉선사 범종, 1469년, 높이 238cm, 입지름 168cm, 경기 광주 봉선사 소장, 보물 제397호.

---

148 『成宗實錄』, 成宗 10年 10月 24日條.
149 인수대비가 간행한 『법화경』(1482년, 보물 제950호)은 1470년(성종 1) 세조비 정희대왕대비에 의하여 판각된 목판에서 찍어 낸 경전 중 하나로, 끝에는 판각 때 쓴 금수온의 발문과 인출 당시 먹으로 쓴 강희맹의 발문이 붙어 있다.

보살의 광배 좌우에는 '옴' 자를 두고 연곽 아래로 새롭게 옴마니반메훔의 육자대광명진언(六字大光明眞言)을 첨부하였다. 후덕한 상호에 우아한 자태의 보살상은 천의자락이 신체를 따라 가볍게 흘러내리고, 머리에 쓴 보관과 몸에 걸친 영락은 화려하면서 섬세하다. 하대 문양은 낙산사 범종에서 보았던 파도무늬를 뒤집어 놓은 듯 위로 잔물결이 이는 모습인데, 일렁이는 물결 표현이 자연스럽다. 종신의 명문은 강희맹이 짓고 글씨는 정난종이 썼다.[150]

일본 에이헤이지[永平寺] 소장 삼제석천도(도 22)는 왕대비 혹은 대왕대비가 1483년(성종 14)에 주상 전하와 왕비 전하의 복을 기원하며 제작하였다. 화면 상단에는 봉황좌에 앉은 제석천 좌우에 번을 쥔 협시상이 각각 시립하고, 하

단에도 제석천과 그 좌우에 번을 쥔 협시상으로 구성된 동일 도상이 좌·우측에 나란히 위치하고 있다. 제석천은 화려한 머리장식에 보관을 쓰고 가슴에는 화문과 주옥으로 장식된 화려한 영락장식을 드리운 모습으로 의자에 앉아 정면을 향하고 있는데, 한쪽 손은 어깨까지 들어올려 천선의 지지대 중간을 살짝 잡고 다른 손은 부채의 끝을 받치고 있다. 이 작품은 전체적으로 제석천 3위가 존재하는 삼제석천상으로, 금자로 적은 화기

도 22 삼제석천도, 1483년, 견본채색, 115.5× 76.7cm, 일본 에이헤이지[永平寺] 소장.

150 최응천, 「조선 전반기 불교공예의 도상해석학적 연구—명문과 도상적 특징」, 326쪽.

에도 '삼제석'이라 기록되어 있어 독존상의 제석천상과는 도상 구성에 차이를 보여 매우 흥미롭다.

선성부원군(宣城府院君) 노사신(盧思愼, 1427-1498)[151]이 발문을 쓴 화기는 앞부분이 지워져 확실하지는 않지만 "□□비전하(□□妃殿下)가 왕과 왕비 전하 모두 복을 받고 대가 끊어지지 않기를 바라며 약사여래도와 치성광여래도, 천수팔난관음도, 십육성중도를 함께 그리고, 아울러 약사경과 칠성경을 각각 15건씩 모두 30건을 간행한다"라고 기록되어 있다. 이 불화가 조성된 1483년은 성종 14년으로 화기에 기록된 왕은 성종이며, 왕비는 1479년(성종 10) 연산군의 생모 윤씨가 폐위된 뒤 11월에 계비가 된 정현왕후(貞顯王后) 윤씨를 지칭하는 것으로 생각된다.

그렇다면 이 불화를 발원한 '□□비전하'는 누구일까. 성종대에 왕대비로는 정희왕후(貞熹王后＝慈聖大王大妃, 1418-1483)와 덕종비 소혜왕후(昭惠王后＝仁粹王大妃, 1437-1504), 예종비 안순왕후(安順王后＝仁惠王大妃, ?-1498)가 있었다. 이 불화는 1483년(성종 14) 계묘년 맹춘(孟春), 즉 1월에 조성되었는데, 정희왕후는 불심이 깊었으므로 불화를 조성했을 가능성도 있다. 안순왕후는 1469년(예종 1) 11월 28일에 예종이 승하함에 따라 선왕(先王)의 왕비이자 성종의 법모로서 인혜왕대비(仁惠王大妃)가 되었으며, 소혜왕후는 요절한 남편 의경세자가 1474년(성종 5) 덕종으로 추존되면서 인수왕대비가 되었다. 3명의 비 가운데 성종의 할머니인 정희왕후와 모후인 소혜왕후가 불심이 매우 깊어 많은 불사를 행했기 때문에 손자 혹은 아들 내외를 위해 복을 빌며 불화를 발원했을 가능성이 있지만, 정희왕후는 이 불화가 제작된 1483년(성종 14) 음력 3월 30일에 66세로 승하했기 때문에 아무래도 정희왕후보다는 모후인 인수대비가 불화를 발원했을 가능성이 더 크다. 더구나 화기의 내용 중 대가 끊어지

---

151 노사신은 이 불화가 조성되기 1년 전에 宣城府院君으로 進封되었다.

지 않기를 바라며 불화 5점과 불경 30부를 인출했다는 내용이 있는데, 당시 성종은 공주만을 낳았고, 아들인 진성대군 즉 중종(1488-1544)은 1488년(성종 19)에 출산한 것으로 보아 아들 부부가 왕위를 이을 세자를 낳기를 바라면서 불화를 발원한 것으로 추정된다.

도 23 해인사 대적광전 범종, 1491년, 높이 84.8cm, 입지름 56.2cm, 해인사성보박물관 소장, 보물 제1253호.

수종사 범종처럼 조선 초기의 왕실 발원 범종과 다른 양식을 보여 주는 것이 1491년(성종 22)에 조성된 해인사 대적광전 범종(도 23)이다.[152] 종명과 조성 감독, 장인들의 이름을 정확하게 기록하는 일

반적인 왕실 발원 범종과 달리, 연곽이 있는 단 아래에 "해인사 대적광전종 홍치사년신해춘성(海印寺 大寂光殿鐘 弘治四年辛亥春成)"이라고 조성 연도와 봉안처만을 간략하게 새겼다. 그렇지만 1490년(성종 21) 덕종비 인수대비와 예종의 계비 인혜대비가 해인사 대적광전과 기타 건물들을 대규모로 중수, 중창한 사실로 보아 이 범종은 해인사 중수 시 왕실에 의해 조성되었을 것으로

---

152 최근 해인사 법보전 목조비로자나불을 개금하는 과정에서 복장 유물이 대거 발견되었다. 복장 유물 가운데 15세기 말 학조대사가 쓴 '해인사 중수기'가 후령통 내부에 포함되어 있었는데, 중수기에는 성종 21년(1490) 해인사에서 중창 불사가 진행된 과정과 시주자들의 명단이 상세히 기록되어 있다. 204명으로 이루어진 명단의 대부분은 왕실의 비빈들로 구성되어 있으며, 해인사 중수 및 대장경 板堂의 보수는 정희왕후와 인수대비, 인혜대비에 의해 이루어졌음을 밝히고 있다. 시주자 중에는 귀인 권씨, 소의 이씨 등 첩지를 받은 여인뿐만 아니라 상궁과 일반 궁녀들, 자수궁, 수성궁 등 궁방의 여인들과 함께 현숙공주, 혜숙옹주, 제안대군 부인, 영응대군 부인 송씨 등 왕실의 친인척 및 세조의 사위 河城府院君 鄭顯祖, 덕종의 사위인 唐陽尉 洪常, 桂城君, 安陽君, 完原君, 檜山君, 鳳安君 등 일부 남성 왕친들도 시주에 참여했다.

추정된다. 두 마리의 쌍룡이 등을 맞대고 앉은 용뉴, 연판문대, 굵은 횡대구획으로 종신(鐘身)을 세밀하게 분할한 점, 파도문과 팔괘(八卦), 여의주를 쟁취하는 쌍룡의 문양대 구성은 명대 성화(成化) 연간(1465-1487)의 종과 유사하다. 종의 몸체 맨 위에는 생동감 넘치는 두 마리 용이 뉴(鈕) 역할을 하며, 어깨 부분에는 연꽃을 새겼다. 천판 밑부분에는 9개의 연뢰가 돌출되어 있으며, 연곽 사이에는 보살입상이 양각되어 있다. 몸체 중앙에는 가로로 세 줄을 돌리고 위쪽에 덩굴무늬와 보상화문(寶相華文)을 양각하였으며, 아래에는 운룡문과 파수문을 새겼다. 종신 전체에 무늬가 가득하여 매우 화려하다. 정교하며 다양한 무늬와 우수한 주조기술 등에서 조선 초기 범종 중에서도 뛰어난 작품으로 평가된다.

다음으로 1493년(성종 24) 수종사 8각5층석탑에 안치된 금동불감 및 불상(도 24, 25)은 태종의 후궁인 명빈 김씨가 대시주자가 되어 발원, 조성하였다. 금동불감 안에는 금동석가불좌상을 주존으로 왼쪽에 금동반가사유상, 오른쪽에 금동지장보살좌상이 안치되어 있었다.[153] 금동석가불좌상(도 24 중앙)은 갸름한 얼굴에 가늘게 뜬 눈과 작게 다문 입이 특징적이며, 머리는 푸른색으로 채색된 동그란 나발에 육계가 뾰족하고 중앙계주와 정상계주가 표현되었다. 정상계주는 주로 조선 초기에 나타나기 시작하는데, 1458년 흑석사 목조아미타불좌상(도 16), 1466년 환성사 목조아미타불좌상(도 12) 같은 동 시기 불상에서도 볼 수 있다. 어깨는 넓고 각이 진 형태이며, 하체는 상체에 비해 무릎 폭이 좁고 높이가 높다. 손은 신체에 비해 작은 편인데, 오른손은 손바닥이 위를 향한 상태에서 엄지와 중지를 맞대었고, 왼손은 손등이 보이도록 하여 팔꿈치까지 들어올렸다. 착의형태는 통견에 오른쪽 어깨를 덮은 대

---

153 수종사 불감 봉안 불상에 대해서는 윤무병, 「근래에 발견된 사리관련 유물」, 『미술자료』 1(국립중앙박물관, 1960); 윤무병, 「水鐘寺 八角五層石塔內 發見遺物」, 『김재원박사회갑기념논총』(을유문화사, 1969); 정영호, 「수종사석탑내 발견 금동여래상」, 『고고미술』 106, 107(한국미술사학회, 1970), 불감 후면 불화에 대해서는 유마리, 「水鍾寺 金銅佛龕佛畵의 考察」, 『미술자료』 30(국립중앙박물관, 1982) 참조.

수종사 금동불감 석가불좌상 등, 1479년 이전 주조, 1493년 봉안, 본존 높이 15㎝, 불교중앙
박물관 소장.

의를 걸치고, 가슴을 가로지르는 내의에는 묶은 띠 매듭을 선각으로 처리하
였다. 이상과 같은 특징은 수종사 금동불감 내벽의 삼존불좌상과 상원사 목
조문수동자좌상(도 17) 등에서도 볼 수 있다. 대좌는 금동판을 오려서 만든
팔각형으로, 문양이 없이 단순한 형태이다.

　금동반가사유상(도 24 향우측)은 높이 9.3㎝의 소형 불상으로 일반적인 반가
사유의 자세와 반대로 왼쪽 다리를 오른쪽 무릎 위에 올려놓았다. 좁은 어
깨에 천의와 군의를 걸치고, 간략한 연주문 목걸이를 착용하였다. 머리카락
의 일부는 높이 묶고 나머지는 어깨 아래로 내렸으며, 삼엽형의 보관을 쓰
고 있다. 갸름한 얼굴과 위로 치켜 올라간 눈에서 명대 티베트 불상의 영향
을 엿볼 수 있다. 금동지장보살좌상(도 24 향좌측)은 삼존상 중에서 가장 작은
데, 대의를 입고 머리에는 두건을 쓰고 있다. 두건은 관대나 장식이 없는 간
략한 형태로 귀를 덮고 어깨까지 늘어졌다. 손은 신체에 비해 큰데, 왼손은

도 25　수종사 금동불감 내부, 21×18.4×10cm.

도 25-1　수종사 금동불감 뒷면 아미타팔대
보살도.

보주를 쥐고 오른손은 엄지와 중지를 맞대어 앞쪽을 향하여 들었다. 세 불
상은 도상이나 양식 등에서 각기 차이를 보이지만, 전통 양식에 명대 양식과
조선시대의 새로운 불상요소가 혼재된 조선 전기 불·보살상의 특징을 잘
보여 준다.

　한편 금동불상 3구가 안치되어 있었던 금동불감 내부 정면(도 25)에는 삼
존불좌상과 5층탑 2기, 문 안쪽에는 2구의 인왕상이 새겨져 있으며, 뒷면에
는 불화가 그려져 있다. 삼존불좌상은 가운데의 항마촉지인 불좌상을 비롯
하여 향좌측의 불상은 선정인, 향우측의 불상은 설법인 계열의 수인을 결한
것으로 추정되나, 삼존의 정확한 존명을 확인하기는 힘들다. 불감의 측면에
는 보살상이 표현되어 있으며 후면에는 아미타팔대보살도(도 25-1)가 그려져
있다.[154] 또한 목조불감에서 발견된 3구의 상들은 관음보살상 1구, 지장보살
상 1구, 천왕상 1구로 일반적으로 표현되는 삼존상이 아니며, 목조불감은 거
의 잔해조차 찾을 수 없는 상황이므로 다른 불상들과 함께 안치되었을 가능
성도 있다. 네 개의 팔을 가진 다비(多臂)관음보살상은 일반적으로 다비의 상

154　이 불화의 주존은 기존에 아미타여래로 인식되었으나, 최근에는 봉정사 대웅전의 후불벽화나 묘법
　　연화경 변상도에 비슷한 수인의 석가여래상들을 근거로 하여 석가여래로 보는 의견도 제시되었다.

들이 관음보살로 제작되는 경우가 대부분이기 때문에 변화관음보살일 가능성이 크다고 생각되지만, 국내에는 동일 시기에 비교할 수 있는 다비의 보살상이 없어 비교하기가 어렵다.

이 유물들은 8각5층석탑의 1층 탑신석과 옥개석 사이에 간격이 생기면서 노출되었는데, 1957년 국립중앙박물관에서 석탑을 해체하는 과정에서 1층 탑신 및 옥개석, 기단 중대석 등 세 군데 원형의 장치공 내부에서 다수의 유물이 발견되었다. 1층 탑신석에서는 금동불상 1구와 보살상 2구, 금동불감 1점, 목조상 3구가 발견되었으며, 기단 중대석에서는 금동불상 8구, 1층 옥개석에서는 4구의 금동불상이 발견되었다. 이후 1970년에 본래 사찰 동쪽에 위치한 석탑을 현재의 위치로 옮기면서 또 다른 불상이 다수 발견되었다. 당시 수습된 유물은 2층 옥개석에서 금동불상 9구, 3층 옥개석에서 금동불상 3구였다. 불상은 1493년(성종 24)과 1628년(인조 6) 두 번에 걸쳐 납입되었는데, 그 가운데 1493년(성종 24)에 봉안된 불상군은 금동불감 안에서 발견된 석가불좌상, 반가사유상, 지장보살좌상의 금동삼존불좌상과 목조불감 안에서 발견된 것으로 전해지는 목조보살입상, 지장보살입상, 천왕상 등 6구로 추정되고 있다. 금동석가불좌상의 하단 은판에 음각으로 '시주 명빈 김씨(施主 明嬪 金氏)'라는 명문이 새겨져 있기 때문이다. 내부에서 발견된 발원문에서는 1493년(성종 24)에 성종의 후궁인 숙용 홍씨, 숙용 정씨, 숙용 김씨가 왕실의 안녕과 수복을 기원하며 옛 불상을 중수하고 장엄하여 탑에 안치하였다는 내용이 확인되었다. 따라서 이 석가불좌상은 명빈 김씨가 생존해 있었던 1479년(성종 10) 이전에 주조되어 1493년에 성종의 후궁들이 중수, 안치한 것으로 추정된다.

한편, 조성연대가 명확하지는 않지만 왕실 종친의 부인이 발원한 것으로 추정되는 불화 한 점이 전한다. 일본 쓰루가[敦賀]현 사이후쿠지[西福寺]에 소장된 수월관음도(도 26)는 함안군부인 윤씨(咸安郡夫人 尹氏)가 시주 발원하였다.

이 불화는 조선 전기에 왕실 여성이 발원한 순금화(純金畵) 또는 선묘불화(線描佛畵) 중 하나로, 감색 바탕의 비단에 금니만을 사용하여 제작하였다. 자색으로 물들인 비단 바탕에 섬세하고 활달한 금니로 그리고 부분적으로 채색을 가했는데, 배치구도가 안정감은 있으나 형태는 다소 경직된 느낌을 준다. 바다로 둘러싸인 암굴 속에 앉은 관음보살이 선재동자의 방문을 받는 장면을 그린 것으로, 오른쪽 절벽에는 버들가지가 꽂힌 정병이 놓여 있다. 관음보살의 보관에는 아미타화불이 없고, 대신 머리 윗부분에 본존불인 아미타불을 따로 강조하여 그렸는데, 이러한 점은 고려시대의 수월관음도와 비교된다. 따라서 이 작품은

도 26　수월관음도, 15세기, 견본금선묘, 170.9×90.9㎝, 일본 사이후쿠지[西福寺] 소장.

구도와 형태, 필선 등에서 고려 수월관음도의 전통을 이어받은 조선 전기 수월관음도의 기준이 된다고 할 수 있다.

　　그림 하단의 향우측에는 "공덕주함안군부인윤씨(功德主咸安郡夫人尹氏)"라는 화기가 금니로 적혀 있다. 이 불화의 공덕주인 함안군부인 윤씨는 태종의 손자인 옥산군(玉山君) 이제(李躋, 1427-1490)[155]의 배필이자 첨지중추부사(僉知中樞府事) 증찬성(贈贊成) 윤공신(尹恭信)의 딸인 윤씨로 추정되는데,[156] 함안군부인 윤씨는 1497년(연산군 3)에 사망하였으므로 이 불화는 15세기 중엽-말기에

<hr />

155　옥산군은 태종의 넷째 아들인 謹寧君 李禔의 장남으로 1449년(세종 31)에 正義大夫 玉山君에 봉해진 뒤 1461년(세조 7)에 承憲大夫, 1484년(성종 15)에 昭德大夫, 1489년(성종 20)에 文昭殿都提調가 되었다. 현재 부인 함안 윤씨와의 합장묘가 경기도 벽제군 대자리에 남아 있다.

156　이동주, 「〈主夜神圖〉의 제작연대」, 『韓國繪畵史論』(열화당, 1987), 208-226쪽.

도 27　관경16관변상도, 1434년, 견본채색, 223×161cm, 일본 지온지[知恩寺] 소장.

제작되었을 것이다.

　이 밖에 1434년(세종 16)에 조성된 것으로 추정되는 관경16관변상도(도 27)는 '전□천태종사(前□天台宗事)'와 '익□군부인□씨(益□郡夫人□氏)'가 함께 발원하였다. '전□천태종사'는 행호(行乎), '익□군부인□씨'는 익산군부인(益山郡夫人) 순천 박씨(順天 朴氏)일 가능성이 있다. 행호는 해동(海東)의 공자(孔子)라고

자부했던 문헌공(文憲公) 최충(崔忠)의 후손으로 태종과 세종의 총애를 받았으며, 태종의 원찰인 원주 각림사(覺林寺), 고양 대자암(大慈庵, 태종의 넷째 아들인 성녕대군의 능침사찰)의 주지로 머물렀고 세종대에는 판천태종사(判天台宗師)를 제수받았다. 그는 1430년(세종 12) 효령대군의 지원을 받아 고려 후기 천태종 백련결사(白蓮結社)의 도량이었던 백련사(白蓮寺)를 중창하는 등 천태종 부흥을 위해 노력하였다.[157] 행호는 같은 해 천태종사를 제수받았으나 거절하였기 때문에 1434년(세종 16)에 조성된 이 불화의 화기에 '전□천태종사'라고 기록한 것으로 추정된다. 이 불화의 또 다른 시주자는 '익□군부인□씨'인데, 이름에 이어 '자(子) …'라는 글자가 쓰여 있는 것으로 보아 자식 낳기를 바라면서 불화를 조성한 것으로 보인다. 15세기 전반에 군부인을 제수받은 여성 가운데 '익□군부인'은 태종의 셋째 아들인 온녕군(溫寧君) 이정(李禎, 1407-1454)의 처인 익산군부인 순천 박씨가 유일하다. 박씨는 슬하에 자식을 두지 못해 온녕군의 동생 근녕군(謹寧君) 이농(李襛, 1411-1462)의 차남 우산군(牛山君) 이종(李踵, ?-1506)을 후사로 삼았다고 한다.[158] 이러한 사실로 볼 때 이 불화는 익산군부인 박씨가 자식을 낳기를 바라면서 당시 왕실 불사에 적극적으로 참여했던 행호와 함께 불화를 발원한 것으로 추정된다.

삼세불과 삼신불을 함께 표현한 오불회도(도 28)는 왕비가 발원, 조성한 것으로, 화기 앞부분이 많이 훼손되어 정확한 조성연대를 알 수 없다. 화기 앞부분에는 '□비전하(□妃殿下)'가 불화를 발원하는 내용이 적혀 있으며, 화기의 제일 뒷부분에는 '□□삼년십월일(□□三年十月日)'이라고 조성연대가 적혀 있다. 안타깝게도 발원자와 조성연대 부분이 훼손되어 정확한 연대와 발

---

157 황인규, 「조선초 천태종 고승 행호와 불교계」, 『한국불교학』 35(한국불교학회, 2003), 211-239쪽.
158 온녕군 이정과 순천 박씨 사이에는 후사가 없어 臨瀛大君 李璆의 둘째 아들 龜城君 李浚을 양자로 삼았으나(『世祖實錄』, 世祖 6年 3月 21日條), 1470년(성종 1) 鄭麟趾 등이 귀성군 이준을 탄핵하여 삭탈 관직하여 귀양 보냄에 따라 배소에서 후사 없이 죽었으며, 후에 이복동생인 謹寧君 李襛의 아들 牛山正 李踵이 양자가 되었다.

도 28 오불회도, 15세기 후반, 견본채색,
160.4×111.7㎝, 일본 주륜지(十輪寺) 소장.

원자를 알 수 없지만, 불화의 양식에 의거하여 1467년(세조 13)[159] 또는 1490년(성종 21)경[160]으로 보기도 한다. 또 1483년 삼제석천도 등의 양식과 유사한 15세기 말–조선 중기 초경의 작품으로서 불화에 그려진 젊은 왕과 왕비를 성종과 그의 첫 왕비인 공혜왕후로 보고 불화의 발원자를 인수대비로 보는 견해도 있다.[161]

이상에서 살펴본 바와 같이 조선 초기에 왕·대군 등 왕실의 남성 후원자와 왕비·후궁·공주·종친부인 등 왕실의 여성 후원자가 발원한 불교미술은 고려의 뛰어난 불교미술 양식을 계승하면서 14-15세기 중국 명대 미술 양식을 새롭게 수용하여 조선 초기 불교미술의 새로운 장을 열었다.[162] 이들은 때로는 개인적으로, 또 때로는 든든한 왕실의 후원하에 당대 최고의 화가와 조각가, 공예가, 건축가를 동원하여 뛰어난 불교미술품을 발원, 조성

---

159 박은경, 『조선 전기 불화 연구』, 77-79쪽.

160 武田和昭, 「兵庫·十輪寺の五佛尊像圖について」, 『密教圖像』 7(密敎圖像學會, 1990), 9-22쪽; 정우택, 「朝鮮王朝時代 前期 宮廷畵風 佛畵의 硏究」, 129-166쪽.

161 강소연, 『잃어버린 문화유산을 찾아서』(부엔리브로, 2007).

162 1592년에 조성된 경기도 이천 석남사 영산회상도의 화기에 "婆湯施主 姜氏 上宮兩位"라고 쓴 것에 대해 문명대는 이름에 上宮이라는 명칭을 쓸 수 있는 것은 尙宮뿐이므로 강씨 성을 가진 상궁 2명이 시주하였다고 해석하였다(문명대, 「1592년작 장호원 석남사 왕실발원 석가영산회상도의 연구」, 『강좌 미술사』 40, 한국불교미술사학회, 2013, 363-372쪽). 하지만 尙宮이 上宮이라고 쓰인 용례는 찾아볼 수 없으며, 오히려 왕이 거처하는 곳을 상궁이라고 지칭한 예가 있는 것으로 보아 왕실과 관련이 있는 것은 분명하다. 이 책에서는 이를 상궁으로 보기에는 확실치 않아 제외하였지만, 만약 강씨가 상궁이 분명하다면 이는 조선시대에 상궁이 발원한 가장 이른 시기의 작품이라 할 수 있다.

하였다. 그 결과, 새로운 미술 양식을 누구보다도 먼저 수용할 수 있었던 궁정 미술가에 의해 조성된 미술품들은 여느 시대 못지않은 뛰어나고 세련된 궁정 양식을 이루어 냈다. 이들이 창출해 낸 새로운 양식은 이후 조선 초기 불교미술을 이끌어 가는 구심점이자 원동력이 되었으며, '억불시대의 왕실 불교미술'이라는 새로운 미술 양식을 탄생시켰다. 결국 억불시대였던 조선 초기에 불교미술이 하나의 새로운 궁정 양식을 형성할 수 있었던 것은 바로 권력의 중심부에 있었던 후원자들의 역할이 지대하였기 때문이다. 이러한 점에서 조선 초기 불교미술에 있어 왕실 후원자들의 역할은 아무리 높게 평가해도 지나치지 않는다.

조선 중기:
궁정 양식의 확립

1 조선 중기의 왕실 불교

연산군에 의해 극심한 불교 탄압을 겪은 15세기를 지나 중종(中宗, 재위 1506-1544)·인종(仁宗, 재위 1544-1545)·명종(明宗, 재위 1545-1567)·선조(宣祖, 재위 1567-1608) 등으로 이어지는 조선 중기는 15세기에 완성된 조선왕조의 지배체제가 사화(士禍)를 출발점으로 분열되어, 정치, 경제, 사회 등 각 분야에서 앞 시대와는 다른 많은 변화가 일어났다. 정치권의 변화는 무엇보다도 사대부 지배계층의 분열과 대립으로 나타났으며, 경제 분야에서는 과전법(科田法)의 붕괴와 폐지로 인하여 귀족 관료층에 의한 토지 점병이 더욱 확대되어 갔다.[1]

이 시기는 문화, 사상적인 측면에서도 큰 변혁기였다. 중종은 즉위 후 유교정치의 복구와 교학(敎學)의 강화를 최대의 과제로 삼고, 조광조(趙光祖, 1482-1519)·김안국(金安國, 1478-1543)·이장곤(李長坤, 1474-1519) 등을 중심으로 하는 사림파(士林派)의 건의를 받아들여 성리학적 사회질서를 정착시키기 위한 조치를 단행했다. 그러나 사화가 연속되고 조광조 등의 유교적 지치주의(至治主義)의 이상이 좌절됨에 따라, 불교를 대신하여 조선왕조의 지도원리가 되었던 성리학의 현실적이고 정치적인 기능이 약화되면서 성리학은 공리공론적이고 반역사적인 것으로 바뀌어 갔다. 그러나 서경덕(徐敬德, 1489-1546)을 비롯하여 이언적(李彦迪, 1491-1553)·이황(李滉, 1501-1570)·이이(李珥, 1536-1584) 등 성리학의 대가가 많이 배출되면서 성리학은 이론적인 면에서 큰 발전을

---

[1] 「양반사회의 모순과 대외항쟁」, 『한국사』 12(국사편찬위원회, 1984), 1-9쪽; 손성필, 「16세기 조선의 정치·사회와 불교계」, 『동국사학』 61(동국대학교 동국역사문화연구소, 2016), 43-86쪽.

이루었다.

불교사적으로 볼 때 중종대는 연산군대만큼이나 불교가 여러 면에서 침체된 시기였다. 중종은 1506년(중종 1) 9월, 연산군에 의해 혁파된 기신재(忌辰齋)를 복구하고[2] 수륙사(水陸寺)와 능침사(陵寢寺)의 위전(位田)을 환급하였으며[3] 1508년(중종 3) 5월에는 대자사(大慈寺)를 중수하는 등[4] 연산군대의 배불정책에 대해 완화조치를 취하였다. 하지만 곧이어 1510년(중종 5) 3월에는 각도에서 폐사한 사찰의 전지(田地)를 향교에 이속시키는가 하면,[5] 4월에는 도성 내 사찰을 모두 폐하여 공관으로 사용하는[6] 등 불교 탄압정책을 시행하였다. 또한 1516년(중종 11)에는 선왕선후의 기신재를 폐지하고 능침사를 제외한 모든 사찰의 노비를 속공(屬公)시켰으며,[7] 『경국대전』의 도승제(度僧制)를 삭제케 하였다.[8] 1535년(중종 30) 8월과 1537년(중종 32) 2월에는 도성 내에 새로 창건된 사찰을 모두 철폐하고 1538년(중종 33) 9월에는 『동국여지승람(東國輿地勝覽)』에 실린 이외의 사찰을 모두 철폐하였으며, 1539년(중종 34) 2월에는 전라도 승려 3000여 명을 추쇄하여 군적에 보충하는 등 강력한 억불정책을 시행하였다.[9] 이러한 중종의 폐불적 조치로 불교는 거의 빈사지경에 이르렀다. 그렇지만 중종 사후, 문정왕후(文定王后, 1501-1565)와 보우대사(普雨大師, 1509-1565)를 중심으로 불교가 새롭게 중흥되면서 불교는 새로운 기점을 맞이하였다.[10]

2　『中宗實錄』, 中宗 1年 9月 5日條.

3　『中宗實錄』, 中宗 1年 10月 25日條.

4　『中宗實錄』, 中宗 3年 5月 6日·7日·8日·12日條.

5　『中宗實錄』, 中宗 5年 3月 17日條.

6　『中宗實錄』, 中宗 5年 4月 6日條.

7　『中宗實錄』, 中宗 11年 11月 6日條.

8　『中宗實錄』, 中宗 11年 12月 16日條; 문상련, 「조선의 승과, 選試 혁파에 대한 고찰」, 『동아시아불교문화』 39(동아시아불교문화학회, 2019), 51–79쪽.

9　이봉춘, 「中宗代의 불교정책과 그 성격」, 『한국불교학』 22(한국불교학회, 1997), 129–155쪽; 손성필, 「조선 중종대 불교정책의 전개와 성격」, 『한국사상사학』 44(한국사상사학회, 2013), 39–81쪽.

10　삼성미술관 리움 소장의 內佛堂圖는 조선 전기 궁중 내의 활발했던 護佛 분위기를 엿볼 수 있는 좋은

중종의 뒤를 이어 인종이 즉위한 지 1년도 못 되어 승하하고, 1545년(명종 즉위년) 명종이 12세의 어린 나이로 즉위하게 됨에 따라 모후인 문정왕후가 정권을 맡았다. 널리 알려져 있다시피 문정왕후는 독실한 불교신자였기에 초기 불교정책은 대부분 문정왕후의 뜻에 따라 진행되었다. 명종 즉위 후 불교가 중흥되었지만, 명종대에 개경의 연복사·왕륜사·광명사·개국사가 폐사되어 사찰 터가 황폐하고 옛 자취가 완연하다고 하는 기록이나[11] 개성에 소재한 능침사인 연경사(衍慶寺)[齊陵], 홍교사(興敎寺)[厚陵] 등이 "파괴된 지 오래 되었다[破壞已久]"라는 기록,[12] "조종조 이래로 불교를 숭상하지 않아서 신라·고려 때에 창건한 사찰이 모두 무너지고 파손되어 단지 옛터만 남은 것이 많다"라는 1552년(명종 7)의 기록[13]은 명종 초까지도 억불정책이 얼마나 심하였는지를 잘 보여 준다. 이러한 억불정책에 따라 신라·고려 이래의 사찰 가운데 상당수가 조선 중기 중반에 이르면 터만 남아 있는 상태로 폐사되었으며, 안동 지역의 경우 고려의 사찰 가운데 40% 정도가 조선 중기에 폐사되었다고 한다.[14]

문정왕후는 수렴청정을 하면서 도성 내의 비구니 사찰인 정업원(淨業院)의 옛터에 인수사(仁壽寺)를 세우고, 홍주 원각사의 사전(寺田)을 회복하였다. 또 태종의 어진을 봉안한 장단 화장사(華藏寺) 및 여러 내원당에 능궁(陵宮)에 기준한 홍문(紅門)을 세우는 것을 허락하였고,[15] 1550년(명종 5) 12월에는 비망기(備忘記)를 내려 선교 양종을 복위하는 전교를 내림으로써[16] 본격적인 숭불정

　　자료이다. 문명대, 「內佛堂圖에 나타난 內佛堂建築考」, 『불교미술』 14(동국대학교박물관, 1997), 153-170쪽.
11　『明宗實錄』, 明宗 6年 2月 4日條.
12　『明宗實錄』, 明宗 7年 11月 6日條.
13　『明宗實錄』, 明宗 7年 6月 3日條.
14　이수환, 『朝鮮後期書院研究』(일조각, 2001), 69쪽.
15　高橋亨, 『李朝佛教』(東京: 寶文館, 1929), 300-301쪽.
16　『明宗實錄』, 明宗 5年 12月 15日條.

책을 시행하였다. 이어 다음 해에는 중종 때 폐지되었던 기신재를 내수사(內需司)에서 올리는 형식으로 부활하였으며,[17] 도승법과 승과를 부활하자는 보우의 건의를 받아들여 1552년(명종 7) 4월 식년승과(式年僧科)를 거행하고,[18] 1492년(성종 23)에 폐지한 도첩제를 부활, 실시하였다. 그동안 소속이 없고 전혀 인정을 받지 못하여 무뢰한으로 취급되던 승려들이 도승법의 부활을 계기로 3000여 명이나 도첩을 받게 되었다.[19]

문정왕후에 의한 명종대의 불교정책은 유림들의 반대에 부딪혔다. 그러나 양사와 선교 양종의 환혁을 논하는 홍문관, 성균관 유생들의 심한 반대에도 불구하고, 문정왕후는 1551년(명종 6) 6월 봉은사를 선종본사로, 봉선사를 교종본사로 지정하고, 보우를 판선종사도대선사봉은사주지(判禪宗事都大禪師奉恩寺住持), 수진(守眞)을 판교종사도대선사봉선사주지(判敎宗事都大禪師奉先寺住持)로 삼는 등 강력한 숭불정책을 시행하였다.[20] 왕실 불교가 부흥되면서 전국적으로 왕실 내원당이 무려 300-400개에 이르게 됨에 따라 국가의 재정은 심각하게 악화되었으며, 이는 민생의 피폐, 왕실 재정의 파탄으로 이어졌다. 그러다 1565년(명종 20) 4월 문정왕후가 타계하면서 1566년(명종 21)에는 보우대사와 문정왕후가 힘을 기울여 부활시켰던 양종, 승과, 도첩제도가 하루아침에 폐지되었고,[21] 승단과 승려들의 지위는 명종 이전의 상태로 되돌아갔다.

명종을 이은 선조대에는 임진왜란 당시 의승군(義僧軍)의 활동을 계기로

---

17 『明宗實錄』, 明宗 6年 3月 26日條.
18 『明宗實錄』, 明宗 7年 4月 12日條. 이해에 실시한 제1회 僧科에는 약 100명이 응시하여 禪宗 21명, 敎宗 12명이 합격하였으며, 그 후 명종 19년까지 계속된 5회의 승과를 통하여 淸虛 休靜, 四溟堂 惟政 등이 배출되어 차후 조선 후기 불교계를 이끌어 갔다. 그러나 이때 부활된 승과는 명종 20년(1565) 문정왕후의 죽음 이후 승과를 폐지하라는 儒臣들의 상소에 따라 명종 21년(1566)에 다시 폐지되었다.
19 『明宗實錄』, 明宗 7年 8月 17日條에는 462명, 8年 1月 19日條에는 2580명에게 각각 도첩을 지급하였음을 밝히고 있다.
20 『明宗實錄』, 明宗 6年 6月 25日條.
21 『明宗實錄』, 明宗 21年 4月 20日條.

호불정책과 친불정책이 병행되었다.[22] 선조의 친불정책은 전란 이전부터 불교 숭신(崇信)의 징후로 신료들과 마찰을 빚기도 했다. 홍문관 부제학 노수신(盧守愼, 1515-1590) 등 신료들이 정업원의 철폐를 건의하자 선조는 "선왕의 후궁들이 거처하던 곳으로 선조(先朝) 때에도 없애지 않아 지금 없애는 것은 마음이 편치 않다"[23]라고 하며 정업원의 폐지에 대한 유신들의 건의를 물리치기도 했다. 그러나 선조의 불교정책은 임진왜란을 계기로 수립되고 시행되었다. 승려가 전투병력으로 참여하여 산성을 수호하고 둔전을 경작하는 등 불교계의 다양하고 적극적인 활동은 선조 이후 조선 후기 불교정책에 영향을 끼쳤다.

1595년(선조 28) 선조는 승병의 산성 축조와 수호, 둔전의 경작, 승병의 처리 문제 등으로 상소를 올린 유정(惟政, 1544-1610)의 건의에 따라 총섭제(摠攝制)를 시행하고 승과첩(僧科牒)을 지급하였다.[24] 이로써 1566년(명종 21) 양종·승과·승직의 제도가 한꺼번에 폐지되면서 산중 승단으로 돌아갔던 조선의 불교세력을 다시 국가의 행정체제 안으로 포함시키는 도총섭제도가 시작되었다. 총섭은 원래 승장에게 주어진 호칭이었지만 이후에는 산성의 수축과 방어, 부역, 징발과 관리를 맡았다. 총섭제의 운영은 불교교단의 효율적 통제와 함께 사회경제와 관련된 현안을 해결하는 수단이 되었으며, 부족한 승군을 보충하고 승군의 사기를 진작시키는 효과를 거두었지만, 이후 조선 후기 불교계에 대한 수탈과 착취로 이어지는 계기가 되었다.[25]

이처럼 조선 중기의 불교는 쇠퇴와 중흥을 반복하며 이어져 갔다. 이 시

---

22 선조대의 불교정책에 대해서는 유영숙, 「선조대의 불교정책」, 『황실학논총』 73(한국황실학회, 1998), 121-163쪽 참조.
23 『宣祖實錄』, 宣祖 1年 7月 12日條.
24 『宣祖修正實錄』, 宣祖 25年 7月 1日條.
25 오경후, 「朝鮮後期 佛教政策과 性格研究—宣祖의 佛教政策을 中心으로」, 『한국사상과 문화』 58(한국사상문화학회, 2011), 169-193쪽.

기에 1650여 개 이상의 많은 사찰들이 유지되었고[26] 새로이 창건·중창되기도 했던 사실은 고려시대 이래 발전해 온 불교의 전통이 여전하였음을 보여 준다. 또한 임진왜란이 일어났을 때 불교계가 신속하고 조직적으로 대응하고 왜란이 끝난 17세기 전반에 수행 및 수학 체계가 정비되어 서산계(西山系) 및 부휴계(浮休系)가 전국적으로 영향력을 행사할 수 있었던 것은 바로 그간에 쌓여 온 불교계의 저력을 보여 준 것이 아닌가 생각된다.

---

26 이병희, 「조선시기 사찰의 수적 추이」, 『역사교육』 61(역사교육연구회, 1997), 34-35쪽.

2 비빈의 불사와 불교미술

왕과 대군, 군, 종친 등 남성 후원자와 왕비, 후궁 등 여성 후원자 모두 사찰을 창건 또는 중수하고 불상·불화·공예 등 다양한 분야의 불교미술을 발원·제작했던 조선 초기와 달리,[27] 조선 중기에는 주로 비빈 등 여성 후원자가 불교미술을 발원하였으며, 그들이 후원한 불교미술은 불화에 집중되어 있는 것이 특징이다. 물론 왕실의 여성 후원자들이 불화만을 발원한 것은 아니다. 문정왕후는 1544년(중종 39) 11월 15일 중종이 승하하자 비구니가 된 선왕의 후궁들과 함께 빈전에서 재를 베풀었으며,[28] 1551년(명종 6)에는 봉선전(奉先殿)의 기물들을 봉선사로 옮기고 기신재를 지냈다.[29]

그러나 몇몇 예를 제외하고는 조선 중기의 왕실 관련 불사는 거의 불화 제작에 집중되어 있어서, 어느 시대보다도 불화를 통해 왕실 불교미술의 특징과 조성 배경 등을 살펴볼 수 있는 점이 특징이라 할 수 있다. 아울러 이 시대에는 왕실의 구성원인 왕족과 종친뿐 아니라 상궁, 승려, 자수궁과 인수사의 비구니 등 왕실 측근들이 왕실을 위해 불사를 발원한 점도 특징이다. 이들이 발원한 불사는 대부분 왕실의 후원에 의해 이루어졌으며 양식 또한 왕실 발원 불교미술의 범주에 속한다고 할 수 있을 만큼 동일한 양식을 보이기 때문에, 여기에서는 조선 중기 왕실과 왕실 주변에서 이루어진 불사 및 불교미술을 함께 고찰해 보고자 한다.

27 이 외에 15세기에는 국가 및 왕실에 의한 불서 간행도 활발했지만, 1500년 왕비 愼氏의 海印寺大藏經 印出 사례를 끝으로 더는 왕실이 주도한 불서 인출 및 간행 사례는 확인되지 않는다.
28 『中宗實錄』, 中宗 39年 11月 15日, 12月 15日條.
29 『明宗實錄』, 明宗 6年 3月 24日條.

조선 중기에는 왕실뿐 아니라 일반인들도 불교미술을 발원, 제작하였다. 왕실에서 발원한 불화는 비빈 또는 비구니 등 1인의 여성이 후원자로 등장하지만, 민중 발원 불화는 어느 정도 경제력을 지닌 남성과 여성을 포함한 여러 명의 시주자가 제작 경비를 부담하는 것이 일반적이다.[30] 조선 중기에 일반 백성들 사이에서도 불화 조성이 보편화되었다는 사실은 숭유억불정책 아래서도 불교가 민중의 신앙으로 여전히 자리 잡고 있었다는 것을 새삼 확인시켜 준다.

그럼에도 불구하고, 조선 중기에는 여전히 왕실 발원 불교미술, 특히 불화가 가장 활발하게 조성되었다. 조성 연대가 분명한 조선 중기 불화 50여 점 가운데 20여 점의 작품이 왕실 발원 불화로 알려져 있으며, 불화를 발원한 인물은 왕후(문정왕후, 인성왕후 등)에서 빈(숙빈 윤씨), 종친(풍산정 이종린), 고위직 승려[보우대사, 비구니 혜국(慧國), 혜월(慧月), 학명(學明)], 상궁에 이르기까지 왕실과 직, 간접적으로 밀접한 관련을 갖는 인물들이 중심을 이룬다. 그리고 그들이 발원한 대상도 왕과 왕후, 비빈, 대군 등 왕실 인물들이다. 이들은 대부분 왕실 일가의 수복장수 및 극락왕생을 기원하고, 병의 완치 및 세자의 탄생을 기원하며 불화를 발원, 조성하였다.

조선 중기에 왕실에서 직접 발원한 불화 가운데 가장 이른 시기의 작품은 1550년(명종 5)에 인종비 인성왕후가 발원, 제작한 도갑사 관음보살32응신도(觀音菩薩三十二應身圖, 도 29)이다.[31] 산수를 배경으로 하여 관음보살이 응신(應身)하는 장면을 그린 이 불화는 『법화경』 「관세음보살보문품(觀世音菩薩普門品)」과

---

30 박은경, 『조선전기 불화연구』, 458-459쪽.
31 관음보살32응신도보다 1년 앞서 1549년에는 德興府院君(선조의 부친)의 부인 鄭氏가 재물을 희사하여 兜率院을 중수하게 하고 화공 李陪連과 그의 아들 興孝에게 명하여 붉은 비단에 금으로 引接龍舟會를 그려 큰 족자로 만들어 서쪽 벽에 걸고 전하를 위해 복을 빌었다는 기록이 전한다. 許筠, 「重修兜率院彌陀殿記」, 『惺所覆瓿藁』. 이 작품에 대한 논고로는 홍윤식, 「佛畵와 山水畵가 만나는 鮮初名品 —日本知恩院所藏 觀音三十二應身圖」, 『계간미술』 16(중앙일보사, 1983), 155-161쪽; 송은석, 「麗末鮮初의 普門品變相圖 硏究」, 『호암미술관 연구논문집』 2(호암미술관, 1997), 14-53쪽; 유경희, 「道岬寺觀

도 29　도갑사 관음보살32응신도, 1550년, 견본채색, 235×135cm, 일본 지온인 소장.

世音32應幀연구」(동국대학교 석사학위논문, 2000); 임영효, 「道岬寺觀音32應身圖의 圖像硏究」(영남대학교 석사학위논문, 2000); 강소연, 「朝鮮前期の觀音菩薩の樣式的變容とその應身妙法の圖像」, 『佛敎藝術』 276(每日新聞社, 2004), 77-103쪽; 김승희, 「道岬寺 觀世音菩薩三十二應幀의 圖像 考察」, 『觀世音菩薩 32應身圖의 藝術世界』(한국종교학회, 2005) 등이 있다.

『능엄경(楞嚴經)』에 등장하는 관음응신과 제난구제(諸難救濟)를 소재로 한 것으로, 현재 일본 교토 지온인[知恩院]에 소장되어 있다. 세로 235㎝, 가로 135㎝의 커다란 비단 바탕에 관음보살이 여러 가지 몸으로 변화하여 중생들을 구제해 주는 모습을 그렸는데, 관음보살의 응신에 관한 20장면과 관음보살의 중생구제에 관한 20장면이 묘사되어 있다.[32] 화면 윗부분에는 연꽃대좌 위에 앉아 있는 12명의 부처가 구름을 타고 내려오고, 아래에는 관음보살이 기암괴석이 즐비한 깊은 산속에 편안한 자세로 앉아 정면을 바라보고 있다. 보살은 녹색의 원형 두광과 투명한 신광으로 몸을 감싸고, 오른손은 무릎 위에 대어 손가락을 가지런히 내려뜨리고 왼손으로는 왼쪽으로 쏠린 몸무게를 지탱하려는 듯 바위를 짚고 있다. 머리에는 화염보주와 꽃으로 장식된 보관을 쓰고 있으며, 몇 가닥의 머리카락이 어깨를 따라 길게 흘러내렸다. 동그란 얼굴에 눈썹은 활 모양으로 휘어져 있고 눈은 위로 약간 치켜뜨고 있는데, 입이 유난히 작아 보인다. 목에는 구슬로 장식된 목걸이를 이중으로 착용하고 양어깨에는 녹색의 숄 같은 것을 둘렀으며 붉은색의 띠를 배 부근에서 한 번 묶어 내렸다. 두 발은 X 자로 교차하고 편안하게 앉아 있으며, 붉은 하의에는 금으로 그린 아름다운 당초문이 전면에 걸쳐 시문되어 있다.

보살의 오른쪽 바위 끝에는 세 그루의 대나무와 버들가지가 꽂힌 정병이 놓여 있고 왼쪽에는 세 그루의 대나무가 솟아 있다. 보살의 뒤로는 높은 산봉우리가 마치 병풍처럼 보살을 감싸고 있으며, 아래에는 산이나 나무, 구

---

32 강우방은 이 그림에 묘사된 산은 月出山을 그린 것이라면서 "月出山淨土"라는 표현을 사용하였다. 강우방, 「月出山淨土」, 『박물관신문』 258(국립중앙박물관, 1993). 송은석 역시 觀音32應身圖에 묘사된 산세는 강진 쪽에서 올려다본 월출산의 모습을 반영한 것이라고 하였고(송은석, 「麗末鮮初의 普門品變相圖 研究」), 또 최연식은 백제 때 월출산에 와서 『법화경』 독송에 전념하였던 慧顯의 신앙활동에서 비롯되어 바닷가에 위치한 바위산이라는 월출산의 지리적 환경에서 월출산을 관음보살의 상주처로 파악하는 인식이 있었으며, 바로 이러한 배경에서 조성된 불화 중의 하나가 관세음32응탱이라고 보았다. 최연식, 「月出山의 觀音信仰에 대한 고찰」, 『천태학연구』 10(원각불교사상연구원, 2008), 209-226쪽.

름 등으로 구획된 속에 다양한 장면들이 그려져 있다. 주먹을 쥔 자세로 당당하게 서 있는 험상궂은 인물 앞에 무릎을 꿇고 앉아 합장하고 있는 사람도 보이며, 공복을 입은 재판관이 죄지은 사람에게 벌을 주는 장면, 장삼과 가사를 걸치고 모자를 쓰고 나무 아래 의자에 앉아 있는 비구니, 도적을 만나 보퉁이와 긴 막대기를 잡고 무릎 꿇고 비는 사람, 봉우리 위에서 사람을 밀어뜨리는 모습 등 40여 가지에 달하는 장면이 그려져 있다. 각 장면의 옆에는 금니의 명문이 적혀 있다.

관음보살은 중생을 교화하기 위해 중생의 근기(根機)에 따라 32신(『능엄경』) 혹은 33신(『법화경』)으로 변화한다고 한다. 이 그림은 각 장면 옆에 있는 내용으로 볼 때 『법화경』의 33신, 즉 불신(佛身)·벽지불신(辟支佛身)·성문신(聲聞身)·범왕신(梵王身)·제석신(帝釋身)·백의천신(白衣天身)·대자재천신(大自在天身)·천대장군신(天大將軍身)·비사문천신(毘沙門天身)·소왕신(小王身)·장자신(長者身)·거사신(居士身)·재관신(宰官身)·바라문신(婆羅門身)·비구신(比丘身)·비구니신(比丘尼身)·우바새신(優婆塞身)·우바이신(優婆夷身)·장자부녀신(長者婦女身)·거사부녀신(居士婦女身)·재관부녀신(宰官婦女身)·바라문부녀신(婆羅門婦女身)·동남신(童男身)·동녀신(童女身)·천신(天身)·능신(能身)·야차신(夜叉身)·건달바신(乾達婆身)·아수라신(阿修羅身)·가루라신(迦樓羅身)·긴나라신(緊那羅身)·마후라신(摩睺羅身)·집금강신(執金剛身)을 그렸음을 알 수 있다.[33] 위에서 살펴본 장면 중 주먹을 쥔 자세로 당당하게 서 있는 험상궂은 인물 앞에 무릎을 꿇고 앉아 합장하고

---

33 『朝鮮前期 國寶展』(호암미술관 편, 1996), 〈도 190〉의 도판 해설에서는 30신의 기록을 20장면으로 묘사하였다고 보았다. 그러나 정우택은 이 그림의 텍스트는 본 그림의 다양한 장면이나 당시 법화경신앙의 성행으로 미루어 볼 때 『법화경』「관세음보살보문품」과의 관련성이 크다고 보고, 그동안 본 그림의 32응신 장면에 대해 22응신으로 본 견해에 대하여 27신이 20장면으로 표현되어 있지만 자세히 보면 부녀신은 장자, 거사부녀신의 양자를 포함하는 의미로, 비구니신은 비구신, 우바새신, 우바이신과 같은 불교수행자를 총칭하는 의미로 사용되었다고 하였다. 또 33신의 하나로 생각되지만 기둥에 쓰여진 금니의 명문이 탈락하여 확인이 안 되는 점을 볼 때 이 그림에는 포괄적 의미로 법화경 33신이 모두 표현된 완벽한 내용이라 지적하였다. 정우택, 「朝鮮王朝時代 前期 宮廷畵風 佛畵의 硏究」, 『미술사학』 13(한국미술사교육연구회, 1999), 142-143쪽.

있는 사람 옆에는 "집금강신득도자(執金剛身得度者)," 공복을 입은 재판관이 죄지은 사람에게 벌을 주는 장면에는 "재관신득도자(宰官身得度者)," 장삼과 가사를 걸치고 모자를 쓰고 나무 아래 의자에 앉아 있는 비구니 옆에는 "비구니신득도자(比丘尼身得度者)"라고 적혀 있어 33신 중 집금강신, 재관신, 비구니신 등을 표현했음을 알 수 있다. 또 도적을 만나 보퉁이와 긴 막대기를 잡고 무릎 꿇고 비는 사람 옆에는 "원한의 도적을 만나 칼 들고 해치려 해도 따뜻한 마음이 일며[値怨賊遶各執刀加害咸卽起慈心]"라고 적혀 있고, 봉우리 위에서 사람을 밀어뜨리는 장면 옆에는 "혹 수미봉에서 사람이 추락하는바 허공에 머무는 해와 같다[或在須彌峰爲人所推墮如日虛空住]"라고 적혀 있다. 이들 문구는 『법화경』「관세음보살보문품」에 나오는 재난구제 장면과 일치하고 있어 이 그림이 『법화경』에 의거하여 그려졌음을 확인할 수 있다.[34]

34 관음보살이 중생들의 어려움을 구제해 주는 것을 주제로 한 그림이나 조각은 일찍이 인도에서부터 조성되었다. 후기 굽타시대(6-8세기)에는 석굴사원을 중심으로 관음의 재난구제도가 조성되었다. 그중 인도 서북부의 오랑가바드현에 위치한 아잔타(Ajanta) 석굴사원 17굴에는 관음보살을 중심으로 좌우에 네 장면씩 모두 여덟 장면에 해당되는 재난 장면이 그려져 있다. 상당 부분이 박락되어 확실치는 않지만 "여러 가지 사나운 독사들이 있더라도 그 소리에 놀라 스스로 달아난다"라는 독사난(毒蛇難 또는 蛇蝎難)이 보인다. 중국에서도 일찍이 수나라(581-617) 때 敦煌石窟 안에 『법화경』「관세음보살보문품」에 의거한 도상이 그려졌다. 303굴 천장 부분에 상·하 2단으로 나누어 중생이 一心으로 관세음보살의 이름을 부르면 도적이 칼을 들고 달려와 해치려 해도 관음을 염하는 그 힘으로 도적들 마음을 돌려 자비케 한다는 내용과 악한 나찰과 독룡, 여러 귀신을 만날지라도 관음을 염하면 감히 모두를 해치지 못한다는 내용 등이 자세하게 그려져 있다. 또 동측 하단부터 서측 상하단의 2단에는 관세음보살이 중생을 제도하기 위해 불신, 벽지불, 범천, 제석천, 비사문천 등 33신으로 변화하는 장면을 하나하나 묘사하였다. 당나라 때에 이르면 관음33응신과 재난구제도는 표현이 더욱 정밀하고 세밀해졌으며, 송나라 이후에는 더 이상 석굴벽화로는 그려지지 않고 주로 경전의 삽화로 제작되었다. 중국 베이징 고궁박물원 소장의 『법화경』「관세음보살보문품」에는 산 위에서 떨어져도 허공에 뜨는 남자, 집안에서 음식 중 독약의 난을 당한 남자, 호랑이와 뱀의 난을 당한 남자 등 재난을 당해도 관음의 힘에 의해 구제받는 내용이 삽화로 그려져 있다. 원나라와 명나라에서는 應化身과 제난구제 장면 위의 상단에 관음보살의 모습이 그려지고 있는 것이 특징적인데, 특히 명나라 때는 금니로 그린 필사본과 판화가 많이 제작되었다. 우리나라에서는 고려시대의 수월관음도와 鏡像 등에 『법화경』「보문품」의 내용을 그린 예가 있다. 일본 단잔진자(談山神社) 소장 수월관음도와 일본 세이카도분코(靜嘉堂文庫) 미술관 소장 수월관음도의 하단에는 도적에게 화를 당하는 장면, 맹수와 독사에게 쫓기는 장면, 침산에 드러누운 병자, 목에 칼을 차고 있는 장면, 북채를 쥔 뇌신, 우산을 쓰고 걸어가는 장면 등 「보문품」에 등장하는 장면이 그려져 있고, 관음보살이나 비사문천이 그려진 경상의 뒷면에도 「보문품」의 내용이 일부 그려져 있다. 조선시대에는 여기에서 살펴본 불화가 가장 대표적이며, 그 외에는 1679년 신광사에서 간행된 「보문품」의 삽화본이 남아 있을 뿐이다.

제3장 조선 중기: 궁정 양식의 확립

화면의 왼쪽(향우) 상단과 오른쪽(향좌) 하단의 화기에는 조성연대와 발원자, 봉안처, 조성 화원 등이 기록되어 있다. 먼저 왼쪽 상단에는 "가정 29년(1550) 경술 4월 그믐, 나 공의왕대비는 인종영정대왕의 선가(仙駕)가 정토에 다시 태어나기를 바라며 양공을 모집하여 관세음보살32응신탱 한 점을 그려 월출산 도갑사 금당에 보내 안치하니 영원히 향대례를 갖출지어다"[35]라고 쓰여 있으며, 왼쪽 하단에는 "신 이자실(李自實)은 손을 씻고 향을 사르며 공경되이 그림을 그립니다"[36]라고 쓰여 있다. 즉 가정 29년인 1550년(명종 5)에 공의왕대비가 인종영정대왕의 명복을 빌며 관음보살32응신도를 제작하여 전남 영암 도갑사 금당에 봉안하였으며, 그림을 그린 화가는 이자실이라는 내용이다.

이 불화를 발원한 공의왕대비는 인종의 비인 인성왕후(仁聖王后, 1514-1577) 박씨이다. 인성왕후는 금성부원군(錦城府院君) 박용(朴墉, 1468-1524)의 딸로, 본관은 반남(潘南)이다. 1524년(중종 19)에 세자빈으로 간택되었으며, 1544년(중종 39) 11월에 중종이 승하하고 인종이 즉위하자 인성왕후로 봉해졌다.[37] 그러나 1545년(인종 1) 인종이 재위 1년 만에 승하하고 명종이 즉위함에 따라 왕대비가 되었으며,[38] 1546년(명종 1)에 공의(恭懿)라는 존호를 받았다.[39] 공의왕대비는 불심이 깊어 1568년(선조 1)에는 명종의 극락왕생을 기원하며 용화회도(일본 지초지[地藏寺] 소장)를 제작하기도 했다. 왕비는 슬하에 소생이 없었으며 1577년(선조 10)에 사망하였다.

화면의 향좌측 하단에는 화가의 이름이 적혀 있는데, 바로 이자실이다.

---

35 "嘉靖二十九年庚戌四月旣晦 我恭懿王大妃殿下伏爲 仁宗榮靖大王仙駕轉生淨域 參募良工綵畵 觀世音菩薩三十二應幀一面 送安于月出山道岬寺之金堂永奉香大禮尒."
36 "臣李自實沐手焚香敬畵."
37 『中宗實錄』, 中宗 39年 11月 20日條.
38 『仁宗實錄』, 仁宗 1年 7月 6日條.
39 『明宗實錄』, 明宗 2年 9月 21日條.

이자실은 생애나 화업에 대해서 밝혀진 바가 없어 그가 왕실 화원인지 불화를 전문으로 그리던 화원인지는 알 수 없다. 그렇지만 이 불화에 표현된 뛰어난 산수와 "(왕비가) 직접 화원을 모집하여 그렸다"라는 화기의 기록으로 미루어 볼 때 도화서(圖畵署)의 화원이었을 것으로 추정된다.[40] 이 불화는 도화서 화원의 솜씨를 반영하듯 산수 묘사에 있어 일반 불화에서는 볼 수 없는 뛰어난 필치가 잘 드러나 있다. 그뿐만 아니라 눈·코·입이 중앙으로 몰려 있는 관음보살의 얼굴과 활형의 눈썹, 눈꼬리가 위로 올라간 눈, 앵두처럼 작은 입술 등은 사불회도(1562), 문정왕후 발원 약사삼존도(1565), 미국 보스턴 미술관 소장 약사여래십이신장도(조선 중기) 등 동 시기 왕실 발원 불화와 동일한 양식을 보여 주고 있어, 이자실이 왕실 화원일 가능성을 말해 준다.

다음으로 살펴볼 작품은 세로 102cm, 가로 60.5cm의 자색 비단 바탕에 금선으로 그려진 영산회상도(도 30)로서, 1560년(명종 15)에 문정왕후가 발원, 조성하였다. 본존을 비롯한 여러 권속들의 육신부에는 금분을 바르고 윤곽선은 가는 묵선으로 그렸으며, 머리카락 및 본존의 정상계주, 입술, 눈썹, 코와 턱의 수염 부분 등 극히 일부분에만 채색을 사용하여 그린 홍지금니불화(紅

---

40 이자실에 대해서 일찍이 이동주는 조선시대에 편찬된 『醫科榜目』(미국 하버드대학 소장)의 1604년(선조 38)에 시행된 醫科試에 합격한 堅後曾에 관련된 기록 중 "그의 장인은 李興孝이며 관직이 수문장, 처의 할아버지는 이자실, 일명 隨圃이며, 증조부는 小佛이다"라는 기록에 근거하여 이자실이 이흥효의 아버지라고 추정하였으며[이동주, 『우리 옛 그림의 아름다움』(시공사, 1997), 123-125쪽], 유경희는 "이흥효는 이상좌의 아들로 군직을 받았다"라는 『稗官雜記』의 기록이 『醫科榜目』과 다른 점에 의문을 품고, 이 불화가 조성된 조선 중기에 중종의 어용을 그린 당대의 가장 유명한 화원 이상좌를 주목하였다. 즉 이상좌가 인종이 승하한 후 공의왕대비(仁聖王后)의 발원으로 도갑사 관세음보살32응탱을 제작할 당시 '자실'이라는 호를 사용했을 것으로 보고 이자실이 곧 이상좌(李上佐)였을 것으로 추정하였다[유경희, 「道岬寺 觀世音32應幀研究」(동국대학교 석사학위논문, 2000), 151-154쪽]. 당시의 여러 가지 기록과 이 불화의 산수 표현에서 조선 초기 산수화의 대가인 安堅의 화풍이 간취되는 점을 볼 때, 이자실은 도화서 화원으로 중종의 어진을 그릴 정도로 실력이 뛰어났을 뿐 아니라 궁중에서 활발하게 활동했던 이상좌일 가능성이 충분하다. 한편 일본 교토 사이묘지[西明寺] 소장 아미타삼존도(조선 중기)는 아미타불을 중심으로 좌우에 지장보살과 관음보살이 시립하고 있으며, 붉은 바탕의 비단에 금선으로 그린 순금화이다. 이 불화는 1565년 문정왕후 발원 400탱과 거의 동일한 도상을 보이는데, 화면 하단 향우측 가장자리에 적힌 2행의 金書 말미에 "李自實敬施"라고 적혀 있다[박은경·정은우 편, 『西日本지역 한국의 불상과 불화』(민족문화, 2008), 388쪽]. 이 그림을 이자실이 그렸는가에 대해서는 좀 더 고찰이 필요하다.

도 30
영산회상도, 1560년,
102×60.5cm, 견본채
색, 개인 소장.

地金泥佛畫)이다. 화면 중앙에는 주존인 석가모니가 높은 대좌 위에 결가부좌
하고, 좌우로는 협시보살을 비롯하여 10대 보살과 10대 제자, 용왕 및 용녀,
사천왕, 팔부중(6구)이 본존을 둘러싸고 있다. 화면 상부 중앙의 커다랗고 화
려한 반원형의 천개(天蓋)에서는 좌우로 서기(瑞氣)가 뻗어 나가며, 천개 좌우
로는 시방제불(十方諸佛)이 괴운(怪雲)과 화문(花紋)으로 장엄된 하늘에서 구름
을 타고 강하하는 모습이 보인다.

　석가모니는 오른손은 무릎 아래로 내리고 왼손은 무릎 중앙에서 손바닥
을 위로 한, 항마촉지인을 결하고 높은 대좌 위에 놓인 연꽃 위에 앉아 있다.

넓고 건장한 어깨에 안정된 무릎, 다소 긴 상체 등으로 인해 신체는 전체적으로 이등변삼각형을 이루며, 머리에는 팽이 모양의 육계와 뾰족한 정상계주가 표현되었다. 둥근 얼굴에는 가늘게 치켜 올라간 눈, 아치형으로 뻗은 눈썹, 상당히 작은 크기의 입술 등이 특징적이다.

석가모니는 오른쪽 어깨를 드러낸 편단우견의 착의법을 하고 있다. 전체적인 형태를 나타내는 부분에는 굵은 금선을 사용하고 세부적으로 가는 금선으로 세밀하게 묘사하는 기법은 의습선에서도 잘 드러난다. 법의에는 대원문과 국화문, 나선방형문 등의 다양한 문양이 가득하고, 승각기나 법의 가장자리는 나선원형문과 화문이 장식되었다. 3단으로 이루어진 방형대좌에도 각 단마다 연화당초문, 모란당초문, 화문 등 다양한 무늬가 장식되어 있다.

석가모니의 좌우로는 총 32구의 권속들이 본존을 둘러싸고 있다. 그런데 권속들의 배치가 좌우 정확하게 대칭을 이루고 권속들이 본존보다 작은 크기로 그려져서인지 많은 인물을 표현했음에도 구도가 정연하다. 문수보살과 보현보살은 각각 여의와 연꽃을 들고 본존을 향해 몸을 약간 비틀었으며, 그 옆으로 칼과 보탑, 비파, 용과 여의주 등을 든 사천왕과 8구의 보살들이 합장 또는 지물을 들고 시립하였다. 본존의 신광 좌우로는 10대 제자가 빙둘러 가며 배치되었다. 석가모니의 무릎 옆에는 아난존자(향좌)와 가섭존자(향우)가 합장하고 서 있으며, 그 뒤로 각각 4구의 제자들이 합장하거나 지물을 들고 서 있다. 제자들 위로는 용왕(향좌)과 용녀(향우), 팔부중 가운데 6구가 구름 속에 상반신만을 드러낸 모습으로 표현되었다. 좌우 협시보살과 권속들 역시 본존처럼 윤곽선은 굵은 선으로 그렸고 그 밖의 무늬나 여백을 채우는 선은 가는 선으로 처리하였으며, 둥근 얼굴에 가는 이목구비 등은 본존과 동일하다. 모든 권속들은 위로 올라갈수록 작게 그려져 원근법적인 효과를 준다.

이처럼 주존을 중심으로 좌우에 권속들을 좌우 대칭하여 구성하는 군도형식은 미국 호놀룰루 미술관 소장 영산회도(16세기) 및 1561년(명종 16)에 문정왕후가 발원한 약사불회도(도 31)의 구성과 유사하다. 그러나 약사불회도에서는 약사여래의 좌우, 그리고 상체 좌우에 일광보살과 월광보살 및 8보살을 크게 그리고 중앙에 12신장을 작게 그려, 이 불화에서 보살중을 강조한 구도와는 다소 차이를 보인다.

한편, 그림 하단에는 금니로 쓴 28줄의 화기가 적혀 있다.

嘉靖三十九年六月日惟我聖烈仁明大王大妃殿下敬爲主上殿下聖壽無病萬歲于孫滿□之顚敬成純金靈山會圖一幀粧績 畢備點開五眼□ 于山門贍禮無□ 均蒙利益以此勝 因我主上殿下聖壽萬歲 金枝與天無窮切亦 聖烈仁明大王大妃殿下聖壽無病萬歲之緣於斯盡□惟佛鑑照此丹衷謹跋.

(가정 39년 유월 일에 우리 성렬인명대왕대비 전하께서 삼가 주상 전하의 성수무병을 위하고 만세토록 자손들이 집안에 가득하기를 원하며, 삼가 순금 영산회도 한 점을 조성하셨습니다. 장황을 갖춰 오안을 점개하고 산문에 봉안하여 넉넉한 예를 다하니, 고루 이로움을 입기를 바랍니다. 이 좋은 인연으로 인하여 우리 주상 전하께서 성수만세하고 금지[자손가 하늘과 더불어 끝이 없으시며 또 성렬인명대왕대비 전하께서 성수무병하시고 만세하시길 바라며 이에 마음을 다하였으니, 부처께서 이 단심속마음을 비춰 주실 것입니다. 삼가 적습니다.)

가정 39년(1560)에 성렬인명대왕대비 전하가 주상 전하의 성수무병과 자손번창을 기원하며 순금(純金)의 영산회도(靈山會圖) 한 점을 조성한다는 내용이다. 화기에 순금 영산회도 한 점을 조성한다고 되어 있듯이 이 불화는 자색 바탕에 오로지 금만을 써서 그렸다. 이처럼 채색은 거의 배제하고 단일한 바탕에 금니만을 사용하여 선묘 위주로 그린 그림을 순금화(純金畵), 금선묘불화(金線描佛畵)라고 하는데, 조선 전기에는 왕실을 중심으로 많은 순금화가 제작되었다. 따라서 순금화는 가히 조선 전기 불화, 그중에서도 16세기 왕실 발원 불화의 한 특징이라 할 수 있다.

이 불화를 발원한 성렬인명대왕대비는 중종비 장경왕후(章敬王后)의 뒤를 이어 1516년(중종 21)에 왕비가 된 문정왕후이다. 화기에서 문정왕후를 성렬인명대왕대비라고 기록한 것은 그가 1544년(중종 39, 인종 즉위년) 인종의 즉위례를 행하면서 왕대비가 되었고,[41] 1545년(명종 즉위년) 명종이 즉위함에 따라 대왕대비가 되었으며,[42] 다음 해 정월에는 성렬(聖烈), 9월에는 인명(仁明)의 존호를 받았기 때문이다.[43] 즉, 문정왕후는 1546년(명종 1) 9월 이후 '성렬인명대왕대비 전하'라고 불리게 되었으며, 이에 따라 1546년(명종 1) 이후 조성된 불화의 화기에는 모두 '성렬인명대왕대비 전하'라고 적혀 있다.

왕비는 원래부터 불심이 깊어, 승과제와 양종도회소(兩宗都會所)를 폐지하는 등 강한 억불정책을 시행하였던 중종 재위 시에도 내수사를 통하여 사방의 사찰에 기원(祈願)의 밀사를 파견하였으며, 여러 곳에 내원당을 설치하여 '복을 빌고 재앙을 물리치는(招祥禳災)' 공덕을 쌓았다. 1545년(인종 1, 명종 즉위년)에는 장경왕후의 소생으로 젊은 나이에 승하한 인종의 뒤를 이어 자신의 소생인 명종이 즉위하자 8년 동안 수렴청정을 하면서, 자신의 형제인 윤원로(尹元老, ?-1547)를 해남에 유배하고 인종의 외삼촌이었던 윤임(尹任, 1487-1545)을 사사(賜死)하는 을사사화(乙巳士禍)를 일으켜 또 다른 형제인 윤원형(尹元衡, ?-1565)이 정권을 잡게 하는 등 정국에 깊이 관여하였다. 왕비는 섭정을 하게 됨에 따라 여러 유신들의 반대에도 불구하고 종래 불교에 대한 억압정책을 개혁하려는 굳은 결의를 갖고 불교 중흥의 실질적인 임무를 맡을 승려

---

41 『中宗實錄』, 中宗 39年 11月 20日條.
42 『仁宗實錄』, 仁宗 1年 7月 6日條.
43 『明宗實錄』, 明宗 2年 1月 26日·9月 21日條.

를 모색하던바, 당시 높은 학문과 덕망으로 인하여 존경을 받고 있던 허응당 (虛應堂) 보우(普雨)를 발탁하여 그와 함께 차후 17년간 불교 중흥의 업을 추진하였다.

왕비는 1551년(명종 6) 6월 보우를 봉은사 주지에 임명하였는데,[44] 봉은사는 명종의 할아버지인 성종의 능[宣陵]이 광주 서학당동에 정해졌을 때 능사 (陵寺)가 된 곳으로, 왕실과 인연이 깊은 사찰이었다. 따라서 문정왕후가 보우를 봉은사 주지로 임명한 사실은 보우에 대한 왕비의 신임이 얼마나 두터웠는가를 단적으로 보여 준다. 보우는 먼저 능침사에 난입하여 오래전부터 전해 내려오던 절 안의 기물을 파괴하는 등 소란을 피운 유생들에게 『경국대전』의 "금유상사지법(禁儒上寺之法)"을 적용해서 잡인들의 사찰 출입을 금하게 하였다.[45] 또한 국가의 승려에 대한 평가를 근본적으로 일대전환하는 것이 급선무라고 판단하여, 도승법(度僧法)[46]과 승과(僧科)를 부활하여 승려의 신분을 국가에서 인정하는 관리와 가깝게 하고 생활을 개선하게 하자는 것을 문정왕후에게 말하여 결정적인 찬성을 얻었다.[47]

문정왕후의 대표적인 숭불정책은 1550년(명종 5) 12월 왕후가 평소 신뢰하던 영의정 상진(尙震)에게 비망기(備忘記)를 내려 선교 양종을 다시 세운 것이었다.[48] 왕후는 비망기에서 선교 양종을 복위하고 승과제를 실시하는 이유는 숭불을 위해서가 아니라 군역을 피하여 승려가 되는 자가 많아 나날이 군액이 줄고 승려는 늘어나는데 그것을 통제하는 곳이 없어 잡승을 금하기 어

---

44 1548년(명종 3) 12월 봉은사 주지로 임명하는 문정왕후의 慈志를 받았으며, 1551년(명종 6) 6월 判禪宗 事都大禪師 奉恩寺住持로 임명되었다. 『明宗實錄』, 明宗 6年 6月 25日條.
45 『明宗實錄』, 明宗 4年 9月 20日條.
46 度僧은 일반인들이 승려가 될 수 있는 자격을 심의하여 승려 신분에 적합한 자를 나라에서 승려로 인정하여 주는 제도로서, 조선시대에는 승려의 자격에 문제가 없는 자에게 度牒이라는 자격증을 발급하여 신분을 보장하는 度僧法을 제정, 시행하였다. 박영기, 「朝鮮 明宗朝 度僧·僧科制에 대한 考察」, 『미천목정배박사화갑기념논총─미래불교의 향방』(장경각, 1997), 667쪽.
47 高橋亨, 「虛應堂集及普雨大師」, 『朝鮮學報』 14(朝鮮學會, 1959), 31쪽.
48 『明宗實錄』, 明宗 5年 12月 15日條.

렵기 때문에 승려가 되는 것을 제한하기 위한 것이라고 밝히고 있다. 이에 따라 봉은사와 봉선사를 각각 선교 양종의 본사로 삼고 도승법과 승과를 다시 실시할 것을 명하였다.

도승법은 원래 국가가 승려임을 인정하는 도첩을 발급하여 승려가 되는 절차를 엄격하게 하기 위한 것이었다. 하지만 도첩이 없는 자와 새로 출가하는 자가 급증하자 성종대에 이르러 도첩제를 폐지하여 출가하려는 자들의 길을 막았으며,[49] 연산군대에는 승과제도와 승계제도를 폐지하고 승려를 붙잡아 환속시키거나 노비로 삼는 등 승려들을 천대하였다.[50] 이어 중종 또한 1507년(중종 2)에 승과제를 폐지하고 양종도회소를 철폐하였다.[51] 문정왕후는 도승법과 승과를 부활하자는 보우의 건의를 받아들여 1552년(명종 7) 4月 식년승과(式年僧科)를 거행하였으며,[52] 1492년(성종 23)에 폐지했던 도첩제를 부활, 실시하였다. 문정왕후의 숭불로 인하여 조정에도 불교 신봉자가 늘어 각지의 내원당에는 예불하는 자가 붐볐으며, 여러 왕자들은 여러 가지를 진상하며 왕후의 공불(供佛)을 도왔다. 또한 각 도 관찰사, 군수 등이 왕비의 산하에 모여들어 공불의 진상을 위한 백성들의 부담이 가중되었다. 심지어 궐문 안에서 당직하는 군사들 중에는 왕비의 환심을 사기 위하여 밤중에 고성으로 독경하는 자가 있는가 하면, 사족(士族) 중에는 삭발하여 중이 된 자도 있었다고 한다.

1563년(명종 18) 명종의 외아들이던 순회세자가 13세의 어린 나이로 요절하자 보우는 명종의 무병장수와 왕비 인순왕후가 아들을 많이 낳아 왕실이 번영할 것, 순회세자가 다시 동궁에 태어나 원자가 되어 줄 것을 기원하

---

49 『成宗實錄』, 成宗 2年 6月 8日條.
50 양혜원, 「15세기 僧科 연구」, 『한국사상사학』 62(한국사상사학회, 2019), 59-88쪽.
51 문상련, 「조선의 승과, 選試 혁파에 대한 고찰」, 『동아시아불교문화』 39(동아시아불교문화학회, 2019), 51-79쪽.
52 『明宗實錄』, 明宗 7年 4月 12日條.

는 불사로서 1564년(명종 19)에 경기도 양주군 회암사의 재건을 계획하였다.[53] 이 공사는 1565년(명종 20) 4월에 완공되었고, 회암사에서는 낙성식을 겸하여 무차대회(無遮大會)를 계획하였다.[54] 문정왕후는 회암사 중수를 앞두고 1565년(명종 20) 1월 자신이 원주가 되어 명종의 병세 회복과 건강, 세자 탄생 등을 기원하며 석가·미륵·약사·아미타의 화상을 각각 순금화 50점, 채색화 50점 등 모두 400점 제작하여 회암사 중수 때 개안(開眼) 공양하였다.[55] 그러나 4월 6일 문정왕후는 "불교가 비록 이단이긴 하지만 조종조 이래로 있어 왔고 양종은 모든 승려들을 통솔하기 위해서 설립된 것이니 옛날처럼 그대로 두도록 하라"는 유교(遺敎)를 내리고 타계하였다.[56]

문정왕후의 죽음을 계기로 정세는 하루아침에 급변하여, 대비의 장례가 끝나자마자 일찍부터 논의되어 오던 군신들의 양종 폐지 및 보우 축출에 대한 목소리가 높아졌다. 명종은 지속되는 상소에 어쩔 수 없이 보우의 승직을 박탈하고 서울 근처의 사찰 출입을 금하도록 하다가 율곡 이이(李珥, 1537-1584)의 상소에 따라 보우를 제주도로 귀양 보냈으며,[57] 보우는 제주도로 내

---

53 당시 회암사 중건의 전후 사정은 보우대사의 문집인 『懶庵雜著』의 「薦世子藥師精勤點眼法席疏」와 「檜巖寺重修慶讚疏」에 자세히 실려 있다.

54 『明宗實錄』, 明宗 20年 4月 5日條에는 무차대회를 중지시켰다는 내용과 함께 당시에 개최된 무차대회의 상황에 대하여 자세히 기록하고 있다.

55 檜巖寺 400幀에 대해서는 아래와 같은 논고가 참고된다. 熊谷宣夫, 「龍乘院藏 藥師三尊圖に就いて」, 『佛敎藝術』 69(每日新聞社, 1968); 山本泰一, 「李朝時代 文定王后所願の佛畫について—館藏藥師三尊圖を中心に」, 『金鯱叢書』 2(德川黎明會, 1975); 홍윤식, 「朝鮮 明宗期의 佛畫製作을 通해서 본 佛敎信仰」, 『불교학보』 19(동국대학교 불교문화연구소, 1982); 박도화, 「朝鮮朝 藥師佛畫 硏究」, 『朝鮮朝 佛畫의 硏究—三佛會圖』(한국정신문화연구원, 1985); Kim, Hongnam, The Story of a Painting—A Korean Buddhist Treasure from the Mary and Jackson Burke Foundation(N.Y.: The Asia Society Galleries, 1991); 박은경, 「朝鮮前期의 기념비적인 四方四佛畫—일본 寶壽院所藏 〈藥師三尊圖〉를 중심으로」, 『미술사논단』 7(한국미술연구소, 1998); 노세진, 「16世紀 王室發願佛畫의 硏究」(동국대학교 석사학위논문, 2001); 박은경, 「檜巖寺重修 경축불사—불화400幀」, 『묻혀 있던 조선 최고 왕실사찰, 회암사』(경기도박물관, 2003); 김정희, 「조선전반기 회암사의 왕실후원자와 왕실발원 미술」, 『회암사와 왕실문화』(회암사지박물관, 2015).

56 『明宗實錄』, 明宗 20年 4月 6日條.

57 『明宗實錄』, 明宗 20年 6月 12日條.

려간 후 곧 목사 변협(邊協)에게 피살되었다.[58] 그리고 다음 해인 1566년(명종 21)에는 보우대사와 문정왕후가 힘을 기울여 부활시켰던 양종, 승과, 도첩제 도가 하루아침에 폐지되었고, 이에 따라 승단과 승려들의 지위는 명종 이전 의 상태로 되돌아갔다.[59]

문정왕후는 불교를 독신하여 많은 불사를 행하는 한편 본격적으로 호법 의 정치를 실시하였다. 문정왕후의 불심에 대해 그와 함께 불교 중흥정책 을 시행하였던 보우는 "대비 전하가 유교를 숭상하고 불도를 소중히 여김 은 실로 과거에 드물었고, 하늘을 섬기고 부처를 공경하심 또한 금후에 드 물 것"이라 하였다.[60] 문정왕후는 1560년 순금 영산회도를 시작으로 많은 불 화를 발원, 조성하였다. 1561년(명종 16)에는 순금 약사불회도와 순금화(純金 畵) 5점, 진채화(眞彩畵) 2점 등 7점의 탱화를 조성하였으며, 1562년(명종 17)에 는 향림사 나한도 200점, 1565년(명종 20)에는 양주 회암사의 중수를 기념하 여 무려 400점이나 되는 불화를 조성하기도 했다. 보우는 영산회도를 시작 으로 문정왕후의 불화 조성에 함께하였으며, 향림사 이백나한도(1562), 회암 사 400탱(1565) 등의 조성에도 깊숙이 관여했던 것으로 생각된다.[61]

한편, 영산회도의 화기 중에는 성렬인명대왕대비 전하께서 성수무병하 시고 만세하시길 바란다는 내용이 있다. 이와 같은 문구라든가 화기를 쓰 는 방식은 이후 문정왕후가 발원한 다른 불화들, 즉 1561년 약사불회도, 1565년 회암사 400탱과 매우 유사하다. 그런데 이 불화들의 화기는 문정

---

58 보우대사의 입적시기는 명확하지 않으나 아마도 1565년 10월 초경으로 생각되며, 보우의 피살기록 은 1년 후의 기록인 『明宗實錄』, 明宗 21年 4月 20日條에 그가 제주목사 변협에 의해 주살되었음을 밝 히고 있다.

59 『明宗實錄』, 明宗 21年 4月 20日條.

60 『懶庵雜著』「福靈寺四聖重修記」.

61 문정왕후의 발원 불화에 대해서는 山本泰一,「李朝時代文定王后所願の佛畵について一館藏藥師三尊圖 を中心に」,『金鯱叢書』2(德川黎明會, 1975); 김정희,「文定王后의 中興佛事와 16世紀의 王室發願 佛畵」, 『미술사학연구』231(한국미술사학회, 2001); 신광희,「朝鮮前期 明宗代의 社會變動과 佛畵」,『미술사학』 23(한국미술사교육학회, 2009) 참조.

왕후와 함께 조선 중기 불교 중흥사업을 이끌었던 보우가 쓴 것으로 알려져 있어, 영산회도의 화기 역시 보우가 쓴 것으로 짐작된다. 당시 보우는 1555년(명종 10) 9월 판사직과 봉은사 주지직을 사양하고 춘천의 청평사에 머무르다가 1560년(명종 15) 다시 선종판사와 봉은사 주지직을 맡았으나 왕자의 태봉(胎峯)이 있는 산의 나무를 베어 운부사(雲浮寺)를 증축한 일에 연루되어 판사직을 박탈당하고, 봉은사를 물러나 세심정(洗心亭)에 머무르고 있었다.

순금 영산회도는 현재까지 알려진 문정왕후 발원 불화 중 가장 연대가 올라가며, 왕실 불화의 특징을 그대로 보여 주는 수작이라 할 수 있다. 현재 조선 전반기에 조성된 불화는 전 세계적으로 약 130여 점밖에 남아 있지 않으며, 더구나 국내에는 손에 꼽을 정도로 조선 전기 불화가 매우 적은데, 이 불화는 화기에 의해 조성 연대와 발원자, 발원 내용, 불화의 명칭 등이 정확하게 밝혀져 있어 편년 자료로서의 가치를 지닌다.

1561년(명종 16)에 제작된 약사불회도(藥師佛會圖, 도 31)는 세로 87㎝, 가로 59㎝의 다갈색 비단 바탕에 금으로 그린 금선묘불화로서, 커다란 광배 안에 결가부좌한 약사여래와 일광보살과 월광보살, 약사십이신장, 팔대보살 등 총 23구를 그렸다. 화면의 상단에는 반원형의 보개와 괴운 및 화문이 화면을 가득 메우고 있으며, 그 아래로 약사여래와 권속들이 좌우대칭으로 배치되었다. 화면 하부 중앙에는 구름에 둘러싸인 화기란이 배치되어 있다.[62] 약사여래는 여러 단으로 이루어진 수미대좌 위 연화좌 위에 커다란 광배를 배경으로 하여 결가부좌하였다. 사각형에 가까운 넓적한 얼굴에는 가는 눈과

---

62 김현정은 일본 지초지(地藏寺) 소장 약사불회도(1551) 또한 화기에 탈락한 글자가 많아 전체적으로 해독이 어려워 가정 30년이라는 제작 연도와 일부 내용만 판독할 수 있지만 비단 바탕이라는 소재와 화기의 내용, 본존불의 상호를 표현한 화풍 등을 감안할 때 이 불화 역시 왕실 혹은 사대부에서 발원하여 제작하였을 가능성이 있다고 보았다. 김현정, 「조선 전반기 제2기 불화(조선 중기)의 도상해석학적 연구」, 『강좌 미술사』 36(한국미술사연구소, 2011), 276쪽.

도 31 약사불회도, 1561년, 견본금선묘, 87×59㎝, 일본 엔쓰지[圓通寺] 소장.

제3장 조선 중기: 궁정 양식의 확립

올라간 눈꼬리, 작은 입 등 이목구비가 묘사되었으며 머리에는 뾰족한 육계가 높게 솟아 있다. 신체는 어깨가 넓고 각이 져서 전체적으로 건장한 느낌을 준다. 약사여래는 오른손은 가슴 앞에서 엄지와 중지, 약지를 맞대고 배부분에 위치한 왼손에는 약함을 쥐었다. 법의 밖으로 노출된 오른발은 왼쪽 다리 위에 얹었는데, 발목 주위에는 뾰족한 풀잎 모양의 치견이 장식되었다.

여기서 특히 주목되는 것은 본존의 주위를 감싼 거신광의 광배이다. 광배는 크게 세 부분으로 나뉘어져 가장자리에는 여의두(如意頭) 모양으로 화염문을 묘사하고 그 안쪽은 금강저로 띠를 두르고 있어 안쪽 가장자리와 구별되며, 안쪽에는 모란당초원문을 가득 채우고 있어 화려하면서도 장식적이다. 이러한 형태의 거신광배는 조선 전기의 불화와 불경판화, 예를 들어 무위사 후불벽화(1476)를 비롯하여 광평대군부인(廣平大君夫人) 신씨(申氏) 발원 『법화경』(1459, 일본 사이라이지[西來寺] 소장)·간경도감본(刊經都監本) 『법화경』(1463, 동국대학교도서관 소장)·정의공주(貞懿公主) 발원 『지장보살본원경』(1569, 동국대학교도서관 소장) 등 중국 판화를 번각하여 간행한 조선 전기 불경판화에서 흔히 볼 수 있다.[63] 거신광배는 중국 산서성의 남선사(南禪寺) 대불전 석가모니불의 광배에서 볼 수 있듯이 당나라 때부터 나타나지만 명대에 이르러 불상의 광배로 크게 유행하였다. 불상에서는 산서성 홍동 광승상사(廣勝上寺) 비로전의 비로자나불·아미타불·아촉불의 광배를 비롯하여 산서성 대동 상화엄사(上華嚴寺) 대웅전의 밀교 오불상의 광배, 산서성 평요 쌍림사(雙林寺) 석가전의 석가모니불상의 광배, 평요 진국사(鎭國寺) 삼불루의 노사나불상의 광배 등에서 볼 수 있다. 또 불화에서는 정통 연간(1436-1449) 『대운륜청우경(大雲輪請雨經)』 판경화, 만력 21년(1593) 『대반열반경(大般涅槃經)』 판경화 등 명대의 불경판화

63 박도화, 「15世紀 後半期 王室發願 版畵―貞憙大王大妃 發願本을 중심으로」, 155-183쪽.

에서 흔히 볼 수 있다. 이 경우 거신광의 내부는 꽃무늬로 채우고, 가장자리를 화염문으로 장식하는 등 매우 장식적이다. 이러한 광배는 중국에서 명대의 불상광배나 판본에는 많이 보이지만 벽화나 탱화에서는 별로 찾아볼 수 없기 때문에, 이 불화의 광배 표현은 조선 전기에 번각된 판본에 의한 영향이거나 혹은 명대의 불상광배에서 영향을 받은 것으로 생각된다.[64]

약사여래의 대좌 아래에는 일광보살과 월광보살이 본존을 향하여 두 다리를 약간 벌린 채 합장하고 서 있다. 좌협시인 일광보살의 보관에는 삼족오(三足烏), 우협시인 월광보살의 보관에는 절구 찧는 토끼가 각각 묘사되어 있다. 보살들은 얼굴에 비해 신체가 유난히 길어 보이는데, 이러한 특징은 15세기 왕실 발원 불상과 불화 등에서부터 나타나고 있어 전 시대의 전통을 그대로 이어받은 것으로 보인다. 협시보살의 뒤로는 십이신장상이 배치되었는데, 신장들은 모두 갑옷에 투구를 쓰고 합장한 채 보살 쪽으로 몸을 돌리고 서 있다. 12구의 신장 중 화면 오른쪽 아래와 왼쪽 맨 위의 두 신장은 칼을 들고 나머지 신장들은 합장을 한 채 약사여래 방향으로 몸을 틀고 있다. 이들 역시 금선묘로 유려하게 묘사되었다.

보통 십이신장은 부릅뜬 눈에 투구를 쓰고 무복을 입으며 두 손은 무기를 쥐거나 합장한 모습으로 표현되는데, 여기에서는 대부분 합장하고 있어 보통 무기를 들고 있는 도상과는 다소 차이를 보인다. 약사십이신장의 위로는 좌우에 각각 네 보살씩 여덟 보살이 그려져 있다. 보살들은 모두 일광보살, 월광보살과 같은 두광을 지니고 화려한 보관을 쓰고 합장하고 서 있으며, 둥근 얼굴에 작은 이목구비 등이 본존 및 협시보살과 흡사하다. 관음보살과 대세지보살은 도상학적 근거가 명확하여 확인이 가능하나 나머지 보살은 존명을 알 수 없다. 이 여덟 보살은 『약사유리광칠불본원공덕경(藥師琉璃光七

---

64 김정희,「朝鮮 後半期 佛畵의 對中交涉」,『朝鮮 後半期 美術의 對外交涉』(예경, 2007), 156-163쪽.

佛本願功德經)』에서 사람이 명을 마칠 때에 나타난다는 여덟 보살을 표현한 것으로 추정된다.[65]

화면 하부에는 두 줄의 금니선으로 구획된 화기란에 금니로 쓴 화기가 적혀 있다.[66] 화기에 의하면 가정 40년(1561, 명종 16) 3월에 성렬인명대왕대비 전하, 즉 문정왕후가 주상 전하의 장수와 세자의 탄생을 기원하며 내탕금으로 동방만월세계(東方滿月世界) 약사유리광여래회도(藥師琉璃光如來會圖) 5점과 진채화(眞彩畵) 2점 등 총 7점을 함께 그려 금전(金殿)에 안치했다고 한다. 따라서 이 작품은 금전에 봉안된 7점의 불화 중 하나였음을 확인할 수 있다.[67]

미국의 L.A. 주립미술관에 소장된 향림사 제153 덕세위존자도(德勢威尊者圖, 도 32)는 문정왕후가 명종의 건강과 자손 번창을 기원하며 삼각산 향림사에 봉안한 200점의 나한도 중 하나이다.[68] 화면 한가운데에는 소나무 아래에 걸터앉아 두 손에 경권을 공손히 펼쳐 든 나한이 그려져 있는데, 화면의 향 우측 상단에 "제일백오십삼덕세위존자(第一百五十三德勢威尊者)"라고 적혀 있어 500나한 가운데 153번째 존자인 덕세위존자를 그린 것임을 알 수 있다. 금으로 만든 귀걸이를 착용한 나한의 얼굴에는 노나한으로서의 엄숙함과 고귀함이 엿보인다. 눈썹 하나 머리카락 한 올까지도 세세하게 묘사하였으며, 금니의 원문이 장식된 가사와 신발 등에 부분적으로 붉은색을 칠한 것 외

---

65 『藥師琉璃光七佛本願功德經』(『大正藏』卷21, 414쪽), "서방극락세계에 나서 무량수부처님을 뵈옵기를 원하여 약사유리광여래의 이름을 듣는다면, 목숨을 마칠 무렵에 여덟 보살이 신통을 나타내어 그가 갈 곳을 지시하므로 ⋯."

66 "嘉靖四十年三月日聖烈仁明大王大妃殿下謹竭悰別爲主上殿下聖躬萬歲仁踰解治踵繩年月厄之哉消陰陽汾之頓克荷天休聖子神孫之下盡益承佛眷珠基寶曆之無窮乾文恒正而雨賜特狼烟永息而兵革絶堯風永扇佛日長明敬捨儲帑之財純金畵成東方滿月世界藥師琉璃光如來會圖五幀眞彩畵成二幀幷七幀掛安金殿永奉香火我聖烈仁明大王大妃殿下爲上慈愛之念知幾何哉非但今主上殿下法堯舜之政濟斯民於塗炭之中欲行藥師十二之大願拯衆生於苦難之際成入恩光之內嗚呼之至哉."

67 강건영은 여기서 말하는 金殿은 昌德宮 內의 一室로서 궁궐 내부의 불당으로 해석하고, 이 작품은 아마도 壬辰倭亂 때 秀吉의 군사가 궁에 침입해 가져온 전리품일 것으로 보았다. 姜健榮, 『李朝の美―佛畵と梵鐘』(明石書店, 2001), 108쪽.

68 향림사 나한도에 대해서는 신광희, 「미국 L.A. County Museum of Art 소장 香林寺〈羅漢圖〉」, 『동악미술사학』 11(동악미술사학회, 2010), 261-284쪽 참조.

에는 모두 수묵으로 처리함으로써 차분하면서도 단정한 느낌을 준다. 그러
나 나한에 보이는 차분한 필선과는 달리 화면 위로 길게 뻗은 소나무 가지
와 바위 표면은 거칠게 칠해져 상대적으로 대조를 이룬다. 이 나한도는 화
면의 크기는 물론 나한만을 부각하여 그린 점, 구도 및 도상까지 고려시대의
오백나한도와 매우 유사하여 고려 나한도의 전통을 계승하고 있음을 알 수
있다.

화면의 향좌측 중앙에는 "가정 임술년 5월 성렬인명대왕대비 윤씨가 주

상 전하의 무병만세와 자손의 창성을 기원하고 또한 원하는 바를 모두 이루기를 바라며 … 새로 200점을 그려 삼각산 향림사에 봉안하다(嘉靖壬戌五月日聖烈仁明大王大妃尹氏爲主上殿下無病萬歲子盛孫興□□氏安□亦己身所願圓成壽年永□新畵成□□二百幀掛安于三角山香林寺)"라는 내용의 화기가 적혀 있다. 따라서 이 작품은 문정왕후가 국태민안과 명종의 무병장수, 자손의 번창을 기원하며 제작한 200점의 나한도 중 제153존자를 그린 것임을 알 수 있다.

이 나한도는 나한도로는 드물게 200점이 한 세트로 제작되었다. 이백나한에 대해서는 거의 알려지지 않았는데, 덕세위존자는 오백나한 가운데 153번째 존자이기 때문에 아마도 오백나한 가운데 200명의 나한만을 그린 것이 아닌가 생각된다. 당시에는 고려시대처럼 오백나한도의 조성이 성행한 듯, 보우대사가 죽은 후 비구 태균(太均)이 편찬한『나암잡저(懶庵雜著)』에는 오백응진탱(五百應眞幀)의 조성 및 화엄경사경(華嚴經寫經)에 즈음하여 점안법회(點眼法會)를 갖는다는 기록이 남아 있다.[69] 여기에서 말하는 오백응진탱이 고려시대의 오백나한도처럼 500명의 나한을 각각 한 폭씩 모두 500폭으로 그린 것인지, 아니면 일본 지온인 소장의 오백나한도처럼 500명의 나한을 모두 한 폭에 그린 것인지는 알 수 없다. 하지만 만약 그것이 500점으로 이루어진 나한도라면 고려시대의 오백나한도에 버금가는 불사일 뿐 아니라 문정왕후 발원의 이백나한도와 함께 당시 오백나한도가 조성되었음을 말해주는 중요한 기록이다.

향림사 나한도와 같은 해에 조성된 사불회도(四佛會圖, 도 33)는 종친이 발원하여 제작하였다. 세로 90.5㎝, 가로 74㎝의 화면은 모두 3단으로 나뉘어 있는데, 위에서 2단은 향우측 상단부터 시계 반대 방향으로 약사불, 아미타불, 석가불, 미륵불이 배치되었으며 하단에는 사천왕과 보살들이 배치되었다.

---

69 『懶庵雜著』,「畵五百應眞幀及寫華嚴經點眼法會疏」.

도 33　사불회도, 1562년, 견본채색, 90.5×74㎝, 국립중앙박물관 소장.

약사여래는 오른손은 가슴 부근으로 들어 엄지와 셋째 손가락을 마주 잡고 왼손은 가부좌한 무릎 위에서 약합을 들고 연화좌 위에 앉아 있다. 일광보살과 월광보살이 좌우로 협시하고 있으며 그 주위를 약사십이신장이 둘러싸고 있다. 이러한 구성은 일본 엔쓰지 소장 약사불회도(1561), 미국 보스턴 미술관 소장 약사여래십이신장도(조선 중기)와 유사하여 당시 성행했던 약사여래도의 도상임을 알 수 있다. 약사여래의 옆으로는 하품중생인을 결한 아미타여래를 중심으로 관음보살, 대세지보살을 비롯한 팔대보살이 본존을 둘러싸고 있다. 약사여래와 아미타여래 아래로는 석가불과 미륵불의 설법 장면이 배치되어 있다. 석가모니는 문수보살과 보현보살 및 제자들과 함께 그려졌는데, 본존은 항마촉지인을 취한 채 연화대좌 위에 오른발을 위로 하여 결가부좌하였으며 그 주위로는 협시보살과 10대 제자들이 둥글게 배치되었다. 석가모니의 왼쪽(향우)에는 미륵불과 좌우 협시 및 10명의 나한이 함께 그려져 있다. 미륵불을 둘러싼 나한은 석가모니의 10대 제자로 추정된다.[70]

이 불화처럼 여러 부처의 불회도를 한 화면에 그리는 방식은 1488-1505년에 조성된 육불회도(六佛會圖, 일본 사이라이지 소장), 일본 쥬린지[十輪寺] 소장 오불회도처럼 조선 전기에 크게 유행하였다. 이들 도상은 사불회도, 오불회도, 육불회도 등 표현된 존상의 숫자는 다르지만 다양한 신앙들이 통합되어 통불교적인 성격을 이루었던 조선시대 불교의 특징을 반영한 도상으로 생각된다.[71]

사불회도의 하단 붉은 화기란에는 1560년(명종 15)에 풍산정 이씨가 지중추부사(知中樞府事) 권찬과 숙원 이씨(淑媛 李氏) 등 망자의 영가천도 및 정경부인 윤씨, 덕양군(德陽君) 등의 보체(保體)를 기원하며 순금 서방아미타탱 1점,

---

70 박은경은 이 불화보다 이른 시기에 제작된 일본 사이라이지 소장 육불회도(1488-1505)와 비교해 볼 때 이 존상의 도상적 특징이 일치하므로 미륵으로 보아도 전혀 무리가 없다고 보았다. 박은경, 「朝鮮 前期의 기념비적인 四方四佛畵―일본 寶壽院所藏 〈藥師三尊圖〉를 중심으로」, 131쪽.

71 정우택은 이처럼 여러 부처가 함께 표현되는 會佛圖의 경우 구도의 대칭성, 정형성, 균제성을 특징으로 하며 여러 존상의 배치 형식은 집회의 성격을 크게 벗어나지 않으므로 특정한 주존과 상하관계가 강하게 의도되지 않아 상중하의 종속적인 구분이 없다고 보았다. 또한 이러한 도상이 생겨나고 특히 15-16세기에 유행한 것은 이 불화들이 왕실 발원 불화의 화풍을 지닌 것으로 보아 발원자 계층의 신앙적인 필요성에 의해 보살보다는 여래를 선호하였으며 단순함을 미덕으로 하는 유교적 감성이 반영되었을 것으로 추정하였다. 정우택, 「朝鮮王朝時代 前期 宮廷畵風佛畵의 硏究」, 69쪽.

채화 사회탱(四會幀) 1점, 채화 중단탱 1점 등을 조성하여 함창 상원사(上院寺)에 봉안했다는 내용이 금니로 적혀 있다.[72] 이 불화는 화기에 기록된 불화 가운데 '사회탱'으로 기록된 불화임이 분명하며, 순금으로 그린 아미타탱 및 채색화인 중단탱과 함께 조성되었음을 확인할 수 있다. 이 불화를 발원한 풍산정 이씨는 중종의 서자 덕양군 이기(李岐, 1524-1581)의 아들인 이종린(1538-1611)으로 추정된다.[73] 『명종실록』에는 중종의 서자(庶子)이자 명종의 서형(庶兄)이었던 덕양군 이기가 1560년(명종 15) 9월 27일에 죽은 장인 권찬[74]에게 아들이 없어 복상을 할 사람이 없자, 자신의 아들로서 어려서 외할아버지의 양자로 들어갔던 풍산정 이종린이 복상을 할 수 있도록 허락하여 달라는 내용이 있는데,[75] 사불회도의 발원자인 풍산정 이씨가 바로 이종린을 가리키는 것으로 보인다. 이종린은 외할아버지인 권찬의 양자로 들어갔기 때문에 화기에는 권찬을 돌아가신 아버지, 즉 선고(先考)라고 하였다. 또 풍산정의 외할아버지이자 양아버지였던 권찬은 영상(領相) 윤은보(尹殷輔)의 사위였기 때문에 풍산정이 보체를 기원한 할머니 정경부인 윤씨는 바로 권찬의 부인이자 풍산정의 외할머니인 윤씨를 지칭하며, 숙원 이씨는 중종의 후궁으로서 덕양군의 생모이므로 풍산정에게는 친할머니가 되는 셈이다. 또한 화기의 말미 부분에는 이 그림을 함창 상원사에 봉안한다고 기록하고 있는데, 함창 상원사는 권찬의 고향인 경상북도 함창[76] 재악산에 있었던 상원사일 가

---

72 "嘉靖壬戌六月日豊山正李氏謹竭哀悼伏爲先考同知權贊靈駕淑媛李氏靈駕牧使朴諫兩位靈駕女億春靈駕男李氏靈駕共脫生前積衆愆之因同證死後修九品之果現存祖母貞敬夫人尹氏保体德陽君兩位保体成詢兩位保体小主朴氏保体李氏伯春保体李氏連春保体各難灾殃俱時無百害之灾日有千祥之慶壽不中大黃金新畵成西方阿弥陀佛一幀彩畵四會幀一面彩畵中壇幀一面送安咸昌地上院寺以奉香火云尒此功德普及於一切我等與衆生皆共成佛道," 『새천년 새유물전』(국립중앙박물관, 2000), 〈도판 59〉 및 184쪽 도판 설명 참조.

73 풍산정 이씨에 대해서는 풍산정의 부인인 이씨라고 알려지기도 했다. Sotheby's, Korean Works of Art(N.Y., 1997), 四會幀(58번) 설명.

74 권찬의 죽음에 대해서는 『明宗實錄』, 明宗 15年 9月 27日條 참조.

75 『明宗實錄』, 明宗 15年 9月 28日條.

76 권찬의 고향이 함창이라는 것은 『明宗實錄』, 明宗 14年 7月 16日條, 15年 9月 27日條에서 볼 수 있다.

능성이 높다.[77] 따라서 이 불화는 풍산정 이종린이 1560년(명종 15)에 돌아가 신 외할아버지 권찬과 친할머니 숙원 이씨 등의 명복을 빌고, 살아계신 외할 머니 정경부인 윤씨, 아버지 덕양군 이기 등의 보체를 기원하며 외할아버지 의 고향인 경북 함창 상원사에 봉안했던 불화임을 알 수 있다.

　1565년(명종 20) 문정왕후는 보우대사가 머물렀던 경기도 양주의 회암사를 중창하는 대역사를 거행하였다. 회암사의 중수가 끝나자 이를 기념하는 무 차대회를 계획하고 아울러 400점의 불화를 제작하여 전국의 사찰에 분급하 였다. 그러나 안타깝게도 무차대회를 하루 앞두고 문정왕후는 사망하였고, 회암사 중수를 기념하며 계획된 무차대회는 무산되었다. 당시 문정왕후가 발원, 조성한 400점의 불화는 석가모니불, 아미타불, 약사불, 미륵불을 각 각 100점씩 채색화와 금니화로 그린 것으로, 이것이 바로 1565년(명종 20)에 일괄 조성된 회암사 400탱이다. 400점의 탱화 가운데 현재 알려져 있는 것 은 총 6점으로, 국립중앙박물관 소장의 약사삼존도(도 34)를 비롯하여 일본 류조인[龍乘院] 소장 약사삼존도(도 34-1), 일본 호쥬인[寶壽院] 소장 약사삼존도 (도 34-2), 일본 도쿠가와[德川]미술관 소장 약사삼존도(도 34-3) 등 약사삼존도 4점과 일본 고젠지[江善寺] 소장 석가삼존도(도 34-4)와 미국 버크(Burke) 컬렉션 소장(현재 뉴욕 메트로폴리탄 박물관 소장) 석가삼존도(도 34-5) 등 석가삼존도 2점 이다.

　금니로 그린 것과 채색으로 그린 것이라는 차이는 있지만 불화의 도상 은 6점 모두 동일하며, 크기 또한 세로 55㎝, 가로 30㎝ 정도로 거의 비슷하 다. 또한 약사삼존도와 석가삼존도는 각각 주존과 협시보살만 다를 뿐 본존 과 협시로 구성된 삼존도 형식이라는 점도 동일하다. 약사삼존도는 화면 중 앙의 수미단 위 연화대좌 위에 결가부좌한 약사여래와 그 좌우에 협시한 일

77　권상로 편, 『韓國寺刹全書』 下卷, 617쪽, 上院寺條.

도34 약사삼존도, 1565년, 견본금선묘, 54.2×29.7cm, 국립중앙박물관 소장.

도34-1 약사삼존도, 1565년, 견본채색, 56×32.1cm, 일본 류조인[龍乘院] 소장.

도34-2 약사삼존도, 1565년, 견본채색, 53.4×33.2cm, 일본 호쥬인[寶壽院] 소장.

광보살과 월광보살 등 삼존으로 구성되어 있다. 약사여래는 오른손을 가슴 앞으로 올려 첫째와 셋째 손가락을 마주 대었으며 왼손에는 약합을 들고 있다. 다소 긴 듯한 상체에는 대의를 걸치고 아래에는 군의를 입었는데, 군의를 묶은 두 가닥의 띠 매듭이 대좌 앞쪽으로 흘러내렸다. 여래의 좌우 아래쪽의 협시보살은 두 다리를 약간 벌린 채 본존 쪽으로 몸을 돌리고 서 있는데, 왼쪽 협시인 일광보살은 삼족오, 오른쪽 협시인 월광보살은 절구질하는 토끼가 그려진 보관을 쓰고 있다.[78] 대좌는 수미단 모양으로 여러 단으로 구성되었으며, 각 단에는 칸마다 원권문, 국화문, 연판문이 장식되었다.[79]

78 국립중앙박물관 소장 약사삼존도는 일광보살과 월광보살의 보관장식이 서로 뒤바뀌어 있다. 이것은 아마도 동일한 도상을 반복적으로 그리는 과정에서 나타난 실수가 아닌가 생각된다.

79 약사삼존도는 4점이지만 왕실 발원 불화임에도 불구하고 寶壽院본을 제외하고는 모두 약사삼존도의 도상이 잘못되었다. 국립중앙박물관본과 德川美術館本은 협시보살이 잘못 배치되었고, 日·月의 표지가 없으며, 龍乘院本은 德川美術館本과 같이 본존이 약합은 들고 있지만 협시보살의 일·월의 표지가 없다. 당대 고승인 보우대사가 발문을 쓴 불화임에도 불구하고 무려 세 작품이나 도상학적으로

도 34-3 약사삼존도, 1565년, 건본금선묘, 58.7×30.8cm, 일본 도쿠가와德川미술관 소장.

도 34-4 석가삼존도, 1565년, 건본채색, 53.2×28.8cm, 일본 고젠지江善寺 소장.

도 34-5 석가삼존도, 1565년, 건본채색, 69.5×33cm, 미국 버크 컬렉션(Burke Collection, 현 뉴욕 메트로폴리탄 박물관) 소장.

석가삼존도는 화면 중앙의 높은 수미단 위에 결가부좌한 석가모니와 문수보살, 보현보살의 삼존으로 구성되어 있다. 석가모니는 오른팔을 아래로 내려 오른손을 무릎 위에 대고 왼손은 손가락을 구부려 발 위에 얹었다. 오른발은 법의 밖으로 노출되게 왼쪽 다리 위에 얹어 결가부좌하였으며, 어깨에는 우견편단식으로 대의를 착용하였다. 대좌 앞으로는 군의를 묶은 띠 매듭이 두 가닥 흘러내리고 있다. 문수보살과 보현보살은 두 다리를 약간 벌린 채 본존 쪽으로 몸을 틀고 양손에 여의(如意)와 경권을 들고 서 있다. 석가모니가 결가부좌한 방형의 대좌는 약사삼존도와 동일하여 각 단의 칸마다

오류가 발생한 점은 쉽게 이해가 되질 않는다. 일본 如意輪寺 소장 금선묘 용화회도(1568)의 경우 미륵설법도의 도상이지만 본존의 손에 약이 그려져 있어 일본에서 새로 그렸을 가능성이 제기된 바가 있다(정우택, 「朝鮮王朝時代 前期 宮廷畵風佛畵의 硏究」, 139쪽). 그러나 국립중앙박물관본과 德川美術館本은 먼저 밑선 위에 금니선으로 윤곽선을 그린 뒤 존상의 머리와 약합에 채색을 하고 이후에 세부적으로 금니를 표현하였는데, 특히 약합과 각 보살의 보발은 채색 위로 금니선을 긋고 있어 如意輪寺本과 같이 후대에 새롭게 그려진 것은 아니라고 보고 있다.

소형의 원권문과 국화문, 연판문 등으로 장식되었다.

약사삼존도와 석가삼존도 모두 본존의 얼굴은 장방형이며 금니로 칠한 후 이목구비를 가늘게 그려 넣었다. 머리 위에는 육계가 높이 솟아 있으며, 테두리에 금선을 가늘게 그어 육계를 강조하였다. 이러한 특징은, 뒤에서 서술하겠지만, 이 시기 왕실 발원 불교미술에 보이는 가장 특징적인 양식이라 할 수 있다. 윤곽선과 의습선은 굵게 그리고 꺾인 부분을 각이 지게 표현하였으며 일부 의습선은 날카롭게 처리하였는데, 법의는 다양한 문양으로 가득 채워 장식하였으며, 승각기나 법의의 가장자리는 원형과 화문을 그려 장식하였다. 좌우 협시보살 역시 본존처럼 윤곽선을 굵은 선으로, 그 밖의 무늬나 여백을 채우는 선은 가는 선으로 처리하였다. 대좌는 방형으로 단마다 연화당초문·모란당초문·기하학적문·화문 등 다양한 무늬를 그려 장엄하였다. 화면 상부에는 굵은 윤곽선으로 천개와 구름을 그렸다.

현존하는 6점의 불화 모두 화면 좌우측 가장자리와 하단에는 금으로 적은 화기가 남아 있다. 화기는 내용이 거의 동일하여 동시에 기록된 것이 분명한데, 그 내용은 다음과 같다.[80]

가정 44년 정월 일에 우리 성렬인명대왕대비 전하께서는 주상 전하께서 만세토록 장수하시고 더욱 인자하여 만물을 인자하게 여기시며, 결승(結繩)의 훌륭한 정치를 이어받고 메뚜기가 많은 알을 낳듯이 왕자를 번성케 할 것이

---

80 박은경은 화기의 배치는 모두 4개의 유형이 있다고 보고, 먼저 국립중앙박물관본과 버크 컬렉션본, 류조인본과 고젠지본이 서로 일치하지만 자구의 배열과 그 위치에 있어서는 각자 달라서 이것만 가지고는 유형화할 수 없다고 하였다. 또한 조성 연대의 경우 '가정을축'과 '가정 44년'의 두 가지 종류를 쓰고 있는데 이 또한 서체나 내용은 유형화되지 않았고, 서체는 대부분 해서체이지만 행서에 가까운 서체를 겸용하기도 하였는데 호큐인본만이 대체로 정자를 많이 사용하였으며, 글자 표기에 있어서 약자나 같은 의미의 異字를 채택한 사례가 많이 보인다고 지적하였다. 따라서 이상의 특징을 고려할 때 국립중앙박물관본과 고젠지본의 화기는 날카롭고 곧고 근직한 서법을 보여 주는 유사성을 지니고 있어 동일한 필사자에 의해 쓰였을 가능성이 있으며, 나머지 4점은 다수의 필사자가 동원되었을 가능성이 있다고 추정하였다. 박은경, 「조선전기 기념비적인 경축불사400탱」, 300-306쪽.

며, 왕비 전하께서는 지혜로운 아이를 회임하여 훌륭한 왕자가 탄생하기 바라면서 내탕의 보배를 내어 양공에게 석가·미륵·약사·미타 모든 부처에 각각 금화 50점과 채화 50점씩 모두 400탱을 갖추게 하였다. 장엄을 두루 마치자 삼가 회암사 중수의 경석에 맞추어 이에 따라 점안하였다. 모름지기 여러 도의 사람들로 하여금 아침저녁으로 예경케 하고 항상 장수와 부귀 다자를 기축하는 것을 불가의 일로 삼아 불충의 구렁으로 떨어지는 것을 면해야 할 것이다. 그 성덕이 사해를 교화하여 좁은 식견을 넉넉히 할 만하니, 아아 지극하도다. 청평산인 나암이 쓰다.[81]

화기에 의하면 이 불화는 성렬인명대왕대비 전하, 즉 문정왕후의 발원으로 회암사 중수를 기념하며 1565년(명종 20)에 제작되었음을 확인할 수 있다. 또한 화기에는 병약한 명종이 하루 빨리 왕자를 생산하길 바라는 간절한 바람이 잘 드러나 있는데, 그것은 명종의 외아들이던 순회세자가 1563년(명종 18)에 사망했기 때문이다. 따라서 왕위를 이을 왕자에 대한 바람이 바로 불화의 제작 목적 중의 하나로 언급되었다. 또한 이 불화는 완성된 후 전국의 사찰에 보내어 아침저녁으로 예경케 하였다고 했는데, 그 또한 왕자의 탄생을 기원하는 바람에서 이루어진 것임을 알 수 있다. 이처럼 문정왕후에 의해 발원된 회암사 400탱은 회암사의 중수를 기념함과 동시에 외아들이던 명종의 건강 회복과 세자 탄생을 기원하는 문정왕후의 바람이 그대로 반영된 불사였다고 할 수 있다.

숙빈 윤씨가 발원하여 자수궁정사(慈壽宮淨社)에 봉안했던 지장시왕도(도

---

81 "嘉靖四十四年正月 日惟我 聖烈仁明大王大妃殿下爲 主上殿下聖躬萬歲仁喻解網治踵結繩盍羽蟄蟄猶趾振振 王妃殿下頂娠生如脇誕天縱恭捐帑宝爰命良工釋迦弥勒藥師弥陀皆補処各金画五十幷四百頂莊如畢俗 謹當檜岩重修慶席依法點眼須諸道人使之礼敬於朝夕常以華封之祝堯爲山家務免 墮不忠之抗其聖德化海可 艅蠡測於戱至歟清平山人懶菴敬跋."

35)[82]는 지장보살과 시왕 및 18가지의 지옥 장면을 한 화면에 표현한 작품이다.[83] 윗부분에는 지장보살과 시왕을 비롯한 명부의 권속을, 아랫부분에는 18지옥에서 망자들이 벌을 받는 장면을 사실적으로 묘사하여, '지장보살본원경변상도(地藏菩薩本願經變相圖)' 또는 '지장시왕십팔지옥도(地藏十王十八地獄圖)'라고도 불린다.[84] 이 불화는 세로 209.5cm, 가로 227.3cm의 비단에 채색되었는데, 현재 화면의 좌·우가 일부 잘려 있고 부분적으로 안료가 박락되거나 변색되어 있지만 대체로 상태가 양호한 편이다. 상부에는 본존인 지장보살이 오른손에 보주를, 왼손에 석장을 들고 대좌에 앉아 있고 그 아래에는 협시인 도명존자와 무독귀왕이 시립하고 있다. 주위에는 시왕이 홀을 들고 서 있으며 판관과 옥졸, 지옥장군, 동자, 여인상, 그리고 노인 형상의 인물[85]이

---

82 이 작품에 대해서는 아래와 같은 논고가 있다. 西上實, 「地藏本願経変相図」, 『學叢』 5(京都國立博物館, 1983); 김정희, 「朝鮮前期의 地藏菩薩圖」, 『강좌 미술사』 4(한국불교미술사학회, 1992); 박은경, 『李朝前期仏画의 研究―地藏菩薩画像을 中心に』(九州大学大学院文学研究科博士学位論文, 1993); 정우택, 「朝鮮王朝時代 前期 宮廷畫風 佛畫의 研究」; 백은정, 「知恩院所藏 地藏十王18地獄圖 研究」(동국대학교 석사학위논문, 2010); 백은정, 「知恩院 소장 조선전기 〈地藏十王18地獄圖〉 연구」, 『미술사학』 27(한국미술사교육학회, 2013).

83 이 작품의 보관용 상자 뚜껑에는 일본 규슈 島律家로부터의 유래를 기록한 묵서가 적혀 있는데, "이 그림은 전 좌대신 島律久光 공이 내려 주신 것으로 때는 明治 10년(1877) 2월이었다. 西鄕黨에서 군사를 일으켜 규슈 대란에 빠졌을 때, 내가 나고야 별원에 있었는데 이 그림을 갖고 교외의 남쪽에 있는 和田村에 피난을 가서 다행히 멸실을 면하고 나중에 난이 끝나고 나서 다시 서울로 돌아올 수 있었으니 바로 이 보살의 가피력 덕분이었다. 그런 연유로 내 아들 후곤에게 전해 주노라. 明治 17년 3월 9일 華頂山(知恩院)의 제75대 順譽徹定이 적었고 지금 나이는 71세이다"라는 내용으로 보아 적어도 1877년 이후 일본에 전래되어 왔음을 확인할 수 있다. 백은정, 「知恩院 소장 조선전기 〈地藏十王18地獄圖〉 연구」, 1쪽, 각주 2.

84 知恩院의 소장품에 대한 내용이 정리되어 있는 『知恩院史』에는 이 작품을 '地藏本願経變相壹幀 宋陸信忠畫華頂文庫'라고 하여 당시 知恩院에서는 이 그림을 陸信忠이 그렸으며 작품의 명칭을 '地藏本願経變相'이라고 하였다. 이 작품을 일본에 처음 소개한 西上實 역시 그 명칭에 따라 이 작품을 지장본원경변상도라고 소개한 이후 불화 아랫부분의 지옥 장면과 화기의 내용이 지장보살본원경의 내용을 표현한 것으로 알려져 왔다(西上實, 「地藏本願経変相図」). 그러나 최근 백은정은 이 불화의 화기에 지장보살과 시왕 및 18개의 지옥 장면을 그렸다고 기록되어 있으므로 지장시왕18지옥도라고 부르는 것이 합리적이라고 보았다. 백은정, 「知恩院 소장 조선전기 〈地藏十王18地獄圖〉 연구」, 34-35쪽.

85 백은정은 이 노인 형상의 인물이 東坡冠을 쓰고 짚신을 신고 있으며, 이 인물의 소매 안쪽으로 호리병이 그려져 있는 것에 주목하고, 이처럼 설법도 형식의 불화에서 호리병을 들고 있는 경우는 거의 찾아보기 힘들다고 지적하면서 호리병은 주로 道釋人物畵에서 도교와 관련된 인물들의 지물로 자주 등장하는 모티프라고 보았다. 아울러 이 작품에서 호리병과 같은 도교적인 모티프가 등장하는 이유에 대해서는 慈壽宮에 도교를 관장하는 女道士가 함께 살았다는 기록이 있으므로 이러한 봉안처의

도 35　자수궁정사 지장시왕도, 1575-1577년, 견본채색, 209.5×227.3㎝, 일본 지온인 소장.

둘러싸고 있다. 화면의 가장 윗부분에는 좌·우 3구씩 여섯 보살이 합장을 하고 있는데, 이들과 그 외 권속들은 구름으로 구분되어 있다. 여섯 보살을 비롯한 권속들은 좌우대칭으로 시립하고 있으며, 전체적으로 본존을 중심으로 타원형을 이루며 밀집하는 구도를 취하고 있다. 지장보살은 승형의 머리에, 원형에 가까운 둥근 얼굴에는 활형의 눈썹, 가늘고 길게 치켜 올라간

성격이 간접적으로 도상에까지 영향을 미쳤을 것이라고 보았다. 백은정, 「知恩院 소장 조선전기 〈地藏十王18地獄圖〉 연구」, 46-47쪽.

눈, 도톰한 입술 등이 특징적이다.

지장보살의 왼쪽에 시립한 도명존자는 지장보살과 동일한 조의가사(條衣
袈裟)를 입고 있으며, 무독귀왕은 시왕과 동일한 옷에 원류관 또는 면류관을
쓰고 가슴 부위에는 방심곡령(方心曲領)을 착용하였다. 옥졸은 갑옷 같은 옷
을 입고 어깨에 숄을 둘렀으며, 동자들은 쌍상투에 붉은색 리본을 묶었다.
여인들은 머리에 봉관(鳳冠)을 쓰거나 화려하게 치장을 하고 연화형 병(柄)향
로나 사자향로, 또는 화려한 문양이 시문된 보자기를 녹색의 천에 받쳐 들고
있다. 권속들의 복식에는 금니로 작은 문양들이 가득 장식되어 있다.

하단에는 중앙 윗부분에 예배·공양 장면, 그 좌우와 하단부에 18개의 방
제가 달린 지옥 장면이 그려져 있다. 예배·공양 장면에는 두 개의 탁자 사이
에 놓인 업칭(業秤) 앞에서 예배·공양하는 여러 인물들이 묘사되어 있는데,
향좌측에는 승려로 보이는 인물 등이 절을 하고 있다. 탁자 위에는 작은 금
동불, 사자향로, 사경 등이 놓여 있으며, 절을 하고 있는 두 명의 인물 옆에
는, "진심공양인 일첨일례인(盡心供養人 一瞻一禮人)"이라는 방제가 보인다. 저울
바로 앞에는 "작례연모인(作禮戀慕人)"이라는 방제와 함께 흰옷을 입고 있는
예배자가 표현되어 있다. 그 외 "화상사경조탑선인(畫像寫經造塔善人)" 및 "금은
동철작불보살상선인(金銀銅鐵作佛菩薩像善人)"이라는 방제와 함께 다양한 복식
을 한 인물들이 공양물을 허리 숙여 바치고 있는 모습도 보인다. 이를 중심
으로 18지옥의 장면이 펼쳐지는데, 향우측에는 철거지옥(鐵車地獄)의 옥졸이
들고 있는 법륜으로부터 윤회의 장면이 묘사되어 있다.[86]

화기에는 숙빈 윤씨가 큰 서원을 세워 지장보살, 도명존자, 무독귀왕, 염
라십성(閻羅十聖)과 함께 18지옥을 그렸다고 하였다. 또한 명종비 인순왕후의
명복을 빌기 위하여 비구니 지명(智明) 등이 참여하였으며, 시주자들이 재물

---

86 이 불화와 동일한 도상을 갖는 작품이 일본 大福寺 및 京都博物館에 소장되어 있어 당시 이러한 도상
  이 유행했음을 알 수 있다.

제3장 조선 중기: 궁정 양식의 확립

을 갹출하고 양화(良畵)를 청하여 불화를 제작하여 자수궁에 봉안하였다고 기록하고 있다. 이어서 지장보살의 이름을 듣거나 불화, 불상을 만들거나 예배하는 자는 천상에 태어난다는 공덕에 관하여 언급하며 숙빈 윤씨를 필두로 이 불화를 발원하였다는 내용과 인순왕후가 속세의 인연을 벗어나 도솔천으로 올라 안양(安養)세계에 도달하기를 바란다고 기록하였다. 다른 한쪽에도 화기가 적혀 있는데, 여기에서는 선조, 선조비, 공의왕대비(인종비), 덕빈 저하(순회세자빈) 등의 장수를 기원하고 있다. 이 불화가 봉안된 자수궁 정사는 자수궁에 딸린 비구니 사찰尼院이다. 자수궁은 주로 선왕의 후궁들이 선왕의 사후에 거처하던 곳인데, 후궁들이 머물면서 신행을 함에 따라 불당의 역할을 했던 것으로 추정된다.[87]

부분적으로 화기가 결실되어 불화의 제작시기는 정확히 알 수 없으나 제작 당시에 인종비였던 공의왕대비는 아직 살아 있었으며 인순왕후는 사망한 것으로 보아, 인순왕후의 졸년과 공의왕대비의 졸년 사이인 1575-1577년에 제작되었음을 알 수 있다. 대표적 발원자인 숙빈 윤씨는 인종의 후궁으로서 문정왕후의 오빠이자 윤원형의 형인 윤원량(尹元亮, 1495-1569)의 딸이다.[88] 그녀는 동궁에 화재가 발생했을 때 당시 동궁이었던 인종을 구한 윤양제(尹良娣)와 동일인물로서, 인종 즉위 후 숙빈에 봉해진 것으로 추정된다.[89] 그녀는 이 불화의 발원 대상자인 명종비 인순왕후 심씨와는 사촌 시누

---

87 자수궁에 대해서는 이 책의 제6장 참조.

88 기존의 연구논문에서는 "惠嬪 鄭氏는 廣州에서, 淑嬪 尹氏는 南陽에서, 淑儀 李氏·愼氏는 延安에서 음식물을 題給하여 줄 것을 감사에게 有旨를 내리도록 하라"라는 기록(『宣祖實錄』, 宣祖 28年 5月 26日條)에 의해 淑嬪 尹氏를 선조의 후궁으로 보았으나 최근 경기도 파주시에서 출토된 坡平 尹氏 母子 미라와 함께 淑嬪 尹氏가 1545년 어머니에게 보내는 것으로 추정되는 諺文의 편지가 발견되어 인종의 후궁임이 밝혀졌다. 정광, 「파평윤씨 모자 미라 副葬 諺簡」, 『파평윤씨 모자 미라 종합 연구 논문집』(고려대학교박물관, 2003) 참조.

89 『明宗實錄』, 明宗 2年 2月 19日條, "及其翌年癸卯正月 東宮失火之後 李霖以大司諫 來見壽聃者 連日焉 壽聃慨然謂臣曰 霖之無狀 乃以東宮之火 謂出於尹良娣之房 尹良娣乃尹元衡之兄 元亮之女也 將欲藉口 以成大獄," 정호섭, 「파평윤씨 모자 미라의 주인공에 대하여」, 『파평윤씨 모자 미라 종합 연구 논문집』, 83쪽.

이-올케 사이로, 인순왕후가 사망한 후 명복을 빌기 위해 이 불화를 발원하였다. 숙빈 윤씨가 이 불화를 제작하여 자수궁에 봉안했기 때문에 그녀가 당시 자수궁에 머물고 있지 않았을까 생각되지만 기록이 없어 확인할 수는 없다.

미국 보스턴 미술관 소장의 약사여래십이신장도(도 36)는 약사삼존과 약사여래를 수호하는 약사여래십이신장을 그린 작품이다. 세로 122㎝, 가로 127㎝의 정사각형에 가까운 화면 중앙에는 약합을 든 약사여래가 높은 대좌 위에 결가부좌하고 있으며, 여래의 좌우로는 여래를 향해 두 손 모아 합장한 일광보살과 월광보살, 갑옷에 투구를 쓰고 각종의 무기를 든 약사여래십이신장이 배치되어 있다. 이 불화에 보이는 본존과 권속들이 이루는 안정된 구도와 불·보살의 둥근 얼굴, 작은 이목구비, 뾰족한 육계, 건장한 어깨와 안정된 자세 등은 16세기 왕실 발원 불화의 특징을 반영하고 있으며, 정교하고 화려한 금니의 문양과 섬세한 필선에서는 고려불화 못지않은 조선 중기 왕실 불화의 특징 및 품격을 엿볼 수 있다.

화면 하단 중앙의 붉은 화기란에 금니로 쓴 화기에는 '대비 전하'가 주상 전하의 장수복록을 기원하며 양공을 모집하여 채화(彩畵) 석가수도회도(釋迦修道會圖) 2점, 채화 약사도 1점, 지장도 1점, 순금 치성광회도(熾星光會圖) 1점을 제작하였다고 기록되어 있다.[90] 이 불화의 양식적 특징으로 볼 때 조선 중기의 왕실 발원 불화들과 공통점을 보이고 있어 조선 중기의 작품으로 추정되지만, 발원자가 대비 전하라고만 밝혀져 있어 누구를 가리키는지 명확하지 않다. 조선 중기 당시 대비의 지위에 있었던 왕후는 왕대비 윤씨(문정왕후)와 공의왕대비(인종비 인성왕후), 의성왕대비(명종비 인성왕후) 등 3명인데, 왕대

---

90 堀岡智明, 「ボストンン美術館藏 朝鮮佛畵について」, 『佛敎藝術』 83(佛敎藝術學會, 1972), 54-55쪽. 화기:
    "大妃殿下伏爲主上殿下壽 君福國之願爰命良工願成彩畵釋迦修道會圖二幀彩画藥師□幀地藏一幀純金熾
    盛光會圖一幀倬□哉至誠所感作我主上殿下龍圖永感鳳歷長新麒子繼繼繩繩國泰民安風順風調無凝笑嗚呼
    至哉."

도36 약사여래십이신장도, 조선 중기, 견본채색, 122×127㎝, 미국 보스턴 미술관 소장.

비 윤씨(문정왕후)는 1544-1545년 사이, 공의왕대비(인종비 인성왕후)는 1545-1567년, 의성왕대비(명종비 인성왕후)는 1567-1575년 사이에 각각 대비에 봉해졌으므로 이 불화는 대략 1544-1575년 사이에 제작된 것으로 추측할 수 있다. 이 불화처럼 채화와 순금화가 같이 제작된 예는 문정왕후 발원 약사불회도(1561)와 회암사 400탱(1565)에서도 볼 수 있으며, 십이신장의 얼굴을 검은색으로 칠한 점이라든가 약사여래의 얼굴 형태와 착의법, 대좌의 형태 등이 문정왕후 발원 불화 및 보우대사 발원 청평사 지장시왕도(1562)와 매우 흡사할 뿐 아니라 화기의 내용과 구성이 문정왕후가 발원하고 보우대사가 발문을 쓴 불화들과 동일하다. 따라서 이 불화의 화기 역시 보우대사가 쓴 것으로 추정되므로, 이 불화는 적어도 문정왕후와 보우대사가 사망한 1565년(명종 20) 이전에 제작되었을 것으로 추정된다. 그렇다고 한다면 이 불화를 발원한 대비 전하는 1565년(명종 20) 이전에 대비로 봉해진 왕대비 윤씨(문정왕후)와 공의왕대비(인종비 인성왕후)로 좁혀진다. 왕대비 윤씨가 대비로 있었던 1544년(중종 39)은 아직 보우대사가 왕대비 윤씨에게 발탁되기(1548년) 이전이므로, 보우대사가 화기를 쓴 것으로 가정한다면, 이 작품은 공의왕대비(인종비 인성왕후)가 대비 전하로 봉해졌던 1545-1567년 중 보우대사가 활동했던 시기, 즉 1548-1565년 사이에 제작되었을 것이며, 따라서 이 불화의 발원자는 인성왕후로 추정된다.

3 왕실 주변 인물의 불사와 불교미술

조선 중기에는 왕실에서 직접 발원하지는 않았지만 비구와 비구니, 또는 왕실과 관련된 인물들이 왕실을 위해 발원한 불화도 많이 조성되었다. 이 불화들은 왕실 발원 불화 못지않게 양식적으로도 뛰어난데, 그 가운데 가장 이른 시기의 작품은 일본 지코지[持光寺] 소장 천수관음보살도(도 37)로서, 양 식적 특징으로 보아 왕실 관련 인물이 발원한 것으로 추정된다. 이 불화는 1532년에 비구니 보운(普雲)이 이수석(李壽石) 부부와 최차남(崔車南)의 정토왕 생을 바라고 이수강(李壽康) 부부와 비구니 학진(學眞)의 무병장수를 기원하며 사찰[鴛宮]에 봉안한 것이다.[91] 화면 중앙에는 거친 암석 위에 관음보살이 결 가부좌하였으며 화면 향좌측 하단에는 선재동자가 관음보살을 우러러보며 합장하고 있다. 보살은 커다란 원광을 배경으로 하여 앉아 있는데, 얼굴 양 옆에 각각 하나씩, 머리 위에 8개의 얼굴이 표현되어 모두 11면을 이루고 있 다. 관음보살의 손은 42개로 그중 여섯 개의 손은 상반신의 전면에 있으며, 나머지는 밖으로 뻗어 일륜(日輪)과 월륜(月輪), 보륜(寶輪)을 비롯한 각종 지물 을 들었다. 큰 원광 안에는 눈이 표현된 무수한 작은 손이 그려져 있으며, 중 앙의 두 손은 머리 위에 올려 아미타화불을 받들고 있다. 이 천수관음도는 대원광 안의 거친 암석 위에 결가부좌한 관음보살, 보살을 우러러보는 선재 동자, 관음보살의 머리 위에 표현된 아미타화불 등에서 삼성미술관 리움 소

91 "比丘□普雲伏爲李氏壽石氏兩位靈駕崔氏車南氏靈駕往生淨界常開無上至眞妙法永脫輪迴之苦海畵爲李氏 壽康氏兩位保體比丘□學眞保體無病長壽之願敬成彩畵千手觀音一幀粧四年□安邀鴛宮非徒存己利益亦乃 已身世世生生不退菩提之心無坐無障福壽增長歸依三寶當成正覺之勝緣何可言哉佛鑑廣懋慈悲照此丹誠 嘉 靖十一年壬辰夏跋."

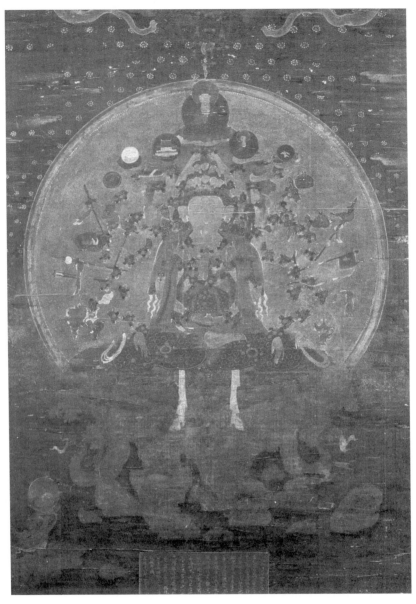

도37　천수관음보살도, 1532년, 견본채색, 82.9×59.6cm, 일본 지코지[持光寺] 소장.

제3장　조선 중기: 궁정 양식의 확립

장 천수관음도(고려)의 도상을 그대로 계승하고 있어, 고려불화의 전통이 조선 중기 불화로 이어졌음을 보여 준다. 조선 중기의 천수관음도는 지코지 소장본 1점만이 남아 있지만, 1483년(성종 14) 왕비 전하가 발원한 삼제석천도(일본 에이헤이지 소장, 도 22)의 화기에 제석도와 함께 천수관음도를 조성한 사실, 『천수경』이 궁중의 도움으로 여러 차례 언해된 사실로 보아 당시 왕실에 천수관음신앙이 널리 알려져 있었으며, 이에 따라 천수관음도의 제작이 종종 이루어졌던 듯하다.[92]

지코지 소장 천수관음도는 이러한 왕실의 천수관음신앙을 배경으로 제작되었다. 화면 하단 붉은 바탕에 금니로 화기를 쓴 점이라든가 "공경히 채화 천수관음 1점을 그리다敬成彩畵千手觀音一幀"라는 용어 또한 조선 중기 왕실 발원 불화에 등장하는 관용구로서, 이 불화를 발원한 비구니가 자수궁 또는 정업원의 비구니였을 가능성이 높다. 이수강에 대해서는 1518년(중종 13)에 "군기시별좌(軍器寺別坐) 이수강 등 5인이 조관(朝官)에 합당하지 않으니 해당 부서에 물어서 파면해 버리라"라는 기록이 보인다.[93] 여기에 나오는 이수강이 발원 대상자인 이수강이라고 확신할 수는 없지만 1518년에 그가 군기시의 별좌직을 맡았으면 이 불화를 제작했던 1532년(중종 27)까지 생존해 있었을 가능성이 크기 때문에 동일인물일 가능성이 높다. 별좌는 조선시대에 녹봉을 절약하면서 공신이나 고위 관직자의 자제가 벼슬할 수 있는 길을 열어 주기 위해 만든 무록관(無祿官)의 하나로 정·종5품에 해당하며, 교서관(校書館)·상의원(尙衣院)·군기시(軍器寺)·예빈시(禮賓寺)·수성금화사(修城禁火司)·전설사(典設司)·전함사(典艦司)·전연사(典涓司)·내수사(內需司)·빙고(氷庫) 등의 관청에 두었던 직책이다. 보통 종친들은 정1품부터 종3품까지의 품계를 받는 것이

---

92 제석천도(1483)의 화기는 박은경, 『조선 전기 불화연구』, 481쪽 참조. 천수관음도에 대해서는 김정희, 「한국의 千手觀音 信仰과 千手觀音圖」, 『정토학연구』 17(한국정토학회, 2012), 149-196쪽 참조.
93 『中宗實錄』, 中宗 13年 10月 8日條.

일반적이었으므로 정·종5품의 별
좌직을 맡았던 이수강이 왕실과 관
련된 인물인지는 확신할 수 없지만,
앞에서 언급한 바와 같이 화기의 형
식 등으로 볼 때 왕실과 관련된 인
물일 가능성도 배제할 수 없다.

　천수관음도와 같은 해에 조성된
아미타팔대보살도(도 38)는 상궁 김
씨(金氏)가 죽은 아버지 김신은(金臣
隱)의 영가천도와 어머니 배씨(裵氏)
의 장수를 기원하며 제작한 것으로,
크기는 세로 108.8㎝, 가로 55.7㎝
에 이른다. 화면의 구성은 연화당초
문으로 장식된 커다란 거신광을 지
니고 높은 방형의 대좌 위에 가부좌한 아미타여래를 중심으로 좌우에 관음
보살, 대세지보살, 지장보살 등 여덟 보살이 협시한 간단한 구도를 취하고
있다. 아미타불은 방형에 가까운 얼굴에 약간 솟아오른 육계, 당당한 체구
가 특징적이다. 광배는 여의두문과 원문, 연화당초문으로 장식하였으며, 여
러 단으로 이루어진 대좌에도 다양한 무늬가 가득 그려져 있다. 본존 옆에
서 협시하는 팔대보살 역시 전체적인 윤곽선은 두껍게 그리고 내부는 가는
선으로 꽉 채웠는데, 보살의 복식에는 마엽문·화문·구름문 등 다양한 무늬
가 시문되어 있다. 관음보살이 들고 있는 정병과 경책 등 극히 일부 지물에
만 채색을 사용하고 있을 뿐 전체적으로 금니를 사용하였다. 화기에는 "화
성미타회도 1탱 지장회도 1탱(畵成彌陀會圖一幀地藏會圖一幀)"이라고 적혀 있어
이 작품 외에 지장보살도가 한 점 더 제작되었음을 확인할 수 있다.[94] 이 불

화는 왕실에서 직접 발원한 것은 아니지만, 상궁이 아버지를 위해 발원하였으며 이 시기 왕실 발원 불화의 특징인 금선묘로 그린 것이라는 점에서 넓은 의미의 왕실 발원 불화라고 할 수 있다.

일본 고묘지[光明寺] 소장 지장시왕도(도 39)는 보우대사가 명종과 인순왕후, 문정왕후, 인성왕후, 세자[暊]와 세자빈[德嬪] 등 왕실 일가의 성수를 기원하며 제작한 불화이다. 문정왕후와 함께 조선 중기 불교 중흥을 꾀했던 보우대사가 왕실을 위해 발원한 작품이자 왕실 발원 불화의 양식과 품격을 잘 보여주는 작품 가운데 하나이다.[95] 이 그림은 세로 85.7㎝, 가로 94.5㎝의 거의 정사각형에 가까운 비단 바탕에 그려진 채색화로서 지장보살을 중심으로 도명존자와 무독귀왕, 시왕이 시립한 비교적 간단한 구도를 취하고 있다. 화면의 상단부 중앙에는 지장보살이 높은 사각대좌 위의 연화좌에 결가부좌하였으며, 지장보살의 양 무릎 끝부분에 도명존자와 무독귀왕이 합장하고 서 있다. 지장보살의 광배 좌우로는 각 5명씩 시왕이 배치되었다. 이 불화의 구도는 일본 닛코지[日光寺] 소장 지장시왕도, 독일 베를린동양미술관 소장 지장보살도 등 고려시대 지장보살도에서 범천과 제석천, 금모자사, 사자, 사천왕 등이 제외된 단순한 구도로서, 1m 안팎의 화면을 공간감 있게 구성하면서도 권속들을 질서정연하게 배열하였다. 이러한 구도는 조선 중기부터 조선 후기에 걸쳐 유행한 군도 형식과는 다르지만, 1532년 상궁 김씨 발원 아미타팔대보살도, 1546년 지장보살도(일본 이야다니지[彌谷寺] 소장) 등 동시대 불

94　화기: "尙宮金氏伏爲亡父金臣隱靈駕仗此佛恩生□花中永脫輪廻□□□佛果次□存母裵氏寶体現□百□□生覺岸抑亦巳身消災□□□壽命□長死蒙佛記當生□界之□畵成彌陀會圖一幀地藏會圖一幀莊嚴畢□□□玉眼聞天諸佛之鑑如□□□之誠□水水淸□□□則施功□□□哉嗚呼□□　嘉靖十一年仲冬月日謹跋."

95　이 불화에 대해서는 아래와 같은 논고가 있다. 홍윤식,「朝鮮 明宗朝의 佛畵製作을 통해 본 佛敎信仰」,『불교학보』19(동국대학교 불교문화연구원, 1982); 김정희,「朝鮮朝 明宗代의 佛畵硏究―淸平寺 地藏十王圖를 中心으로」,『역사학보』110(역사학회, 1986); 박은경,「尾道市光明寺所藏地藏十王圖」,『デ·アルテ』8(九州藝術學會, 1992);「朝鮮時代 15·6세기 佛敎繪畵의 特色―地藏十王圖를 中心으로」; 신광희,「朝鮮前期 明宗代의 社會變動과 佛畵」.

화에 보편적으로 사용되던 구도이다.

　지장보살은 성문형(聲聞形)으로, 왼손은 엄지와 셋째, 넷째 손가락을 맞대어 무릎 위에 대고 오른손은 어깨 부근까지 올려 밖으로 벌렸다. 지장보살의 특징적인 지물인 보주나 석장을 들지 않았다. 원형에 가까운 동안의 얼굴에는 눈에 띄게 작아진 이목구비가 한가운데로 몰려 표현되었는데, 이러한 특징은 당시의 왕실 발원 불화와 공통된 특징으로서 이 불화 역시 왕실 주변에서 왕실 화원들에 의해 제작되었음을 짐작게 한다. 지장보살이 앉은 대좌는 조선 중기부터 유행한 사각대좌로, 상단과 하단은 긴 장방형을 이루며 금니로 보상당초문을 그렸고 그 주위로 동심원문을 둘렀으며, 중단은 이보다 한 단 들어가 긴 장방형의 난을 만들어 위아래를 복련과 앙련으로 장식하고 가운데에는 이글거리는 화염문을 그려 넣었다.

지장보살을 둘러싼 인물들은 얼굴이 짙은 갈색으로 칠해져 있어 상당히 비현실적으로 보인다. 이러한 기법은 고려시대 지장보살도에서도 보이는데, 권속의 얼굴을 짙은 갈색으로 처리하여 명부세계의 어둡고 음울한 분위기를 효과적으로 표현하였다. 또 도명존자와 무독귀왕은 일본 사이호지[西方寺] 소장 지장보살도, 1546년 이야다니지 소장 지장보살도에서처럼 콧날과 이마를 흰색으로 강조하여 입체감을 표현하였다.

이 불화에서 특히 주목되는 것은 다양한 문양이다. 문양 가운데 일부는 고려불화에서 자주 사용되던 것이지만 조선시대에 이르러 새롭게 나타난 문양들도 다양하게 시문되어 있다. 동심원문과 나선문, 화문 등이 지장보살의 가사를 비롯하여 시왕의 옷, 대좌에까지 시문되어 있어 마치 고려불화를 보는 듯하다. 특히 지장보살의 가사에 시문된 원문은 역S 자형으로 두 개의 와문(渦文)을 덩굴 모양으로 파생시킨 것인데 일본 네즈[根津]미술관 소장 지장보살도 및 닛코지 소장 지장시왕도 등 고려시대 지장보살도의 문양과 동일하며, 시왕의 옷깃에 시문된 당초문은 약간 단순화되긴 했으나 1350년 미륵하생경변상도 주존불의 옷깃 문양과 동일하다. 그러나 대좌를 비롯하여 여러 곳에 시문된 동심원문은 1565년 회암사 약사삼존도, 1575~1577년 지장보살도, 일본 쥬린지 소장 오불회도 등 조선 중기 불화에 보편적으로 표현된 것으로 보아 이 시기의 특징적인 문양이라 할 수 있다. 이와 함께 지장보살의 발목 주위에 표현된 날카로운 풀잎 같은 톱니형 옷깃 또한 1532년 아미타팔대보살도, 1561년 금선묘 약사불회도, 1565년 회암사 약사삼존도 등 이 시대 불화에 많이 나타나는 특징적인 문양이며, 변형된 동심원문은 같은 시기 분청사기에 시문된 화문과 동일하다. 이처럼 이 불화에 고려불화의 전통이 많이 남아 있는 것은 보수적인 화원들의 전통이 남아 있는 한편 이 불화의 조성 배경과도 무관하지 않다. 즉 이 불화를 조성한 화원은 궁중화원으로서 왕실에 전해 오던 고려불화를 볼 수 있는 인물이었을 것이다. 이러한 점은 무독귀왕의 관복에 왕실을 상징하는 운룡문을 사용한 점에서도 알 수 있다. 적색의 옷에 찬란한 금니로서 용의 모습을 생동감 있게 사실적으로 묘사한 화가의 기량은 고려시대의 화사에 비해서도 뒤떨어지지 않는 것 같다.

한편, 본존의 대좌 아래 붉은색의 화기란에는 다음과 같은 화기가 적혀 있다.

가정 임술년 6월 청평산인(淸平山人) 나암(懶庵)은 삼가 충정을 다하여 주상 전하의 성수만세와 왕비 전하의 성수제년, 성렬인명대왕대비 전하의 성수만세, 공의왕대비 전하의 성수만세, 세자 저하의 수명천추, 덕빈 저하의 수명천추와, 또한 바다가 고요하고 강이 맑으며 나라와 백성이 편안하고 불법의 밝음이 빛을 더하고 법륜이 항상 돌 것을 위하며 선화사를 구하여 채화(彩畵) 시왕도탱 1폭을 그려 청평사에 봉안하여 향화를 받드니 원컨대 이러한 공덕이 우리들과 중생들 일체에 널리 미쳐 모두 함께 불도를 이루기 바라옵니다.[96]

화기에 의하면 이 불화는 가정 41년(1562) 청평산인 나암이 주상 전하 및

---

96 "嘉靖壬戌六月日淸平山人懶庵謹竭丹悰伏爲主上殿下聖壽萬歲王妃殿下聖壽齊年聖烈仁明大王大妃殿下聖壽萬歲恭懿王大妃殿下聖壽萬歲世子低下壽命千秋德嬪低下壽命千秋抑又海晏下河國泰民安佛日增輝法輪常轉求善畫士彩畵十王都幀一面敬安宇淸平寺以奉香火云爾願以此功德普及於一切我等與衆生皆共成佛道."

왕비, 성렬인명대왕대비 전하, 공의왕대비 전하, 세자 저하, 덕빈 저하 등 왕실 일가의 성수를 기원함과 동시에 불법이 널리 행해지기를 바라는 마음에서 발원하여 청평사에 봉안한 시왕도(지장시왕도)였음을 알 수 있다.

이 화기에서 주목을 끄는 것은 원주 및 그가 발원한 인물들이다. 이 불화의 원주이며 화기의 필자인 나암은 바로 문정왕후와 함께 조선 중기 불교 중흥을 이끌었던 허응당 보우이다.[97] 보우는 15세 때 금강산 마하연에서 삭발, 중이 되어 금강산에서 수학하던 중 1548년(명종 3) 문정왕후에게 발탁되어 왕후와 함께 17년간 조선 중기 불교계의 중심적 인물로서 활약하였다. 그는 최고승직인 판선종사도대선사봉은사주지(判禪宗事都大禪師奉恩寺住持)까지 올랐으나 1565년(명종 20) 문정왕후의 죽음을 계기로 모든 승직을 박탈당하고 제주도에서 목사 변협에게 죽임을 당하였다. 화기에서 보우대사는 자신을 청평산인이라고 밝히고 있는데, 그것은 1555년(명종 10) 9월 칙명에 의해 판사직과 봉은사 주지직을 버리고 청평사 주지로 임명되어 1557년(명종 12)까지 그곳에서 은거한 데서 딴 것이다.[98]

청평사는 강원도 춘천시(춘성군) 청평산에 위치한 절로서 973년(광종 24) 선사 영현(永玄)에 의해 창건되었다. 1089년(선종 6) 이자현(李資玄)이 중건하면서부터 당시 거사불교 및 선종의 중심지가 되었으며,[99] 조선 전기까지 역대의 고승과 석학이 주석하면서 왕실의 특별한 비호를 받았다. 보우는 청평사에 머무는 동안 절의 재건에 힘을 써 능인전(能仁殿)을 보수하는 한편, 구광전(九光殿) · 사성전(四聖殿) · 극락전 · 회전문 등을 신축하였으며[100] 아미타탱화 및 제

---

97 보우대사에 대해서는 『虛應堂 普雨大師 硏究』(보우사상연구회, 1993) 참조.

98 이능화, 『朝鮮佛敎通史』(경희출판사, 1968), 451-455쪽 및 高橋亨, 『李朝佛敎』(普門館, 1929), 325쪽.

99 최병헌, 「高麗中期 李資玄의 禪과 居士佛敎의 性格」, 『金哲俊博士華甲記念史學論叢』(지식산업사, 1983) 참조.

100 杉山信三, 『韓國の中世建築』(東京: 相模書房, 1984), 462-463쪽.

석탱화를 중수하고 그에 관한 글을 남겼다.[101] 그는 불화의 원주 및 동참자로도 참여하였으며, 회암사 중수의 낙성 때 제작한 400탱의 발문을 쓰기도 하였다.[102] 그런데 보우는 화기에 항상 자신을 청평산인이라고 밝히고 있어, 비록 정계에서 은거하여 잠시 머물렀던 곳이지만 청평사에 많은 애착을 가지고 있었던 것 같다.

보우대사는 이 불화를 발원하면서 주상 전하(명종) 및 왕비(인순왕후), 성렬인명대왕대비 전하(문정왕후), 공의왕대비 전하(인성왕후), 세자 저하(순회세자), 덕빈 저하(세자빈) 등 왕실 일가의 성수를 기원하였다. 이 불화의 조성시기가 1562년(명종 17)이므로 주상 전하와 왕비는 당연히 명종과 그 왕비인 인순왕후 심씨를 가리킨다. 인순왕후는 청릉부원군 심강(沈鋼, 1514-1567)의 딸로서 1544(중종 39)에 당시 대군(경원대군)이던 명종과 혼인하여 부부인이 되었고, 1545년(인종 1)에 명종이 인종의 뒤를 이어 즉위하자 왕비로 책봉되었으며, 1551년(명종 6)에 순회세자를 낳았다. 그러나 1563년(명종 18) 순회세자가 어린 나이로 죽음에 따라 왕비는 불심이 돈독해져서 그 후 문정왕후, 인성왕후 등과 함께 불재공양에 힘을 써 당시 왕실을 중심으로 한 불교 부흥에 한 역할을 하였다. 1569년(선조 2) 의성(懿聖)이라는 존호를 받았으며 1575년(선조 8)에 세상을 떠났다. 다음으로 성렬인명대왕대비 전하는 앞에서도 살펴보았듯이 문정왕후를 지칭하며, 공의왕대비 전하는 중종의 뒤를 이어 즉위한 지 일 년도 못 되어 승하한 인종비 인성왕후 박씨이다. 그는 1544년 인종이 즉위하면서 인성왕후로 봉해졌다가 다음 해 인종이 승하함에 따라 왕대비가 되었으며 1546년(명종 2) 공의(恭懿)라는 존호를 받았다. 공의왕대비 전

---

101 『懶庵雜著』,「淸平寺帝釋幀重修記」;「淸平寺彌陀幀重修記」.

102 회암사 400탱 중에서 일본 德川美術館 소장 약사삼존도, 일본 龍乘院 소장 약사삼존도, 미국 Mary & Burke Collection 소장 석가삼존도 등 3점의 불화 화기 말미에 淸平山人 懶巖謹(敬)拔이라고 적혀 있지만, 나머지 약사삼존도와 석가삼존도의 화기도 거의 같은 내용인 것으로 보아 1565년 문정왕후 발원 불화의 화기는 모두 청평산인이 쓴 것으로 추정된다.

제3장 조선 중기: 궁정 양식의 확립

하 역시 신심이 깊어서 인종의 명복을 빌고 극락정토에 왕생하기를 바라는 마음에서 가정 29년(1550)에 관음보살32응신도(1550)를 제작하여 도갑사에 봉안하였다. 사라수탱(沙羅樹幀, 도 40), 자수궁정사 지장시왕도(도 35)에도 그의 존호가 보인다.[103]

세자 저하는 명종의 외아들인 순회세자 이부(李暊, 1551-1563)를 가리킨다. 세자는 1557년(명종 12) 7월 세자 책봉례를 행하고 참판 윤옥(尹玉, 1511-1584)의 딸을 맞아 가례를 올렸으나 1563년(명종 18) 9월 13세의 나이로 요절하였다. 세자가 요절함에 따라 세자의 명복을 빌고 인순왕후가 왕손을 낳아 대를 잇기를 바라며 문정왕후가 원주가 되어 석가, 아미타, 미륵, 약사불화를 모두 400탱 제작하여 회암사 중수 때 개안공양했던 사실은 널리 알려져 있다. 또한 덕빈은 순회세자의 비인 공회빈 윤씨(恭懷嬪 尹氏, 1553-1592)이다. 10세 때 세자빈으로 뽑혀 덕빈으로 책봉되었으나 세자가 요절함에 따라 일생을 빈으로 지내다 1592년(선조 25)에 사망하였으며, 그 후 공회(恭懷)라는 존호를 받았다.[104]

보우대사가 이 불화를 발원한 시기는 청평사에서 다시 돌아와 선종판사직을 맡고 봉은사와 천릉의 공사를 추진하던 때로서 궁중과의 관계가 밀접했던 때였다. 그러나 이 불화가 완성된 다음 보우는 선종판사직을 삭탈당하고 봉은사에서 물러나 세심정에 머물다 1563년(명종 18) 순회세자의 죽음을 계기로 회암사의 대중수 공사를 계획하였다.

---

103 熊谷宣夫는 공의왕대비 전하를 장경왕후라고 밝히고 있고 中野照男도 이 설을 따르고 있으나(熊谷宣夫, 「龍乘院藏 藥師三尊圖に就いて」, 『佛敎藝術』 69(每日新聞社, 1968), 57쪽 및 中野照男, 「朝鮮の地藏十王圖に就いて」, 『佛敎藝術』 97(每日新聞社, 1994), 134쪽) 보우가 「회암사중수경찬소」에서 공의왕대비 전하 박씨라고 분명히 밝히고 있다.

104 『宣祖修正實錄』, 宣祖 25년 3月 3日條. 西上實은 숙빈 윤씨가 발원한 일본 지온인 소장의 자수궁정사 지장본원경변상도에서 말하는 덕빈이 인종의 생모인 仁嬪을 말하는 것이라고 하였으나(西上實, 「知恩院所藏 地藏本願經變相圖」) 이 그림이 조성된 1575-1577년에 덕빈이 생존해 있었고 공의왕대비 전하 등과 함께 언급되고 있는 것으로 보아 이 그림에서 말하는 덕빈은 순회세자비인 덕빈을 지칭하는 것으로 보인다.

일명 안락국태자경변상도(安樂國太子經變相圖, 1576)라고 알려진 사라수탱(도 40)은 서천국의 사라수대왕(沙羅樹大王)과 왕비 원앙부인이 출가하여 겪게 되는 불행한 이야기를 소재로 한 것으로, 세로 108.8㎝, 가로 56.8㎝의 견본 채색화이며 현재 일본 세이잔분코[青山文庫]에 소장되어 있다.[105] 이 불화는 1447년(세종 29)에 편찬된 『월인석보(月印釋譜)』 권8에 나오는 안락국태자전(安樂國太子傳)과 그 내용이 일치하고 있어 그것을 저본으로 하여 그린 것으로 추정된다. 그림에는 안락국태자가 아버지를 찾아가는 과정이 총 26개의 장면으로 그려져 있는데, 그 내용은 아래와 같다.

범마라국 임정사(林淨寺)의 광유성인(光有聖人)은 승렬비구를 서천국 사라수대왕국에 보내 찻물 길어 오는 시중을 들 팔궁녀(八宮女)를 청하고, 이어 사라수대왕을 청하게 된다. 사라수대왕은 부귀영화에 얽매이지 않고 선근을 닦고 무상도를 구하기 위해 기쁜 마음으로 구도의 길을 나선다. 왕비인 원앙부인도 동행하게 되는데, 멀고 험한 여정 중에 심한 발병이 나고 또 만삭의 몸이라 더 이상 길을 가지 못하게 되자 죽림국 자현장자의 집에 계집종으로 팔아 보시케 해 달라는 부인의 청대로 그녀는 뱃속의 아기와 함께 금 4000근에 팔리게 된다. 사라수왕은 아직 태어나지 않은 아기의 이름을 안락국(安樂國)이라 지어 주고, 서로 꿈에서라도 다시 만나자는 언약을 하고 이별을 한다. 원앙부인은 장자의 집에서 생전 겪어 보지 못했던 학대를 받으며 고생하였고, 안락국은 일곱 살 되던 즈음, 아버지를 찾기 위해 장자의 집

---

105 이 불화에 대해서는 사재동, 「安樂國太子傳硏究」, 『어문연구』 5(어문연구회, 1967); 김정교, 「朝鮮初期 變文式佛畵―安樂國太子經變相圖」, 『공간』 208(공간사, 1984); 허상호, 「朝鮮 後期 祇林寺 沙羅樹王幀 圖像考」, 『동악미술사학』 7(동악미술사학회, 2006) 등 참조.

▶도 40 사라수탱, 1576년, 견본채색, 108.8×56.8㎝, 일본 세이잔분코[青山文庫] 소장.

에서 탈출을 시도하다가 실패하여 얼굴에 문신을 당하는 끔찍한 형벌을 당하게 된다. 결국 두 번째 탈출에 성공하여 임정사로 향하여 우여곡절 끝에 아버지와 상봉하게 된다. 사라수왕은 원앙부인의 안부가 걱정이 되어 아들의 귀가를 재촉하였고 안락국은 다시 죽림국으로 돌아왔는데, 어머니는 안락국의 탈출로 장자의 노여움을 사게 되어 몸이 세 동강으로 살해된 뒤였다. 안락국은 동강 난 시신을 한데 모아 이어 놓고 엎드려 울며 서방을 향해 합장하니, 아미타불이 탄 48용선이 내려와 이들을 태우고 극락세계로 향하였다.

그림은 향우측 하단 서천국 사라수대왕의 궁전에서 시작하여 향좌측 상단 범마라국의 광유성인 장면으로 이어지고 다시 중간 왼쪽의 자현장자의 집, 오른쪽 위에 사라수대왕과 안락국태자의 만남으로 이어지다가 용선접인 장면을 마지막으로 원앙부인과 안락국태자가 극락왕생하는 장면으로 끝을 맺고 있다.[106]

이 작품은 화려한 채색과 치밀한 묘법, 섬세한 문양 등에서 16세기 왕실 불화의 특징을 잘 드러내고 있다. 각 인물들의 표현은 금니로 칠해진 아미타불을 제외하고는 모두 갈색으로 칠하였으며, 이마와 콧잔등, 턱 등은 흰색으로 칠하여 입체감을 표현하였다. 화면의 상부에는 금니로 화기가 적혀 있는데,[107] 그 내용은 1576년(선조 9)에 비구니 혜국(慧國 또는 慧圓)과 혜월(慧月) 등

---

106 박은경, 「조선전기 불화의 서사적 표현, 佛教說話圖」, 『미술사논단』 21(한국미술연구소, 2005), 150-151쪽.
107 "萬曆四年丙子六月日比丘尼慧國慧月等見紗羅樹舊幀多歷炎冷塵昏囊食丹膜漫滅形像隱隱不可識矣觀者病焉於是普勤禁中得若于財卽倩良画改成新啚卦諸金璧之上形容桑嚴光彩百倍於前使人人一見便知而能發菩提之心普與含生同樹善根其願力之弘深誠意之恩至嗚呼至哉憑此良因 主上殿下壽萬歲王妃殿下壽齊年速誕天縱 恭懿王大妃殿下聖壽萬歲慈心海閣濟世如願度生如心僣嬪邸下壽命無盡福德無量惠福鄭氏實体無灾障壽命無窮金氏業加氏保体灾如春雪福似夏雲權氏墨石氏保体壽基益固福海增淸各各隨喜同緣等俱崇福慧共亨安穩必無疑矣旴其盛欤是歲秋七月上浣對松居士謹誌"[만력 4년, 선조 9년 병자 6월 일에, 비구니 혜국과 혜월 등이 사라수구탱을 보았는데, 여러 해 동안 더위와 추위를 겪으면서 먼지로 더럽혀지고 좀이 먹어서 곱고 부드러운 빨간 빛깔의 흙의 색이 벗겨지고 형상이 희미해져서 알아볼 수가 없었다. 보는 사람의 마음이 안타까

이 사라수탱이 낡은 것을 보고 궁중에서 약간의 재물을 얻어, 주상 전하(선조)와 왕비 전하의 복록장수와 태자의 탄생을 기원하고, 공의왕대비 전하와 덕빈 저하, 혜빈 정씨(惠嬪 鄭氏) 등의 장수, 보체를 기원하며 제작하였다고 한다. 여기에서 불화의 제작을 발원한 혜국(또는 혜원), 혜월 등 비구니가 누구인지는 확실치 않으나 궁중에서 재물을 얻어 불화를 조성하였다고 한 것으로 보아 왕실과 밀접한 관계가 있었던 것은 확실하다. 이들은 아마도 궁궐 내의 대표적인 비구니 사찰이었던 인수궁(仁壽宮) 또는 자수궁(慈壽宮)의 승려였을 것으로 추정된다. 이들이 발원, 제작한 사라수탱은 당시 궁중 발원의 불화들과 유사한 점이 많은 것으로 볼 때 궁중 불화를 제작하던 도화서 화원이 그렸을 것으로 추정되는데, 도화서 화원을 동원하는 것은 인수궁이나 자수궁의 비구니가 아니면 힘들었을 것이다.

1582년(선조 15)에 제작된 아미타정토도(도 41)는 비구니 학명(學明)이 혜빈 정씨의 수명장수와 인종대왕과 인종비 인성왕후, 찬의 정씨(贊儀 鄭氏)의 영가천도, 삼전하(선조와 선조비, 세자)의 성수를 기원하며 제작하였다.[108] 붉은 비단 바탕에 금선묘로 그린 것으로 현재 일본 라이고지(來迎寺)에 소장되어 있다. 화면은 크게 상하로 나누어 상단에는 아미타불과 협시보살, 10대 제자, 보살 등이 배치되었으며, 서방정토에서 아미타불이 권속을 거느리고 설법하는

왔다. 이에 널리 금중(궁궐)에 권하여 약간의 재물을 구하고 곧 좋은 화공을 청하여 새로 그림을 고쳐 그려 금벽 위에 그림을 걸었는데, 그 모습이 삼엄하고 광채는 이전보다 백배나 더했다. 사람들로 하여금 한번 보게 하면 곧 깨달아 보리심을 내게 되고, 널리 중생과 더불어 한가지로 선근을 심게 된다. 그 원력의 교화가 깊고 성의의 간절함이 지극하다. 오호라 지극하구나. 이 어짊을 인하여 주상 전하 성수만세, 왕비 전하 성수제년이 천종하고(하늘에서 준 덕을 따르고), 공의왕대비 전하의 성스러운 수가 산처럼 높고, 자비로운 마음은 바다처럼 넓어서 원대로 세상을 구제할 수 있고, 마음먹은 대로 중생을 제도할 수 있다. 덕빈 저하의 수명은 다함이 없고 복덕도 무량하구나. 혜빈 정씨의 보체는 재난이 없고 장애가 없어 수명이 무궁하다. 김씨와 업가씨는 몸을 보존하여 재앙은 봄눈처럼 사라지고, 복은 여름 구름처럼 피어나는구나. 권씨와 묵석씨는 몸을 보존하시매 장수의 기틀이 더욱 견고해지고, 바다와 같은 복이 더욱 맑아지는구나. 각각 기쁨을 따라 같은 인연으로 복과 지혜를 다 숭상하고 안온함을 함께 누리는바, 의심할 바 없구나. 아, 성대함이여. 이해 7월 초순에 대송거사가 삼가 쓰다(번역은 정재영, 「안락국태자전변상도」, 『문헌과 해석』 2, 1998 참조).
108 정우택, 「來迎寺 阿彌陀淨土圖」, 『불교미술』 12(동국대학교박물관, 1994), 51-71쪽.

아미타정토도, 1582년, 견본금선묘, 115.1×87.8cm, 일본 라이고지[來迎寺] 소장.

모습을 묘사하였다. 이들 주변으로는 정토를 상징하는 보각과 연못, 극락조 등이 그려져 있다. 하단에는 바다 위 용선에 아미타불과 팔대보살이 줄지어 서 있으며, 아미타불과 팔대보살의 아래, 즉 아미타불이 손끝으로 가리키는 곳에 한 여인이 합장을 하고 앉아 있다. 용선 앞머리 부근에는 두 손을 머리 위로 쳐든 인물이 보이는데, 이것은 용선 앞에서 극락을 향해 배를 몰고 가는 인도자 같다.

　화기 제일 앞부분에 1582년(선조 15)에 혜빈 정씨의 수명장수를 기원한다고 한 것으로 보아[109] 아미타불이 가리키는 곳에 앉아 있는 인물은 혜빈 정씨로 추정된다. 또 학명이 재물을 내어 순금의 서방구품용선접인회도(西方九品龍船接引會圖)를 제작했다고 하였듯이 이 불화는 용선을 타고 서방극락으로 접인하는 모습을 그린 것임을 알 수 있다. 이 불화를 발원한 학명 역시 누구인지는 알 수 없으나 일본 세이잔분코 소장 사라수탱(도 40)을 발원한 혜국(또는 혜원), 혜월 같은 비구니 사찰의 비구니였을 것이다. 이 불화의 발원 대상자인 혜빈 정씨는 자수궁정사 지장시왕도(도 35)의 발원자인 숙빈 윤씨처럼 인종의 후궁으로, 사라수탱에서도 발원 대상자로 등장한다. 그녀는 인종 사후 별원에 들어가 비구니와 다름없이 생활했다는 것으로 보아,[110] 자수궁 등의 비구니 사찰에 기거했을 가능성이 있다. 이에 따라 비구니 사찰의 비구니였던 학명이 그녀의 수명장수를 기원하면서 이 불화를 발원했을 것으로 추정된다.

　문경 봉암사 소장 목조아미타여래좌상(도 42)은 순회세자빈 덕빈을 위해 발원 조성한 불상으로, 1586년(선조 19)에 나운(蘿雲)과 법정(法正)이 조성하였다. 전체적인 비례나 각 부분의 특징 등에서 16세기 불상의 전형적인 모습을 잘 보여 준다. 머리 중앙의 큼직한 반달형 육계라든지 날카롭게 뻗친 나발, 양감이 넘치는 귀엽고 부드러운 상호, 왼쪽 팔꿈치의 약화된 옴(Ω) 자형 주름, 양 무릎 위에 표현된 약하게 돌출한 주름 등은 제주 서산사 목조보살좌상(1534), 봉화 청량사 목조지장보살삼존상(1578), 경주 왕룡사원 소조약사

109　"萬曆十年壬午秋九月日比丘尼學明持發願主敬爲惠嬪鄭氏寶體無灾無障壽命無盡願使衆人愛敬當家諸佛之擁發(拾)眞比娑婆生彼極樂直證菩提之願恭捐己財敬成純金西方九品龍船接引會圖一幀金帛粧潢纊以落之後敬安."

110　"孝陵松柏日蕭蕭 別院袈裟蔑幾銷 踢地號天從玉碎 家亡國破竟蓬飄 首陽寓舍招魂慘 水漚新阡返櫬遙 堪恨一生愁睡過 向來九十摠無聊"(黃廷彧,『芝川集』卷之二,「惠嬪鄭氏挽章代人作」, 41쪽).

도42 봉암사 목조아미타여래좌상, 1586년, 높이 51.5cm, 경북 문경 봉암사 소장, 보물 제1748호.

여래좌상(1579), 문경 대승사 윤필암 목조아미타여래좌상(16세기 중엽경) 등 16세기 불상의 양식과 유사하다.

이 불상은 현재 대좌는 결실되었으나 몸체는 온전한 상태이다. 높이는 51.5cm로 다소 작은 편이며 통견 형식의 착의법에 결가부좌하고 있다. 전체적으로 어깨는 좁고 무릎이 넓어 다소 왜소한 느낌이 들지만 무릎의 폭과 깊이가 적절한 조화를 이루어 단아하고 안정된 모습이다. 오른손은 중지와 약지를 약간 구부린 채 가슴까지 들어 올렸으며, 왼손 역시 중지와 약지를 약간 구부린 채로 무릎 위에 두었다. 양 볼에는 살이 올라 있고 얼굴 길이에 비해 이마가 짧은 편이며, 나발로 덮인 머리에는 보주형의 정상계주와 반원형의 중앙계주가 장식되었다. 옷 주름은 좌우 대칭 형식으로 처리되었으며, 고려시대 후기부터 보이던 양발 사이에 S 자형의 옷 주름이라든가 왼팔 윗부분의 옷자락이 다소 흐트러진 모습을 보여 준다. 결가부좌한 양쪽 허벅지 윗부분의 접힌 옷자락은 영주 흑석사 목조아미타불좌상(1458, 도 16), 상원사 목조문수동자좌상(1466, 도 17), 경주 왕룡사원 소장 환성사 목조아미타여래좌상(1466, 도 12) 등 조선 전기 불상들처럼 약간 도드라지게 처리하였다.

이 불상의 복장에서 발견된 「아미타불좌상복장발원문(阿彌陀佛坐像腹藏發願文)」에는 1586년(선조 19)에 주상 전하와 왕비 전하, 덕빈 저하의 만수무강 및 비구니 박씨, 윤씨를 위해 미타상 1구, 미타팔대보살도 1점, 미타양대보살도 2점을 희양산 봉암사 선당(禪堂) 향로전(香爐殿)에 안치하고 점안법회하였으며, 불상대시주는 박희종(朴希宗), 후불대시주는 우근(牛根) 등이며 화원은 나운비구와 법정비구, 증명은 덕보비구(德普比丘), 별좌는 계순비구(戒淳比丘) 등이라고 기록되어 있다.[111] 따라서 이 불상은 선조와 선조비인 의인왕후(懿仁王后, 1555-1600), 덕빈 저하의 천추만세 및 비구니 박씨와 윤씨 등을 위해 봉암사 향로전 불상으로 조성되었으며, 불상 조성 시 미타팔대보살도 1점과 관음보살과 대세지보살도 함께 조성되었음을 알 수 있다.

앞에서도 밝혔듯이 덕빈은 명종의 아들인 순회세자의 비로서 순회세자가 요절한 후 평생 궁에서 홀로 지내며 세자를 위해 불공을 자주 드렸다고 한다.[112] 발원 대상자인 비구니 박씨와 윤씨 또한 자수궁 혹은 인수궁 등에 기거하던 후궁이었을 가능성이 높다.

---

111 「阿彌陀佛坐像腹藏發願文」: "伏願 彌陀大聖白玉明毫光流處處無不攝生紫金嚴相影化重重有緣皆度尋彌陀接引應念拔苦是以弟子等敬請良工真天下之妙筆布人間之奇乎像佛彌陀一軀畫成彌陀八菩薩一幀彌陀兩大菩薩二幀安于曦陽山鳳巖寺禪堂香爐殿禮敬者皆蒙利樂歸依者俱獲吉祥丙戌正月十八日特占善慶之吉日敬設點眼之法會扵三十二相八十種隨形之妙好燦若蓮芳四十八廣大之深願晈如秋月伏願先亡父母師尊列名靈駕百層樓閣之中常見彌陀而遊戲九品蓮花之上恒伴菩薩而逍遙亦願各各隨熹弟子等增五福扵現在圓三覺扵未來信根堅固生生常踐扵淨土種智圓明世世離扵彌-陀彌陀爲師菩薩爲友然後願養四生貪嗔愛欲之濁浪茫茫九類盡入彌陀大願之淸波稽首再拜至願 萬曆十四年大歲丙戌正月十八日發願文承功德伏願 主上殿下聖壽無疆 王妃殿下壽無疆 德嬪邸下壽千秋 比丘尼朴氏尹氏 畫員蘿雲比丘法正比丘 證明德普比丘 別座戒淳比丘 供養主性敏比丘 幹善信寬比丘 佛像大施主朴希宗兩主 後佛大施主牛粮兩主 大施主口面 大施主崔閏伊白順亨兩主吳介屎李命長兩主金椽伊兩主金弼伊兩主朴氏今伊錢氏內伊金氏死比德內山金毛作兩主良女片今鄭彦國洪億岭白叔只白仁壽神擇羅云一學許比文乙伊乭介屎左是太英."

112 『宣祖修正實錄』, 宣祖 25年 3月 6日條.

제 4 장

조선 후기:
원당(願堂) 건립의 성행과 왕실 불사

1 조선 후기의 왕실 불교

임진왜란과 병자호란 등 국난을 겪고 난 17세기의 불교계는 억불책과 유화책이 공존했다. 보우와 문정왕후에 의해 부흥의 빛을 보았던 불교는 문정왕후 사후 유생들의 탄압으로 산간(山間)의 불교로 위축되었다. 하지만 외적의 침입으로 국가가 위기에 처했을 때 승려들이 의승군(義僧軍)을 조직하여 구국활동에 앞장섬에 따라 불교계의 위상은 이전 시기에 비하여 다소 높아졌다.

인조대는 이괄(李适)의 난(1624년), 정묘호란(1627년), 병자호란(1636년) 등 국내외적으로 전란이 끊이지 않던 시기였다. 1624년(인조 2) 조정에서 승려들로 하여금 남한산성을 쌓게 하였을 때 벽암(碧巖) 각성(覺性, 1575-1660)이 팔도 도총섭(八道都摠攝)이 되어 역사(役事)를 감독하였으며, 1639년(인조 17)에도 각성에게 도총섭을 제수하여 적상산성(赤裳山城)에 거주하게 하는 등 전란 이후 승려들의 지위가 다소 회복되는 듯하였다.[1] 그러나 여전히 승려들에 대한 위정자 및 유생들의 부당한 핍박은 계속되었다. 남한산성과 북한산성을 비롯한 주요 장소에 산성을 수축하고 수비하는 일, 은(銀)을 채취하는 일 등은 모두 승려에게 맡겨졌으며,[2] 관가와 유생들에게 종이와 기름, 신 등을 만들어 바치게 하는 등 승려들은 여전히 사회에서 가장 심한 천인 대접을 받았다. 왕실의 각종 불사 역시 중종·명종대를 기점으로 확산된 유교식 의례

---

1 『仁祖實錄』, 仁祖 17年 10月 8日條, 18年 5月 21日條. 임진왜란 당시 승려의 활동에 대해서는 양은용, 『壬辰倭亂과 佛敎義僧軍』(경서원, 1992) 참조.

2 『仁祖實錄』, 仁祖 3年 2月 18日條.

의 영향으로 점차 폐지되었고, 왕실 차원에서의 불사 또한 축소되었지만 국가 차원에서 이루어졌던 거센 불교 탄압 속에서도 왕실의 불사 후원은 지속적으로 이루어졌다. 영창대군(永昌大君, 1606-1614)의 어머니 인목왕후(仁穆王后, 1584-1632)는 칠장사를 자신의 아버지 김제남(金悌男, 1562-1613)과 영창대군의 원당으로 삼았으며,[3] 1625년(인조 3) 원종의 비이자 인조의 어머니인 인헌왕후(仁獻王后, 1578-1626)는 서산대사(西山大師, 1520-1604)와 선제자인 영규대사(靈圭大師)에게 명하여 금화(金畵)를 제작하여 백양사 운문암(雲門庵)에 봉안하게 하고[4] 국가의 축수원당(祝壽願堂)으로 삼았다.

효종대는 북벌에 전력을 기울이던 시기였기 때문에 불교계에 대한 특별한 조치는 없었다. 17세기의 불사 중 왕실의 후원하에 이루어진 완주 송광사의 개창이 인조-효종대에 이루어진 사실은 이 시기 왕실의 불교에 대한 태도를 잘 보여 준다.[5] 1659년(효종 10, 현종 즉위년)에 즉위한 현종은 즉위 초부터 강력한 억불책을 감행하였다. 1660년(현종 1) 4월에는 명례궁(明禮宮) 원당을 제외한 모든 원당을 혁파하였으며,[6] 12월에는 양민들이 승려가 되는 것을 법적으로 금지하고 이미 승니가 된 자들도 일일이 환속시켰으며, 이를 어기는 자는 죄를 묻도록 하였다.[7] 또 1661년(현종 2) 정월에는 부제학(副提學) 유계(兪棨) 등의 상소에 따라 성안의 자수원과 인수원을 혁파하고,[8] 봉은사와 봉선사에 봉안했던 열성의 위패를 땅에 묻고 승려를 환속시켰다. 이어 봉은사와 봉선사까지 폐하여 승려들을 환속시키는 등 불교에 대한 일대 억

---

3   이병희, 「조선중기 왕실과 칠장사」, 『청람사학』 20(청람사학회, 2012), 135-172쪽.
4   『白羊山雲門庵流轉錄』; 『白巖山淨土寺事蹟』. 인헌왕후의 불사에 대해서는 김문경, 「조선후기 백양사의 僧役에 대한 고찰」, 『선문화연구』 2(한국불교선리연구원, 2007), 100-101쪽 참조.
5   이강근, 「完州 松廣寺의 建築과 17世紀의 開創役」, 『강좌 미술사』 13(한국불교미술사학회, 1999), 106-107쪽.
6   『顯宗改修實錄』, 顯宗 1年 4月 3日條.
7   『顯宗實錄』, 顯宗 1年 12月 19日條.
8   『顯宗實錄』附錄 顯宗大王行狀.

압정책을 실시하였으며,[9] 1663년(현종 4)에는 양전사업(量田事業)을 행하여 전국 사원의 노비와 위전(位田)을 전부 환수하였다. 그러나 현종의 억불정책은 1661년(현종 2) 백곡 처능(白谷 處能, 1617-1680)이 자수원, 인수원 철폐 등 폐불훼석(廢佛毀釋)의 부당함을 논한, 장장 8000여 자에 달하는 「간폐석교소(諫廢釋教疏)」를 올린 이후 많은 수정이 가해졌다.[10] 이후 현종은 대행왕대비를 위해 송도의 화장사에서 수륙재를 설행하였으며,[11] 말년인 1674년(현종 15)에는 어려서 죽은 두 딸 명선공주(明善公主, 1660-1673)와 명혜공주(明惠公主, 1665-1673)의 명복을 빌며 경기도 광주 성부산에 봉국사를 창건하였다.[12] 또한 인조의 계비 장렬왕후(莊烈王后), 효종비 인선왕후(仁宣王后), 현종비 명성왕후(明聖王后) 등 삼전(三殿)은 궁궐 내에서 경을 외는 봉불의식을 거행하는 등 불사를 행하였다.[13]

숙종대에도 유생들의 억불상소가 계속되었지만 북한산성의 축성과 강화의 돈대를 쌓는 일에 승군이 동원되는 등 불교는 이전과 같은 교단적 위치를 그대로 유지하였다.[14] 특히 이 시기는 임진왜란 이후 계속되어 온 사회체제 전반의 복구, 정비사업이 거의 종료되던 때로서, 300여 개의 사찰과 서원이 건립되고 그중 131개소에 사액(賜額)될 정도로 사원의 중창과 중건이 성행하였다.[15] 더구나 국가적, 정치적 현안이었던 왕자의 출생을 불교사원에서 기원함에 따라 사찰의 재건사업은 활기를 띠었으며, 왕실의 적극적인 후원과 재정적인 지원하에 금산사 대적광전의 창건(1686), 화엄사 각황전의 재건

9 『顯宗實錄』, 顯宗 2年 1月 5日條; 『顯宗改修實錄』, 顯宗 2年 1月 5日條.
10 「諫廢釋教疏」는 『불교학보』 10(동국대학교 불교문화연구원, 1973)에 부록으로 수록된 「李朝代의 佛教上疏」, 323-338쪽에 김영태의 해설과 함께 실려 있다.
11 『顯宗改修實錄』, 顯宗 15年 6月 3日條.
12 권상로 편, 『韓國寺刹全書』 上卷(동국대학교출판부, 1979), 513쪽.
13 『顯宗實錄』, 顯宗 5年 2月 3日條. 이승희, 「17세기 佛畵製作後援에 관한 考察」, 『불교미술사학』 2(불교미술사학회, 2004), 40쪽.
14 『肅宗實錄』, 肅宗 5年 3月 6日條.
15 이강근, 「17世紀 佛殿의 再建役」, 『미술사학연구』 208(한국미술사학회, 1995), 39-81쪽.

(1699-1702)이 이루어졌다.[16] 숙종에 이어 경종이 즉위하면서 서교(西郊)의 덕현사와 동교(東郊) 30리 안의 승사(僧舍)를 모두 훼철하도록 하는 강력한 억불정책을 시행하였으나, 도성 밖 30리 안의 모든 사원들이 철폐된 것은 아니었고 새로 창건된 사찰만을 훼철하는 데 그쳤다.[17]

영·정조대(1724-1800)인 18세기 역시 불교사적인 측면에서 본다면 억불책과 유화책이 병행되던 시대였다. 영조는 불교를 심하게 탄압하여 비구니의 도성 출입을 엄격히 금지하는 등 억불정책을 행하면서도 친히 삼각산 태고사 원증국사비각(圓證國師碑閣)의 현판(懸板) 글을 짓고, 유사(有司)에게 명하여 비각 안에 봉안하였으며,[18] 각지의 사찰이 궁방(宮房)의 원찰이 된 것을 폐지하였다.[19] 1748년(영조 24)에는 봉원사가 지금의 터로 이전함에 따라 친필로 쓴 '봉원사'라는 현판을 내렸고, 생모의 축복을 기원하며 서울 부근의 진관사를 크게 수복하였다.

이 시기에는 진보적 유학자들에 의한 성리학 비판과 실학적 학풍이 조성됨에 따라 불교는 사회윤리를 이끌어 온 하나의 사상으로 인정받기 시작했다.[20] 양란 이후 소실된 사찰들의 재건 또는 중창이 전국에 걸쳐 대규모로 이루어졌고, 내전을 중심으로 하여 왕실의 불사 후원도 공공연히 행해졌다. 이 시기 왕실의 불사 후원은 임금 및 왕실의 정신적 피난처로서 혹은 임금의 축수 기원과 왕실의 제사를 목적으로 했는데, 주로 원당으로 지정된 사찰들이 이러한 기능을 담당하였다. 정조는 각지에 산재한, 왕실의 위판(位版)을 봉안하고 제사를 지내는 왕실의 원당을 혁파하고, 이를 각 도의 영읍(營邑)에

---

16 이강근, 「17세기 法住寺의 再建과 兩大 門中의 活動에 관한 연구」, 『강좌 미술사』 26(한국불교미술사학회, 2006), 450-451쪽; 「화엄사불전의 재건과 장엄에 관한 연구」, 『불교미술』 14(동국대학교박물관, 1997), 77-151쪽.
17 『景宗實錄』, 景宗 4年 7月 4日·8日條.
18 『英祖實錄』, 英祖 36年 11月 6日條.
19 『英祖實錄』, 英祖 44年 8月 17日條.
20 김준혁, 「朝鮮後期 正祖의 佛敎認識과 政策」, 『중앙사론』 12·13(한국중앙사학회, 1999), 35쪽.

환속시키도록 하였다. 그 과정에서 어필(御筆)이나 수교(受敎)를 봉안한 곳의 면세 문제 등으로 불가피하게 존치해야 할 곳은 어의궁(於義宮)과 수진궁(壽進宮)에 그대로 소속시켰으며, 나머지 내수사 이하 각 궁방의 원찰은 모조리 혁파하였다. 그러나 한편, 화산 갈양사 옛터에 부친 사도세자(思悼世子, 1735-1762)의 능인 현륭원(顯隆園)의 원찰로서 용주사(龍珠寺)를 건립하고[21] 1790년(정조 14) 사문 보경당(寶鏡堂)을 용주사 도총섭겸팔도도승통(都摠攝兼八道都僧統)으로 삼았다. 용주사 창건 후에는『불설부모은중경(佛說父母恩重經)』경판을 목판·동판·석판의 세 종류로 제작하게 했을 뿐 아니라, 1796년(정조 20)에는 불교식 가사체로「화산용주사봉불기복게(花山龍珠寺奉佛祈福偈)」를 직접 지어 재를 올리고[22] 명을 내려 불상을 만들게 하는 등 호불적 태도를 보이기도 했다.

---

21 정조는 초기에 배불정책을 시행하였으나 용주사를 창건하면서 호불적으로 돌아선 것으로 보기도 한다. 정석종·박병선,「朝鮮後期佛敎政策과 願堂(1)—尼僧의 存在樣相을 中心으로」,『민족문화논총』 18·19(영남대학교 민족문화연구소, 1998), 239쪽.
22 『弘齋全書』卷55,「花山龍珠寺奉佛祈福偈」.

2 사찰 중수 및 원당 불사의 성행

　조선 후기의 왕실 발원 불사 가운데 가장 이른 것으로는 광해군대의 봉인사 부도암지(浮圖庵址) 사리탑(舍利塔) 및 사리장엄구(舍利莊嚴具, 도 43, 43-1) 조성을 들 수 있다. 이 사리탑은 원래 남양주 봉인사의 부도암에 있었는데, 1927년 일본 고베[神戶]로 불법 반출되어 오사카시립미술관 앞에 전시되어 있다가 이와다 센소[岩田仙宗]가 국립박물관에 기증하면서 1987년 2월 국내로 되돌아왔다.[23] 흔히 사리탑이라고 부르고 있지만 승탑은 아니며, 왕세자의 만수무강과 부처의 보호를 바라며 세운 왕실 발원의 사리탑이다. 사리탑은 8각원당형(八角圓堂形)으로, 기단·탑신·옥개석(屋蓋石)·상륜(相輪)으로 이루어져 있다. 팔각형의 기단은 상대석과 하대석이 맞닿는 부분에 각각 앙련(仰蓮)과 복련(覆蓮)으로 장식한 횡대(橫帶)를 대칭으로 새겼고, 기단부 주위에는 마치 왕릉의 호석(護石)처럼 돌난간을 둘렀다. 탑신은 원구형(圓球形)이며 그 위에 8각의 옥개석과 상륜을 얹었다. 탑신에는 당초(唐草), 꽃잎, 여의두(如意

23　봉인사 부도암지 사리탑과 사리장엄구를 기증한 이와다 센소[岩田仙宗]는 히로시마 출신의 판사로 1906년 6월 판사를 의원면직하고 경성으로 건너와 변호사 개업을 했으며 1913년 2월 경성변호사회 회장을 역임했던 인물이다. 그는 화재로 폐사된 봉인사의 사리탑 일체를 고물상에게서 헐값에 사들였고, 그 후 독일, 영국, 스위스 등을 거쳐 1917년 1월 다시 조선으로 돌아와 변호사 업무에 종사했다. 1919년 조선식산은행 총재가 사리탑을 양수하겠다고 했으나 가격을 맞추지 못해 매매가 성사되지 않았으며, 1920년 일본으로 돌아가면서 사리탑은 경성 본원사 경내에 맡겨 두었다가 1927년 말마침내 고베로 반출하여 오사카시립미술관에 기탁하였다. 이후 봉인사에서 미술관 앞뜰에 전시되던 사리탑을 알게 되어 1983년부터 반환 요청을 시작하였으며, 1987년 이와다 센소가 작고한 후 며느리가 그의 유지에 따라 우리나라로 반환의사를 밝힘으로써 1987년 2월 반환되었다. 이후 봉인사 사리탑은 경복궁 내에 있다가 2006년 11월 용산 국립중앙박물관으로 이전되었으나 훼손 상태가 심각해 현재는 해체된 상태로 박물관 수장고에 보관되어 있다. 사리탑에 봉안되었던 대리석사리외합·청동사리내합·은제사리내합·수정사리병·사리기비단보자기 등 사리장엄구도 국립중앙박물관에 소장되어 있다.

도 43-1 봉인사 사리장엄구, 1620년, 국립중앙박물관
소장.

도 43 봉인사 사리탑, 1620년, 국립중앙박물관.

頭) 등의 무늬와 구름 속에 날고 있는 용의 모습을 매우 생동감 있게 새겼으며, 탑신 윗부분 중앙에는 지름 16.2㎝, 깊이 9.8㎝의 사리공(舍利孔)을 마련하여 사리장엄구를 안치하였다. 상륜부는 여러 단의 복발(覆鉢)과 보륜(寶輪)이 중첩되어 길쭉한데, 정상에는 보주 모양의 연꽃이 장식되었다. 이 사리탑에 보이는 경사가 급한 지붕에 처마 밑으로 서까래의 흔적을 남긴 기법, 윗면에 용머리를 새긴 수법, 상륜부가 길쭉하게 올라간 형태, 그리고 왕릉의 호석처럼 주위에 난간과 궁판석을 돌린 방식은 양주 회암사의 무학대사탑(보물 제388호) 등 조선 초기 사리탑 양식과 매우 유사하다.

사리탑에 봉안되었던 사리장엄구(도 43-1)는 감색의 비단보자기에 싸인 8종의 사리기로 이루어졌다. 가장 바깥의 함은 대리석제, 내합은 은제(銀製) 및 유제(鍮製)가 각 3점씩 6점이며, 금으로 만든 뚜껑이 달린 수정사리병 안에는 사리 1과(顆)가 들어 있었다. 합형(盒形)의 사리기는 조선시대에 성행했던 형식이지만 여기에서처럼 7개나 사용한 것은 매우 특이하다.[24] 발견 당

24 봉인사 사리장엄구에서 대리석합에 사리기를 넣은 방식이라든가 외합을 묵서명이 있는 비단보자기로 싼 방식은 1605년의 법주사 사리장엄구 및 전 통도사 사리장엄구와도 유사하다(김순아, 「동국대

시 은제 외합 속에는 명주실과 비단·향이 남아 있었으며, 은으로 만든 내합
의 뚜껑에는 운룡문(雲龍紋)을 새기고 금박을 입혔다. 밑바닥에는 "세자무술
생수복무강성자창성만력사십팔년경신오월(世子戊戌生壽福無彊聖子昌盛萬曆四十八
年庚申五月)"이라는 명문이 새겨져 있어 1620년(광해군 12)에 세자(1598년생)의 수
복무강을 기원하며 조성했음을 알 수 있다.

이 사리탑이 안치된 봉인사는 1610년(광해군 2)에 광해군이 선조의 후궁이
었던 어머니 공빈 김씨(恭嬪 金氏, 1553-1577)를 자숙단인공성왕후(慈淑端仁恭聖王
后)로 추존하고 공빈의 묘소를 성릉(成陵)으로 격상시킨 후[25] 능침사찰로 창건
한 곳이다. 봉인사의 사리탑 조성과 관련해서는 『광해군일기(光海君日記)』에
다음과 같은 내용이 기록되어 있다.

승정원이 아뢰기를, "신들이 삼가 보건대 웅유격(熊遊擊)이 바친 물건 가운데
에 사리 1개가 있었습니다. 사리란 바로 중을 다비할 때에 나오는 것이니,
그것은 오랑캐의 도(道)이며 더러운 물건입니다. 더러운 물건을 전하에게 바
친 의도는 바로 오랑캐의 도로 전하에게 아첨하려는 것이니, 바친 물건은 매
우 작지만 그 해는 클 것입니다. 옛날에 한유(韓愈)는 부처의 뼈를 맞이해 오
는 데에 대하여 간하였으니, 그것은 하늘에 빌어 명을 길게 하는 것이 부처
를 섬기는 데에 있지 않고 실로 백성들에게 정성을 다하는 데에 있기 때문이
었습니다. 사리를 받지 말아서 이단을 물리치고 문교(文敎)를 숭상하는 훌륭
한 뜻을 보이소서" 하니, 전교하기를, "예조의 관원들로 하여금 의논하여 처

학교박물관 소장 법주사 팔상전 사리장엄구 고찰」, 『불교미술』 18, 동국대학교박물관, 2007, 29-31쪽). 또 은
제합을 제외한 유제합은 주조품이며 유난히 두껍고 투박하게 처리된 점으로 미루어 사리탑을 중수
할 당시인 영조대(1759년)에 새로 넣은 것으로 추정하고 있다(『불사리장엄』, 국립중앙박물관, 1991, 126-
127쪽).

25 『光海君日記』, 光海君 2年 2月 18日條, 2年 3月 29日條. 공빈의 추숭에 관해서는 계승범, 「공빈 추숭 과
정과 광해군의 모후 문제」, 『민족문화연구』 48(고려대학교 민족문화연구원, 2008), 373-406쪽 참조.

리하게 한 다음 보은사(報恩寺)로 보내라" 하였다.[26]

1619년(광해군 11) 중국에서 석가모니 진신사리(眞身舍利)를 모셔 오자 광해군이 예관(禮官)에게 명하여 보은사로 보냈다는 것인데, 여기서 보은사는 봉인사의 옛 이름으로 추정된다.[27] 따라서 1619년(광해군 11)에 중국에서 사리를 보내온 후 광해군은 그것을 어머니 공빈 김씨의 능침사찰인 봉인사로 보내어 사리탑을 세워 사리장엄구를 봉안하면서 세자의 수복무강을 기원했던 것으로 추정된다. 여기에서 발원의 대상이 되었던 세자는 광해군과 장렬왕후(章烈王后, 문성군부인 유씨, 1576-1623) 사이에서 탄생한 이지(李祬, 1598-1623)이다. 그는 1608년(선조 41) 2월 2일 광해군의 즉위로 원자(元子)의 칭호를 받고 3월에 세자로 책봉되었으나[28] 1623년(인조 1) 인조반정으로 축출되어 폐세자로 강등되었고,[29] 그해 3월 23일 광해군 및 가족들과 강화에 유배되었다가 같은 해 5월 22일 배소에서 땅굴을 파고 도망치다 실패하여 자진을 명받고 자결하였다.[30]

봉인사 사리탑을 세우고 2년 후에 조성된 목조비로자나불좌상(도 44)은 1622년(광해군 14) 광해군비 장렬왕후가 광해군과 세자, 세자빈, 본인 및 작고

26　『光海君日記』, 光海君 11年 3月 11日條.
27　황인규는 여주 신륵사가 세종의 능인 영릉의 능침사찰이 되면서 보은사로 불렸던 사실과 명종대 나암보우가 머물렀던 봉인사도 보은사로 불렸던 점을 지적하면서, 보은사란 왕실의 원찰인 능침사찰을 의미하는 것으로, 따라서 광해군이 진신사리를 보낸 보은사는 세자의 원찰이자 친어머니 공빈 김씨의 능침사찰인 봉인사를 가리킨다고 주장하였다. 황인규, 「광해군과 奉印寺」, 『역사와 실학』 38(역사실학회, 2009), 69-70쪽. 반면 고영섭은 1739년에 楓巖 取愚가 지은 「舍利塔重修碑」에서 "중국에서 가져온 사리를 봉인사로 보내어 동쪽 200보의 위치에 塔을 세우고 堂을 지어 예를 받들어 마쳤다"라는 기록에 의거하여, 왕실 원찰이었던 보은사가 원래 존재하고 있었으며 1619년 중국에서 전해 온 불사리를 이 절 동쪽 200보 지점에 당을 세워 사리를 지키는 암자를 지어 부도암이라고 하였으며, '사리를 모신 암자를 거느린 절'이라는 의미에서 절 이름을 봉인사로 개명하였을 것이라고 하였다. 고영섭, 「한국불교에서 奉印寺의 寺格―광해군과 봉인사의 접점과 통로」, 『문학/사학/철학』 18(한국불교사연구소, 2009), 40-41쪽.
28　『光海君日記』, 光海君 卽位年 3月 21日條.
29　『光海君日記』, 光海君 15年 3月 14日條.
30　『仁祖實錄』, 仁祖 1年 5月 22日·6月 25日條.

도 44 목조비로자나불좌상(구 지장암),
1622년, 높이 117.5cm, 국립중앙박물관
소장, 보물 제1621호.

한 친정부모, 작고한 대군과 공주의 천
도를 위해 조성한 불상 및 불화 중 하
나이다.[31] 높이가 117.5cm에 달하는 중
형의 목조불상으로 현재 대좌는 결실
되었는데, 당대 최고의 고승 벽암 각성
의 감수 아래 현진(玄眞)·응원(應元)·수
연(守衍)·옥명(玉明)·법령(法玲)·명은(明
訔)·청허(淸虛)·성인(性仁)·보회(普熙)·
인균(印均)·경현(敬玄)·지수(志修)·태감
(太鑑) 등 13명의 조상화원(造像畵員)이
조성하였다.[32] 직사각형의 얼굴에 날
카로운 콧날, 가늘고 긴 눈매 등에서

다소 날카로운 인상이 풍기며, 정사각형에 가까운 신체는 등이 약간 앞으로
굽었고 두 손을 가슴 앞으로 모아 지권인(智拳印)을 결하여 다소 움츠러든 듯
하지만, 드러난 오른쪽 팔과 유려한 옷 주름, 불룩한 배, 약간 안정된 자세로
인해 전체적으로 생동감이 느껴진다. 수인은 오른손으로 주먹 쥔 왼손을 덮
은 지권인인데, 이러한 수인은 전대에는 찾아볼 수 없고 17세기 이후에 새
롭게 나타난 것이다. 이 불상의 수화승인 현진이 제작한 법주사 소조비로자
나삼불좌상(1626)과 현진의 작품을 계승하여 청헌(淸憲)이 조성한 구례 화엄
사 대웅전 목조비로자나불상(1636)의 수인과 동일하여 현진파의 불상과 친

31 이 불상은 서울 종로구 창신동 소재 지장암의 중창주인 姜在喜가 1924년에 지장암을 중창한 후 최근
까지 대웅전에 三身佛像 중 하나로 봉안되었으나, 2018년 국립중앙박물관으로 이관되었다. 강제회
에 대해서는 김정희, 「朝鮮末期 王室發願 佛事와 守國寺 佛畵」, 『강화 미술사』 30(한국불교미술사학회,
2008), 194-198쪽 참고.
32 이 불상에 대해서는 문명대, 「17세기 전반기 조각승 현진파(玄眞派)의 성립과 지장암 목(木)비로자나
불좌상의 연구」, 『강좌 미술사』 29(한국불교미술사학회, 2007), 355-380쪽; 「벽암 각성의 조형 활동과
불상 조성」, 『강좌 미술사』 52(한국불교미술사학회, 2019), 15-33쪽 참조.

연성을 보인다. 착의법은 통견이면서 오른쪽 대의자락이 오른쪽 어깨를 덮고 팔꿈치를 돌아 배 앞쪽으로 넓게 원을 그리면서 왼쪽 팔목에 걸쳐 내렸는데 법의의 옷 주름 표현이 부드러우며 볼륨감이 있고 자연스럽다. 신체와 옷 주름의 표현은 응원과 인균이 만든 불상들과 양식적으로 상통한다. 이 같은 형태의 옷자락은 왼쪽 팔목으로 넘겨진 옷자락을 제외하면 17세기 전반에 활동했던 조각승인 현진의 특징을 보여 주는 한편,[33] 관룡사 목조석가여래삼불좌상(1629), 적천사 대웅전 목조석가여래삼불좌상(1636) 등과도 유사하여[34] 17세기 전반기 불상의 특징을 잘 나타내고 있다.

이 불상의 밑바닥에 마련된 복장공에서는 다라니, 『화엄경』, 『법화경』, 은제 후령통 등과 함께 불상조성기가 발견되었다. 후령통 안에는 5약과 금박·수정·파리편 등이 다라니종이에 싸여 있었으며, 쌀·팥·기장 등의 오곡이 붉은 비단으로 쌓여 있었는데, 이들을 감싸고 있는 보자기에는 5방의 범어가 5색으로 쓰여 있었다. 또 1629-1631년에 걸쳐 용복사(龍腹寺)에서 개판한 『화엄경』 12권과 1622년(광해군 14) 청룡산 청계사에서 개판한 『법화경』(권1-6), 『오천오백불명경(五天五百佛名經)』 권3,[35] 『불설불명경(佛說佛名經)』 권2,[36] 다라니 등도 발견되었다.

복장물과 함께 발견된 불상 조성 발원문에는 푸른 명주 바탕에 54행에 걸쳐 불상의 조성 유래가 적혀 있다. 광해군비 장렬왕후가 주상 전하와 세자, 세자빈 박씨, 본인의 성수만세와 선왕선후(先王先后) 조종열위(祖宗列位)·문양부원군(文陽府院君) 유자신(柳自新)·봉원부부인(蓬原府夫人) 정씨(鄭氏)·임진생(壬辰生) 공주 이씨·병신생(丙申生) 공주 이씨·경자생(庚子生) 대군 이씨·갑인생(甲

---

33 송은석, 「17세기 조각승 유파의 합동작업」, 『미술사학』 22(한국미술사교육학회, 2008), 69-103쪽.
34 문명대, 「17세기 전반기 조각승 현진파(玄眞派)의 성립과 지장암 목(木)비로자나불좌상의 연구」, 361-363쪽.
35 고려대장경으로 "庚子歲高麗國大藏都監奉勅彫造"라고 적혀 있다.
36 발문: "己巳五月日 時任肖機 三綱 法岺 戒識 庚午三月日 化主禪淨 賜慧 時任 天雲 三綱 法岺 竺尊."

寅生) 군주 이씨·문릉군(文陵君) 유희갱(柳熙鏗)·문원군(文源君) 유희담(柳熙聃) 등

의 명복을 빌며 양공(良工)을 모집하여 비로자나불 2존, 석가여래 3존, 노사

여래(盧遮如來) 2존, 미타여래(彌陀如來) 2존, 관음보살, 대세지보살 및 삼신대영

산회탱(三身大靈山會幀) 2점, 용화회탱(龍華會幀) 2점, 오십삼불탱(五十三佛幀) 1점,

중단탱(中壇幀) 1점, 하단탱(下壇幀) 1점 등을 조성하여 자인수(慈仁壽) 양사(兩寺)

에 봉안하였다는 내용이다.[37] 간단히 말해 광해군비 장렬왕후가 왕실과 친

가 등의 안녕과 영가천도를 위해 비로자나불 2존을 비롯한 불상 11존와 삼

신대영산회탱(三身大靈山會幀) 2점을 비롯한 불화 7점 등 총 18점을 조성했다

는 것이다.[38] 이때 조성된 11구의 불상 중 이 목조비로자나불좌상 외에 석가

여래좌상 2구가 더 남아 있다. 1구는 현재 안동 선찰사에 소장되어 있는데,

크기는 42cm이며 불상의 복장공에서 조성 발원문과 후령통, 다라니, 저고리

등 많은 유물이 발견되었다.[39] 또 다른 1구는 서울 칠보사에 소장되어 있는

데, 국립중앙박물관 소장 목조비로자나불좌상(도 44)과 함께 경기도 광주 법

륜사에 봉안되었다가 목조비로자나불좌상은 서울 지장암으로 옮겨졌으며

37 발원문: "毘盧佛願文 恭聞 覺皇功成億劫位著義天三身之德相 周圓四智之慧明眞淨分身利土實萬善之莊 嚴
一坐蓮宮乃羣心之欽慕 慈深苦海悲極含生是故一聞號而衆罪悉除一 念歸而萬福畢集今我 章烈殿下益信 佛
乘爰發 聖願特爲 主上殿下陰陽冷釋年月厄消二曜並明休光隻於千古兩儀齊壽盛業萬於百王天人 交霞日月
貞明 世子邸下壽盛獻彩如來座福辰呈輝 世尊前順從民心荷天地之休明傳援 宝明宣 祖宗之重光 嬪朴氏邸
下壽命千秋敬奉 慈闈之德仰致怡愉之禮密符徵者之恩克勤微 戒之規速誕元孫續承聖嗣亦爲 已身章烈殿下
德並大術道同宣仁增壽算於靈春著徽音於盛世神輕氣 順頓消諸病之根食穩□ 安永享萬年之快仰願 先王先
后祖宗列位仙駕 文陽府院君柳自新仙駕 蓬源府夫人鄭氏仙駕 壬辰生公主李氏仙駕 丙申生公主李氏仙駕
庚子生大君李氏仙駕 甲寅生郡主李氏仙駕 贈文陵君進士柳希鏗靈駕 贈文源君柳希聃靈駕 先亡上世宗祖親
姻眷屬之灵脫此三有生後九蓮 以此大願恭楫宝幣處募 良工敬造尊像毘盧遮那 佛二尊 釋迦如來三尊 盧遮
如來二尊 彌陀如來二尊 觀音菩薩 大勢至菩薩兼圖畵像 三身大灵山會幀二 龍華會幀二 五十三佛幀一 中壇
幀一 下壇幀一工手已畢奉安于慈仁壽兩寺 …."

38 문명대는 불상이 총 11점, 불화가 총 5점으로 모두 16점이라고 밝히고 있으나[문명대, 「17세기 전반기
조각승 현진과(玄眞派)의 성립과 지장암 목(木)비로자나불좌상의 연구」, 359쪽], 불화는 영산회탱과 용화회
도가 각 2점, 53불도와 중단탱, 하단탱이 각 1점으로 모두 7점이다.

39 안동 선찰사 소장 목조석가여래좌상에 대해서는 송은석, 「1622년 慈壽寺·仁壽寺의 章烈王后 發願 佛
事와 안동 선찰사 목조석가불좌상」, 『석당논총』 67(동아대학교 석당학술원, 2017), 1-38쪽 및 김미경,
「조선 光海君代의 佛事 연구—안동 仙刹寺 목조석가불좌상 造成發願文을 중심으로」, 『석당논총』 67,
79-118쪽 참조.

이 상은 칠보사로 이관되었다. 이 상에서도 동일한 내용의 조성 발원문과 복장 유물이 발견되었다.[40]

이와 같은 대규모의 불사를 주관한 장렬왕후는 판윤(判尹)을 지낸 유자신 (柳自新, 1541-1612)의 딸 유씨로, 문성군부인이라고도 한다.[41] 그녀는 12세 되던 1587년(선조 20)에 광해군과 혼인하였고, 1592년(선조 25)에 광해군이 세자에 책봉되자 세자빈이 되었으며,[42] 1608년(선조 41)에 광해군이 34세로 즉위하면서 왕비로 진봉되었다.[43] 그러나 1623년(인조 1) 3월 정원군(定遠君, 선조의 아들)의 아들 능양군(綾陽君, 인조)이 반정을 일으켜 왕으로 즉위하면서 광해군과 함께 폐위되어 강화도에 유배되었다가 그해 10월 폐위된 지 7개월여 만에 유배지에서 사망하였다.[44]

장렬왕후는 발원문에서 세자와 세자빈의 안녕과 함께 유자신, 봉원부부인 정씨, 유희갱, 유희담 등 유씨 일가와 공주 및 대군, 군주의 선가(仙駕)를 기원하고 있다. 여기서 세자는 1598년(선조 31)에 탄생하여 1608년(선조 41)에 왕세자로 책봉된 이지이며, 세자빈은 박자흥(朴自興)의 딸로 1611년(광해군 3)에 이지와 혼인한 박씨(1598-1623)이며, 유자신과 정씨, 유희갱, 유희담은 각각 장렬왕후의 친정부모와 오빠들이다. 왕후의 아버지 유자신은 문신이자 외척으로 1608년 광해군의 즉위로 보국숭록대부(輔國崇祿大夫) 영돈녕부사(領敦寧府事)로

---

40 서울 칠보사 목조석가여래좌상에 대해서는 문명대, 「칠보사 대응전 1622년작 왕실발원 목(木)석가불좌상과 복장품의 연구」, 『강좌 미술사』 43(한국불교미술사학회, 2014), 343-358쪽 참조.

41 문명대는 장렬왕후를 인조비 章聖徽烈貞憲懿仁王后 朴氏로 추정하였다(문명대, 앞 논문, 383쪽). 그러나 송은석은 『大東野乘』 卷44에 수록된 「凝川目錄」 권1 병진년(1616) 10월조의 "중전에게 전에 章烈이라는 존호를 올렸는데 지금 貞聖을 올렸습니다"라는 기록을 참고로 장렬왕후를 광해군의 비라고 밝혔으며(송은석, 「17세기 조각승 유파의 합동작업」, 87쪽), 문명대는 이에 더하여 伽倻山八萬大藏經上樑文에서 광해군비의 존호를 章烈貞聖明淑王妃라고 한 예를 들어 장렬왕후가 광해군비라고 수정하였다. 문명대, 「17세기 전반기 조각승 현진파(玄眞派)의 성립과 지장암 목(木)비로자나불좌상의 연구」, 『지장암의 역사와 문화』(한국미술사연구소·지장암, 2010), 112쪽.

42 『宣祖實錄』, 宣祖 25年 4月 28日條.

43 『光海君日記』, 光海君 卽位年 2月 2日條.

44 『光海君日記』, 光海君 15年 3月 23日條; 『仁祖實錄』, 仁祖 1年 10月 8日條.

특진하고 문양부원군(文陽府院君)에 봉해졌다.[45] 어머니 정씨는 대제학과 우의
정, 좌의정을 지낸 정유길(鄭惟吉)의 딸이며, 유희갱과 유희담은 각각 유자신
의 장남과 차남으로 일찍이 세상을 떴다. 이들 외에도 임진생 공주 이씨와 병
신생 공주 이씨, 경자생 대군 이씨, 갑인생 군주 이씨 등의 선가를 아울러 기
원하고 있는데, 광해군과 장렬왕후는 왕자 한 명을 두었으므로 선가의 대상
인 공주와 대군, 군주 등이 누구인지는 확실치 않다. 임진생(1592년)과 병신생
(1596년), 경자생(1600년)의 공주와 대군은 모두 장렬왕후의 소생이며, 갑인생
(1614년) 군주 이씨는 세자 이지의 요절한 아들로 추정된다.[46]

　장렬왕후는 이 불상을 비롯하여 모두 11구의 불상과 7점의 불화를 자인
수(慈仁壽) 양사(兩寺)에 봉안했다고 한다. 왕비가 왕실의 안녕과 친정식구들
의 명복을 빌며 조성하였다는 점에서 볼 때 불상과 불화를 봉안한 자인수 양
사는 왕실의 대표적 비구니 사찰인 자수궁(慈壽宮)과 인수궁(仁壽宮)을 지칭하
는 것으로 보인다.[47] 자수궁과 인수궁은 때로 자수인수이원(慈壽仁壽二院)이라
고 칭해질 정도였으므로[48] 자인수 양사라고 칭했던 것 같다. 또한 이때 불상
과 불화를 2존 또는 2점씩 조성한 것은 아마도 자수궁과 인수궁에 각각 봉
안하기 위해서가 아닌가 생각된다.[49] 이 불상은 광해군의 정비인 장렬왕후

45 　『光海君日記』, 光海君 卽位年 2月 3日條.
46 　송은석, 「1622년 慈壽寺·仁壽寺의 章烈王后 發願 佛事와 안동 선찰사 목조석가불좌상」, 7쪽.
47 　문명대, 「17세기 전반기 조각승 현진파(玄眞派)의 성립과 지장암 목(木)비로자나불좌상의 연구」,
　　 360쪽.
48 　『顯宗實錄』 附錄 「顯宗大王行狀」, "二年辛丑 撤都中兩尼院 初王惡僧尼亂敎 欲竝沙汰 大臣 玉堂議以爲難
　　 猝行, 乃先命撤去慈壽仁壽兩院."
49 　문명대는 11점의 불상이 대적광전의 불단에 나란히 안치되었을 것으로 보고 중앙에 비로자나불, 향
　　 우측에 노사나불, 향좌측에 석가모니불을 배치하고 비로자나불 좌우에 문수보살(향좌)과 보현보살
　　 (향우), 석가모니불의 향좌측에 보현보살, 노사나불의 향우측에 보살상 등 7존을 배치했을 것으로 추
　　 정하였다. 또 아미타불 2존을 조성했다면 아미타불과 지장보살일 가능성이 있으며 관음과 대세지보
　　 살은 별도로 조성했기 때문에 보살 3존을 아미타불의 좌우에 배치했을 것으로 보았다. 문명대, 앞 논
　　 문, 359-360쪽. 반면 송은석은 17세기 전반 사찰의 전각 구성과 전각 안에 봉안된 불상들의 조합을
　　 생각해 볼 때 삼신불(석가모니불-비로자나불-노사나불) 2세트와 아미타삼존불(대세제보살-아미타불-관
　　 음보살) 1세트, 그리고 남은 석가불 1존과 아미타불 1존은 단독으로 영산전이나 극락전에 봉안되었
　　 거나 원래부터 사찰에 봉안되어 있던 약사불과 함께 대웅전 안에 삼세불로 봉안되었을 것으로 추정

가 직접 발원, 조성하여 왕실의 비구니 사찰인 자수궁과 인수궁에 봉안했던 11구의 불상 중 하나로서, 17세기 전반의 대표적인 왕실 발원 불상이자 당시 전국에 걸쳐 활약한 대표적인 조각승들이 참여하여 함께 만든 작품이라는 점에서 주목된다.

장렬왕후는 이와 같은 대규모의 불사를 추진했을 정도로 열렬한 불교신자였음에 틀림없지만, 한편으로 유교적 소양도 상당했던 듯하다. 최근 이 불상이 조성된 1622년(광해군 14)에 장렬왕후가 광해군에게 올린 상소문이 발굴되었는데, 상소문에서 왕비는 명나라와 새로 일어난 후금(後金) 사이에서 어느 한쪽도 적극적으로 도와주지 않는 등거리 외교를 펼치고 있었던 광해군의 외교정책에 대해 "명나라에게도 죄를 입지 않으면서 오랑캐를 화나게 하지 않으려고 한다"며 "천하의 일은 한곳에 전일하여야지 자칫하다가는 두 가지 모두를 잃을 수 있다," "나라에서 진심을 다한다면 진정 죽을 각오로 싸울 장병들이 있다," "눈치를 보기보다는 대의명분을 따라 명나라를 도와야 한다"라고 비판하기도 했다.[50]

경기도 남양주 수종사 8각5층석탑의 기단 중대석과 1, 2, 3층의 옥개석에서 발견된 금동불상군(도 45)은 1628년(인조 6)에 인목왕후가 발원, 조성하였다.[51] 석탑의 기단 중대석에서 8구, 1층 옥개석에서 4구, 2층 옥개석에서

하였다. 송은석, 「17세기 조각승 유파의 합동작업」, 90쪽.

50 이 상소문은 숙종 때 徐文重(1634-1709)이 쓴 『朝野記聞』에 실려 있다. 임치균, 「왕비가 임금에게 올린 상소문」, 『문헌과 해석』 34(문헌과해석사, 2006).

51 수종사 8각5층석탑에서는 1957년과 1970년 두 차례에 걸친 해체 과정에서, 금동불상 27구와 목조상 3구 등 총 30구의 불상이 석탑 안에서 발견되었다. 석탑의 초층 탑신석에는 1493년에 成宗의 후궁 淑容 洪氏, 淑容 鄭氏, 淑媛 金氏가 발원한 불상군, 기단 중대석 및 1층, 2층, 3층 옥개석에는 1628년에 仁穆王后가 발원한 금동불상군이 각각 봉안되어 있었다. 윤무병, 「近來에 發見된 舍利關聯 遺物」, 『미술자료』 1(국립중앙박물관, 1960), 5-8쪽; 「水鍾寺八角五層石塔內發見遺物」, 『金載元博士回甲紀念論叢』 (을유문화사, 1969), 947-966쪽; 「水鍾寺石塔 內 發見 金銅如來像」, 『고고미술』 106·107(한국미술사학회, 1970), 22-27쪽; 박아연, 「1493년 水鍾寺 석탑 봉안 왕실발원 불상군 연구」, 『미술사학연구』 269(한국미술사학회, 2011), 5-37쪽; 「1628年 仁穆大妃 발원 水鍾寺 金銅佛像群 研究」, 『강좌 미술사』 37(한국불교미술사학회, 2011), 151-176쪽 참고.

도 45　수종사 금동불상군, 1628년, 불교중앙박물관 소장.

9구, 3층 옥개석에서 3구 등 24구의 금동불상이 발견되었는데, 불상들은 불
감 없이 석탑의 각 층에 안치되었다. 모두 10cm 내외의 작은 크기로 자세와
얼굴, 착의법 등이 양식적으로 유사하다. 신체에 비해 머리가 큰 반면 어깨
는 좁고 처져 있으며, 결가부좌한 하반신은 폭이 좁고 낮아 비례가 맞지 않
고 불안정하다. 목을 앞으로 내밀고 웅크린 자세로 허리를 약간 구부리거나
뒤로 젖히고 있으며, 둥글고 통통한 얼굴에는 미소를 머금었다. 두꺼운 대
의로 인해 신체는 드러나지 않으며 옷 주름선은 생략되거나 간략화되었다.
이처럼 형식적이고 간략화된 옷자락 표현은 17세기 불상에서 흔히 나타나
는 특징 중 하나이며, 이 가운데 기단 중대석에서 발견된 비로자나불상의 대
의자락은 앞에서 살펴본 1622년 목조비로자나불좌상(도 44)과 유사하다.[52] 그
것은 이 불상을 조성한 화원 성인이 1622년(광해군 14)에 목조비로자나불좌상
조성에도 참여했기 때문이다.

<hr />

52　박아연은 20구 중 3세트가 삼존 형식으로 구성된다고 보고, 먼저 기단 중대석의 비로자나불좌상을
　　본존으로 하여 좌측에는 노사나불좌상, 우측에는 석가불좌상의 삼신불상 형식, 1층 옥개석의 아미타
　　불좌상은 관음보살좌상과 대세지보살좌상을 협시로 하는 아미타삼존불상, 2층 옥개석의 약사불좌
　　상은 일광보살좌상과 월광보살좌상을 협시로 하는 약사삼존불상으로 추정하였다. 박아연, 「1628年
　　仁穆大妃 발원 水鍾寺 金銅佛像群 研究」, 161쪽.

　　　　　　　　　　　　　　　　　　　제4장　조선 후기: 원당(願堂) 건립의 성행과 왕실 불사

이 불상 가운데 유일하게 대좌를 갖춘 비로자나불좌상의 대좌 바닥에는
다음과 같이 기록되어 있다.

숭정 원년 무진년(1628) 소성정의대왕대비가 발원합니다. 23존을 주조하여
보탑에 안치합니다. 후세에 널리 전해져 중생을 구제하여 주시옵소서. 화원
성인.[53]

즉 1628년(인조 6)에 소성정의대왕대비(昭聖貞懿大王大妃)가 발원하여 23구의
불상을 탑에 안치했으며 조성한 사람은 성인(性仁)이라는 것이다. 이 기록으
로 인해 23구의 불상들이 함께 봉안된 까닭을 알 수 있는데, 비로자나불좌
상 대좌의 발원문에는 수종사 탑 안에 봉안한 불상이 총 23구라고 되어 있
으나 초층 탑신석에서 발견된 1493년 봉안 불상군을 제외한 나머지 불상
은 24구로, 발원문과 수량이 다르다. 이에 대해 불상 봉안 당시 24구를 조성
하였으나 발원문에 기록된 대로 23구를 넣었을 가능성이 있다고 보기도 한
다.[54] 이 금동불상군은 일부 분실되어 현재 불상 11구, 보살상 8구, 나한상
1구 등 20구만 남아 있다.[55] 1970년에 2층과 3층 옥개석에서 발견된 12구의
불상은 발견 당시의 정확한 봉안 상태와 수량 및 위치를 알 수 없으며, 이 중
4구가 분실된 상태이다.

불상군의 발원자인 소성정의대왕대비는 흔히 인목왕후로 알려진 선조의
계비이다.[56] 선조 때 소성(昭聖),[57] 광해군 때 소성정의(昭聖貞懿)라는 존호를 받

53   "崇禎元年戊辰 昭聖貞懿大王大妃發願 鑄像二十三尊容安于寶塔 後貽濟衆爾 畵員性仁."
54   박아연, 앞 논문, 160쪽 각주 27.
55   20구의 불상은 불교중앙박물관에 12구, 국립중앙박물관에 6구, 동아대학교박물관에 2구가 소장되어
     있다.
56   박아연은 불상 조성 당시 조선은 1624년 이괄의 난과 1627년 정묘호란이 일어나는 등 대내외적으
     로 왕실이 아직 불안한 시기였고, 불상이 조성된 1628년(인조 6) 1월에 閔潰와 柳孝立 등이 仁城君
     을 옹립하려는 역모사건이 일어났을 때 인목왕후는 역모자에게서 자신의 이름이 거론된 것에 대해

아[58] 통칭 소성대비(昭聖大妃)라 불렀는데, 인조가 반정으로 즉위한 뒤 대왕대비가 되어 명렬(明烈)이라는 존호가 더해졌고,[59] 죽은 뒤에는 광숙장정(光淑莊定)이라는 휘호와 인목(仁穆)이라는 시호가 올려졌다. 이후 고종 때에 정숙(正肅)이라는 존호가 추가로 더해짐으로써, 정식 시호는 소성정의명렬광숙장정정숙인목왕후(昭聖貞懿明烈光淑莊定正肅仁穆王后)이다. 인목왕후는 선조의 정비인 의인왕후가 사망한 뒤 1602년(선조 35)에 왕비로 간택되어 19세의 나이로 51세의 선조와 가례를 올리고 1603년(선조 36)에 정명공주(貞明公主), 1606년(선조 39)에 영창대군(永昌大君)을 낳았다. 광해군 즉위 후에는 아버지 김제남이 사사(賜死)되고[60] 영창대군까지 폐서인되어 살해되는 일을 겪었으며,[61] 왕후 역시 폐비되어 서궁(西宮)에 유폐되었다가 인조반정으로 광해군이 폐위되자 복호되어 대왕대비가 되었다.[62] 그는 이러한 참극을 겪으면서 불교에 더욱 의지했던 듯하다. 인목왕후는 서궁으로 유폐되었던 1621년(광해군 13)에 백지에 금자로 『불설아미타경(佛說阿彌陀經)』을 썼으며,[63] 그다음 해에는 돌아가신 아버지와 형제, 아들 영창대군, 상궁 등의 극락왕생을 기원하고 정명공주와 상궁들의 수명장수와 복락 등을 기원하며 『금광명최승왕경(金光明最勝王經)』을 손수 필사하였다. 또 안성 칠장사에는 인목왕후 친필족자 1축, 금강산 유점사에는 친필 『보문경』 등 일부가 남아 있다. 인목왕후는 1614년(광해군 6)

매우 힘든 심경을 드러내기도 했으며, 이러한 심적 고통과 고난을 불심으로 극복하고자 하는 인목왕후의 의지가 금동불상의 조성 발원에 영향을 미쳤을 것으로 추정하였다. 또 인목왕후가 수종사에 불상을 발원한 것은 수종사가 인목왕후에게 의미 있는 사찰이거나 인목왕후와 친분이 있는 승려나 여성들이 드나들면서 기도와 시주를 했던 사찰이었기 때문일 수 있으며, 수종사가 조선 전기부터 왕실여성들과 인연이 깊을 뿐만 아니라 석탑에 불상을 봉안한 역사가 있는 사찰이었다는 점이 크게 작용했을 것으로 추정하였다. 박아연, 앞 논문, 157-158쪽.

57 『宣祖實錄』, 宣祖 37年 10月 19日條.
58 『光海君日記』, 光海君 2年 4月 19日條.
59 『仁祖實錄』, 仁祖 2年 8月 8日條.
60 『光海君日記』, 光海君 5年 6月 1日條.
61 『光海君日記』, 光海君 6年 2月 10日條.
62 『仁祖實錄』, 仁祖 2年 9月 7日條.
63 卷尾에 "昭聖貞懿大王大妃金氏 大明天啓元年辛酉九月 日 敬書"라고 기록되어 있다.

제4장 조선 후기: 원당(願堂) 건립의 성행과 왕실 불사

에 화장사에 봉안했던 영창대군의 위패를 가져와 천도법회를 열었으며,[64] 1623년 인조반정으로 복위된 후 억울하게 죽은 아버지 김제남과 아들 영창대군을 위해 서궁으로 유폐되기 이전에 은거했던 칠장사를 원찰로 삼고 중수하였다.[65] 1624년(인조 2)에는 비구니 예순(禮順)에게 청룡사를 중창하게 하는 등 많은 불사를 행하였다. 수종사 탑에 봉안된 23구의 불상은 이와 같은 인목왕후의 불사를 잘 보여 준다.

발원문에서는 이 불상을 성인(性仁)이 조성했다고 기록하고 있다. 성인은 생몰년이나 활동사항 등이 잘 알려져 있지 않지만, 앞에서 살펴본 1622년 목조비로자나불좌상(도 44)을 조성한 17명의 화원 중 한 명이다. 불상 발원문에는 성인이 17명 가운데 여덟 번째로 기록되어 있는데, 23구나 되는 불상을 한꺼번에 만들었던 것을 보면 목조비로자나불좌상 조성을 통해 명성을 얻었던 듯하다. 그는 1656년(효종 7)의 완주 송광사 나한전 목조석가불좌상 조성 시 오백성중시주(五百聖衆施主), 1657년(효종 8)의 무주 북고사 목조아미타불좌상 조성 시 연화질(緣化秩), 1661년(현종 2)의 부산 범어사 목조석가삼존불좌상 조성 시 사중질(寺衆秩)에도 이름이 남아 있는 것으로 보아 오랜 기간 동안 활동했던 것으로 추정된다.[66]

화엄사 영산회괘불도(도 46)는 1653년(효종 4) 효종의 차녀인 숙안공주(淑安公主, 1636-1673)와 남편인 홍득기(洪得箕, 1635-1673) 부부의 시주로 조성되었다.[67] 24폭의 삼베를 이어 만든 세로 1009cm, 가로 731cm에 이르는 대형의 화

---

64 『朝鮮寺刹史料』上,「華藏寺」(朝鮮總督府, 1911), 89쪽; 문명대, 『靑龍寺의 歷史와 文化』(한국미술사연구소, 2010), 144쪽.

65 『畿內寺院誌』(경기도, 1988), 683쪽; 최완수, 『명찰순례』 2(대원사, 1994), 161-162쪽.

66 박아연은 1622년 지장암 목조비로자나불좌상과 1628년 수종사 금동불상군은 비슷한 제작 시기와 왕실 발원 불상이라는 점에서 성인이 동일인이나, 이후 1650-1660년대에 송광사, 북고사, 범어사 불상 조성 불사에 참여한 성인은 시간차뿐만 아니라, 지역적인 거리가 있어 동일인인지 아닌지는 판단을 유보하였다. 박아연, 「1493年 水鍾寺 석탑 봉안 왕실발원 불상군 연구」, 158-159쪽.

67 김정희, 「벽암 각성과 화엄사 영산회괘불도」, 『강좌 미술사』 52(한국불교미술사학회, 2019), 99-141쪽.

면에 항마촉지인을 결한 석가모
니가 키 모양으로 생긴 커다란
광배를 배경으로 권속들에게 빙
둘러싸인 채 연꽃 대좌 위에 결
가부좌하고 있다. 석가모니의
둥근 얼굴에는 눈과 코, 입이 큼
직하며 코와 턱 밑, 입술 아래에
는 녹색의 가는 수염이 그려져
있으며, 뾰족하게 솟아오른 머
리는 나발로 가득 차 있다. 오른
발을 위로 하여 결가부좌한 자
세는 안정감이 있으며, 오른손
은 무릎 위에 놓아 손가락을 가
지런히 아래로 향하고 왼손은

도 46 화엄사 영산회괘불도, 1653년, 마본채색,
1009×731㎝, 전남 구례 화엄사 소장.

배 가운데로 올려 들어 엄지와 셋째 손가락을 맞대고 있다. 넓게 트인 가슴
에는 녹색의 내의와 붉은색의 대의를 걸쳤는데, 왼손은 손목까지 옷이 덮어
내렸으나 오른손은 팔꿈치 아래가 그대로 드러나 있다. 석가모니 좌우로는
화려한 보관을 쓰고 한 다리를 내린 편안한 자세로 문수보살과 보현보살이
시립하였다. 두 보살의 신광(身光)에는 아름다운 꽃무늬가 가득하며, 이들 위
로는 좌우에 각 5구씩 10대 제자가 배치되어 있다. 화면의 하단 좌우와 상단
좌우 모퉁이에는 갑옷에 투구를 쓴 사천왕이 칼, 용과 보주, 탑 등을 들고 서
있다. 석가모니 앞의 꽃무늬가 가득한 덮개로 치장된 불탁(佛卓) 위에는 향로
와 공양물이 담긴 그릇이 놓여 있어 마치 법회가 열리는 현장을 보는 듯하
다. 이 모습은 바로 영산재(靈山齋)의 주불인 석가모니의 설법 장면, 즉 영산
회(靈山會)를 표현한 것이다.

화면 하단에는 붉은 바탕에 묵서로 화기가 적혀 있는데, 축원문에 이어 시주질이 적혀 있다. 시주질에는 괘불도 제작에 필요한 물품을 시주한 승속 (僧俗) 65명의 이름이 열거되어 있는데, 그중 향낭시주(香囊施主)에 익평위(益平尉) 양위(兩位)라고 적혀 있다. 향낭시주는 말 그대로 향낭, 즉 불화의 상단이나 뒷면에 복장물을 넣어 봉안하는 복장낭을 시주한 사람을 뜻한다.[68] 향낭을 시주한 익평위 양위는 효종의 차녀인 숙안공주와 남편인 홍득기 부부이다. 숙안공주는 효종과 인선왕후(仁宣王后, 1618-1674) 사이에서 태어났는데, 1645년(인조 23)에 소현세자(昭顯世子, 1612-1645)가 급서하여 그해 윤6월에 아버지 봉림대군이 왕세자로 책봉되자 다음 해 숙안군주(淑安郡主)가 되었다.[69] 1648년(인조 26)에 부마 간택령이 내려져[70] 1649년(인조 27) 4월에 현감 홍중보의 아들인 홍득기가 부위(副尉)로 간택되었으나[71] 5월 8일 인조가 사망하자 혼례가 미루어졌다가 효종 즉위 후 숙안공주로 책봉되었으며, 홍득기는 익평위로 진봉되었다.[72]

숙안공주와 홍득기가 화엄사 영산회괘불도의 시주가 된 것은 숙안공주의 아버지 효종과 이 괘불도의 조성을 주도한 벽암 각성과의 인연에 의한 것으로 생각된다. 각성은 일찍이 효종이 잠저(潛邸)에 있을 때 평안도 안주에서 효종을 만나 화엄종요(華嚴宗要)를 설하였고[73] 이에 효종이 각성에게 벼루·

---

68 화기에 향낭시주가 적혀 있어 화엄사 영산회괘불도에는 복장낭이 있었던 것으로 추정되지만 현재는 남아 있지 않다.

69 『仁祖實錄』, 仁祖 24年 12月 25日條.

70 『仁祖實錄』, 仁祖 26年 9月 10日條.

71 『仁祖實錄』, 仁祖 27年 4月 9日條.

72 『孝宗實錄』, 孝宗 卽位年 6月 9日條. 인조의 삼년상으로 혼례가 미루어졌으나 1650년(효종 1) 조선의 공주를 비로 맞이하겠다는 청의 섭정왕 도르곤(睿親王, 재위 1643-1650)의 구혼이 있자 1651년(효종 2) 1월에 간략한 절차를 거쳐 혼례를 올렸다(『孝宗實錄』, 孝宗 1年 11月 5日條).

73 효종은 1623년 인조반정 후 왕자로 책봉되고 1626년 봉림대군의 작위를 받았으며, 1637년 소현세자 등과 함께 청나라에 볼모로 끌려갔다가 8년 만인 1645년에 귀국, 1649년 5월 인조의 뒤를 이어 즉위했으므로, 효종과 각성이 만난 시기는 봉림대군으로 책봉된 1626년과 청으로 갔던 1637년 사이일 것으로 추정된다.

붓·염주·유리·도서·금사자 등을
하사했다고 한다. 왕이 된 후에는
1650년(효종 1)에 각성이 머물던 화
엄사를 '선종대가람(禪宗大伽藍)'으로
지정할 정도로[74] 친분이 깊었다. 선
종대가람이 된 화엄사는 효종의 원
찰과 같은 역할을 하였을 것이며,[75]
이러한 인연으로 화엄사 영산회괘
불도 조성 불사(1653) 때 숙안공주와
익평위 내외가 향낭을 시주했을 것
으로 추정된다.

도 47 송광사 목조관음보살좌상, 1662년, 전
남 순천 송광사 소장, 보물 제1660호.

한편, 송광사 관음전 목조관음보살좌상(도 47)은 왕실에서 직접 발원하지
는 않았지만 불운했던 종친의 수명장수를 위해 궁중의 나인(內人)인 노예성
(盧禮成, 1601-?)이 발원, 조성하였다.[76] 최근 송광사에서 보살상을 개금하기 위
해 확인하던 중 목조관음보살좌상 복장에서 조선 중기의 전적류, 의복, 직

---

74 〈兼八道都攝攝帖〉(1650, 종이, 79.1×93.1cm), '兼八道都攝攝 湖南求禮地智異山華嚴寺爲禪宗大伽藍者 順
    治七年六月日者攝攝 代將.'
75 화엄사에는 인조가 각성에게 하사한 가사가 전해 오고 있어 효종 이전부터 왕실의 원찰이었을 것으
    로 추정된다. 주황색 織銀緞으로 아청색 안을 댄 19조의 겹가사는 운문과 용문, 연화문이 배치되었으
    며, 일광첩에는 홍색 바탕에 수미산, 이족오, 해, 채운문, 월광첩에는 홍색 바탕에 옥토문, 채운문, 계
    수나무와 달이 아름답게 수놓여 있는 등 왕실 공예품으로서의 품격을 잘 갖추고 있다. 인조대왕하사
    가사에 대해서는 강선정·조우현, 「화엄사소장 17세기 가사에 대한 연구」, 『한국의상디자인학회 학
    술대회발표집』(2010), 158-161쪽 참조.
76 이 작품에 대해서는 『순천 송광사 관음보살좌상 복장물』(동아대학교박물관·송광사 성보박물관, 2012);
    엄기표, 「順天 松廣寺 木造觀音菩薩坐像 腹藏物 調査와 意義」, 『문화사학』 37(한국문화사학회, 2012),
    127-155쪽; 이은주·이명은, 「順天 松廣寺 木造觀音菩薩坐像 腹藏 服飾에 관한 考察」, 『문화사학』 37(한
    국문화사학회, 2012), 157-184쪽; 박윤미, 「松廣寺 木造觀音菩薩坐像 腹藏 織物의 特性과 編年 考察」,
    『문화사학』 37(한국문화사학회, 2012), 185-197쪽; 이훈상, 「17세기 중반 순천 송광사 목조관음보살좌
    상의 조성과 늙은 나인 노예성의 발원─內人 노예성의 발원문을 통하여 본 17세기 조선의 정치사와
    나인의 생애사」, 『호남문화연구』 51(전남대학교 호남학연구원, 2012), 223-258쪽; 정은우, 「1662년 松廣
    寺 觀音殿 木造觀音菩薩坐像과 彫刻僧 慧熙」, 『문화사학』 39(한국문화사학회, 2013), 5-23쪽 참조.

제4장 조선 후기: 원당(願堂) 건립의 성행과 왕실 불사

물, 다라니 등 450여 점에 달하는 복장물과 불상 발원문, 시주자 명단 등이 발견되었다.[77] 그중 쪽빛 저고리 안쪽에는,

> 성품을 돌이켜 들으시고 원통을 깨우치셨네. 관음불이 관음의 이름 주시고 위로는 자비의 힘을 갖추고 아래로는 자애를 갖추게 하니 서른둘의 응신이 온누리에 두루 미치네. 경안군 이씨와 부인 허씨 두 내외분의 수명장원과 경자생 박씨와 노씨의 수명장원, 그리고 윤씨의 수명장원을 기원합니다. 신축생 나인 노예성이 크게 발원하여 1662년 정월에 관음보살상을 삼가 조성하니, 이로써 공덕이 두루 미치고 일체의 나를 비롯한 모든 중생이 함께 성불하기를 기원합니다.[78]

라는 내용의 불상 발원문이 적혀 있었다. 즉 궁중나인인 노예성이 경안군(慶安君, 1644-1665) 이씨와 부인 허씨(許氏) 내외, 경자생 박씨(朴氏), 노씨(盧氏), 윤씨(尹氏)의 수명장수를 위해 관음보살상을 조성 봉안한다는 내용이다. 또 한지와 녹색 배자(褙子)에도 명문이 적혀 있었는데, 한지에 조야한 서체로 쓰인 시주자 명단에는 노예성과 경안군 내외, 나인 박씨, 고승 취미수초(翠微守初) 등이 시주로 참여한 사실,[79] 녹색 배자에는 "유씨보체(劉氏保體) 수명장원(壽命長遠)"이라는 발원 내용이 간단하게 쓰여 있다.

이 불상을 발원한 나인 노예성은 발원문에서 신축생이라고 밝히고 있는

---

77 복장물은 복식 2벌, 시주자 명단 1권, 직물조각 11점, 전적 8종 17권, 다라니 2종 423장, 후령통 1점, 유리편 1점 등 16건 456점에 달한다. 『순천 송광사 관음보살좌상 복장물』(동아대학교박물관·송광사 성보박물관, 2012).

78 번역문은 이훈상, 「17세기 중반 순천 송광사 목조관음보살좌상의 조성과 늙은 나인 노예성의 발원─內人 노예성의 발원문을 통하여 본 17세기 조선의 정치사와 나인의 생애사」, 237쪽 참조.

79 "大施主盧禮成慶安君李氏許氏兩位 內人朴氏保體 大施主比丘 守初 證明比丘 延壽 畵員 比丘慧熙 比丘金文 大師元哲 大師坦元 正玄 道英 道機 別座 靈善 信哲 供養主 義堅 一雨 鞭印 一旭 敬禪 大義 宗一 韓孝元 兩主 朴大建兩主 韓氏孝眞." 시주자 명단은 한지에 조야한 서체로 적혀 있어 정식 발원문은 아닐 것으로 보는 것이 일반적이다.

것으로 보아 1601년생으로 추정되며, 발원의 대상인 경안군을 길렀던 나인이었던 것 같다.[80] 불상의 발원 대상은 경안군 이씨와 부인 허씨, 경자생 박씨와 노씨, 윤씨 등인데 경자생 박씨와 윤씨는 노예성과 같은 나인으로 추정되며, 박씨와 윤씨 사이에 있는 노씨는 노예성 자신일 것으로 추정된다.[81] 경안군 이회(李檜)는 소현세자와 민회빈 강씨(愍懷嬪 姜氏, 1611-1646)의 3남이다. 그는 아버지 소현세자가 청나라에서 귀국한 후 의문의 죽음을 당하고 어머니 민회빈 강씨마저 1646년(인조 24) 인조의 수라에 독을 넣었다는 혐의로 사약을 받아 죽은 후[82] 이듬해 두 형인 경선군(慶善君) 석철(石鐵, 1636-1648), 경완군(慶完君) 석린(石磷, 1640-1648)과 함께 4세의 어린 나이에 제주도로 유배를 갔다. 유배지에서 두 형이 각각 13세, 9세의 어린 나이에 사망한 후 경상남도 남해, 강화도, 교동도 등으로 이배된 후 1656년(효종 7)에 귀양에서 풀려났으며, 1659년(효종 10) 경안군에 봉해졌다.[83] 그는 1661년(현종 2)에 사헌부장령 허확(許確)의 딸과 결혼했으며, 1665년(현종 6) 9월에 사망하였다.[84] 실록에는 경안군이 몸이 약해 질병이 많았다고 기록되어 있어[85] 나인 노예성이 불운했던 경안군의 수명장수를 기원하면서 불상을 발원, 조성한 것으로 추측된다. 이 불상은 17세기 중엽을 대표하는 조각승 혜희(慧熙)를 비롯한 6명의 조각

---

80 이훈상은 경안군이 태어났을 당시는 물론 유배 이후에도 계속해서 나인에 의하여 양육되었다는 사실로 미루어 노예성은 아마도 모친 강비가 죽음을 당한 이후 경안군에게 새로 보낸 나인의 한 사람으로서, 경안군이 제주도로 유배 갔던 1647년부터 경안군의 양육을 맡기 시작한 후 불상을 조성한 61세까지 14년 동안 경안군의 성장과 복작, 그리고 혼사 등을 모두 지켜보았을 가능성이 있다고 추정하였다. 이훈상, 앞 논문, 243-246쪽.

81 시주자의 발원 대상에 시주자 자신이 포함된 것에 대해 이훈상은 발원문을 송광사 승려가 작성했기 때문이라 보았다. 즉 발원문을 작성한 승려는 시주자 노예성의 바람에 따라 경안군 내외와 박씨 및 윤씨의 수명장원을 발원하고 이와 더불어 시주자 노예성의 수명장원도 포함시켰을 것으로 해석하였다. 이훈상, 앞 논문, 238쪽.

82 『仁祖實錄』, 仁祖 24年 3月 15日條.

83 『孝宗實錄』, 孝宗 10年 閏3月 4日條.

84 『顯宗實錄』, 顯宗 6年 9月 18日條.

85 『孝宗實錄』, 孝宗 2年 1月 25日條, 4年 3月 3日·8月 30日條, 5年 2月 24日條 등.

제4장 조선 후기: 원당(願堂) 건립의 성행과 왕실 불사

승이 공동으로 제작하였다.[86] 각진 턱을 가진 넓적하고 평평한 사각형의 얼굴에 두 다리 사이의 예리하고 요철이 강한 옷 주름, 정강이에 술이 달려 있는 옷, 얕은 양각의 직선적인 주름과 주름의 끝이 지그재그 형태를 띠고 있는 점 등 혜희의 작풍을 잘 보여 준다.[87]

18세기에 들어서는 왕실 발원 불교미술의 제작이 크게 줄어들었다. 현재 이 시기의 왕실 발원 작품으로 알려진 것은 1707년(숙종 33)에 조성된 파계사 영산회상도(도 48)가 대표적이다.[88] 이 작품은 대구시 파계사 원통전에 후불탱으로 봉안되어 있는데, 영조(재위 1724-1776)가 연잉군이던 시절에 왕과 왕비, 세자의 만수무강을 위해 시주한 불화이다. 세로 길이가 340㎝에 달하는 거대한 비단 바탕에 그려진 이 불화는 화면 중앙에 큼직하게 배치된 석가모니를 중심으로 문수보살과 보현보살을 비롯한 6보살, 범천과 제석천, 사천왕, 10대 제자, 타방불, 금강신을 좌우 대칭으로 묘사하였다. 커다란 주형(舟形) 광배를 등지고 수미좌 위 연화대좌에 결가부좌한 석가모니는 오른손을 아래로 내려 항마촉지인을 결하였으며, 양쪽 어깨에는 붉은 대의를 걸쳤다. 결가부좌한 두 무릎 사이로 늘어진 부채꼴의 옷자락에는 금니 바탕에 작은 원문이 시문되어 화려함을 더하며, 거신광배(擧身光背) 가장자리에도 영락문과 화문이 화려하게 시문되었다. 좌우협시인 문수보살과 보현보살은 각각 여의(如意)와 경책(經冊)을 얹은 연꽃을 들고 본존을 향해 몸을 돌리고 서 있

86 조성 화원은 慧熙와 金文, 元哲, 坦元, 道英, 道機 등 6명이다.
87 혜희에 대해서는 송은석, 「法靈派 彫刻僧과 佛像―法靈, 惠熙, 祖能」, 『불교미술사학』 5(불교미술사학회, 2007), 179-207쪽; 문명대, 「조각승 혜희(慧熙)의 작품세계와 부산 금정사 봉안 용문사(龍門寺) 목아미타불상의 복원적(三世佛像) 연구」, 『강좌 미술사』 34(한국불교미술사학회, 2010), 81-106쪽; 송은석, 『조선후기 불교조각사―17세기 조선의 조각승과 유파』(사회평론, 2012), 301-311쪽; 김춘실, 「충북지역의 혜희작(惠熙作) 불상(佛像) 연구」, 『중원문화논총』 20(충북대학교 중원문화연구소, 2013), 161-192쪽; 정은우, 「1662年 松廣寺 觀音殿 木造觀音菩薩坐像과 彫刻僧 慧熙」, 『문화사학』 39(한국문화사학회, 2013), 5-23쪽 등 참조.
88 장희정, 「延礽君發願 把溪寺 釋迦牟尼佛畵의 考察」, 『동악미술사학』 5(동악미술사학회, 2004), 125-144쪽.

다. 그 뒤로는 관음보살과 대세지보살, 연꽃을 든 2구의 보살이 서로 마주
보고 서 있으며, 이들 옆으로 범천과 제석천이 합장한 채 서 있다. 보살과 천
부상 위로는 합장 또는 경책과 여의 등 지물을 든 10명의 제자가 상반신을
드러낸 채 석가모니를 향해 협시하였다. 하단부에는 비파를 연주하는 다문
천왕(多聞天王), 칼을 든 지국천왕(持國天王), 용과 여의주를 든 증장천왕(增長天
王), 탑과 당(幢)을 든 광목천왕(廣目天王)이 배치되었다.

이 불화는 의균(義均)이 수화승이 되어 조성하였다. 의균은 17세기 후
반-18세기 초반에 팔공산 자락에서 이름을 떨쳤는데, 18세기 전반에는 동
화사를 중심으로 활동하면서 동화사 금당 아미타불회도(1699), 동화사 아미
타불회도(1703, 국립중앙박물관 소장) 등을 제작하였으며, 석민(碩敏)과 함께 파계
사 원통전 영산회상도(1707), 포항 보경사 괘불도(1708), 북지장사 지장시왕도
(1725) 등을 조성하였다. 그의 작품은 가는 철선묘(鐵線描)의 양감 있는 얼굴과
균형 잡힌 안정된 신체비례, 섬세한 인물 표정, 담채색의 은은한 색조 등을
특징으로 하는데, 파계사 영산회상도는 이와 같은 의균의 뛰어난 필력과 색
채 감각이 잘 드러난 작품 가운데 하나이다.[89] 특히 왕실 발원 불화답게 가늘
고 유려한 필선의 인물 표현과 적색과 녹색 위주의 부드러운 색상, 화려한
금니와 다양한 문양 등은 의균의 작품 가운데서도 대표작으로 꼽을 만하다.

화면 중앙 하단부에는 강희 46년(1707)에 대군(大君) 갑술생(甲戌生) 이씨(李
氏)가 서씨 부부와 경술생 최씨의 수명장수를 기원하며 파계사에 영산탱을
조성하였으며, 화원은 의균·성익(性益)·체환(體環) 등 6명이라는 내용의 화기
가 적혀 있다. 시주자인 갑술생 이씨인 대군은 바로 1694년(숙종 20) 갑술년
에 태어난 조선의 제21대 국왕인 영조이다. 영조는 숙종과 숙빈 최씨 사이

---

89 의균의 화풍에 대해서는 장희정, 「18세기 八公山地域佛畵의 화파와 특징」, 『미술사학연구』
    250·251(한국미술사학회, 2006), 287-314쪽; 정명희, 「17世紀後半 동화사 불화승 義均 硏究」, 『미술사
    학지―동화사·은해사의 불교미술』4(국립중앙박물관, 2007), 120-151쪽 등 참조.

에서 태어났으며, 1699년(숙종 25) 연잉군에 책봉되었다.[90] 이복형인 경종(재위 1720-1724)이 20대 왕으로 즉위한 후 1721년(경종 1) 음력 8월에 왕세제로 책봉 되었으며,[91] 1722년(경종 2)부터 1724년(경종 4) 10월 11일까지 왕세제 신분으 로 대리청정을 하였고, 1724년(영조 즉위년) 음력 8월 병약하던 경종이 승하하 자 왕위를 물려받았다.

연잉군이 이 불화를 시주한 1707년(숙종 33)은 14세 되던 해로서 아직 왕 세제로 책봉되기 이전이었는데, 아버지인 숙종이 왕위를 선양하려다 번복 하는 일이 일어나는 등 정치적으로 매우 복잡한 시기였다. 따라서 연잉군 은 자신이 태어날 때 생남기원(生男祈願) 기도를 올린 선사 영원(靈源)이 머물 고 있던 파계사에 영산회상도를 시주 봉안하면서 왕실의 안녕을 기원했을 것으로 생각된다.[92] 영원의 기도로 왕자가 탄생하자 숙종은 영원이 파계사 로 돌아갈 때 본방비(本房妃) 김귀선(金貴善)으로 하여금 호송케 했다. 이후 파 계사는 영원에 의해 1695년(숙종 21)에 대대적으로 중창되었는데, 왕실에서 내탕금 금 2000냥을 내려 칠성전(七星殿), 대법당(大法堂), 백화루(白花樓)를 짓고 해마다 원자(元子)의 수복을 빌게 했다. 또 영원에게 현응(玄應)[93]이라는 호(號)

90 『肅宗實錄』, 肅宗 25年 12月 24日條.

91 『景宗實錄』, 景宗 1年 8月 20日條.

92 장희정은 이 불화가 조성된 1707년을 전후한 시기는 노론과 소론이 상반된 정치노선 사이에서 서로 견제하다가 1701년 경종의 모후 장희빈이 사사되자 세자 교체 논의가 공공연히 일어났고 소론의 거 두인 南九萬과 柳尙運이 파직되었으며, 1705년 숙종이 선양을 발표하고 번복하는 가운데 노론세력 의 지지를 받고 있던 연잉군을 축출하려는 움직임이 있어 연잉군이 존위에 위기를 느끼던 때였으므 로, 연잉군은 이 같은 처지에서 파계사 영산회상도를 발원하여 늙고 병든 숙종의 장수를 기원하며 자신의 안위를 도모했을 것이라 추정하였다. 장희정, 「延礽君發願 把溪寺 釋迦牟尼佛畵의 考察」, 129- 130쪽.

93 파계사에서 성전암으로 올라가면 오른쪽 비탈에 1710년에 김귀선이 세운 현응대사탑이 남아 있다. 현응대사에 대해서는 「현응낭영원대사비문」 참조. "師諱靈源 玉山李氏子也 童眞出家 冠年眼出神珠見 失 受法東雲 參究禪源 臘至耳順庵歸圓寂 超骨乞得骨身 二介頂骨 各安石塔三座 又一座 曾於百日白衣弄 供 心契性空咸得舍利一介也 又得唐士識書 始知恨熟世也 引勤造成碑 比丘尼義性戒子 特請都監忍元 別座 廣學 京人金貴善立碑 聖上卽位三十七年庚寅七月日立"(대사의 諱는 靈源이며 玉山 李氏의 자손이다. 童眞出 家하였으며 20세에 눈에서 신비한 구슬이 나오더니 실명하였다. 東雲大師에게서 法을 전수받고 禪의 근원을 탐구하였다. 僧臘 耳順에 이르러 문득 入寂하시니 뼈 구하는 것을 넘어서 骨身을 얻었다. 2개의 정수리뼈를 각 각 탑 3곳에 봉안하고, 또 한곳에서 일찍이 백일 동안 흰옷 입고 공양을 바쳐 마음이 空한 성질과 딱 들어맞아

제4장 조선 후기: 원당(願堂) 건립의 성행과 왕실 불사

를 내리고, 1696년(숙종 22)에는 친히 만든 축책(祝冊)을 내려 주어 숙빈궁(淑嬪宮)의 원당(願堂)으로 삼았다.[94]

이러한 인연으로 연잉군은 잠저시절 파계사에 자주 행차하였던 듯하다. 11세 때(1704)에는 친히 자응전(慈應殿)이라는 편액를 써서 내려 주었으며, 원답(願畓)을 하사하기도 했다. 또 14세 때인 1707년(숙종 33)에는 원통전에 후불탱화를 시주하여 봉안하였는데, 당시 증명(證明)으로 영원의 이름이 기록되어 있는 것을 보면 연잉군과 파계사의 관계가 밀접했음을 알 수 있다. 또한 종친부당상시(宗親府堂上時)에 완문(完文)을 내려 주어 파계사를 종친본부(宗親本部)에 속하게 하고 관부(官府)의 잡역(雜役)에 승려들을 동원치 못하게 하였으며, 양반(兩班)·관아(官衙)의 침탈(侵奪)로부터 보호하도록 했다. 연잉군은 즉위 후에도 파계사에 대한 후원을 아끼지 않았다. 정비인 정성왕후(貞聖王后, 1692-1757)의 원당으로 삼았으며, 1732년(영조 8)에 어압완문(御押完文)을 내리고, 어의(御衣)와 향촉(香燭)을 내려 재(齋)를 설(設)하여 왕의 수명장수를 위한 기도를 드리게 했다. 또 1751년(영조 27)에는 우의정 이의현(李宜顯, 1669-1745)을 파견하여 영조 자신의 생전(生前)과 사후(死後)의 축수복(祝壽福)과 명복을 기원하는 축원당(祝願堂)으로 삼았으며, 1763년(영조 39)에도 수비(需費)와 완문을 내려 절을 짓게 하고 어의(御衣)와 도서(圖署) 완문을 내리고 이를 받드는 기영각(祈永閣)과 만세문(萬歲門)을 건립하였다.[95]

사리 1개를 얻었다. 또 唐나라 승려의 서적을 얻어 보니 비로소 宿世의 한스러움이 서려 있음을 알아 碑 조성을 권하여, 比丘尼 義性과 戒子가 특별히 都監 忍元과 別座 廣學에게 청하였다. 서울사람 金貴善이 聖上 即位 37年 庚寅 7月 日에 비를 세웠다).

94 金羲淳, 「英宗大王願堂事蹟」(1806) 및 「慶尙北道達成郡公山面把溪寺事蹟碑銘幷序」.

95 1976년 6월 원통전의 건칠관음보살좌상을 개금할 때 불상 안에서 영조가 실제로 착용했던 御衣가 나온 것으로 보더라도 파계사는 영조와 매우 인연이 깊은 절이었음을 알 수 있다. 당시 도포와 함께 한지 두루마리에 적힌 발원문이 발견되어 이 도포가 파계사에 보관된 경위가 밝혀지게 되었는데, 발원문에 의하면 1740년 12월에 대법당을 개금하고 불상과 나한을 중수하였으며 영조가 탱불 1000불을 희사하여 佛供願堂之處로 삼았고 이와 같이 萬歲流轉를 빌면서 왕의 靑紗上衣 도포를 腹藏한다고 되어 있다. 그리고 도포 뒷목 밑에는 "乾隆五年 庚申 十二月十一日 腹藏記 聖上主 甲戌生李氏 靑紗上衣 一領 萬歲流傳干把溪寺者 同家願吾上三殿誕日佛供處也"라는 墨書가 한지에 적혀 꿰매져 있었다. 한편,

연잉군은 이 불화를 시주하면서 주상 전하와 왕비 전하, 세자 저하, 서씨 부부, 경술생 최씨의 수명장수를 기원하였다. 여기서 주상 전하는 연잉군의 아버지 숙종이며, 왕비 전하는 인원왕후(仁元王后, 1687-1757), 세자는 장희빈의 아들이자 연잉군의 이복형인 윤(昀, 경종)이다. 또 서씨 부부는 1704년(숙종 30)에 13세의 나이로 연잉군과 혼인한 서씨(정성왕후)의 아버지 달성부원군(達城府院君) 서종제(徐宗悌, 1656-1719)와 어머니 잠성부부인(岑城府夫人) 이씨(李氏)를 칭하는 것으로 추정되며, 경술생 최씨는 연잉군의 모후이자 숙종의 제1후궁이었던 숙빈 최씨다.

우리나라 최고의 사찰 중 하나로 손꼽히는 불국사 대웅전에 봉안된 영산회상도와 좌우 벽면에 그려진 사천왕벽화(도 49)는 1769년(영조 45)에 대시주인 화완옹주(和緩翁主, 1737-1808)의 보체(保體)와 상궁 김씨 및 시녀 정씨·차씨·김씨·이씨 등의 보체를 기원하며 조성되었는데, 영산회상도는 탱화로, 사천왕도는 벽화로 이루어진 독특한 구성을 보여 준다. 영산회상도는 세로 498cm, 가로 447cm의 정사각형에 가까운 화면에 여러 권속들이 본존 석가모니를 둥글게 에워싸고 있다. 석가모니는 원형의 두광과 신광을 지니고 대좌 위에 결가부좌하였다. 머리에는 뾰족하게 육계가 솟아 있고 정상계주와 중간계주로 장식되어 있다. 건장한 신체에는 우견편단으로 붉은색의 법의를 걸치고 있으며, 둥근 얼굴에 가늘고 길게 뜬 눈과 활형의 눈썹, 작은 입술 등이 조화를 이루었다. 본존의 좌우로는 모두 10명의 보살들이 광배를 따라 아래위로 길게 늘어섰는데, 좌우협시인 문수보살과 보현보살은 각각 여의와 연꽃을 들었으며, 나머지 보살들은 합장하거나 연꽃을 들고 시립하였다. 보살들 역시 본존과 마찬가지로 둥근 얼굴에 양감 있는 신체 표현이 돋보이

관음보살상의 바닥면을 덮은 목판과 불상의 복장 내부에서 확인된 기록에 의하면 이 불상은 1447년(正統 12)에 중수되었으며 永膺大君(세종의 여덟 번째 아들)과 세종의 후궁 愼嬪 金氏(1406-1464), 신빈의 아들인 寧海君(1435-1477) 등이 시주하였다고 기록되어 있어 파계사가 조선 전기부터 왕실의 원찰이었음을 확인할 수 있다.

제4장　조선 후기: 원당(願堂) 건립의 성행과 왕실 불사

도 49　불국사 대웅전 영산회상도(견본채색, 498×447㎝) 및 사천왕벽화, 1769년, 경북 경주 불국사 소장, 보물 제1797호.

는데, 일부 보살의 옷에는 화려한 금니의 봉황무늬가 그려져 있어 왕실 발원 불화로서의 품격을 잘 나타내고 있다.

　보살의 위로는 화면 가장자리에 범천과 제석천이 합장하고 본존을 향하였으며, 석가모니의 좌우에는 아난존자와 가섭존자, 화면 상부에는 여덟 존자 등 10대 제자와 2구의 타방불이 배치되었다. 제자들은 다른 권속들에 비하여 얼굴에 음영 표현이 강한데, 특히 가섭존자의 얼굴은 눈 주위를 비롯하여 이마와 코의 양쪽, 입 주변에 음영이 표현되어 입체감이 잘 드러나 있다. 채색은 홍색과 녹색을 주조색으로 흰색과 황색, 금니, 청색 등이 함께 사용되었으며, 전체적으로 명도가 높고 밝은 색감을 보여 준다. 향좌측 벽화는 서방 광목천왕과 남방 증장천왕을 중심으로 금강신 2구와 용녀가 배치되었으며, 향우측 벽화는 동방 지국천왕과 북방 다문천왕을 중심으로 금강신 2구와 용왕이 배치되었다. 영산회상도의 화기에 의하면 건륭 34년(1769) 6월에 대시주인 화완옹주(영조의 딸)의 보체와 상궁 김씨 및 시녀 정씨·차씨·김씨·이씨 등의 보체를 기원하며 대웅전 삼존불상을 개금할 때 새로 영산회도탱(靈山會都幀)을 조성하여 함께 봉안하였다고 한다.[96] 이 불화를 제작한 화승은 18세기 중후반 통도사와 봉정사 등 경상도 지역을 중심으로 활동하던 화승들로서, 특히 화려하면서도 차분한 색감과 안정적인 구도 등 경상도 지역의 화풍을 잘 보여 준다.

대시주 화완옹주는 영조와 영빈 이씨(暎嬪 李氏, 1696-1764) 소생으로 영조가 특히 총애하던 딸이었다.[97] 옹주는 1749년(영조 25) 7월 소론의 거두 정휘량(鄭翬良, 1706-1762)의 조카이자 이조판서 정우량(鄭羽良, 1692-1754)의 아들 일성위(日城尉) 정치달(鄭致達, 1732-1757)과 결혼하여 딸을 낳았으나 남편이 젊은 나이로 사망하자 시댁 일가의 아들인 정후겸(鄭厚謙, 1749-1776)을 양자로 삼았다. 정조 즉위 후 양자 정후겸과 함께 경빈 박씨(景嬪 朴氏, ?-1762)의 소생인 은전군(恩全君) 이찬(李禶, 1759-1778)을 왕위에 세울 계획을 세웠으나 실패하자 서인으로 강등되고 옹주의 호를 삭탈당한 채 강화도 교동, 파주로 유배되었다가 1799년(정조 23)에 석방되었다. 그 후 궁에 들어와 살았으며, 1808년(순조 8) 무렵 사망한 것으로 추정된다.

화완옹주가 어떤 인연으로 불국사 영산회상도 조성에 대시주를 맡게 되었는지는 알 수 없다. 하지만 불국사는 1436년(세종 18)에 대덕 의홍(義弘)이 대공덕주인 효령대군과 안평대군, 영응대군 등의 시주로 대웅전과 관음전, 자하문을 중수하였으며, 1490년(성종 21)에는 월산대군 등이 대웅전과 각 전각을,

---

96 사천왕벽화에는 조성 연대는 적혀 있지 않지만 향좌측 벽화에 "良工比丘 抱冠," 향우측 벽화에 "良工 智瞻 有誠, 良工 有誠"이라고 적혀 있어 포관과 지첨, 유성이 함께 조성하였음을 알 수 있다. 지첨은 영산회상도의 수화승이었으며 포관과 유성은 塗金良工 목록에 이름이 보이는 것으로 보아 사천왕벽화는 1769년에 영산회상도와 함께 제작된 것으로 추정된다. 영산회상도의 수화승인 지첨은 이 작품 외에 다른 화적이 확인되지 않아 활동 연대와 지역 등을 알 수 없다. 포관은 18세기 중반 통도사를 중심으로 활동하던 화승으로 통도사의 화승 임한과 함께 활동하였고, 1770년경 수화사가 되어 통도사 및 포항 보경사, 은해사 등의 불화를 제작하였다. 유성은 18세기 중후반에 경주 불국사에 거주하면서 안동 봉정사와 양산 통도사 등에서 불화를 제작하였다.

97 화완옹주에 대해서는 박주, 「조선 후기 영조의 딸 화완옹주의 생애와 정치적 향배」, 『여성과 역사』 22(한국여성사학회, 2015), 133-160쪽 참조.

1564년(명종 19)에는 문정왕후와 인종비 인성왕후의 시주로 대웅전을 중수하였고, 1681년(숙종 7)에는 인현왕후(仁賢王后, 1687-1757)가 비로자나불화 1탱을 조성케 하고 여러 가지 물품을 하사한 사실이 있어, 일찍이 왕실과 밀접한 관련을 맺고 있었음을 알 수 있다.[98] 불국사에서는 1765년(영조 41)에 대웅전 중창 불사가 이루어진 것으로 보아[99] 중창 불사 시 화완옹주가 후불탱화와 벽화 조성에 시주한 것으로 추정된다. 영산회상도의 화기에는 화완옹주를 공주라고 표기하고 있는데, 영조의 정비 정성왕후 서씨와 정순왕후(貞純王后, 1745-1805) 슬하에 딸이 없었기 때문에 공주라 부른 게 아닌가 생각된다.

정조대의 가장 큰 불사였던 용주사 창건 때에도 다수의 왕실 발원 불교미술품이 조성되었으나 현존하는 작품은 많지 않다.[100] 당시 불사의 화려함은 1790년(정조 14) 10월 7일에 낙성을 하고 금불(金佛)이 완성된 날 정조의 명을 받들어 무차대회(無遮大會)를 열었다는 기록[101]에서도 확인할 수 있는데, 안타깝게도 금불은 남아 있지 않다. 현재 용주사 대웅전에 봉안된 목조삼세불상(도 50)은 1790년(정조 14) 용주사 창건 시 조성된 것으로, 당대 최고의 조각승들이 제작하였다. 세 불상 모두 110㎝ 정도의 중형 불상으로, 중앙의 석가모니불과 향우측의 약사불, 향좌측의 아미타불로 구성된 삼세불 형식이다. 석가모니불상은 오른손은 결가부좌한 오른쪽 무릎 위에서 아래쪽으로 내려 촉지인을 결하였으며, 왼손은 왼쪽 무릎에 대어 엄지와 중지를 맞대고 있다.[102]

---

98 불국사의 중창, 중수 등에 대해서는 김정희, 「불국사 대웅전 벽화고」, 『한국의 사찰벽화—대구광역시, 경상북도 1』(문화재청·성보문화재연구원, 2010), 578-603쪽 참조.

99 『佛國寺古今創記』淸 乾隆30年乙酉條.

100 용주사의 불교미술에 대해서는 『조선의 원당 1, 화성 용주사』(국립중앙박물관, 2016) 및 유경희·이용진, 「용주사 소장 正祖代王室 內賜品」, 『미술자료』88(국립중앙박물관, 2015), 143-163쪽 참조.

101 『靑莊館全書』卷71 附錄 下 先考積城縣監府-君年譜下.

102 최선일은 이러한 형태의 손 모습은 강진 정수사 목조석가불좌상(1684)의 수인과 동일한데 정수사 불상의 왼쪽 팔에 '釋迦'라는 명문이 있어 조선 후기에 석가모니의 수인으로 사용되었다고 보았다. 최선일, 「용주사 대웅보전 목조석가삼존불좌상과 조각승—戒初비구를 중심으로」, 『동악미술사학』4(동악미술사학회, 2003), 79쪽.

용주사 대웅전 목조삼세불상, 1790년, 경기 화성 용주사 소장.

아미타불은 오른손은 손바닥을 무릎 위에 대고 엄지와 중지를 마주 잡고 왼손은 손바닥을 위로 향한 채 엄지와 중지를 맞잡고 오른쪽 무릎 위에 대었으며, 약사불은 오른손에 약합을 들고 왼손은 손바닥을 무릎 위에 대고 엄지와 중지를 마주 잡았다. 세 불상은 양식적으로 조금씩 차이가 있지만 모두 신체에 비하여 얼굴이 큰 편이고, 눈꼬리가 약간 올라간 눈에 원통형의 코가 특징적이며, 살짝 미소를 머금고 있다. 평평한 가슴에는 윗부분을 꽃잎 모양으로 장식한 군의가 표현되었으며, 왼쪽 어깨를 덮은 대의자락이 다시 오른쪽 어깨 부분에 반달 모양으로 걸쳐져 두 어깨를 모두 덮고 있다. 이러한 모습은 18세기 불상의 특징적 양식이라 할 수 있다.

「본사제반서화조작등제인방함(本寺諸般書畵造作等諸人芳啣)」에는 석가모니불은 계초(戒初), 아미타불은 봉현(奉絃), 약사불은 상식(尙植)이 각각 조성했다고 한 반면, 대웅보전의 닫집에서 발견된 「삼세상원문(三世像願文)」(이하 「원문」으로 약칭)에는 상계(尙戒)·설훈(雪訓)·계초·봉현 등 20명이 불상을 조성했다고 밝히고 있다. 두 기록은 약사여래를 조성한 조각승이 상식, 상계라는 점만 다를 뿐 대체로 일치하고 있어 계초와 봉현, 상식이 삼세불상을 만든 것은 분명한 것 같다. 석가여래를 조성한 계초는 1754년(영조 30)에 전남 곡성 관음사 목조관음보살좌상을 시작으로 1757년(영조 33)에는 상정(尙淨)과 함께 화엄사 대웅보전 삼세불상의 개금작업에 참여했으며, 1790년(정조 14)에는 용주사 대웅전 석가모니불상을 조성했다. 봉현은 1780년(정조 4) 청숙, 계심 등과 함께 장흥 보림사 사천왕상과 금강상 등의 중수를 맡았고, 1782년(정조 6)에는 남원 실상사 약수암의 목조여래설법상을 조성하는 일에 동참했으며,[103] 1785년(정조 9)에는 밀양 표충사 팔상전의 영산회상도, 직지사 불사에 참여한 것으로 보아 불상과 불화 조성 불사에 모두 참여했음을 알 수 있다. 반면 약사여래상을 조성한 상식은 「원문」에 기록된 상계와 동일인물로서 1768년(영조 44)에 강원도 신흥사 감로도를 그렸던 상계(尙桂, 尙戒)로 추정되며, 상(尙) 자를 사용하는 것으로 보아 18세기 후반의 조각승인 상정과 같은 유파에 속했을 가능성이 있다. 이처럼 용주사의 삼세불상을 조성한 장인들은 모두 불상과 불화 조성 불사에 종사했던 화원들로서, 당대 최고의 불사였던 용주사 불사에서 단독으로 불상을 조성한 것으로 볼 때 당시 최고의 화원으로 이름을 날렸음에 틀림없다.

「본사제반서화조작등제인방함」에는 대웅보전 삼세불상을 조성할 때 관허당(寬虛堂) 설훈이 관음보살좌상도 함께 만들었다고 전하나 현재 그 작품은 남아 있지 않다. 관허당 설훈은 18세기 후반 경기 지역을 중심으로 활동한 대표적인 화승이자 조각승으로, 1758년(영조 34) 신륵사 삼장보살도를 시작으로 1794년(정조 18) 산청 대원사 신중도까지 약 36년 동안 화업에 종사하

---

103 奉絃은 1787년 「禪雲寺大法堂丈六殿八相殿改金各帖重修記」에 기록된 封玹과 동일한 인물로 추정되며, 실상사 약수암 목조여래설법상을 조각한 封瑞 또한 봉현과 동일한 인물일 것으로 추정된다. 최선일, 앞 논문, 83-85쪽.

였다. 경상도 출신인 설훈은 각총(覺聰)에게 화맥을 전승받은 후 강원도 홍천 수타사에서 지장시왕도(1776)를 제작하며 자신만의 독자적인 화풍을 창안한 후 전국적으로 활발한 활동을 펼쳤는데, 1790년(정조 14) 용주사 불사에서 경기 지역 최고 화승으로 명성을 떨쳤던 것으로 추정된다. 그런데 화승인 설훈이 용주사 불사에서 관음보살상을 조성한 것은 그가 일찍부터 화승으로서뿐만 아니라 불상의 개금 및 조성에도 명성이 있었기 때문이었다.[104] 설훈은 1765년(영조 41) 봉은사 삼세불상 개금 시 약사여래불의 개금을 맡은 것을 비롯하여 해인사 법보전의 본존불좌상 개금(1773), 봉선사 삼존불좌상 중수 개금(1780), 직지사 천불좌상 조성(1785), 함경도 복흥사 삼존불상 조성(1788), 현등사 청동지장보살상 조성(1790) 등에 이르기까지 약 25년간 많은 불상들을 개금하거나 조성하였다. 따라서 경옥(敬玉), 연홍(演弘)과 함께 용주사에서 칠성여래사방칠성탱화를 조성했을 뿐 아니라 관음보살상 조성이라는 중요한 일을 맡았던 것 같다. 용주사 관음보살좌상은 현재는 남아 있지 않지만 이 보살상을 만들기 약 3개월 전에 설훈이 제작한 현등사 청동지장보살좌상의 양식적 특징, 즉 신체에 비해 얼굴이 약간 크고 동그란 얼굴에 눈꼬리가 약간 위로 올라가 반쯤 뜬 눈, 삼각형의 코, 살짝 미소를 머금은 입 등과 크게 다르지 않았을 것이다.[105]

불상과 함께 조성된 불화 역시 당대 최고의 화원과 화승들이 참여하여 제작하였다. 「본사제반서화조작등제인방함」에는 대웅전 보탑(寶榻) 뒤에 봉안한 후불탱화는 김홍도(金弘道), 삼장탱화는 민관(旻官), 하단탱화는 상겸(尙謙), 칠성각의 칠성여래사방칠성탱화는 경옥·연홍·설훈 등이 제작했다고 기록하고 있어, 창건 당시에 후불탱화와 삼장탱화, 칠성탱화, 하단탱화 등이 함

---

104 설훈은 1790년 용주사 불사 때 화승으로는 유일하게 당호를 밝히고 있어 당시 설훈의 명성이 매우 높았음을 알 수 있다. 강영철, 「18세기말-19세기초 경기지역 수화승 고찰」, 『동악미술사학』 3(동악미술사학회, 2002), 240쪽.

105 최학, 「조선후기 화승 관허당 설훈 연구」, 『강좌 미술사』 39(한국불교미술사학회, 2012), 189-211쪽.

께 제작되었음을 확인할 수 있다.[106] 그러나 황덕순(黃德諄)[107]이 1790년(정조 14) 10월 초 용주사를 준공한 후 기록한 「원문」에는 창건 당시에 불화는 민관과 상겸, 성윤(性允) 등 25명의 화승들이 그렸다고 기록되어 있으며, 「수원지령등록(水原旨令謄錄)」에는 도화서 화원인 김홍도와 김득신(金得臣), 이명기(李命基)가 창건 당시 불화를 감동(監董)했다고 기록되어 있어 각각의 기록이 다소 상이하다. 그런데 이 4점의 불화 가운데 대웅전 후불탱화인 삼세불도와 칠성도는 서양식 화풍이 강하게 사용된 반면, 감로도와 삼장보살도는 전통 양식을 따르고 있어 흥미롭다.

용주사 대웅전에 후불탱으로 봉안된 삼세불도(도 51)는 세로 417.7cm, 가로 348cm의 거대한 비단에 그려졌다. 상단 중앙에는 삼세불인 석가모니불과 아미타불, 약사불을 중심으로 타방불과 10대 제자 중 8명, 용왕과 용녀, 사천왕 2구 등을 배치하였으며, 하단에는 아난존자와 가섭존자, 문수보살과 보현보살을 비롯한 8보살과 범천, 제석천, 사천왕 2구, 10대 제자 등을 배치하였다. 거대한 화면에는 인물이 가득 배치되어 하단 일부를 제외하고는 여백이 거의 없는데, 인물들은 위로 올라갈수록 작게 그려져 보는 이의 시선을 화면 상단으로 향하게 한다. 이 불화에서 가장 주목되는 점은 모든 인물의 얼굴과 손, 옷자락 등에 표현된 강렬한 서양화법이다. 이와 같은 기법은 용주사 칠성도에서도 볼 수 있는데, 공교롭게도 두 작품 모두 화기가 남아 있지 않아서 제작 연대와 화원 등에 대해 여러 학설이 제기되고 있다.[108] 앞에

---

106 하단탱화(감로도)는 도난당해 현재 사찰에 소장되어 있지 않다.
107 1790년명 용주사 중종의 명문에는 황덕순이 정3品 通政大夫라고 기록되어 있다.
108 용주사 불화를 둘러싼 여러 가지 학설과 기록은 강관식, 「용주사 후불탱과 조선후기 궁중회화—대웅보전 삼세여래체탱의 작가와 시기, 양식 해석의 재검토」, 『미술사학보』 31(미술사학연구회, 2008), 6-10쪽 참조. 대웅전 삼세불도에 대해서는 그동안 김홍도 제작설을 비롯하여 민관, 상겸 등 제작설, 19세기 말-20세기 초 제작설, 20세기 초에 원작에 개채를 가했다는 설 등 다양한 학설들이 제기되었는데, 강관식은 윗글에서 최근 X선 형광분석기와 적외선 등을 활용한 과학적 실측조사를 통해 이불화가 용주사 창건 당시 김홍도 등의 도화서 화원과 화승들이 공동으로 제작하였을 것으로 추정하였다.

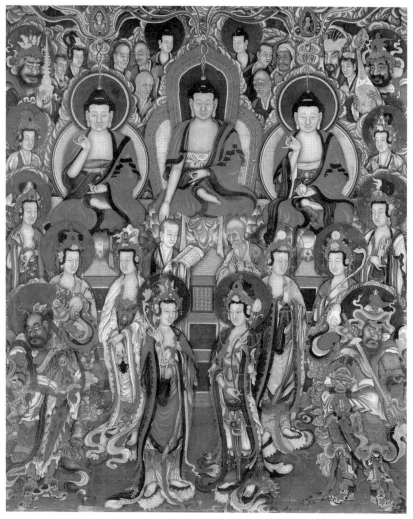

도51　용주사 대웅전 삼세불도, 1790년, 견본채색, 417.7×348cm, 경기 화성 용주사 소장.

서 언급했듯이 이 작품에 대해서는 김홍도 등 도화서 화원이 직접 그렸다는
기록과 김홍도는 감동만 했다는 기록 등이 전하고 있어 실제 김홍도 등이 그
린 것인지는 알 수 없다. 하지만 전통 불화에 보이는 음영법과 달리 서양식

명암법을 적용하여 입체감을 표현한 독특한 기법을 비롯하여 인물과 광배의 주변에 그림자를 표현한 기법, 흰색으로 덧칠한 기법, 백색에 갈색으로 가장자리를 강조한 구름의 표현 등은 19세기 말-20세기 초의 불화에서 널리 사용된 기법 가운데 하나로, 주로 서울·경기 지역에서 활동한 화승들의 작품에서 많이 볼 수 있다. 한편, 대웅전 후불탱화의 화면 하단 중앙에는 "주상전하수만세(主上殿下壽萬歲)," "왕비전하수만세(王妃殿下壽萬歲)," "세자저하수만세(世子邸下壽萬歲)" 등 축원문이 기록되어 있어 왕실과의 관계를 볼 수 있다.[109]

반면, 1790년(정조 14)에 제작된 삼장보살도(도 52)는 황덕순과 윤흥신(尹興莘) 등이 왕명을 받들어 감역(監役)한 것으로,[110] 수화승 민관과 돈평(頓平)·각인(覺仁)·처성(處性)·의윤(義允)·재명(再明)·영탄(英坦)·세영(世英)이 함께 그렸다. 세로 188cm, 가로 324cm의 가로로 긴 화폭에는 삼장보살과 33명의 권속들이 빽빽하게 배치되어 있다. 천장보살과 지지보살, 지장보살은 하나의 대좌 위에 결가부좌하였는데, 천장보살은 범천·제석천·천녀·주산신·주조신·도량신·가람신·천동·천녀 등 천부의 신, 지지보살은 용왕·염라대왕·사천왕·호계대신·복덕대신·아수라왕·건달바왕 등 호법신, 지장보살은 도명존자·무독귀왕·시왕 등이 둘러싸고 있다. 이러한 구성은 각총과 설훈 등이 함께 제작한 1758년(영조 34)의 신륵사 삼장보살도의 구도와 유사하여 당시 경기 지역 삼장보살도의 특징을 잘 반영하고 있다. 협시들을 일렬로 배열하여 변화가 없는 일률적인 구도라든가 세장한 인물, 밝은 다홍색 계열의

---

109 강관식은 삼세불도의 축원문은 처음에 세 줄로 크게 썼다가 붉은 주사를 칠해서 지운 뒤 주상전하수만세와 왕비전하수만세 사이에 慈宮邸下壽萬歲를 새로 써 넣었으며, 여기서 자궁은 정조의 어머니인 혜경궁 홍씨를 지칭하는 말이기 때문에 자궁 저하라는 존호를 추가로 써 넣은 사실은 이 작품이 결코 20세기 초에 다시 그려진 것으로 볼 수 없는 가장 결정적인 증거라고 주장하였다. 강관식, 앞 논문, 11쪽.

110 「원문」에 황덕순은 前 司謁, 윤흥신은 龍洞宮 小次知, 1790년에 조성된 용주사 중종의 명문에는 황덕순과 윤흥신 모두 정3품의 通政大夫라고 기록되어 있어, 이 두 사람 모두 정조의 명을 받들어 용주사 불사를 감독한 주요 인물임을 알 수 있다.

용주사 삼장보살도, 1790년, 견본채색, 188×324㎝, 경기 화성 용주사 소장.

채색 등은 18세기 말의 불화 양식을 잘 보여 주는데, 일부 인물들은 얼굴에 비하여 신체가 유난히 짧아 우스꽝스러워 보인다. 그렇지만 삼장보살과 보살 등의 옷에 시문된 화려한 문양과 금니의 사용 등에서 왕실 발원 불화의 특징도 엿볼 수 있다.

용주사 감로도(도 53)는 화면이 크게 세 부분으로 나뉘어 상단에는 7여래와 인로왕보살(引路王菩薩), 천녀, 가마 등이 묘사되었으며 중단에는 제단과 아귀, 하단에는 지옥 및 현세 생활상이 배치되었다. 상단 중앙에 나란히 서 있는 7여래는 다보여래(多寶如來)·보승여래(寶勝如來)·묘색신여래(妙色身如來)·광박신여래(廣博身如來)·이포외여래(離怖畏如來)·감로왕여래(甘露王如來)·아미타여래(阿彌陀如來)이다. 이들은 고혼(孤魂)으로 하여금 두려움을 벗어나 열반락(涅槃樂)을 얻게 하고 인후(咽喉)가 잘 개통되게 하여 감로미(甘露味)를 맛보게 하며, 극락세계에 왕생케 한다고 한다. 7여래는 모두 세 그룹으로 나뉘어 중앙에 독존으로 묘사된 여래를 중심으로 좌우에 각각 3구씩 배치되어 있는데, 가운데 여래는 정면을 향해 두 손을 맞잡고 있으며 좌우의 6여래는 중앙

도53 용주사 감로도, 1790년, 견본채색, 156×313㎝, 경기 화성 용주사 소장.

의 여래를 향해 합장하고 있다. 7여래의 좌우로는 관음보살과 지장보살 및 인로왕보살이 묘사되어 있다. 관음보살과 지장보살은 구름을 타고 내려오며, 인로왕보살은 몸을 비틀어 번(幡)을 들고 있는데, 이들 옆으로 영혼들을 극락으로 인도하는 화려한 모습의 가마가 보인다. 하단은 좌우에 청록산수 형식의 커다란 나무가 두 그루 서 있어 화면이 3분되었다. 중앙에는 시식대(施食臺) 위에 성반(盛飯)이 가득 차려져 있고, 제단 오른쪽으로는 한 무리의 승려들이 법고(法鼓)와 바라, 요령 등을 들고 제단을 향해 서서 시식의례(施食儀禮)를 행하는 모습, 상주, 화염광배를 두르고 한쪽 무릎을 꿇고 앉아 있는 아귀(餓鬼)가 묘사되어 있다. 중단의 향좌측에는 지옥문에서 망자들이 떼 지어 나오는 장면과 지장보살이 이를 지켜보는 장면, 줄타기 장면, 전쟁 장면을 비롯한 지옥의 모습, 서로 헐뜯고 싸우는 장면, 호랑이에게 물려 죽는 장면 등 다양한 육도(六道)의 여러 모습이 좌우로 균형 있게 배치되어 있다.

이 작품은 효심이 깊었던 정조가 사도세자를 위해 용주사를 창건하면서 아버지의 극락왕생을 기원하는 마음으로 제작도록 했다고 한다. 「본사제반서화조작등제인방함」에는 상겸이 하단탱화, 즉 감로도를 제작했다고 기록되어 있는데, 상겸은 18세기 후반 경상도 일대와 충청 지역을 중심으로 활동하면서 신겸(信謙), 의겸(義謙)과 함께 당대를 풍미하던 화승이었다. 「원문」에 의하면 그는 민관 등 25인의 화사와 함께 대웅전 삼불회도를 그렸다고 되어 있어, 감로도뿐 아니라 대웅전 후불탱 제작에도 관여했음을 알 수 있다. 그러나 앞에서도 살펴보았듯이 현존하는 대웅전 삼세불도는 상겸의 작품인 용주사 감로도(1790), 삼장보살도(1790)와는 양식상 차이를 보이고 있어 그가 용주사 건립 시 25명의 화승들과 함께 그린 그림과는 다른 작품으로 추정된다. 상겸은 이 외에도 향천사 지장보살도(1782), 황령사 아미타회상도와 신중도(1786), 남장사 괘불도(1788) 등을 그렸으며, 1780년(정조 4)에는 봉선사 대웅전 불상 중수개금불사에도 참여하였다. 그의 화풍은 세장한 신체에 갸름한 얼굴이 특징적이며, 용주사 감로도에서 볼 수 있듯이 불화 속에 일반 산수화의 요소를 적극적으로 끌어들여 활용한 점이 돋보인다. 화기에는 금어(金魚) 상겸 등 11명의 화원이 제작했다고 적혀 있다.

'용주사 숭정명(崇禎銘) 종'이라고 불리는 용주사 중종(도 54)은 총 높이 86.8㎝의 중형 범종으로, 1790년(정조 14)에 주종장 윤덕칭(尹德稱)과 윤덕흥(尹德興), 윤계원(尹啓元) 등 3인이 주성하였다.[111] 이 범종은 전통적인 범종의 양식에 중국 종의 양식이 혼합된 조선 후기 전형적인 범종 양식을 보여 준다. 천판에는 두 마리의 용이 몸을 바짝 들고 여의주를 물고 있는 용뉴와 입상 화문대(立狀花文帶)가 돌려져 있다. 종신은 바깥쪽으로 벌어졌는데, 상대는 상하단으로 구분하여 상단에는 연화당초문, 하단에는 여의두문을 돌렸으며 그 아래에 원형의 범자문을 17개 배치하였다. 상대 아래에는 4개의 연곽과 보살입상, 원패(願牌)를 교대로 배치하였으며, 연곽 안에는 각각 9개의 연뢰를 배치하였다. 원패 안에는 "주상전하수만세(主上殿下壽萬歲)," "왕비전하수만

---

111 이 종은 경기도 유형문화재 제226호로 지정되었으며, 대웅전의 범종으로 오랫동안 사용되어 오다가 균열이 생겨 현재는 용주사 효행박물관에 보관하고 있다.

세(王妃殿下壽萬歲), "자궁저하수만세
(慈宮邸下壽萬歲)," "원자저하수만세(元
子邸下壽萬歲)" 등의 명문이 새겨져 있
어, 정조와 효의왕후(孝懿王后, 1754-
1821), 혜경궁 홍씨, 원자(훗날 순조) 등
왕실 인물들을 위해 조성한 것임을
알 수 있다. 하대는 아래쪽에 붙어
있으며, 상대와 동일한 연화당초문
이 새겨져 있다. 범종의 중간 부분
에는 명문이 새겨져 있는데, "화산
용주사 중종으로 320근이며, 숭정
163년(1790) 경술년 가을에 만들었
다"라는 내용과 함께 전라도 장흥의
편수(片手)인 윤덕칭과 윤덕홍, 윤계
원[112]의 이름이 새겨져 있다.[113]

도 54   용주사 중종, 1790년, 높이 86.8cm, 경
기 화성 용주사 소장.

용주사 소장 목조불패(木造佛牌, 도 55)와 목조소대(木造疏臺, 도 56)도 창건 시
함께 제작된 것으로 추정된다. 목패는 사찰 전각 내부의 불단 위에 봉안하
여 왕실 축원용이나 불교의례용으로 쓰인다. 상단부의 패두(牌頭), 중단부의
패신(牌身)과 패좌(牌座), 하단부의 대좌로 구분되며, 보통 비신에는 불상의 존
명이나 축원의 내용이 적혀 있으나 용주사 불패는 비신 부분의 내용이 떨어
져 나가 남아 있지 않다. 앙련과 복련의 대좌 위에는 운봉문이 조각되어 화
려함을 더한다. 또 소대는 사각형의 받침대 위에 세로로 길게 뻗어 세 글자
가 새겨진 장방형의 목조 통 형식으로, 안정된 형태라든가 장방형의 통과 그

112 이들은 18세기 전라도에서 활동했던 윤상백, 윤종백 등 윤씨 일가로 추정하고 있다.
113 김수현, 「조선 후기 범종과 주종장 연구」(홍익대학교 석사학위논문, 2011), 78쪽.

도 55　용주사 목조불패, 1790년경, 높이 103.2cm,
너비 56.8cm, 경기 화성 용주사 소장.

도 56　용주사 목조소대, 1790년경, 높이 97.5cm,
너비 34.2cm, 경기 화성 용주사 소장.

주변을 장식한 세부 문양이 뛰어나 용주사 창건과 함께 제작된 것으로 추정
된다.

　경기도 광주 봉선사에 전해 오는 괘불도(도 57)는 1735년(영조 11)에 상궁 이
성애(李性愛)가 영빈 김씨(寧嬪 金氏, 1669-1735)의 명복을 빌며 제작한 것이다.[114]
비빈이 아닌 상궁이 발원한 것이기는 하지만 맑은 담채의 황색과 청색, 양록
색, 녹색, 하늘색 등 밝고 화사한 색과 굵고 대담하며 능숙한 묵선으로 묘사
된 인물들의 움직임과 옷자락의 자연스러운 주름 표현, 힘찬 동세 등이 서
로 잘 어우러져 왕실 발원 불화의 높은 수준을 보여 준다. 이 괘불도는 비로
자나불·석가모니불·노사나불이 주축이 되어 그려진 삼신불(三身佛) 형식으
로, 최대 세로 144.4cm, 가로 95cm의 종이를 각각 세로 폭에 6매씩, 가로 폭에
5매씩 총 30매를 이어 붙여 제작하였다. 전체적으로 크게 상하 2단 구도로

114　봉선사 괘불에 대해서는 고승희, 「남양주 봉선사 삼신불괘불도 도상 연구」, 『강좌 미술사』 38(한국불
　　교미술사학회, 2012), 309-320쪽 참조.

　　　제4장　조선 후기: 원당(願堂) 건립의 성행과 왕실 불사

나뉘어 있으며, 화면 상단에 화염광배 안으로 법신 비로자나불과 좌우로 보신 노사나불, 화신 석가모니불이 전 화면에 꽉 차게 그려져 있다. 본존인 비로자나불은 한 발 뒤에 서 있고, 좌우 노사나불과 석가불이 한 발 앞에 서 있어서 두 불상이 본존의 좌우 어깨를 가리고 있다. 비로자나불은 지권인을 결하고 있고, 왼쪽으로는 보관을 쓴 장엄형의 노사나불이 양손을 어깨까지 올려 설법인을 취하고 있으며, 오른쪽에는 석가모니불이 왼손을 가슴까지 올리고 오른손을 배 부근에 대어 설법인을 결하고 있다. 화면 하단에는 6보살과 제석·범

도 57 봉선사 괘불도, 1735년, 지본채색, 78.5×45.8㎝, 경기 광주 봉선사 소장.

천, 10대 제자, 천인, 설법을 경청하는 대중들이 V 자형으로 배치되었다. 하단 좌우로는 보살 3구가 삼각형 구도로 배치되었으며, 10대 제자와 제석·범천이 보살들을 감싸고 있다. 하단의 중앙부에는 각종 악기를 연주하고 있는 천인들과 설법을 경청하는 인물들이 배치되었는데, 유려한 필치의 무동(舞童)과 주악천인의 모습은 마치 한 폭의 풍속화를 보는 듯하다.

이 괘불도는 전체적으로 보면 삼신불과 권속들을 함께 그렸지만 언뜻 보면 삼신불 중심의 구도로 연상될 만큼 화면 상단의 삼신불을 큼직하게 배치하였다. 이러한 삼신불 중심의 구성은 봉선사 괘불도를 비롯하여 학림사 괘불도(1774년 중수), 원통암 괘불도(1806) 등 18세기 중후반 서울·경기 지역의 삼신불 괘불도에서 볼 수 있다. 특히 여기에서 비로자나불과 석가모니불은 여래형으로, 노사나불은 보관을 쓴 장엄형으로 묘사한 것은 학림사 괘불

도와 동일한데, 봉선사 괘불도에 도화원(都畵員)인 각총에 이어 두 번째로 이름이 올라 있는 칠혜(七惠)가 18세기 전반에 학림사 괘불도를 조성하였으며, 1774년(영조 50) 학림사 괘불도의 중수화원인 처징(處澄)이 1758년(영조 34)에 각총과 함께 신륵사 삼장보살도(1758)를 제작했던 것에서 두 작품 간의 도상적 유사성을 살펴볼 수 있다.

이 괘불도에서 발원 대상으로 언급된 영빈 김씨는 숙종의 후궁으로 청음(淸陰) 김상헌(金尙憲, 1570-1652)의 현손녀이자 김수증(金壽增, 1624-1701)의 손녀이며 성천부사(成川副使) 김창국(金昌國, 1644-1717)의 딸이다. 김씨는 숙종의 다른 후궁인 희빈 장씨나 숙빈 최씨 등과는 달리 명문가의 여식으로 정식 간택되어 입궁하였으며, 입궁 후 3개월 만인 1686년(숙종 12) 소의(昭儀)로 진봉되고, 같은 해 귀인(貴人)에 봉해졌다.[115] 그러나 1689년(숙종 15) 4월 왕의 동정을 염탐하여 궁중의 기밀을 친정에 알리고 이모부 홍치상(洪致祥)과 작당하여 희빈 장씨의 어머니와 조사석(趙師錫)에 대한 유언비어를 날조해 유포한 죄로 폐출되었다가 1694년(숙종 20) 인현왕후가 왕비로 복위하면서 귀인으로 복위하였다.[116] 1701년(숙종 27) 8월 인현왕후가 승하하고 이듬해 9월 인원왕후 김씨가 계비로 입궐하면서 정1품 영빈(寧嬪)에 봉해졌으며,[117] 1735년(영조 11)에 67세의 일기로 사망했다.[118] 따라서 이 불화는 영빈 김씨가 사망하던 해 그의 명복을 빌기 위해 제작되었으며, 발원자인 상궁 이성애는 영빈을 가까이에서 모시던 상궁이었을 것으로 추정된다.

---

115 『肅宗實錄』, 肅宗 12年 5月 27日 · 11月 5日條.
116 『肅宗實錄』, 肅宗 20年 4月 12日條.
117 『肅宗實錄』, 肅宗 28年 10月 18日條.
118 『英祖實錄』, 英祖 11年 1月 12日條.

제4장 조선 후기: 원당(願堂) 건립의 성행과 왕실 불사

조선 말기:
서울 인근 사찰의 왕실 불사

1 조선 말기의 왕실 불교

　1800년(정조 24) 6월 정조가 갑자기 서거하고 순조(재위 1800-1834)가 11세의 나이로 즉위하자 영조의 계비 정순왕후가 수렴청정을 하게 되면서 사도세자의 외할아버지 홍봉한(洪鳳漢, 1713-1778)과 정순왕후의 동생 김귀주(金龜柱)를 주축으로 한 노론 내부의 시파(時派)와 벽파(僻派) 사이의 대립이 전면에 부각되었고, 정국은 혼란의 도가니로 빠져들었다.

　1815년(순조 15) 순조는 "무녀와 비구니의 무리들이 종적을 숨기어 출몰하면서 대체로 꺼리는 바가 없어, 현혹시킴이 도성 안에 점점 불어나고 기도와 굿이 거의 사찰에 두루 퍼지므로 승니(僧尼)들이 성 안을 드나들지 못하도록 해 달라"라는 건의에 따라, 1782년(정조 6) 승려의 도성출입금령 이후 느슨해진 금령을 다시 시행하였다.[1] 이에 따라 한성부와 형조에서 도성의 비구니들을 철저히 수색하여 도성 밖으로 몰아내고, 금령을 어길 경우 가혹한 형벌을 받도록 하였다. 그러나 수렴청정을 시작한 대왕대비 정순왕후나 1803년부터 1804년까지 섭정을 맡은 김조순(金祖淳) 등 안동 김씨 일문은 불교에 대해 호의적이었다. 비록 승려의 도성출입금령이 시행되기는 했으나 여전히 왕실의 숭불과 호불로 인해 왕실 주변에 비구니의 왕래가 끊이지 않고 도성 내외에는 비구니 사찰이 창건되어 산사와 왕실 사이의 불사와 시주를 매개하는 역할을 했다.[2]

1　『純祖實錄』, 純祖 15年 1月 15日條.
2　정석종·박병선, 「朝鮮後期 佛教政策과 願堂(1)─尼僧의 存在樣相을 中心으로」, 『민족문화논총』 18·19(영남대학교 민족문화연구소, 1998), 223-255쪽.

이후 고종은 1872년(고종 9) 초파일에 등을 다는 의식을 금지하는 등 불교 행사를 혁파하였다.[3] 그러나 1879년(고종 16)에는 삼전(大殿·坤殿·東宮)의 안녕과 탄신을 위하여 금강산 건봉사를 원당으로 정하여 승려들의 일체 잡역을 혁파하고,[4] 1885년(고종 22) 4月에는 일본 니치렌슈(日蓮宗)의 승려 사노(佐野)의 요구를 받아들여 승려들의 입성금지령을 해제하는 등의 불교정책을 시행하였다.[5] 뒤늦게서야 배불정책을 지양하고 관리서를 두어 국가적인 관리를 꾀하였고, 대법산(大法山), 중법산(中法山) 제도를 실시하여 전국의 사찰을 관리하였다. 고종은 1898년(고종 35)에 또다시 성안의 승려를 축출하는 명을 내려 승니의 입성을 금하였으나 이것은 실행되지 않고 해제되었다. 1899년(고종 36)에는 동대문 밖에 원흥사(元興寺)를 세워 국내 수사찰(首寺刹)로 삼고, 13도에 각각 1개의 수사(首寺)를 두어 사찰의 사무를 총괄하게 하였다. 1900년(고종 37)에는 고종에 의해 수국사가 중창되었으며, 순헌황귀비 엄씨·흥선대원군·상궁에 의한 불사도 활발하게 이루어졌다.[6] 또 불교계에서도 전국 사찰의 통합을 위한 움직임이 일어나서 1908년(순종 1) 3月에는 전국 승려 대표자 52인이 원흥사에 모여 그동안 종명마저 없어져 버린 한국 불교를 개탄하고 원종(圓宗)이라고 종명을 정했다.

조선 말기의 불교계에서 특히 주목되는 점은 용암(龍岩) 혜수(慧修) 이후 고성염불(高聲念佛)을 일과로 삼는 미타신앙(彌陀信仰)의 풍조가 널리 유행한 점이다. 미타신앙은 불교의 전래 때부터 있어 왔으며 줄곧 가장 중심적인 불교신앙으로 자리 잡았지만 조선 후기 이후 특히 성행하였다. 많은 사찰에

3　『高宗實錄』, 高宗 9年 3月 20日條.
4　한용운,『乾鳳寺及乾鳳寺末寺史蹟』(新丘文化史, 1980).
5　한상길,「한국 근대불교의 형성과 일본, 일본불교」,『한국사상과 문화』46(한국사상문화학회, 2009), 16쪽.
6　고종대의 불사 후원에 대해서는 백승경,「조선후기 용주사 및 인근 왕실원찰의 불화연구」(부산대학교 석사학위논문, 2005), 17-18쪽의 〈표 2〉 '용주사 및 인근 왕실원찰 주요 시주자' 참고.

는 염불당(念佛堂)이 있어서 만일회(萬日會)를 설하고 아미타불을 칭념하며 정토왕생(淨土往生)을 희구하는 염불의 모임을 베풀었다.[7] 그중에서도 건봉사와 망월사의 만일회가 유명하였는데, 특히 건봉사 만일회는 순조대의 용허(聳虛), 철종대의 벽오(碧悟), 고종대의 만화(萬化) 등이 3회에 걸쳐 대법회를 가졌다.[8] 이처럼 조선 후기와 말기에 불교계에서는 한편으로는 선수(禪修)하거나 간경강학(看經講學)하며, 한편으로는 염불로 정토업(淨土業)을 닦거나 진언(眞言)을 외는 풍조가 유행하였다. 조선 말기의 이와 같은 경향은 왕실의 후원으로 제작된 불화가 대부분 아미타정토신앙과 관련되었다는 점과도 일치한다. 그런데 참선과 염불을 하는 승려들은 수좌(首座), 강경승(講經僧)은 강사(講師)라 하여 시끄러움을 피하여 산속의 절로 갔으며, 사원에는 자연히 제반 업무를 담당하는 승려층이 생겨나게 되었다. 즉 수도하는 승려인 이판승(理判僧)과 사무(寺務)를 맡아 보는 승려인 사판승(事判僧)의 두 가지 유형이 생겨나게 되었으며, 결국 조선 말기의 불교계는 이판승에 의하여 학문의 명맥을 잇고 사판승에 의해 사원의 황폐를 방지하였다고 볼 수 있다.

7 　김영태·우정상, 『韓國佛敎史』(진수당, 1969), 128-129쪽; 김미경, 「19세기 만일염불회의 성행과 운문사 불화」, 『불교미술사학』 5(불교미술사학회, 2007), 375-395쪽.
8 　김정희, 「조선 말기의 정토신앙과 아미타계 괘불화」, 『강좌 미술사』 33(한국불교미술사학회, 2009), 143-170쪽; 이종수, 「19세기 건봉사 만일회와 불교사적 의미」, 『동국사학』 49(동국사학회, 2010), 293-319쪽.

2   왕·비빈의 불사와 불교미술

조선 말기에 들어서도 왕실의 불사는 계속 이어졌다.[9] 정조의 뒤를 이어
보위에 오른 순조는 정조의 칙명으로 중수한 남양주 흥국사가 화재를 당하
자 1821년(순조 21)에 이를 중건하라는 명을 내렸다.[10] 1825년(순조 25)에는 인
봉화상(仁峯和尙)에게 내탕금을 하사하여 자신의 탄생과 밀접한 관련이 있는
수락산 내원암(內院庵)에 지족루(知足樓)를 새로 짓게 하고,[11] 1831년(순조 31)에
도 내탕금을 내려 사우(寺宇)를 중건하게 하였다.[12] 순조뿐 아니라 순원왕후
(純元王后, 1789-1857) 역시 불사에 적극적이었다. 왕후는 69세로 생을 마감하
기 전까지 활발하게 불사를 행하였는데, 특히 건봉사의 최대 중흥주로 손꼽
힐 만큼 건봉사에 대한 후원을 아끼지 않았다.[13] 1800년(순조 즉위년)에는 여흥
민씨와 함께 여주 신륵사 중수를 후원하였고,[14] 1830년(순조 30)에는 남양주
흥국사의 만세루를 중건하였다.[15] 1831년(순조 31)에는 순조의 탄생을 발원
한 양주 내원암 중수에 내탕금을 하사했으며,[16] 1858년(철종 9)에는 내탕전(內
帑錢)을 회사하여 신륵사의 불전과 종루 등을 중수하는 등 주로 경기 지역을

---

9   이하 조선 말기 왕실의 불사에 대해서는 김정희, 「조선말기 왕실발원 불사와 수국사 불화」, 『강좌 미
    술사』 30(한국불교미술사학회, 2008), 175-207쪽 참조.

10   『興國寺事蹟』.

11   暎虛善影, 「新建知足樓記」, "漢之東 楊治之三十里 有水落山 山上有彌勒峯 峯西有內院庵 庵之右 又有龍
    華殿 … 歲甲申夏 以帑命財 使補本庵 雖未有建樓之旨 惟我仁峰和尙 出計伐木而中置 越明年乙酉春 覆
    寶焉."

12   『畿內寺院誌』(경기도, 1988), 208-209쪽.

13   『金剛山乾鳳寺事蹟』(1882), 『乾鳳寺誌』 참조.

14   「神勒寺重修記」.

15   「興國寺萬歲樓房重建記功文」.

16   「內院庵重建記」.

중심으로 불사를 행하였다. 순원왕후의 이와 같은 열성적인 불사는 1830년 (순조 30)에 효명세자(孝明世子, 1809-1830)가 갑자기 사망하고, 4년 뒤 순조마저 승하하자 불심으로 이를 극복하고자 했던 것이 아닌가 생각된다.

효명세자(익종 추존)의 비 신정왕후(神貞王后, 1808-1890)는 1830년(순조 30)에 효명세자가 사망하고 1849년(헌종 15)에 아들인 헌종마저 승하하고, 1857년 (철종 8) 순조비 순원왕후가 별세하자 대왕대비가 되었는데, 83세로 생을 마감하기까지 오랜 세월 동안 왕실의 최고 어른으로서 19세기 비빈 가운데 가장 활발하게 불사를 행하였다. 그는 1856년(철종 7) 봉은사 화엄판전(華嚴板殿) 건립에 시주로 참여한 것을 시작으로[17] 용궁사·파주 보광사·홍천사·화계사·남양주 흥국사·양평 용문사·서울 옥수동 미타사 등을 중창하거나 전각을 건립하는 데 참여하였다. 신정왕후는 특히 삼각산 화계사의 불사에 적극적으로 동참하였는데, 1870-1883년에 대웅전·산신각·명부전 중건과 명부전 불량답(佛糧畓)·관음전 불량계(佛糧契) 시주 등에 두루 참여하였다.[18] 1874년(고종 11) 말에는 궁중으로부터 관음수상(觀音繡像)을 이운하여 화계사에 봉안하였다.[19] 이 자수상은 1874년(고종 11) 2월 8일에 탄생한 순종의 수명장수를 위해 명성왕후·조대비·왕대비 등의 발원으로 궁녀들이 수를 놓아 조성한 것이다.[20]

헌종은 1830년(순조 30)에 효명세자가 세상을 떠나자 동궁에 책봉되어 왕

17 「奉恩寺奉祝施錄」.
18 신정왕후 조씨의 화계사 불사에 대해서는 유근자, 「화계사 불교미술의 성격과 시주자」, 『한국불교사연구』 4(한국불교사연구소, 2014), 240-289쪽 참조.
19 『華溪寺略誌』(1938)에는 고종 12년(1875) 을해년에 觀音繡像을 궁중으로부터 이운하고 다음 해(1876) 경자년에 화주 草庵和尙이 관음전을 중창하고 단청을 했다고 하였으며, 同書 「華溪寺觀音殿重刱丹雘記」(1876)에는 靑猿, 즉 갑신년(1874, 고종 11) 겨울에 궁궐로부터 관음탱화를 옮겨 와 옛 법당에 봉안하고 朱鼠, 즉 병자년(1876)에 명부전을 중창하고 단청을 했다고 하여, 관음수상의 조성 시기 및 이운 시기에 다소 차이가 있다. 이 두 가지 기록을 볼 때 관음수상의 이안 시기는 1874년 말에서 1875년 초경으로 추정된다.
20 「華溪寺觀音殿重刱丹雘記」, 『華溪寺略誌』(1938) 및 이철교 편, 「서울 및 近郊 寺刹誌 奉恩本末寺誌, 제3편─三角山의 사찰」, 『多寶』 12(대한불교진흥원, 1994), 6쪽.

위 계승자가 되었고, 1834년(헌종 즉위년)에 순조가 승하하자 8세의 나이로 즉위하였다. 순조가 재위하는 동안 1834년부터 1841년(헌종 7)까지는 할머니 순원왕후가 섭정을 하였고, 1841년부터 1849년(헌종 15)에 붕어할 때까지 친정을 하여서인지 그의 불사에 대해서는 별로 밝혀진 바가 없다. 그러나 헌종의 계비인 효정왕후(孝定王后, 1831-1903)는 왕비에 간택된 지 5년 만인 1849년(헌종 15)에 헌종이 승하하고 양아들인 철종이 즉위하자 19세의 나이로 대비가 되는 등 젊은 나이에 여러 가지 어려운 일을 겪게 되면서 시어머니인 신정왕후, 헌종의 후궁인 경빈 김씨 등과 함께 각종 불사에 동참하였다. 그녀 역시 주로 서울·경기 지역을 중심으로 불사를 행했는데, 신정왕후와 함께 봉은사 화엄판전 건립 및 용궁사 중창, 화계사 관음전 불량(佛糧)[21] 헌납, 화계사 산신각 건립 등에 참여하였다. 헌종의 후궁 순화궁 김씨 또한 1886년(고종 33)에 여러 상궁들과 함께 봉은사 괘불도 조성에 참여하였다.

철종과 철인왕후(哲仁王后, 1837-1878), 대왕대비 김씨(순원왕후), 왕대비 조씨(신정왕후), 대비 홍씨(효정왕후)는 1856년(철종 7) 선종의 수사찰인 봉은사 화엄판전 건립 시 시주자로 참여하였다. 화은 호경(華隱 護敬)이 지은 「경기좌도광주수도산봉은사화엄판전신건기(京畿左道廣州修道山奉恩寺華嚴板殿新建記)」에는 당시의 상황에 대해

마침 남호 영기(南湖 永奇) 율사가 있어 이 경전을 중간(重刊)하여 후세에 길이 전하고자 서원하고 인허(印虛) 성유(性維)·제월(霽月) 보성(寶性)·쌍월(雙月) 성활(性濶) 등 개사(開士)들과 여러 번 상의 끝에 광주 봉은사에 모여서 혹은 모연(募緣)으로 행화(行化)하기도 하고, 혹은 물정을 살피고 일을 주선하여 장인들을 초청해서 판각을 부탁했다. 궁내에서는 탕재(帑財)를 내놓아 대시주가

---

21 佛糧은 사찰의 佛供에 쓰이는 곡식을 말한다.

되었고, 중신들은 봉록(俸祿)을 덜어 외호(外護)가 되어서 사중(四衆)이 분주하게 복역하고 천하가 바쁘게 영도(影從)하여 을묘년(1855) 가을에 시작한 불사를 다음 해 병진년(1856) 가을에 준공하였다.

라고 왕실에서 경전의 인출과 판전의 건립에 내탕금을 하사하여 대시주로 참여하였음을 자세히 기록하였다. 또한 판전 내부에 걸려 있는 「봉축시록(奉祝施錄)」 현판에도 철종과 왕비 김씨(철인왕후)가 각각 전문(錢文) 500금, 대왕대비 김씨(순원왕후)가 전문 500금, 왕대비 조씨(신정왕후)가 전문 300금, 대비 홍씨(효정황후)가 전문 200금을 시주했다고 적혀 있다.[22] 또 1858년(철종 9)에는 헌종의 할머니이며 익종의 어머니인 순원왕후가 왕실의 내탕금으로 신륵사의 불전과 종루 등을 중수하였다.

고종대는 왕실의 불사가 가장 활발하게 일어났던 시기였다. 먼저 고종을 대신하여 1864년(고종 1)부터 1873년(고종 10)까지 섭정했던 흥선대원군(興宣大院君) 이하응(李昰應, 1820-1898)은 아들이 보위에 오른 공덕을 기리기 위해 서울 인근의 여러 절에 불사를 일으켰다.[23] 그는 1864년(고종 1)에 파주 보광사의 중창 불사를 지원하였고, 같은 해 구담사(瞿曇寺)의 옛터에 절을 옮겨 지으면서 이름을 용궁사로 고치고 편액을 하사하였는데, 당시 이 불사에는 대왕대비 조씨(신정왕후), 왕대비 홍씨(효정왕후), 헌종의 후궁 경빈 김씨, 천진화(天眞華)라는 불명을 지닌 상궁 김씨가 인권시주(引勸施主)로 참여하였다.[24] 또 이 무렵 화계사는 왕실 여인들의 불사가 끊이지 않아 '궁(宮)절'이라고 불렸는데, 실제로 1877년(고종 14) 화계사 산신각 건립에 대왕대비·왕대비·경빈

22 「奉祝施錄」(1856).
23 이정주, 「흥선대원군 이하응(1820-1898)의 불교후원과 그 정치적 의미」, 『역사와 담론』 73(호서사학회, 2015), 285-316쪽.
24 「龍宮寺誌」, 『傳燈本末寺誌』, 121쪽.

이 상궁 15인과 함께 시주하기도 했다.[25] 1879년(고종 16)에는 고종과 명성황후를 비롯하여 세자·조대비·홍대비·대원군·이최응·민겸호 등이 효종의 원당이 된 이래 왕실의 부단한 지원을 받아 왔던 건봉사를 일시에 중건하였다. 1881년(고종 18)에 숙종과 정조의 어필이 보존되어 온 귀주사는 왕이 내려 준 내탕전 3500민(緡)과 공명첩 500장, 백목과 지속(紙束) 910냥어치 등으로 300여 칸의 당우를 중건하였는데 여기에 들어간 역전(役錢)이 2만 8900금이었다고 한다.[26] 홍선대원군은 1886년(고종 23)에 선조의 사친 덕흥대원군(德興大院君) 가문의 원찰이던 화계사의 중건 불사를 지원하였으며, 30여 명의 석수와 100여 명의 목공을 동원하여 수개월 만에 대웅전을 이루어 내고 직접 화계사 등 여러 현판을 쓰기도 하였다.[27]

홍선대원군뿐 아니라 고종 또한 불사에 적극적이었다. 고종은 1875년(고종 12) 순종의 왕세자 책봉을 기념하며 평안도 묘향산에 축성전(祝聖殿)을 건립하였고,[28] 1879년(고종 16)에는 진관사의 33칸을 중건하였으며,[29] 1895년(고종 32)에는 상궁 엄씨와 강씨에게 명하여 명성황후의 천도를 위해 불암사 괘불도를 조성케 하였다.[30] 1900년(고종 37)에는 숙종과 인현왕후, 인원왕후의 능인 명릉(明陵)의 능침사찰이었던 경기 고양 수국사를 황실의 원당으로 지정하면서 대대적인 불사를 행하여 실질적인 중창주가 되었다.[31] 병에 걸린

---

25 「華溪寺山神閣建記」, 『화계사 실측조사보고서』(서울특별시, 1988), 54쪽.
26 金炳地, 「歸州寺重建紀蹟碑銘」(朝鮮總督府, 『朝鮮金石總覽』下, 아세아문화사, 1976), 1324쪽.
27 「三角山華溪寺重建記」; 정병삼, 「19세기의 佛敎界의 사상적 추구와 佛敎藝術의 변화」, 『한국사상과 문화』16(한국사상문화학회, 2002), 181쪽.
28 묘향산 축성전에서 간행된 『佛說長壽滅罪護童子陀羅尼經』序는 남희숙, 「조선후기 王室의 佛敎信仰과 佛書刊行─『佛說長壽滅罪護童子陀羅尼經』의 간행을 중심으로」, 『국사관논총』99(국사편찬위원회, 2002), 58쪽 참조.
29 이종익, 『津寬寺 緣起秘話』(진관사, 1978), 242쪽.
30 "… 大施主秩 奉命臣 尙宮甲寅生嚴氏 尙宮壬寅生姜氏 志心奉祝 大君主陛下 壬子生李氏 天體安寧聖壽萬歲 王太子殿下 甲戌生李氏王體安寧聖壽萬岑 王太妃殿下 壬申生閔氏實體恒安聖壽齊年 大院君閣下 庚辰生李氏保體 安康聖壽無彊 先皇后陛下 辛亥生閔氏仙駕往生蓮花世界上品上生之大願 …." 순헌황귀비의 불사에 대해서는 유경희, 「고종대 순헌황귀비 엄씨 발원 불화」, 『미술자료』86(국립중앙박물관, 2014), 111-136쪽 참조.

순종을 위하여 수국사에 있던 월초(月初) 거연(巨淵, 1858-1934)에게 100일 기도를 부탁한 지 80일 만에 순종이 회복되자 26만 8000냥을 하사하였고, 동시에 궁중의 목수 조천만을 파견하여 공사를 담당토록 하였다. 이와 같은 황실의 전폭적인 지원으로 이전에는 작은 암자에 불과했던 수국사는 황실 원당으로 지정되면서 6동 50칸의 규모로 증축되었다.[32] 또 고종은 순종에게 양위하기 불과 몇 달 전인 1907년(고종 44) 2월에는 왕실 차원에서 거금을 모아 수국사의 각 전각 불화 13점을 새롭게 조성하고, 더불어 불상 3구를 개금하였다. 또 1910년(순종 4)에는 순헌황귀비 엄씨, 순종, 순정효황후, 영친왕과 함께 진관사 칠성도 봉안에 시주로 참여하는 등[33] 많은 불사를 행하였다.

조선 말기 왕실 불사의 특징은 주로 서울과 경기도 주변의 사찰을 중심으로 이루어졌다는 사실이다. 이 시기의 왕실 불사 역시 불상·불화·범종·경전 간행 등 다양하지만 불화 불사가 압도적이다.[34] 그것은 불화 조성 불사가 제작 기간이 비교적 짧고 비용도 적게 들기 때문이다. 19세기에 들어와 칠장사·흥천사·봉은사·망월사·불암사·고양 흥국사·수국사·개운사·진관사·청룡사 등 서울·경기 지역 사찰을 중심으로 이루어진 왕실의 불사는 조선 말기 불교미술의 양적 성장뿐 아니라 질적 성장을 가져오는 데에도 크게 기여하였다. 특히 불화에서는 금박이나 금니와 같은 값비싼 안료를 많이 사용하였으며, 당시 궁중에서 애용하였던 민화 속에 등장하는 기물들이 그대로 반영되어 있는 등 왕실 취향의 불화 양식을 수립하였다.

흥천사 괘불도(도 58)는 순조와 순조비, 효명세자비인 빈궁[훗날 조대비(趙大

---

31 「守國寺誌」, 『奉先本末寺誌』, 210-217쪽; 김정희, 「조선말기 왕실발원 불사와 수국사 불화」, 175-207쪽.
32 「守國寺誌」, 『奉先本末寺誌』, 232-234쪽.
33 "… 大施主秩 乾命壬子生李氏 坤命甲寅生嚴氏 乾命甲戌生李氏保體 坤命甲午生尹氏 童子丁酉生李氏 …."
34 서울 인근의 사찰에서 80여 건에 달하는 왕실 관련 불화가 조성되었는데, 특히 고종대에 집중적으로 조성된 것이 특징이다.

妃)l, 효명세자의 아들인 세자(훗날 헌종) 등의 만수무강을 기원하며 정조의 딸인 숙선옹주(淑善翁主, 1793-1836)와 부마 영명도위(永明都尉) 홍현주, 순조의 장인 영안부원군 김조순, 순조의 장녀 명온공주(明溫公主, 1810-1832)와 부마 동녕도위(東寧都尉) 김현근, 셋째 딸 복온공주(福溫公主, 1818-1832)와 부마 창녕도위(昌寧都尉) 김병주, 넷째 딸 덕온공주(德溫公主, 1822-1844), 상궁 최씨·서씨 등 공주와 종친, 상궁이 함께 시주하여 조성하였다. 서울·경기 지역에서 활동한 화

도 58　홍천사 괘불도, 1832년, 556×403cm, 서울 성북구 홍천사 소장.

담(華潭) 신선(愼善) 등 17인의 화승이 1832년(순조 32)에 제작하였다.

　세로 556cm, 가로 403cm의 화면 상단에는 비로자나불과 노사나불, 석가불의 비로자나삼신불이 화면에 꽉 차게끔 배치되었으며, 중단에는 합장한 가섭존자와 아난존자, 하단에는 사자를 탄 문수동자와 코끼리를 탄 보현동자가 배치되었다. 이와 같은 도상은 봉국사 아미타괘불도(1892) 및 봉은사 석가모니괘불도(1886) 등과 동일한 도상을 공유하면서 상단 부분만 비로자나삼신불로 바꾼 것으로, 19세기 서울·경기 지역에서 성행하던 괘불도 형식이다. 즉 앞 시대의 삼신불도상에 19세기 서울·경기 지역에 성행한 가섭존자와 아난존자, 사자를 탄 문수동자와 코끼리를 탄 보현동자를 결합한 형식으로, 상단의 비로자나삼신불입상 중 노사나불이 여래형으로 표현된 점은 경기도 청계사 비로자나삼신괘불도(1862)와 동일하다. 비로자나불은 왼손을 오른손으로 감싼 특징적인 지권인을 하고, 노사나불의 두 손은 가슴 앞으로 모아 설법인을 취하였으며, 석가불은 왼손은 가슴 앞에서 엄지와 중지를 맞

대고 오른손은 내렸다. 채색은 적색, 녹색, 감색, 황색, 백색 등 밝고 은은한 파스텔톤이 지배적이며 동자의 옷 등에 금이 약간 사용되었고, 문양 등 세부 묘사가 섬세하여 당시 왕실 발원 불화로서의 특징을 잘 보여 준다.[35] 이 괘불 도를 발원한 인물 가운데 먼저 주목되는 인물은 영안부원군 김조순이다. 그 는 순조비 순원왕후의 아버지로서 어린 순조를 30여 년간 보좌하며 안동 김 씨 세도정치의 서막을 열었는데, 불심이 깊어 1825년(순조 25)에는 이천 영원 암을 중수하기도 했다.[36] 따라서 이 괘불도의 조성은 순조의 장인과 누이동 생 부부 및 세 딸과 사위들이 순조와 순원왕후, 효명세자(익종)비 신정왕후, 헌종의 만수무강을 기원하기 위해 발원한 왕실의 대표적인 불사였다고 할 수 있다.[37]

서울 노원구의 불암산 양지바른 곳에 위치한 학도암 마애관음보살좌상(도 59)은 1872년(고종 9)에 명성황후가 발원하여 조성하였다.[38] 이 불상은 13.4m 에 이르는 거대한 바위에 새겨진 마애관음보살좌상으로, 커다란 보관을 쓰

35 홍천사에는 이 불화 외에도 상궁들이 조성한 극락전 아미타불회도(1867)도 전해 오고 있어, 홍천사가 조선 초 이래로 왕실의 원찰이었음을 보여 준다. 유경희, 「조선 말기 홍천사와 왕실 발원 불화」, 『강좌 미술사』 49(한국불교미술사학회, 2017), 88-122쪽.

36 『畿內寺院誌』(경기도, 1988), 569쪽. 영원암은 638년(선덕여왕 7)에 海浩가 水瑪瑙石으로 약사불을 조성해 봉안하고 창건했다고 전해진다. 이후 1068년(고려 문종 22) 慧炬가 중창하고 1577년(선조 10) 惟政이 재중창, 1693년(숙종 19) 禹明이 중건했으며, 1774년(영조 50) 朗圭가 재중건했으나 그 후 한동안 폐허로 남아 있다가 1825년 김조순의 시주를 받아 치감이 중창하면서 절 이름을 영원사로 바꿨다고 한다.

37 이규리는 홍천사(신홍사) 괘불도와 같은 해에 조성된 수국사 감로도(1832)의 시주질 앞부분에 명기된 7명의 명단 게재순서 및 兩主의 성씨 조합이 신홍사 괘불도의 檀錄과 정확히 일치하는 점에 주목하여 신홍사 괘불도의 시주 7명은 永明尉 洪顯周와 淑善翁主, 東寧尉 金賢根와 明溫公主, 昌寧尉 金炳疇와 福溫公主, 德溫公主일 가능성이 매우 높다고 보았다. 단 홍천사 괘불도의 단월 명단 제일 앞부분에 기재된 영안부원군 김조순은 이해 4월 3일에 사망하였기 때문에, 수국사 감로도의 시주자 명단에서는 제외되었을 것으로 추정하였다. 아울러 수국사 감로도가 김조순이 사망한 지 불과 40여 일이 채 지나지 않은 5월 13일에 조성되었다는 점과 영가 혹은 孤魂을 천도하기 위해 음식法食을 베풀고 부처님의 법을 일러 주는 의식을 도설화한 불화라는 점에서 수국사 감로도는 숙선옹주·명온공주·복온공주와 당시 미혼인 덕온공주를 비롯한 순조 일가가 亡者 김조순의 극락왕생을 기원하며 발원한 불화로 추정하였다. 이규리, 「19세기 기전지역(畿甸地域)의 왕실 불사」, 『천태학연구』 10(천태불교문화연구원, 2007), 296-355쪽.

38 학도암 마애불좌상에 대해서는 이경화, 「서울 〈학도암 마애관음보살좌상〉 연구」, 『미술사연구』 16(미술사연구회, 2002), 157-176쪽 참조.

도 59 학도암 마애관음보살좌상, 1872년, 높이 13.4m, 서울 노원구 학도암.

고 연화대좌 위에 앉아 있는 보살상을 양각의 선묘기법으로 새기어 마치 바위에 그림을 그린 듯하다. 얼굴은 넓적한 편이지만 턱 부분이 둥글어 부드러운 느낌을 준다. 눈은 가늘고 길게 표현되었으며, 콧망울이 넓고 둥글며 입은 작다. 목은 짧은 편으로, 가슴 아래에 삼도가 좁고 길게 표현되었다. 보관에는 아미타불좌상이 정교하게 새겨져 있어 관음보살임을 알 수 있는데, 보관 테두리 양쪽에는 한 줄씩 구슬을 단 마름모꼴의 사슬 장식이 어깨까지 드리워져 있다. 착의법은 양쪽 어깨에 대의를 걸친 통견식이며, 가슴 안쪽에는 수평으로 군의(裙衣)를 입고 그 위에 띠를 묶었다. 오른손은 결가부좌한 다리 위에 얹어 엄지와 셋째 손가락을 맞대고 있으며, 왼손은 가슴 앞으로 올려서 들었는데, 왼쪽 손목에는 만(卍) 자 무늬가 장식된 두꺼운 팔찌를 착용하였다.

가슴 한가운데에는 선운사 동불암지(東佛庵址) 마애불좌상처럼 작은 사각형의 홈이 있어 복장을 넣었던 감실(龕室)로 추정하고 있다. 또한 마애불의 왼쪽 벽면에는 명문이 새겨져 있는데, 50여 글자가 되는 명문에는 이 불상을 조각한 화사와 석수 등의 이름이 기록되어 있다.[39] 금어(金魚) 장엽(莊曄)이

---

39 "證明 惠黙 學閏 天錫 誦呪 惠圓 持殿 暾昊 金魚 莊曄 石手 金興蓮 李云喆 元曾天 朴千 黃元石 都監 禧珀 光信 化主 忠環 別座 法明." 이 중 증명비구 학융은 경기도 시흥시 청계사 괘불도(1862)의 증명비구인 禮峰堂 學潤, 천석은 서울 광진구 영화사 나한도(1880)의 증명비구인 寶光堂 天錫으로 추정된다. 암벽의 불상 조성 관련 명문과 약간 떨어진 곳에는 한씨 일가(韓福石, 韓敎○, 韓敎學, 韓敎序)와 이씨, 김씨 등의 이름이 새겨져 있으나 이경화는 이들은 마애보살상의 명성과 더불어 복을 기원하였던 후대의 흔적으로 보았다(이경화, 앞 논문, 166-167쪽).

밑그림을 그리고 김홍련(金興蓮)·이운철(李云喆)·원증천(元曾天)·박천(朴千)·황원석(黃元石) 등 5명의 석수가 불상을 새겼다는 내용이다. 이 불상의 밑그림을 그린 장엽은 19세기 중엽 금강산에서 활동했던 화승으로 1857년(철종 8)에 장안사 명부전 불화를 제작한 것을 비롯하여 많은 작품을 남겼지만[40] 현재는 1861년(철종 12) 신흥사 아미타후불도 한 점만이 남아 있다. 조각과 불화라는 차이는 있지만 이 불화에 보이는 양식적 특징, 즉 갸름한 얼굴과 큰 연꽃으로 표현된 대좌의 형태, 엄지와 중지를 맞댄 손의 꺾인 각도 등이 학도암 마애보살좌상과 닮아 있다.[41] 또 장엽의 본에 따라 회화적 느낌이 강한 유려한 조각을 새긴 5명의 석수는 주름선마다 다양한 깊이로 선각하고 원근법을 표현한 방법이라든가 화려한 장식 문양을 섬세하게 조각한 보관의 조각기법 등에서 뛰어난 솜씨를 보여 준다. 사지에 기록되어 있는 것처럼 이 마애불이 1872년에 명성황후의 시주로 조성되었다면,[42] 이들은 왕실에서 활동하던 조각가일 가능성이 있다.[43]

학도암 마애관음보살좌상을 발원, 조성한 고종비 명성황후는 여흥 민씨 여성부원군(驪城府院君) 민치록(閔致祿, 1799-1858)의 딸로, 16세 되던 1866년(고종 3)에 고종의 생모인 부대부인(府大夫人) 민씨(閔氏)의 추천으로 왕비에 책봉되었다. 1871년(고종 8) 자신이 낳은 첫 번째 왕자를 5일 만에 잃은 뒤, 대원군이 고종의 총애를 받던 궁인 이씨 소생의 완화군(完和君)을 세자로 책봉하려 하자 1873년(고종 10)에 최익현(崔益鉉, 1833-1906)으로 하여금 대원군의 실정(失政)을 들어 탄핵하고 고종의 친정(親政)을 요구하는 소(疏)를 올리게 하여 대원

---

40 神衆幀, 後地藏幀, 左十王幀, 左使者幀, 右十王幀, 右使者幀 등을 그렸다고 한다. 한국학문헌연구소 편, 『건봉사본말사적유점사본말사지』(아세아문화사, 1977), 308쪽.
41 이경화, 「서울 〈학도암 마애관음보살좌상〉 연구」, 168-169쪽.
42 "李太王九年壬申에 明成王后懿旨로 寺後巖石에 觀音尊像을 彫刻하니 高는 七丈五尺이요, 廣은 二丈三尺이라," 『奉先本末寺誌』 「天寶山鶴到庵改金幀畵施主錄記」(한국학문헌연구소 편, 『奉先本末寺誌』, 135-136쪽).
43 이경화, 「서울 〈학도암 마애관음보살좌상〉 연구」, 170-171쪽.

군이 실각되자 권력을 잡았다. 민씨 척족을 앞세워 정권을 장악, 1876년(고종 13) 강화도조약(조일수호조약)을 맺고 일련의 개화정책을 시행했으며, 1882년(고종 19)에 임오군란(壬午軍亂)으로 잠시 권력에서 밀려났으나 다시 환궁하여 민씨 척족정권을 수립했다. 명성황후가 학도암에 마애관음보살좌상을 발원, 조성한 것은 아들을 잃은 1871년(고종 8)의 다음 해로, 한성 시내가 모두 내려다보이는 불암산 기슭에 거대한 마애불을 조성하여 왕자의 극락왕생을 빌고 아들을 잃은 슬픔을 위로받았던 것 같다.

"무당을 궁중에 끌어들여 연일 굿을 하며 명산대천에 기도를 드린다는 명목으로 국고를 탕진하는 등 여러 실정을 저질렀다."[44] "(명성황후가) 옛 명산대천과 성황당 등에 들인 현금이 2만 6000냥이 넘는다"[45]라는 기록을 보면 명성황후는 기복적(祈福的)인 목적으로 불교와 무속신앙 등에 열렬한 믿음을 가졌던 것 같다. 현재 공주 신원사 내에 위치한 중악단(中嶽壇)은 명성황후의 무속신앙을 잘 보여 준다. 중악단은 1394년(태조 3)에 이성계가 산신에게 제를 올리는 계룡단으로 건립했으나 1651년(효종 2) 미신 타파의 일환으로 폐지되었다가 1879년(고종 16)에 명성황후가 재건하였다. 그래서인지 중악단에는 소슬 삼문(三門) 좌우로 외여닫이문이 달린 출입문이 있으며, 이 출입문을 들어서 중채문을 거쳐 안으로 들어가게 되어 있다. 중악단 출입문이 있는 건물에는 사람이 기거할 수 있도록 양쪽에 부엌과 온돌방이 있어서 행랑채와 유사한 것이 마치 궁궐 건축을 연상케 한다.

명성황후는 전국의 명산대찰을 찾아다니며 아들인 순종의 무병장수를 기원하는 데 큰 힘을 쏟았으며 많은 불사를 행했다. 왕비에 책봉된 지 2년 만인 1868년(고종 5)에 서울 서대문구 옥천암을 중창한 것을 시작으로 1872년(고종 9)에는 학도암 마애관음보살좌상을 조성하고 극락전과 용화전을 중수

---

44 『璿源寶鑑』 Ⅲ-后妃·御製篇(선원보감편찬위원회, 1992), 98쪽.
45 김용숙, 『조선조 궁중풍속연구』(일지사, 1983), 268-270쪽.

하였으며,[46] 1874년(고종 11)에는 순종의 탄생을 축원하며 서울 동대문구 청룡사에 아미타후불도와 지장시왕도를 조성하였다. 또 1880년(고종 17)에는 동작구 약수암에 법당을 건립하고, 통도사에서 금니『묘법연화경』을 사경하는 데 시주하였다.[47] 1886년(고종 23)에는 순천부사 이범진(李範晉)의 송광사 불사 시 현금 1000냥을 시주하여 축성전(祝聖殿)을 지었으며,[48] 1888년(고종 25)에는 1만 5000냥의 돈을 내어 관악산 연주암 극락전과 용화전 건립 등의 중창 불사를 후원하였고,[49] 1893년(고종 30)에는 전교를 내려 인천 강화 보문사 요사와 객실을 중건토록 하였다.[50] 또 1895년(고종 32)에는 황후가 임오군란으로 궁궐을 빠져나왔을 때 잠시 은거하면서 7일 동안 치성을 드렸던 서울 용궁암에 하사금을 베풀기도 했다.[51] 명성황후는 같은 해 10월 8일 일본 낭인들에 의해 옥호루(玉壺樓)에서 살해된 뒤 황궁 밖의 송림에서 시체가 불살라지는 불행한 최후를 맞았다. 명성황후의 사후에도 왕실에서는 1899년(고종 36)에 임진왜란 중에 소실된 금산 보석사 대웅전을 중창해 원당으로 삼았으며, 경복궁에서 연등회(燃燈會)를 베풀고[52] 해인사에 도감을 설치하여 팔만대장경 4질을 인출케 하는 등[53] 많은 불사를 후원하였다.

불암사 괘불도(도 60)는 1895년(고종 32) 고종의 명을 받은 상궁 엄씨와 강씨가 고종과 왕태자(순종), 왕태자비(순명효황후) 및 대원군의 수복강녕을 기원하고 그해 여름 사망한 명성황후가 극락세계에 상품상생(上品上生)으로 태어나기를 기원하며 제작한 것이다.[54] 이 괘불도는 세로가 573cm, 가로가 346cm로

---

46 『奉先本末寺誌』.
47 백승경, 「조선후기 용주사 및 인근 왕실원찰의 불화연구」, 21쪽.
48 『曹溪山松廣寺誌』(송광사, 1965), 50-51쪽.
49 『傳統寺刹叢書』 3-경기도1(한국사찰문화연구원, 1993), 56-65쪽.
50 『畿內寺院誌』(경기도, 1988), 779쪽.
51 『傳統寺刹叢書』 4-서울(한국사찰문화연구원, 1995), 124쪽.
52 『梅泉野錄』.
53 『龍岳集』(성보문화재보존연구원, 1994), 537쪽.
54 화기에는 "先皇后陛下辛亥生閔氏仙駕往生蓮花世界上品上生之大願"이라고 적혀 있는데, 여기서 신해

패불도로서는 크지 않은 편인데, 석가모니 삼세불만을 간단하게 배치하였다. 화면 중앙에는 두 손을 가슴 앞으로 모아 연꽃을 든 석가모니불이 정면을 향해 서 있고 향좌측에는 오른손을 길게 늘어뜨리고 왼손을 가슴 앞으로 들어 손가락을 마주 잡은 아미타불, 향우측에는 두 손을 배 앞으로 모아 붉은 약합을 든 약사불이 화면에 꽉 차게끔 큼직하게 묘사되었다. 삼존의 배치는 중앙에 석가모니불보다 아미타불과 약사불이 앞으로 나와 있어 본존이 뒤쪽으로 물러나 있는데, 이러한

도 60　불암사 패불도, 1895년, 면본채색, 573×346㎝, 경기 남양주 불암사 소장.

배치기법은 19세기 서울·경기 지역 불화에서 많이 볼 수 있는 특징 가운데 하나이다.[55] 삼존 모두 얼굴은 넓적하여 사각형에 가까우며, 뾰족한 육계에는 중간계주와 정상계주가 장식되었다. 이목구비는 가는 선으로 그렸는데 눈은 길고 작은 반면 코와 입은 큼직한 편이다. 석가모니불과 약사불은 두 어깨를 모두 가린 통견식 법의를 착용하였으며, 아미타불은 오른쪽 어깨를 드러낸 편단우견식 법의를 착용하였는데, 붉은색과 녹색 및 청색으로 대비

생 민씨는 바로 그해 8월에 사망한 명성황후를 지칭한다.
55　원통사 패불도(1806), 청계사 패불도(1862), 구 한국불교미술박물관 소장 패불도(1882), 봉원사 패불도(1901), 남양주 흥국사 패불도(1902) 등에서 볼 수 있다.

된 법의가 강렬한 느낌을 준다.

　이 괘불도는 상궁 엄씨와 강씨가 발원하였는데, 엄씨는 바로 고종의 후궁인 순헌황귀비 엄씨(純獻皇貴妃 嚴氏, 1854-1911)이다. 여기서 황귀비를 상궁 엄씨라고 한 것은 명성황후 사후 1897년(고종 34) 아들 은(垠, 의민태자)을 낳은 후에야 정식으로 귀인(貴人)에 봉작되었기 때문이다. 상궁 엄씨는 6세 때인 1859년(철종 10) 궁인으로 입궁하였으며,[56] 명성황후의 시위상궁(侍衛尙宮)이었다. 1885년(고종 22) 31세에 고종의 승은을 입었다가 명성황후에게 발각되면서 궁궐에서 쫓겨났으나, 을미사변(1895) 이후 다시 입궐하여 고종의 총애를 받았으며, 아관파천 때는 고종을 모시고 러시아 공사관에서 같이 생활하였다. 아들 은의 출산 직후 상궁에서 귀인이 되었고 1900년(고종 37) 순빈(純嬪)이 되었으며, 1901년(고종 38)에 비(妃), 1903년(고종 40)에 황귀비로 책봉되었다. 순헌황귀비는 여성의 교육에도 관심이 많아 내탕금을 내려 1905년(고종 42) 양정의숙(현 양정고등학교), 1906년(고종 43) 진명여학교(현 진명여자고등학교)와 명신여학교(현 숙명여자대학교)를 세우기도 했다.

　순헌황귀비는 서울·경기 인근의 사찰에 많은 불사를 행하였다.[57] 1895년(고종 32) 상궁의 신분으로 불암사 괘불도를 발원한 것을 시작으로 같은 해에 고양 무량사 산신각을 짓고 산신도 1점과 약사불좌상을 봉안하였으며,[58] 1898년(고종 35)에는 보광사 괘불도 및 후불도·칠성도·삼장보살도·독성도 등을 시주하였다. 이어 1900년(고종 37)에는 화계사 극락보전 및 독성각을 중

56　순헌황귀비의 무덤인 永徽園 丁字閣 남쪽에 있는 비문에 "純獻貴妃嚴氏哲宗五年甲寅十一月初五日生 己未選入宮光武元年誕王世子封貴人四年封諄嬪賜宮號慶善五年進封妃七年冊封妃七年冊皇妃□□七月二十日卒逝壽 五十八歲追諡純獻八月二日葬于楊州天秀山寅坐原園號永徽□□"라고 적혀 있어 1854년에 태어나 6세 때인 1859년에 입궁하였음을 알 수 있다.

57　유경희, 「高宗代 純獻皇貴妃 嚴氏 發願 불화」, 111-136쪽.

58　『畿內寺院誌』(경기도, 1988), 469쪽. 순헌황귀비 엄씨가 북한산성 입구에 있는 무량사에 산신각을 짓고 산신탱 1점과 약사여래좌상을 봉안하고 백일기도를 한 후에 영친왕을 낳았다고 한다.

수하고[59] 다음 해에는 죽은 친정식구들의 명복을 빌며 봉원사 괘불도를 조성하였으며,[60] 1902년(고종 39)에는 수원 청련암의 중창 불사를 후원하는 한편 내탕금으로 남양주 흥국사의 괘불도 조성을 후원하였다.[61] 이어 1907년(고종 44)에는 은역소감동(銀役所監董) 강재희(姜在喜)가 황명을 받들어 수국사에 아미타불도·극락구품도·감로도·십육나한도·현왕도·신중도 등 6점을 조성하고 다음 해인 1908년(순종 1) 순종이 괘불도를 조성하는 대불사를 행했을 때 금 1500원을 하사하였고,[62] 석가모니불·아미타불·관음보살상을 개금하였다.[63] 1910년(순종 4) 진관사 칠성도[64] 제작을 시주하고 1913년(순종 7)에는 자재암 백련결사에 자원시주(自願施主)로 참가하는 등[65] 순헌황귀비는 조선 후기의 가장 대표적인 왕실 후원자였다.

서울 봉은사 소장 괘불도(도 61)는 1898년(고종 35)에 헌종의 후궁인 순화궁 김씨를 비롯한 여러 상궁들의 시주에 의해 조성된 것으로, 원통불사(圓通佛事)를 기념하며 제작되었다.[66] 19세기 서울·경기 지역의 대표적 화승 가운데 한 사람인 태허(太虛) 체훈(體訓)이 출초하고 영명(影明) 천기(天機)와 긍조(亘照), 돈조(頓照)가 함께 제작하였는데, 4폭의 광목을 이어 그리고 양쪽에 나무 봉으로 마감하였다. 세로 686cm, 가로 394.5cm의 거대한 화면에 1불 2보살, 2제자만을 그린 간단한 구도인데, 중앙에는 석가모니불을 큼직하

59 「極樂寶殿重修丹雘記」.
60 이 불화는 순헌황귀비 엄씨가 죽은 친정식구 6명의 명복을 빌며 발원한 불화인데, 시주질에는 "皇城內西署皇華坊景運宮□居住 淳嬪邸下甲寅生□氏大蓮花"라고 기재되어 있어 그가 大蓮花라는 법명을 가졌음을 알 수 있다.
61 『傳統寺刹叢書』3-경기도1.
62 김정희, 「조선말기 왕실발원 불사와 수국사 불화」, 『강좌 미술사』 30(한국불교미술사학회, 2008), 175-207쪽.
63 東隱元奎, 「守國寺改金幀畵佛事記」.
64 시주자 명단에는 고종과 순헌황귀비의 이름을 익명으로 밝히고 있다.
65 「自在庵白蓮結社文」. 순헌황귀비는 자재암 백련결사에 자원시주로 참가하여 금 100원, 白米 2石, 黃太 1石을 시주하였다.
66 김정희, 「서울 奉恩寺 佛畵考」, 『강좌 미술사』 28(한국불교미술사학회, 2007), 95-152쪽.

게 배치하고 왼쪽에 가섭존자, 오
른쪽에 아난존자를 그리고 하단부
에 문수보살(동자형)과 보현보살(동
자형)이 각각 사자와 코끼리 위에 앉
아 있는 모습을 그렸다. 여기에서
처럼 화면을 압도할 만큼 큰 석가
모니불 또는 삼세불을 중심으로
가섭존자와 아난존자, 문수동자와 보
현동자 등을 간략하게 묘사한 형식
은 홍천사 괘불도(1832)에서 시작되어
봉은사 괘불도(1886), 화장사 괘불도
(1901), 연화사 괘불도(1901), 고양 홍국
사 괘불도(1902), 미타사 괘불도(1915)
등으로 이어지는 19세기 후반-20세

도 61   봉은사 괘불도, 1886년, 686×394.5cm,
서울 강남구 봉은사 소장.

기 초반 서울·경기 지역의 전형적인 괘불도 형식이다.[67]

석가모니는 화형(花形)의 두광과 신광을 배경으로 정면을 향해 당당하게
서서, 오른손은 어깨 높이로 들어 올려 활짝 핀 백련(白蓮)을 들고 왼손은 가
슴 가운데로 당겨 손가락을 맞대고 있다. 이처럼 꽃을 들고 있는 석가모니
의 모습은 석가모니가 연꽃을 들어 보이니 가섭존자만이 그 뜻을 알고 빙
그레 웃었다는 염화시중(拈花示衆)을 상징하는 것으로,[68] 이 작품에 앞서 선
석사 괘불도(1702), 용문사 괘불도(1705), 오덕사 괘불도(1768), 남장사 괘불도

---

67   조선 말기 서울·경기 지역의 괘불도 도상에 대해서는 유마리, 「朝鮮後期 서울, 경기지역 掛佛幀畵의
考察」, 『강좌 미술사』 7(한국불교미술사학회, 1995), 21-53쪽 및 이은희, 「朝鮮末期 掛佛의 새로운 圖像
展開」, 『문화재』 38(국립문화재연구소, 2005), 223-284쪽 참조.
68   연꽃을 들고 있는 석가모니는 拈花佛이라고 불리기도 한다. 장충식, 「朝鮮朝 掛佛의 樣式的 特徵」, 『지
둔김갑주교수화갑기념 사학논총』(논총간행위원회, 1994), 667-674쪽.

(1788), 개운사 괘불도(1879) 등에서 볼 수 있으며,[69] 이후 이러한 도상은 화장사 괘불도(1901)로 이어졌다. 얼굴은 이마 부분이 넓고 턱 부분이 둥근 편으로 이목구비가 작게 묘사되었으며, 육계가 높고 뾰족하며 중간계주와 정상계주가 뚜렷하다. 신체는 어깨가 넓고 건장한데, 안에 군의를 입고 왼쪽 어깨에 붉은 대의를 걸친 후 대의자락을 오른쪽 어깨에 살짝 걸친 변형된 통견식이다. 대의에는 화형의 원문 안에 파도문이 정교하게 그려진 황색의 문양이 시문되었으며, 청색의 내의에도 잔잔한 꽃문양이 시문되어 아름다움을 더하고 있다. 화기에 의하면 1886년(고종 23) 5월 26일 원통불사를 시작하여 6월 5일에 회향하였다고 하였는데, 19세기에 활발하게 시행되었던 수월도량공화불사(水月道場空花佛事)[70]와 관련하여 제작된 것으로 추정된다.[71]

이 불화에는 헌종의 후궁인 순화궁 김씨를 비롯, 19세기 말의 세도가인 민두호(閔斗鎬), 궁중의 상궁 등 왕실과 고위 관료가 시주로 참여하였다. 대시주자인 순화궁 김씨는 헌종의 두 번째 후궁인 경빈 김씨로, 순화궁에 머물렀다 하여 순화궁이라 불렀다. 헌종의 두 왕비가 자손을 생산하지 못하자 1847년(헌종 13) 10월 후궁으로 간택되어 경빈의 칭호를 받았으며, 1849년(헌종 15) 헌종이 승하할 때까지 헌종의 사랑을 독차지했다. 헌종의 사후 궁에서 나와 현재의 종로 인사동에 위치한 사저(순화궁)[72]에 머물다가 1907년(고종 44) 4월 21일 76세로 세상을 떠났다. 그는 비록 후궁이었지만 왕이 그를 위하여

---

69 개운사 괘불도의 제작에 참여한 태허 체훈과 萬波 頓照가 봉은사 괘불도의 조성에도 관여하고 있어 유사한 도상이 적용되지 않았나 생각된다.

70 수월도량공화불사는 중생들의 업장을 소멸해 주는 불사이다. 괘불도와 수월도량공화불사에 대해서는 이은희, 「朝鮮末期 掛佛의 새로운 圖像 展開」, 262-271쪽 참조.

71 이러한 추정이 가능한 것은 봉은사 괘불도와 동일한 도상으로 제작된 화장사 괘불도(1901)의 발원문에 수월도량공화불사 때 괘불도와 팔상도를 함께 조성했다는 기록이 있기 때문이다. 따라서 봉은사 괘불도에 기록된 원통불사는 바로 수월도량공화불사라고 볼 수 있다.

72 순화궁은 경빈의 사후 빈집으로 남아 있다가 李完用의 소유로 넘어갔으며, 이후 明月館의 주인 安淳煥이 인수하여 분점 격으로 운영하면서 太華館으로 고쳤다. 태화관은 1919년 3·1운동 당시 민족대표 33인의 독립선언 장소로 채택되었다.

낙선재를 지어 줄 만큼 총애를 받았으며, 문장에도 밝아 왕과 왕비의 기일에 비빈을 비롯한 내시의 복색·머리모양·화장·노리개·반지 등 수식의 복제를 기록한 『국기복식소선(國忌服飾素膳)』, 궁중 제일의 명절인 탄일(誕日)과 정월·동지·망간의 문안례 때의 복식을 설명한 『사절복식자장요람(四節服飾資粧要覽)』(숙명여자대학교박물관 소장)[73]을 펴내기도 했다.

순화궁이 봉은사 괘불도를 시주한 1886년(고종 23)은 그의 나이 55세 때로 순화궁에 머물 때이다. 궁중의 여러 상궁들과 함께 시주한 것을 보면, 비록 후궁으로 궁에서 나오기는 하였지만 왕의 생일, 왕의 결혼, 왕세자의 결혼에 빠짐 없이 초대되고 참석할 정도로 역량 있는 왕실 인사였던 사실을 알 수 있다. 순화궁이 왕실과 관련된 가까운 사찰들, 예를 들어 단종의 비인 정순왕후(定順王后)가 머문 이후 많은 후궁들의 거처가 되었던 청룡사[74]나 상궁들이 많은 시주를 했던 진관사, 안양암 등이 아닌 봉은사에 대시주로 참여하게 된 까닭은 알 수 없지만, 1870년(고종 7) 봉은사 주지인 선사 호봉(虎峰)이 흥선대원군불망비(興善大院君不忘碑)를 건립하는 등 봉은사와 왕실과의 관계가 밀접했던 사실과 관련이 있는 것 같다. 순화궁은 사망 후 고종황제의 명에 의하여 순조의 생모인 수빈 박씨의 묘소인 휘경원(徽慶園)이 있던 동대문 배봉산 기슭에 묻혔다.[75]

국권 피탈이 이루어진 해인 1910년(순종 4)에 조성된 진관사 칠성도(도 62)는 고종과 순헌황귀비가 함께 시주하여 제작하였다. 이 불화는 현재 진관사

---

73 이 책들은 하나의 帖匣 안에 함께 넣어져 있는데, 두 책의 표지는 녹색 雲紋緞과 구한말 鄕織院에서 짠 藍色 용무늬의 鄕織緞으로, 첩갑은 오색 색동 비단으로 싸여 있다. 정월·사월팔일·오월단오·추석·동지 등의 소위 민간에서 명절로 꼽았던 풍속과 견주어 궁중에서는 어떻게 보냈는지에 대한 것은 물론 복식제도에 대해서도 소상하게 살펴볼 수 있는 것으로, 지금은 퇴색해 버린 명절의 개념과 이에 따라 다르게 지켜진 궁중의 규범을 살펴보는 데 중요한 자료로 평가된다. 현재 서울특별시 유형문화재 제101호로 지정되어 있다.

74 청룡사와 왕실과의 관련성에 대해서는 김정희, 「서울 靑龍寺의 佛畵」, 『聖寶』 6(조계종 성보보존위원회, 2004) 참조.

75 지금은 경기도 고양시 덕양구 원당동의 경빈묘로 이장되었다.

칠성각의 후불탱으로 봉안되어 있는데, 가로가 긴 화면에 치성광불(熾星光佛)
을 중심으로 칠성과 성군 등이 묘사되어 있다. 중앙의 청련화 위에 결가부
좌한 치성광불은 붉은 법의를 걸치고 오른손은 가슴 부근에, 왼손은 무릎 위
에 대고 앉아 있는데, 유난히 뾰족한 육계 위에는 원형의 정상계주가 표현
되어 있다. 치성광불의 좌우에는 향우측에 4구, 향좌측에 3구 등 모두 7구의
칠성여래가 치성광불을 향하여 합장하였는데, 7구 모두 붉은 법의를 입고
있으며 치성광불과 같이 뾰족한 육계가 돋보인다. 치성광불의 아래쪽에는
금색의 여의(如意)를 든 일광보살과 월광보살이 각각 붉은 해와 흰 달이 그
려진 보관을 쓰고 본존을 시립하고 있다. 이들 옆으로는 도교식으로 표현된
칠원성군(七元星君)이 홀을 들고 서 있다. 붉은색이 두드러진 색감, 갈색과 백
색을 이용한 얼굴 표현, 두터운 설채법, 두드러진 청색의 표현 등에서 20세
기 초반의 불화 양식을 잘 보여 주는 작품으로, 서울 인근 지역에는 드문 칠
성도의 작례 중 하나이다.

　화기에는 대시주로 건명임자생이씨(乾命壬子生李氏), 곤명갑인생엄씨(坤命甲

寅生嚴氏), 곤명갑술생이씨보체(坤命甲戌生李氏寶體), 곤명갑오생윤씨(坤命甲午生尹氏), 동자정유생이씨(童子丁酉生李氏)의 이름이 적혀 있다. 여기에서 건명임자생이씨는 1852년(철종 3) 임자년에 출생한 고종이며, 곤명갑인생엄씨는 순헌황귀비 엄씨, 갑술생이씨는 순종, 갑오생윤씨는 순종비 윤씨, 정유생이씨는 고종과 순헌황귀비의 아들 이은을 지칭한다. 1902년(고종 39)에 조성된 청룡사 가사도의 화기에도 같은 내용이 적혀 있어 이 불화의 시주자가 고종과 순헌황귀비 등임을 알 수 있다. 청룡사 가사도에는 대황제 폐하, 황태자 전하 등으로 기록한 데 반하여 1910년(순종 4)의 진관사 칠성도에 건명임자생이씨 등으로 기록한 것은 이 불화가 1910년 8월 25일의 경술국치가 얼마 지나지 않은 10월에 조성되었기 때문이다. 즉 경술국치 후 고종과 순헌황귀비 등이 예로부터 왕실의 원찰이었던 진관사에 불화를 시주, 발원하면서 일본의 눈을 피하기 위해 황제, 황태자 등의 호칭을 쓰지 않은 것으로 추측된다.

3 종친 및 상궁의 불사와 불교미술

19세기에는 왕실의 종친과 상궁들 역시 활발한 불사를 행했다. 종친들은 대원군에서부터 왕의 사위, 왕비의 조카에 이르기까지 왕실 못지않게 다양한 불사를 통해 많은 작품을 남겼으며, 불심이 강한 상궁들은 왕실 및 종친, 고위 관료들과 함께 불사를 행하였다.

종친에 의해 이루어진 대표적인 불사로는 경기도 남양주 봉인사 부도암 범종을 들 수 있다. 봉인사 부도암은, 앞에서 살펴본 것처럼, 1619년(광해군 11) 중국에서 석가모니 진신사리(眞身舍利)를 모셔 오자 이듬해인 1620년(광해군 12)에 광해군이 예관(禮官)에게 명하여 봉인사에 석가법인탑(釋迦法印塔)을 세우면서 이를 수호하기 위해 창건한 사찰이다. 1854년에 혜암화상(慧庵和尙)이 부도암을 중수하고 탑 전면에 종각(鐘閣)을 지은 후 강원도 수태사(水泰寺)에서 종을 옮겨 와 걸었다고 한다. 이 범종은 현재 전하지 않지만 익풍부원군 홍씨(益豊府院君 洪氏)와 부부인 안씨(府夫人 安氏) 부부, 영은부원군 김씨(永恩府院君 金氏)와 부부인 민씨(閔氏) 부부, 영의정 김씨, 정경부인 윤씨(貞敬夫人 尹氏) 등이 시주하였다는 내용의 조성기가 전해 온다.

이 종을 거는 전각은 천마산 서쪽 봉인사의 부도암 탑 앞에 있다. 사찰은 법인을 받든 지 200여 년이 되었으나, 큰 종으로 부처의 이름을 드러내고 대중에게 위엄을 보이는 것이 없었다. 혜사(慧師)가 무너진 탑을 중수한 뒤, 또 관동의 폐하여진 절의 종을 옮겨 와 전각을 세우고 탑 아래에 걸었다. 새벽과 저녁마다 종을 울리는데 마치 봄날의 벼락이 전각을 울리는 것 같아 숲과 계곡이 그 때문에 떨며 우니, 비로소 맑고 엄숙한 도량에 부처의 호령이 영혼을 진동함을 깨우치게 되었다. 그러나 저 폐하여진 절에서 이 종을 처음 주조한 것은 일찍이 보운(寶運)이 한없기를 기약한 것이니, 어찌 다시 오늘날 절이 폐하여지고 종이 옮겨지리라 생각이나 했겠는가. 사물에는 폐하고 흥함의 운이 있어 반드시 그 사람과 그 땅에 따르니, 진실로 저곳에서는 폐하였어도 반드시 이곳에서는 흥하는 것이다. 이 절의 부흥이 이 종에서 증명이 되니, 이어 거주하는 승려들을 권면하여 대사가 힘을 다해 재화를 모아서 창건하였다. 마침내 수백 년 동안 설치하지 못한 기기를 처음으로 세우게 하였으니, 가히 선가(禪家)의 사업이라고 드높여 말할 만하다. 그 왕래와 옮김에 극진한 정성을 쏟았고, 일을 맡은 승려와 대중도 수고로이 하지 않음이 없었으니, 이것을 특별히 기록하지 않을 수 없다. 함풍 4년 갑인 윤7월 일 취벽산인(翠碧山人) 짓다.

(참고할 일을 부기함) 금종은 본래 강원도 금화의 수태사(水泰寺)에 있었다. 양주 봉인사 부도전에 옮겨 안치되었는데, 값으로 금화 이방과 호방 등에게 500냥을 주었다. 후일에 빙고할 일이다. 대시주 익풍부원군 갑술생 홍씨, 부부인 갑술생 안씨 양위, 영은부원군 신유생 김씨, 부부인 정묘생 민씨 양위, 영의정 정사생 김씨, 정경부인 을묘생 윤씨 양위.[76]

조성기에 의하면 1854년(철종 5)에 폐사된 강원도 수태사에서 범종을 가져

---

76 奉印寺浮屠庵金鐘記: "此懸鐘之閣 天磨山西奉印寺之浮圖塔前也 寺奉法印 爲二百年餘 而無巨鐘 以發號威衆 慧師旣增修塔殿 又遷關東廢寺鐘 建閣懸塔下 每曉夕鐘鳴 如春雷之響殿角 林谷爲之震鳴 始覺淸嚴道場 佛號振靈也 然 彼廢寺之創鑄是鐘也 亦嘗期寶運無量矣 豈復意今日 寺廢而鐘遷哉 夫物有廢興之運 必隨其人與其地 苟廢於彼 必興於此也 此寺之復興 徵諸是鐘 而仍勉居衲 爲師之 力 化財 設 數百年未設之器 大可謂禪家事業 而其往來轉運 極弊其精慮 僧衆之應任使者 亦不爲無勞 是不可不以特識云 咸豊四年甲寅閏七月 日 翠碧山人 記(附 考件) 金鐘本在江原道金化水泰寺矣 移安于楊州奉印寺浮圖殿 而價給五百兩 金化吏戶等處 後日憑考事 大施主 益豊府院君甲戌生洪氏 府夫人甲戌生安氏 兩位 永恩府院君辛酉生金氏 府夫人丁卯生閔氏 兩位 領議政丁巳生金氏 貞敬夫人乙卯生尹氏 兩位," 『奉先本末寺誌』, 125쪽.

오면서 금화의 이방과 호방에게 500냥을 주었다는 것이다. 따라서 대시주
들은 종을 조성할 때가 아니라 1854년(철종 5) 금화 수태사에서 종을 가져올
때 비용인 500냥을 시주했음을 알 수 있다. 대시주는 모두 6명인데, 그 가운
데 익풍부원군 홍씨 부부는 헌종의 계비인 효정왕후의 아버지 홍재룡(洪在龍,
1794-1863)과 어머니인 연창부부인(延昌府夫人) 안씨이며, 영은부원군 김씨 부
부는 철종비 철인왕후의 아버지 김문근(金汶根, 1801-1863)과 어머니 민씨, 영
의정과 정경부인은 영의정 김좌근(金左根, 1797-1869)과 부인인 정경부인 윤씨
부부이다.

　익풍부원군 홍재룡은 1835년(헌종 1) 문과에 급제하고 동부승지·대사성을
거쳐 병조·이조의 참판, 금위대장 등을 지냈는데, 1844년(헌종 10) 헌종의 정
비(正妃)인 효현왕후가 승하하고 자신의 딸이 효정왕후로 책봉되면서 익풍
부원군에 봉해졌고 영돈녕부사에 올랐다.[77] 철인왕후의 아버지이자 철종의
장인인 영은부원군 김문근은 1841년(헌종 7) 음서(蔭敍)로 관직에 올라 선공감
가감역(繕工監假監役)이 된 뒤 여러 벼슬을 거쳐서 현감을 역임했으며, 철종 즉
위 후 1851년(철종 2)에 그의 딸이 왕비로 책봉되자 정일품 보국숭록대부(輔國
崇祿大夫)로 승진, 영돈녕부사가 되고 영은부원군이 되었다.[78] 그의 본처는 연
양부부인 연안 이씨이지만 이씨와의 사이에서는 소생이 없었고 철인왕후는
후처인 흥양부부인 여흥 민씨와의 사이에서 출생하였으므로, 민씨와 함께
시주한 것으로 생각된다. 또 김좌근은 영안부원군 김조순의 아들이자 순조
비 순원왕후의 동생이다. 그는 외척으로 비교적 순탄한 벼슬생활을 하면서
안동 김씨 세도정치의 중추적 역할을 하였는데, 1853년(철종 4)부터 1863년
(철종 14)까지 영의정에 세 번이나 보직되었다. 함께 시주한 정경부인 윤씨는
그의 본처이며, 영은부원군 김문근과는 친척뻘이 된다.

77　『憲宗實錄』, 憲宗 10年 9月 10日條.
78．『哲宗實錄』, 哲宗 2年 閏8月 24日條.

　　이렇게 볼 때 부도암 범종은 당시 최고의 권세를 누렸던 안동 김씨의 중
추적 인물들과 고려 때 태조비 의성부원부인, 충선왕비 순화원비, 충숙왕비
공원왕후, 충혜왕비 화비 홍씨 등과 조선시대에 선조의 후궁 정빈 홍씨, 헌
종의 계비 효정왕후 등을 배출한 명문가인 남양 홍씨가 함께 시주하였다는
점에서 주목된다.

　　경기도 안성 운수암에 봉안된 1870년작 독성도와 산신도(도 63), 칠성도 및
1873년작 아미타불회도와 현왕도 등은 흥선대원군 이하응이 아들 부부, 손
녀 등과 함께 발원하였다. 이 가운데 독성도는 대원군과 부인인 부대부인
민씨,[79] 산신도는 대원군 부부와 장자이자 고종의 형인 이재면(李載冕, 1845-

79　驪興順穆大院王妃 閔氏는 민치구의 딸로 흥선대원군의 부인이자 고종의 생모이다. 흥선대원군과 혼
　　인하여 2남 1녀를 두었다.

1912) 부부,[80] 칠성도는 대원군 부부와 이재면 부부, 정해생 김씨, 경인생 신씨 등이 각각 시주하였다. 3점 모두 봉은(奉恩)을 수화사로 하여 계법(戒法), 완선(完善)이 함께 그렸으며, 칠성도가 조금 크고 좌우에 봉안된 산신도와 독성도는 크기가 거의 같은 것으로 보아[81] 3점의 불화는 삼성각에 봉안하기 위해 일괄 조성되었음을 알 수 있다.[82] 칠성도는 치성광삼존을 중심으로 좌우에 칠성여래와 칠원성군, 보필성(輔弼星) 등을 큼직하게 그리고 네 모퉁이에는 각각 7명씩 28수를 원형 광배 안에 배치하였으며, 치성광불의 좌우로 남극성과 삼태육성(三台六星)을 배치하였다. 이러한 구성은 이 시기 칠성도와 크게 다르지 않지만 치성광삼존을 비롯한 권속들의 옷에 표현된 세밀하면서도 화려한 문양은 동 시기 다른 불화에서는 볼 수 없는 왕실 발원 불화로서의 품격을 잘 보여 준다. 이러한 특징은 독성도와 산신도에서도 잘 드러난다. 주장자와 커다란 염주를 들고 오른쪽을 향해 앉아 있는 독성을 그린 독성도와 가늘고 긴 주장자를 들고 한 손으로 호랑이를 쓰다듬고 있는 산신을 그린 산신도 역시 민화풍을 연상시키는 청록산수풍의 소나무 및 세밀한 필치, 안정된 구도, 화려한 문양 등이 돋보인다.

3년 뒤인 1873년(고종 10)에 조성된 아미타불회도(도 64)와 현왕도(도 65)는 운수암에서 관음보살상을 개금하면서 조성한 3점의 불화 중 2점이다.[83] 아미타불회도는 대원군 부부와 장자 이재면 부부, 이재면의 딸, 상궁 문씨와 김씨 등이 시주로 참여하였으며, 등삼(等森)을 수화사로 하여 금곡(金谷) 영환

---

80 興親王 이재면은 흥선대원군의 嫡長子이자 고종의 친형이며, 부인 豊山 洪氏는 通德郎 豊山人 洪秉周의 딸이다.

81 칠성도는 135×183cm, 산신도는 116×86.5cm, 독성도는 118×88cm이다.

82 화기에는 1870년 10월 28일에 七星幀會 1부와 天台會 1부, 山靈會 1부를 조성하여 운수암에 봉안한다고 쓰여 있는데, 여기서 천태회는 천태산에 머무는 독성을 그린 獨聖圖, 산령회는 산신령인 산신을 그린 山神圖를 말한다.

83 운수암 아미타불회도와 현왕도의 화기에는 1873년 6월에 관음존상을 개금하고 彌陀會 1부, 擁護會 1부, 冥府會 1부를 조성했다고 적혀 있다. 이 가운데 미타회는 아미타불회도, 명부회는 현왕도를 지칭하는 것으로 생각되며, 옹호회는 신중도를 말하는 것으로 생각되나 현재는 남아 있지 않다.

도 64 운수암 아미
타불회도, 1873년,
견본채색, 158×
229.5cm, 경기 안성
운수암 소장.

(永煥)·한봉(漢峰) 창엽(瑲曄)·긍엽(亘燁) 등 19세기 후반 서울·경기 지역을 중
심으로 활동하던 대표적인 화승들이 조성하였다.[84] 아미타불회도는 가로로
긴 화면에 하품중생인을 결하고 연화대좌 위에 결가부좌한 아미타불을 중심
으로 관음보살과 세지보살을 비롯한 여섯 보살, 10대 제자, 타방불 2구, 사천
왕 등이 좌우대칭으로 배치되었는데, 가로로 긴 화면, 흰색과 청색의 두드러
진 사용, 사천왕의 과장된 몸놀림, 형식화된 채운 등 19세기 말 불화의 특징
이 잘 드러나 있다. 또한 둥근 얼굴에 세밀한 필선, 안정된 구도 등은 남양주
흥국사의 화승으로 19세기 후반 서울·경기 지역의 불화 화단을 이끌었던 영
환과 창엽의 화풍을 보여 준다.[85] 현왕도(도 65) 역시 동일한 화승에 의해 제작
되었는데, 화면 중앙에 왼쪽으로 비스듬히 앉아 오른팔을 탁자에 기댄 자세
의 현왕을 배치하고 좌우에 4구의 성왕(聖王)과 판관, 녹사, 공양 천인과 동자

---

84 화기에는 "金魚 等森 金谷永煥 模像都料匠 漢峰 瑲曄 比丘兢燁"이라고 쓰여 있는데, 여기에서 模像都
料匠이라는 용어는 초본에 의해 존상을 그리고 색을 칠한 장인이라는 의미로 사용된 듯하다. 따라서
등삼과 영환은 초본을 그리고, 모상과 채색은 창엽과 긍엽이 한 것으로 보인다.

85 금곡 영환과 창엽에 대해서는 김창균, 「19세기 경기지역 首畵僧 金谷堂永煥, 漢奉堂瑲曄 研究」, 『강좌
미술사』 34(한국불교미술사학회, 2010), 107-140쪽 참조.

도 65　운수암 현왕도, 1873년, 견본채색,
106×103㎝, 경기 안성 운수암 소장.

를 대칭적으로 그렸다. 현왕은 책관(冊冠)을 쓰고 홀을 들고 있다. 이러한 형
식은 남양주 홍국사 현왕도(1846), 미타사 칠성전 현왕도(1899), 미타사 무량수
전 현왕도(1900) 등 19세기 후반 서울·경기 지역에서 유행한 현왕도와 거의
유사하다. 금곡 영환이 미타사 칠성전 현왕도를 제작한 보암(普庵) 긍법(肯法),
미타사 무량수전 현왕도를 제작한 청암(淸菴) 운조(雲照)와 함께 작업한 바 있
어, 이들의 공동 작업을 통해 초본이 전승되었을 가능성이 크다.[86]

　1870년(고종 7)과 1873년(고종 10) 운수암 불사를 이끌었던 흥선대원군 이하
응은 용궁사·화계사·홍천사·보광사 등의 불사에 참여하면서 운수암의 중
수 경비 일체를 시주하였는데, 예서(隸書)의 친필을 하사할 정도로[87] 운수암
에 대한 애정이 각별했다. 그의 운수암 불사는 1864년(고종 1)부터 1873년(고
종 10)까지의 대원군 섭정 기간 중에 집중적으로 이루어졌으며, 지속적으로
고종과 명성황후의 성수만세를 발원하고 있다. 1865년(고종 2) 대원군이 명

86　김윤희, 「朝鮮後期 冥界佛畵 現王圖 硏究」, 『미술사학연구』 270(한국미술사학회, 2011), 67-95쪽; 김정
　　희, 「조선후기 冥府系 佛畵의 草本」, 『밑그림이야기─佛畵草』(동아대학교박물관, 2013), 266쪽.
87　京畿道, 『京畿道誌』 하권, 884쪽.

성황후를 며느리로 들일 때는 둘 사이가 원만하였으나 1868년(고종 5)에 궁인 이씨가 완화군을 낳았을 때부터 두 사람 사이가 나빠지기 시작했다. 운수암 불사를 시행했던 1870-1873년은 최익현 등의 보수적 유학자들을 앞세운 명성황후와 고종의 견제로 대원군이 명성황후에게 실각되기 이전이므로 고종과 명성황후의 성수만세를 기원하는 불사를 행했던 것으로 보인다. 그러나 이후 고종이 친정을 하게 되면서 흥선대원군이 출입하던 전용문이 폐쇄되었으며, 흥선대원군은 한동안 운현궁에 은둔하기도 했으나 1882년(고종 19) 임오군란 당시 봉기한 구식 군대의 추대로 재집권하였다. 따라서 이 불화들은 대원군의 권세가 가장 높았을 때 조성된 것으로, 당시 왕실의 대표적인 불사였다고 할 수 있다.

이 밖에도 안성 청룡사 삼세불도(1878)는 인평대군계의 종친이 시주자로 참여하였으며,[88] 남양주 견성암 영산회상도(1882)는 신정왕후의 조카인 조영하(趙寧夏, 1845-1884)[89] 일가가 시주, 조성하는 등 종친들은 서울 인근 지역의 사찰을 중심으로 많은 불사를 행하였다.

한편, 19세기의 왕실 불사와 관련하여 주목할 인물은 바로 상궁들이다. 청계사 비로자나삼신괘불도(도 66)는 상궁 차씨(車氏)가 왕(철종)과 왕비(철인왕후)의 만수무강을 기원하며 1862년(철종 13)에 시주, 조성한 것으로, 세로 600cm, 가로 330cm에 달하는 화폭에 법신 비로자나불과 보신 노사나불, 화신 석가모니불 등 삼신불을 화면에 꽉 차게 그린 비로자나삼신괘불도이다.[90]

---

88 삼세불도의 화기와 대웅전 내의 현판인 '대웅전삼존불개금영산회신화공덕기'(1878)에는 인평대군 계의 종친들이 시주자로 기록되어 있다. 화기에는 李俊奎, 子 在信, 金敎煥, 金性根, 比丘尼 道淨, 淸信女般若明 등이 참여하였다고 한다. 고해숙, 「19세기 경기지방 불화의 연구」(동국대학교 석사학위논문, 1994), 50쪽.

89 조영하는 익종비이자 헌종의 모후인 신정왕후, 즉 조대비의 조카로, 고종 즉위 초기 당시 대왕대비로서 섭정하고 있던 조대비의 총애를 받아 1865년 대사성으로 승진했고, 이조참의·개성부유수를 거쳐 호조판서가 되었던 인물이다. 그는 견성암 불화를 시주, 조성한 1882년에 전권대신이 되어 朝美·朝英·朝獨 修好條規를 체결했다.

90 이 작품에 대해서는 유마리, 「조선후기 서울, 경기지역 괘불탱화의 고찰」, 21-53쪽 참조.

삼존은 모두 여래형으로, 중앙의 비로자나불은 두 손을 모아 가운뎃손가락을 맞댄 지권인을 취하였다. 석가모니불은 오른손은 아래로 길게 내리고 왼손은 가슴 부근으로 올려 첫째와 셋째 손가락을 맞잡았으며, 노사나불은 두 손을 어깨 높이로 들어 올려 첫째와 셋째 손가락을 맞댄 채 밖으로 벌린 설법인을 취하고 있다.

도66 청계사 비로자나삼신괘불도, 1862년, 견본채색, 600×330㎝, 경기 하남 청계사 소장.

삼신불을 표현하면서 3존 모두 여래형으로 표현한 것은 흥천사 괘불도(1832)와 백련사 괘불도(1868), 수국사 괘불도(1908)에서도 볼 수 있다. 또 삼존의 배치에서 중앙의 비로자나불이 석가모니불과 노사나불의 뒤쪽에 서 있는 것처럼 표현한 것도 특이한데, 이와 같은 기법은 앞에서도 언급했듯이 원통사 괘불도(1806), 청계사 괘불도(1862), 구 한국불교미술박물관 소장 괘불도(1882), 불암사 괘불도(1895), 봉원사 괘불도(1901), 남양주 흥국사 괘불도(1902) 등 19-20세기 서울·경기 지역 괘불도에서 자주 볼 수 있는 특징이다. 이마가 넓고 턱 부분이 갸름한 역삼각형의 얼굴에 가늘고 길게 뜬 눈과 큼직한 코, 두터운 입술 등에서 다소 경직된 모습을 보여 주지만, 가는 선묘를 이용한 윤곽선의 구사라든가 신체가 얼굴에 비해 약간 짧은 듯하지만 균형 잡힌 비례감을 표현한 점 등에서 전체적으로 안정감을 준다.

이 괘불도는 금어 화남(化南) 총선(摠善)과 윤익(潤益)이 조성하였다. 수화승 총선은 이 작품 외에는 알려진 작품이 없지만 윤익은 1880년대부터 1905년

도 67 홍국사 대웅보전 신중도,
1868년, 170.7×188.6㎝, 경기 남
양주 홍국사 소장.

까지 강화도 전등사·정수사·남양주 홍국사·불암사·봉은사·봉원사 등 서
울·경기 지역에서 활발한 활동을 했다. 시주자인 상궁 차씨는 법명을 밝히
지 않아 알 수는 없지만[91] 괘불도를 시주할 만큼 경제적으로도 부유하고 신
심이 강했으며 또 주상 전하와 왕비 전하의 만수무강을 기원하고 있다는 것
에서 볼 때 왕과 왕비를 가까이에서 모시는 상궁이었을 가능성이 높다.

  남양주 홍국사 대웅보전 신중도(도 67)는 1868년(고종 5)에 김보상화(金寶相
花)와 노경련화(盧景蓮花), 홍청□화(洪淸□花), 추□□□(秋□□□), 장□광화(張□
光花), 김도덕심(金道德心), 박□화(朴□華) 등 7명의 상궁이 뜻을 모아 왕대비 효
정왕후의 건강과 안녕을 기원하며 발원, 조성하였다. 효정왕후는 1844년(헌
종 10) 헌종의 정비인 효현왕후가 승하하자 중궁에 책봉되었으나 5년 뒤인
1849년(헌종 15)에 헌종이 승하하고 철종이 즉위하자 19세의 어린 나이로 대
비가 되었으며, 1857년(철종 8) 시할머니 대왕대비 순원왕후가 승하하자 왕대
비가 되었다.

91 1867년에 조성된 보문사 신중도도 상궁 차씨가 조성했다는 기록이 있는데, 두 작품의 조성 시기가
  비슷한 것으로 보아 동일인일 가능성이 높다.

　　1872년(고종 9)에 조성된 보광사 명부전 지장시왕도(도 68)는 상궁과 고위
관료가 함께 발원하여 제작하였다. 화기에는 이 불화를 시주한 인물로 "단
월(檀越) 영상(領相) 김공병학(金公炳學), 부사(府使) 이공창호(李公昌浩), 목사(牧使)
신공석희(申公錫熙), 상궁 윤씨대심화(尹氏大心花), 상궁 홍씨대원각(洪氏大圓覺),
신녀(信女) 정씨보덕화(鄭氏普德化), 신상철(申祥哲), 윤덕원(尹德源)"이 기록되어
있어 2명의 상궁과 3명의 고위 관료가 함께 발원, 조성했음을 알 수 있다. 상
궁과 함께 불화를 발원한 영상 김병학은 이조판서 김수근(金洙根)의 아들이자
철종의 장인인 영은부원군 김문근의 조카로, 안동 김씨 세도정치를 배경으
로 대사헌·판서·좌의정·영의정 등을 역임하였다. 고종이 즉위하고 흥선대
원군이 집권하면서 안동 김씨 세력이 제거되었으나, 김병학은 고종 즉위에
노력한 공로와 딸을 며느리로 줄 것을 약속한 평소의 친분으로 1864년(고종
1) 이조판서에 기용되었으며, 1865년(고종 2)에 공조판서·좌찬성을 거쳐 좌
의정이 되었다. 또 부사 이창호는 장연부사(長淵府使)를 역임하였으며,[92] 목사

92　長淵府使 李昌鎬를 뜻하며, 浩는 鎬의 誤記로 보인다. 그에 관해서는『高宗實錄』, 高宗 5年 6月 27日條
　　에 "長淵前府使 이창호는 일찍이 호남에서 치적이 뛰어나다고 들었는데 이번에는 등급이 낮아서 파

신석희[93]는 1848년(헌종 14) 증광문과(增廣文科)에 병과(丙科)로 급제하여 사관(史
官)을 지내고 1850년(철종 1) 황해도 암행어사를 거쳐 도청(都廳) 응교(應敎)·순
천부사(順川府使)를 지내고 부제학·도승지를 거쳐 1870년(고종 7)에 이조판서
가 되었다. 김병학과 신석희는 평소 불심이 깊었던 듯 1864년(고종 1)에 보광
사 명부전의 시왕상을 중수하고 개채·개금할 때 함께 시주로 참여하였다.

　사찰에서 이루어진 특정한 법회를 위해 상궁들이 불화를 시주하는 경우
도 있었다. 보광사 십육나한도(도 69)는 상궁 계유생 원씨(元氏)가 수월도량공
화불사 때 고종·명성황후·대왕대비 조씨·왕대비 홍씨·대비 김씨·순종 등
의 수만세를 기원하며 시주, 조성하였으며, 화장사 괘불도(1901) 역시 수월도
량공화불사 때 상궁 김씨 등이 대시주가 되어 조성하였다. 수월도량공화불
사란 "물에 비친 달 그림자, 허공 중의 꽃과 같이 텅 비어 공한 도량의 불사"

직되었으니 어째서 이처럼 앞뒤가 같지 않은가? 형장을 남발하고 단속을 허술히 하였다고 평가한 것
은 틀림없이 按察하느라 그렇게 할 수밖에 없었을 것이다. 이미 이전의 치적을 알고 있으니 다시 다
음번을 관찰해야 할 것이다. 특별히 仍任시켜 빨리 마음가짐을 새롭게 하여 성과를 이룩하게 하고,
辭朝하지 말고 부임하게 하라"라는 기록이 보인다.
93　申錫禧의 誤記로 보인다.

라는 말이다. 물속에는 실제 달이 없고 허공 중에는 본래 꽃이 없으므로 볼 수 없는데 본래 실재하지 않는 것을 실재하는 것이라고 잘못 아는 것은 망상 이라는 것을 깨우치는 불사로,[94] 조선 중기에 보우가 도량의식의 관법(觀法) 에 관하여 요점을 문답 형식으로 서술한 「수월도량공화불사여환빈주몽중 문답(水月道場空花佛事如幻賓主夢中問答)」이 전하는 것으로 보아 조선 중기부터 시 작된 듯하다. 조선 후기에 이르러서는 수월도량공화불사 때 불화를 조성한 것을 자주 볼 수 있다. 1786년(정조 10)에는 취서사에서 수월도량공화불사 때 괘불도를 조성하였으며,[95] 1901년(고종 38)에는 귀빈 엄씨 등이 돌아가신 부모 를 위해 봉원사 수월도량공화불사 때 괘불도를 시주하였으며, 또 같은 해 화 장사에서도 수월도량공화불사 때 괘 불도와 팔상도를 제작하였다.[96]

반면, 망월사 괘불도(도 70)는 만일 회(萬日會)를 기념하여 상궁 하정덕혜 (河淨德慧)·김수혜월(金修慧月)·홍화경 생(洪華鏡生)·배홍련화(裵紅蓮華)·홍묘 혜월(洪妙慧月)·박법성화(朴法性華)·이 보상화(李寶相華) 등 7명의 상궁이 함 께 발원하였다. 만일회는 만일염불회 (萬日念佛會)라고도 하는데, 1만 일의 기 간을 정하여 뜻을 같이하는 불자들 이 염불당에 모여서 염불하는 법회이 다. 통일신라시대 경덕왕(재위 742-765)

도 70 망월사 괘불도, 1887년, 견본채색, 640×354cm, 경기 의정부 망월사 소장.

94 김정희, 「조선 말기 정토신앙과 아미타계 괘불화」, 160-162쪽.
95 『괘불조사보고서』 3(국립문화재연구소, 2004), 49쪽.
96 화장사는 수월도량공화불사를 거행한 사찰로 유명하였다고 한다.

때 진주에 거주하는 수십 명의 거사들이 서방정토에 뜻을 두고 미타사를 창건하여 1만 일을 기약하며 수행하는 만일계(萬日契)를 만들었던 것에서부터 시작되었다.[97] 조선시대에 이르면 『염불작법(念佛作法)』, 『미타참절요(彌陀懺節要)』, 『예념왕생문(禮念往生文)』 등 염불과 관련된 저서가 간행되면서 아미타신앙이 크게 유행함에 따라 만일회가 성행하였다. 만일회는 19세기 말-20세기 초까지도 지속되어 고양 흥국사·울진 불영사·북한산 화계사·신촌 봉원사·안암동 개운사·청도 운문사·해인사 원당암·통도사 극락암·도봉산 망월사·강남 봉은사 등 전국 여러 사찰에서 만일염불회가 성황을 이루었다고 한다.[98] 따라서 망월사 괘불도는 19세기 후반 망월사에서 개최된 만일회를 기념하여 상궁이 시주, 조성한 작품으로, 당시 상궁들의 불교신앙을 잘 보여 준다고 할 수 있다.

상궁들은 새로운 불사를 행하기도 했지만 기존의 불상이나 불화 등을 보수하고 공양하는 데에도 시주자로 참여하였다. 서울 흥천사 천수관음보살좌상(도 71)은 42개의 손을 가진 천수관음보살상으로, 현재 흥천사 극락보전에 봉안되어 있다.[99] 42개의 손은 따로 주조하여 연결하였으며, 일부 손이 결손되어 나무로 대체한 것과 후대에 보완된 것으로 보이는 지물을 제외하고 비교적 완전한 모습을 보여 준다. 방형에 가까운 얼굴에는 눈이 가늘고 깊게 파였으며 코는 윗부분이 평평하고 입술은 작은 편인데, 양쪽 광대뼈 부분이 강조되었다. 높은 보계에 높은 보관을 쓰고 천의를 걸쳤으며, 상체에 비해 무릎의 높이가 낮고 허리가 길어 세장한 느낌을 준다. 이 상이

---

97 『三國遺事』 感通 第7 郁面婢念佛西昇條.

98 정병삼, 「19세기의 佛敎界의 사상적 추구와 佛敎藝術의 변화」, 164-165쪽.

99 흥천사 천수관음보살좌상에 대해서는 유근자, 「흥천사 42手千手千眼觀音菩薩坐像의 信仰과 圖像」, 『흥천사 사십이수천수천안관음보살상의 재조명』(한국미술사연구소, 2015); 주수완, 「興天寺 千手觀音像의 제작기법에 대한 고찰」, 『강좌 미술사』 49(한국미술사연구소·한국불교미술사학회, 2017); 문명대, 「흥천사 四十二手 千手千眼觀音菩薩像의 도상특징과 편년연구」, 『강좌 미술사』 49(한국미술사연구소·한국불교미술사학회, 2017) 등 참조.

언제, 어떻게 조성되었는지는 확실치 않지만 1894년(고종 31)에 조성된 「삼각산흥천사사십이수관세음보살불량시주(三角山興天寺四十二手觀世音菩薩佛糧施主)」에는 상궁 홍경심화(洪敬心華)가 100량과 쌀 1석, 상궁 이자인화(李慈仁華)가 100량을 시주하였다고 기록되어 있어[100] 19세기 말에 상궁들이 보살상의 공양을 위한 시주를 행했음을 알 수 있다.[101] 상궁들은 때로 왕명을 받들어 대신 불사를 행하기도 했

도 71 흥천사 천수관음보살좌상, 고려 말-조선 초, 높이 71.5cm, 서울 성북구 흥천사 소장, 보물 제1891호.

다. 1905년(고종 42)에 이루어진 봉원사 불사에서는 상궁 김대기심(金大起心)이 왕명을 받들어[奉命] 삼각산 봉원사에 극락구품도·삼장보살도·감로도·신중도 등을 조성했다. 왕실의 최측근으로서 시중을 들던 상궁들은 그들의 뜻을 대행하여 불사를 담당하였으며, 이 과정에서 자연스레 불교에 대한 관심이 생겼을 것이다.

상궁들은 고위 관료들과 함께 불사를 행하기도 했다. 19세기 전반에서 후반에 걸쳐 이루어진 봉은사의 불화 조성 시 현왕도(1844)를 발원한 상궁 □

---

100 「三角山興天寺四十二手觀世音菩薩佛糧施主懸板」(1894), "三角山興天寺四十二手觀世音菩薩佛糧施主 尙宮淸信女丙申生洪氏敬心華錢文百兩 米壹石 尙宮淸信女辛丑生李氏慈仁華錢文百兩 辛卯三月日 化主釋暎曇 大房重修時施主 尙宮淸信女丙申生洪氏敬心華錢百兩 米一石 尙宮淸信女辛丑生李氏慈仁華錢百兩 米一石 乙酉四月日化主釋暎曇 冥府殿重建時大施主 醴醬與饌著等物亦 獻納 尙宮淸信女丙申生洪氏敬心華文一千兩米二石尙宮淸信女辛丑生李氏慈仁華文一千兩 甲午二月十八日始役五月十五日終役化主暎曇."

101 현판 기록 외에 1929년에 발간된 『조선미술사(Geshichte der koreanischen Kunst)』에도 흥천사 천수관음보살좌상의 흑백사진이 남아 있다. 또 최근에 공개된 성균관대학교박물관 소장 유리원판(1937) 자료에서도 극락보전에 봉안된 천수관음보살좌상의 모습을 확인할 수 있다.

제5장 조선 말기: 서울 인근 사찰의 왕실 불사

도 72 봉은사 대웅전 삼세
불도, 1892년, 견본채색,
319.7×291.8cm, 서울 강남
구 봉은사 소장.

씨·묘각화(妙覺華)를 비롯하여 괘불도(1886)의 인권대시주(引勸大施主)인 김대
각화(金大覺華)·김청정화(金淸淨華), 대웅전 삼세불도(1892, 도 72)를 시주한 이대
각화(李大覺華)·태묘덕운(太妙德雲), 대웅전 감로도를 시주한 신경덕화(申景德
華), 영산전 영산회상도를 시주한 김청정화·이대각화·정유생(丁酉生) 이씨(李
氏)[102]를 비롯하여 대웅전 신중도(1844)를 시주한 여러 명의 상궁들은 대부분
법명을 갖고 있어 불심이 매우 깊었던 것 같다. 순화궁 김씨와 민두호 등 왕
실 및 세도가와 함께 불사를 했던 것으로 볼 때 제조상궁 또는 지밀상궁이었
을 가능성이 크다.[103]

　1907년(고종 44)과 1908년(순종 1)에 이루어진 서울 은평구 수국사 불사는
고위 관료들도 왕명을 받들어 왕실의 불사에 참여했음을 보여 준다. 현재
수국사에는 1907년(고종 44)에 일괄 조성된 불화 6점과 1908년(순종 1)에 조성
된 괘불도 등 7점의 불화가 전하고 있다. 이 불화들은 조선 왕조 최말기 때
의 작품으로서, 왕실의 후원에 의해 황제·황태자·황태자비·황귀비·의친
왕·의친왕비·영친왕의 안녕과 천수를 기원하며 제작되었다. 현존하는 불
화는 7점에 불과하지만, 아미타불도(1907)의 화기에 의하면 대웅전 상단탱·

102 돌아가신 은사 春潭 世恩과 남편 金在龍, 상궁 劉最□花 등의 영가천도를 위하여 제작하였다.
103 김정희, 「서울 奉恩寺 佛畵考」, 133-138쪽.

도 73 　수국사 극락구품도, 1907년, 견본채색, 158.7×254cm, 서울 은평구 수국사 소장.

대료(大寮) 상단탱·영산탱·독성탱·칠성탱·구품탱(도 73)·중단탱·감로탱·
산신탱·신중탱(2점)·현왕탱·조왕탱 등 13점의 불화가 일괄 조성되었다고
한다.[104]

　수국사는 1459년(세조 5)에 세상을 떠난 세조의 맏아들 숭(崇, 덕종으로 추존)
의 극락왕생을 위해 창건된 정인사의 옛터에 세워진 사찰로서[105] 1471년(성종
2) 성종의 모후인 인수대비가 중창하였으며 이후 선사 신현(信玄)이 주석하면
서 왕실의 원찰이 되었다. 1721년(경종 1)에는 숙종과 인현왕후를 모신 명릉
의 능찰이 됨에 따라 수국사로 불리게 되었고, 한동안 폐사되었다가 1897년
(고종 34) 월초 거연이 태자(순종)의 병을 낫게 한 공으로 왕실로부터 거금을

---

104 "大韓光武十一年丁未二月初七日神供點眼于三月初五日奉安于三角山守國寺 … 大雄殿 上壇幀 大寮 上壇
　幀 靈山幀 獨聖幀 七星幀 九品幀 中壇幀 甘露幀 山神幀 神衆幀 神衆幀 現王幀 竈王幀 合十三幀 同苦畵員
　繼恩鳳法 梵華禎雲 錦雲正基 錦湖在悟 在元 尙恩 尙昕 琦淀 幸彦 炫祥 宗玫 元尙."
105 수국사의 사적에 대해서는 「三角山守國寺碑」(1930)와 『傳燈本末寺誌 奉先本末寺誌』(아세아문화사,
　1978) 등을 참고하였다.

하사받아 1900년(고종 37)에 중창 불사를 이루었다. 당시의 불사에 대해서는 1930년에 건립된 수국사비에 자세하게 기록되어 있는데, 황실에서 24만 9920냥, 영의정 심순택(沈舜澤, 1824-1906)을 비롯해 이재순(李載純, 1851-1904), 민영환(閔泳煥, 1861-1905), 조동완(趙東完, 1876-?) 등 조정 관료 59명과 상궁 13명이 1만 8080냥을 수국사 불사에 쾌척했다고 한다. 또 전체 26만 8000냥에서 도편수 조천수에게 5000냥을 지급하고 500냥으로 소종(小鐘)을 구입하였으며 나머지 돈으로 고양군의 전답 175정(町) 11보(步)를 사서 수국사 불량답(佛糧畓)으로 했다는 것을 보면[106] 당시의 불사가 얼마나 대규모였는가를 알 수 있다.[107]

　1907년(고종 44)과 1908년(순종 1) 수국사에서 불화를 조성할 때 중심이 되었던 시주자는 고위 관료인 강재희(姜在喜)와 강문환(姜文煥), 상궁 등이었다. 그중에서도 특히 강재희[108]는 대시주자로 1907년(고종 44)의 아미타불도·극락구품도·감로도·십육나한도·현왕도·신중도 등 6점과 1908년(순종 1)의 괘불도 등 현존하는 수국사의 불화 전부를 시주하였다. 그런데 강재희의 이름 앞에는 모두 "상축 봉명 신(上祝 奉命 臣)"이라고 적혀 있어 왕명을 받들어 불

---

106 「守國寺碑」(1900).

107 月初가 작성한 「守國寺佛糧大施主記」(1900)에는 고종 일가와 수많은 관료 및 宮人 등 71인이 동참한 대규모의 불량답 시주가 수록되어 있는데, 고종과 명성황후, 그리고 황태자가 각각 錢 5만 냥을, 황태자비가 錢 5000냥, 嚴貴人이 2만 5000냥을 시주하였고, 이 외에도 錢 6만 9920냥을 더 하사하여 총 金 24만 9920냥이라는 어마어마한 금액을 시주하였으며, 영의정 이하 관료들과 왕실 친인척인 完順君과 淸安君, 그리고 內侍·宮女·乳母 등의 宮人을 합쳐 총 71인이 이 불사에 대거 참여하여 총 金 5360원을 시주하였다고 한다. 「守國寺佛糧大施主記」: "大皇帝陛下 錢五萬兩, 明星皇后仙駕 錢五萬兩, 皇太子殿下 錢五萬兩, 皇太子阿只氏 錢五千兩, 貴人媽媽 錢二萬五千兩, 又下賜 錢六萬九千九百二十兩 計 金二十四萬九千九百二十兩 … 同參錄 領議政 沈舜澤 文二百兩, 議政 閔泳奎 文二百兩, 同 尹容善 文二百兩, 同 李根命 文一百兩, 永平君李景應 文三百兩, 完順君李載完 文一千兩, 淸安君李載純 文一千兩, … 奉侍 姜錫鎬 文二百兩, 同 金圭復 文二百兩, … 尙宮乙酉生安氏 文二百兩, 乳母乙巳生閔氏文一百兩, 尙宮辛亥生金氏文一百兩 計文一萬八千八十兩 兩合當文二十六萬八千兩 換算金五千三百六十圓也," 震湖生, 「守國寺開山碑除幕式을 보고서」, 『佛教』 78, 1930.

108 아미타불화의 화기에도 밝혀져 있듯이 1907년에 총 13점의 불화가 함께 제작되었던 사실을 볼 때 강재희가 시주한 불화는 총 14점에 달한다. 강재희의 불사에 대해서는 김정희, 「조선말기 왕실의 불사와 수국사 불화」, 194-197쪽 참조.

화의 대시주를 맡았던 것임을 알 수 있다. 강재희는 풍경궁(豊慶宮) 참서관(參書官, 정5품), 은역소감동(銀役所監董, 정3품)을 지낸 구한말의 관료로, 수국사에서 불화 조성의 대시주로 참여할 즈음하여 고종의 어진과 왕세자의 초상이 안치되어 있던 풍경궁의 참서관을 지냈고 궁 안의 일을 맡아 보던 궁내부(宮內府) 소속의 전선사(典膳司, 사옹원)에서 근무하는 등 왕실 가까이에 있었다.[109] 이러한 인연으로 강재희는 왕명을 받들어 1907-1908년의 수국사 불사를 맡게 된 것으로 보인다. 그가 이러한 불사를 행할 수 있었던 것은 그 자신 또한 불심이 깊은 신자였기 때문이다. 그는 동생 강재응과 함께 부모를 위하여 『천존각온황신주경언해(天尊却瘟瘟神呪經諺解)』(디지털 한글박물관 소장)를 1000권 인출하였으며, 아버지 강문환 및 가족들과 함께 『불설대보부모은중경(佛說大報父母恩重經)』(한국학중앙연구원 장서각 소장)을 간행하기도 했다. 그는 수국사 불화를 발원하고 한 달 후인 1907년(고종 44) 3월에는 황제 폐하와 황태자, 황태자비, 의친왕, 영친왕의 안녕과 천수를 기원하며 경기도 천보산 불암사에 아미타불도, 신중도 등 불화를 조성하고 불상을 개금하는 불사를 행하였다. 불상 6구를 개금할 때에는 아버지와 함께 황금대시주로 참여하였고,[110] 1924년에는 현재의 서울 종로구 창신동에 지장암을 중건하는 등[111] 많은 불사를 행했다.

---

109 『承政院日記』, 高宗 43年 11月 21日條.
110 불암사 대웅전 아미타불화 및 신중도 화기 참조. 『韓國의 佛畵 33―奉先寺本末寺篇』(聖寶文化財硏究院, 2004), 219-220쪽.
111 지장암 주지 正哲에 의하면 강재희의 집은 삼선교 부근으로 집 안에 공방이 있었으며, 강문환은 도선사 대방 중창기를 썼다고 한다.

제 6 장

왕실 불사의 현장

1 내불당(內佛堂)

조선시대에 왕실 불사는 어디에서 이루어졌을까? 궁궐 안에 설치되어 원불(願佛)을 모시고 선대왕의 명복을 기원하거나 궐내에서 불·보살의 가피를 기원하고 각종 불교 행사를 행했던 내불당(또는 내원당), 궁궐 여인들의 종교적 귀의처가 되었던 비구니 도량인 정업원과 자수궁 등 왕실 인물들의 개인적인 원당(원찰) 등이 바로 왕실 불사의 현장이자 중심지라고 할 수 있다.

내불당(또는 내원당)은 궁궐 내에 설치된 사찰에 준하는 전각으로 부처에게 예불하며 현세의 제난(諸難)과 괴변을 극복하기 위한 도량과 각종 재회(齋會)들이 행해지던 곳이다.[1] 궁궐 안에 불당을 설치하는 전통은 고려시대부터 시작되었다. 1228년(고려 고종 15) 7월 "내원당 괴화나무에 벼락이 쳤다"라는 기사에서 내원당이라는 용어가 가장 먼저 등장하는 것으로 보아[2] 적어도 13세기 초반에는 개성의 궁궐 안에 내불당이 설립되었음을 알 수 있다. 이후 1269년(원종 10) 12월 "내원당에서 관정도량(灌頂道場)을 열었다"라는 기록이 보이는데,[3] 이 시기는 강화도에 천도했던 시기(1232-1270)여서 개성의 내불당과는 또 다른 내불당이 강화도에 있었던 것 같다. 강화도에서 환도한 후

---

1 궁궐 안에 설치되었던 불당은 내원당 또는 내불당이라 하였는데 태조와 태종대에는 고려를 이어 내원당이라 불렀다. 세종 초에는 내원당과 내불당으로 나타나며 세조, 성종대 이후에는 대부분 내불당으로 불리는가 하면 연산군과 중종대에는 둘을 혼용해서 불렀다. 조선 초기 내원당과 내불당의 용례에 대해서는 이기운, 「조선시대 내원당의 설치와 철폐」, 『한국불교학』 29(한국불교학회, 2001), 253-280쪽에 자세하게 정리되어 있다. 이 책에서는 조선시대의 예를 따라 내불당이라고 칭하기로 한다.

2 『高麗史』, 高宗 15年 7月條.

3 『高麗史』, 元宗 10年 12月條.

에도 내불당은 계속 존립되었다. 1313년(충숙왕 즉위년) 3월, "왕이 내원당에 거둥하여 현판 위의 시를 지으니 총애받는 신하 호군 윤석(尹碩)과 중 계송(戒松) 등이 화답하여 올렸다"라는 기록,[4] 1318년(충숙왕 5) 10월에 "왕이 친히 내원당에서 영보도량(靈寶道場)을 베풀었다"라는 기록,[5] 1319년(충숙왕 6) "왕이 내원당으로 이어하니 그 후 사제(私第)나 사원으로 이어한 것이 말할 수 없을 정도였다"라는 기록[6] 등에서 몽골 점령기인 14세기 전반경에는 궁중 불당으로서의 내불당이 확고하게 자리 잡은 사실을 확인할 수 있다. 그런데 충숙왕이 내불당으로 이어했다는 기록을 보면 당시 내불당은 혹 궐 안이 아니라 궐 밖에 위치하고 있었던 것이 아닌가 하는 추정이 가능하다.[7] 또한 숭불시대였던 고려시대에 내불당에 관한 기록이 많지 않은 것은 개경 인근의 사찰들이 대부분 왕실과 귀족들의 원당이었기 때문에, 왕과 왕실의 불교 신행에 있어 궁궐 내의 내불당이 큰 역할을 하지 못했기 때문이 아닌가 생각된다. 그러나 억불시대였던 조선시대에 이르러 내불당은 명실공히 왕실 불교의 중심지로 변모하였다.

조선 초기 내불당에 관한 기록은 태조 때부터 나타난다.[8] 태조는 1393년(태조 2) 내원당 감주(監主) 조생(祖生)을 만나 신도읍 건설에 승려의 참여를 부탁하였으며, 이어 1397년(태조 6)에는 인왕사에서 내원당 감주 조생을 만났고, 다음 해인 1398년(태조 7) 태조가 인왕사에 갔을 때 내원당 감주 조생이 오대산에서 와서 왕을 만났다는 기록이 보인다. 그런데 여기에서 태조가 조

---

4 『高麗史』, 忠肅王 元年 3月 癸丑條 및 『高麗史節要』, 忠肅王 元年 3月條.
5 『高麗史』, 忠肅王 5年 10月 壬寅日條. 영보도량은 도교의 최고신인 三淸 중 上淸을 의미하는 것으로 불교의식이지만 실제로는 도교의 신을 모신 의식이었던 것으로 보인다.
6 『東史綱目』 第13下 己未年 忠肅王 6年條.
7 당시 궁궐 및 사원의 불사에 대해서는 김창현, 「고려 강도의 신앙과 종교의례」, 『인천학연구』 4(인천대학교 인천학연구원, 2005), 1-37쪽.
8 이하 내원당 및 내불당 관련 기록은 이기운, 「조선시대 내원당의 설치와 철폐」, 258-260쪽을 참고하였다.

생을 인왕사에서 만나고 또 조생이 태조를 만나기 위해 오대산에서 왔다는 기록은 내불당이 궐내에 있지 않았음을 말해 준다. 즉 조선 초에 내불당은 고려시대를 이어 개성에 있는 내불당을 그대로 사용했던 것으로 보이는데,[9] 개성의 내불당은 태종이 즉위한 이후 척불책이 단행되고 유생들이 그 소요 경비를 트집 잡아 혁파를 집요하게 주장함에 따라 1412년(태종 12)에 마침내 폐지되었다.[10]

한편, 태조가 병이 나자 태종은 부왕을 위해 덕수궁 옆에 장막을 치고 승려 100명을 모아 약사정근(藥師精勤)을 하면서 어의를 벗어 약사여래상에 바치고 손수 연비를 하였으며, 연수정근(延壽精勤)·구병정근(救病精勤) 등 정성을 기울였으나 태조는 별전에서 승하하였다. 이에 태종은 태조가 승하한 다음 해인 1409년(태종 9) 부왕을 위해 한양 궁궐 문소전(文昭殿) 옆에 새로 내불당을 설립하였다. 당시 내불당 설치에 대해 신하들은 "이미 건원릉에 개경사를 지었고 또 제릉(齊陵)에 연경사를 지었는데 군이 궁궐 안에 별전(別殿)을 지어 부처를 받들 필요가 있느냐"라며 내불당 설치를 반대하였으나 왕이 기도하는 곳을 만들기 위해 왕궁에 별전을 지어 부처와 노자를 모셨다고 한다.[11] 따라서 당시 내불당은 원래 불상을 모셔 놓고 태조의 명복을 비는 추천불사(追薦佛事)를 행하기 위해 건립되었으나 후에는 모든 선왕들의 명복을 비는 왕실의 원당이 되었음을 알 수 있다.[12]

---

9   이기운은 조생이 내원당 감주이면서 인왕사와 오대산에 주석하고 있었으며 조생과 태조의 만남이 이루어진 태조 6년과 7년은 조선이 도읍을 한양으로 옮긴 뒤인데 태조 2년 이후 새로이 한양에 내원당을 설치했다는 기록이 없는 것으로 보아 당시 개성의 내원당이 한양에서 멀리 떨어져 있어서 조생이 한양 인왕사에 거주하면서 태조가 인왕사에서 조생을 만났을 것이라고 하였다. 따라서 이때의 인왕사는 한양 대궐과 가까운 내원당으로서의 성격을 가진 사찰이었을 것으로 추정하였다. 이기운, 앞 논문, 264쪽. 이에 대한 증거로 『新增東國輿地勝覽』卷3「漢城府」에 "내불당은 인왕산에 있다"라는 기록을 근거로 삼았다.
10   『太宗實錄』, 太宗 12年 7月 29日條.
11   『太宗實錄』, 太宗 9年 8月 9日條.
12   『世宗實錄』, 世宗 15年 2月 16日條.

1   내불당(內佛堂)

내불당은 불과 3년 후인 1412년(태종 12)에 내불당과 정업원을 철폐하라는 신하들의 주청에 의해 잠시 철폐되었으나 그 후 다시 건립된 듯하다. 1419년(세종 1) 8월에 사리를 구해 오라는 황제의 명을 받고 명나라 사신 황엄(黃儼)이 내조(來朝)했을 때 조정에서는 흥천사 석탑에 보관해 오던 불골사리(佛骨舍利)·패엽경(貝葉經)·가사(袈裟) 등의 보물을 궐내 내불당에 옮겨 오도록 명하고[13] 9월에 황엄을 내불당으로 불러 사리를 하사하였으며,[14] 이듬해 8월에는 내불당에서 법화경을 사경하였다.[15] 당시 내불당은 창덕궁 담 밖에 있던 문소전의 동쪽에 위치하였는데, 1433년(세종 15) 선왕들의 위패를 봉안한 문소전이 경복궁으로 이전함에 따라 문소전 옆에 있던 내불당도 철폐되었다. 문소전 불당이 철폐되자 내불당에 봉안되어 있던 불상과 불구(佛具)는 흥천사로 옮겨졌으며,[16] 1434년(세종 16) 10월 내불당에서 행하던 오교양종(五敎兩宗) 승려와 왕과의 하례도 폐지하기에 이르렀다.[17] 그러다 1438년(세종 20)에 흥천사 사리각을 수리하면서 내불당의 불상들은 궐 안의 상의원(尙衣院)으로 옮겨졌으나,[18] 상의원에 불사리를 들여오는 것을 반대하는 유생들의 상소가 이어짐에 따라 결국 불골과 사리 및 불상은 다시 흥천사로 이관되는 수난을 겪었다.[19]

한편, 세종은 말기에 불교에 심취하여 많은 불사를 행하면서 1448년(세종 30) 7월 17일 문소전 서북쪽에 다시 내불당을 건립하라고 승정원에 하교하였다.[20] 이에 영의정 황희(黃喜)를 비롯하여 내불당 설립을 반대하는 관료와

---

13 『世宗實錄』, 世宗 1年 8月 23日條.
14 『世宗實錄』, 世宗 1年 9月 7日條.
15 『世宗實錄』, 世宗 2年 8月 11日條.
16 『世宗實錄』, 世宗 15年 1月 30日條.
17 『世宗實錄』, 世宗 16年 10月 30日條.
18 『世宗實錄』, 世宗 20年 6月 26日條.
19 『世宗實錄』, 世宗 20年 7月 11日條.
20 『世宗實錄』, 世宗 30年 7月 17日條.

제6장 왕실 불사의 현장

유생들의 반대가 극심하였으나 세종은 끝내 내불당 불사를 추진하였으며, 그해 12월 5일 내불당이 완성됨에 따라 5일간 경찬회(慶讚會)를 열고 전국에서 올라온 승려들에게 반승(飯僧)하였다.[21] 당시 새로 지은 내불당은 정당(正堂) 1칸, 동서의 낭사(廊舍) 각 3칸, 문 3칸, 부엌 3칸으로 승려 7명이 상주하였으며,[22] 금으로 된 인왕불(仁王佛)·아미타삼존불·옥불상·사리·법보(法寶) 등이 봉안되었다.[23]

문종, 단종대에는 내불당이 대궐과 문소전 뒤에 있어 산혈을 막고 문소전의 혼령이 좋아하지 않는다는 이유로 불당을 폐지하라는 상소가 이어졌다.[24] 그러나 세종께서 지은 것이므로 그대로 유지하자고 하여 내불당은 철폐되지 않고 유지되었다.[25] 이어 즉위한 세조는 호불 군주였기에 1457년(세조 3) 1월 내불당에서 법석을 베푼 것을 비롯하여[26] 1459년(세조 5) 4월에는 부처님 탄신일 간경회(看經會)를 개최하였으며, 세종의 둘째 서자인 계양군의 치병기도를 행하기도 했다.[27] 또한 1466년(세조 12) 9월에는 세조의 치병을 위해 김수온(金守溫, 1409-1481), 강희맹(姜希孟, 1424-1483)이 행향사(行香使)가 되어 공작기도재(孔雀祈禱齋)를 개최하는 등 내불당에서 많은 불사가 이루어졌다.[28] 예종대에는 1469년(예종 즉위년) 9월 혜성 출현으로 내불당에서 도량을 열어 기도하였으며[29] 1470년(예종 1) 1월에는 내불당에서 왕의 족질(足疾)기도가 이어졌다.[30] 또 7월에는 기우제를 지내고[31] 11월 왕의 치병기도가 행해지는 등

21 『世宗實錄』, 世宗 30年 12月 5日條.
22 『世宗實錄』, 世宗 30年 7月 17日條.
23 『世宗實錄』, 世宗 30年 12月 9日條.
24 『文宗實錄』, 文宗 卽位年 4月 14日條.
25 『端宗實錄』, 端宗 2年 1月 4日條.
26 『世祖實錄』, 世祖 3年 10月 3日·15日條.
27 『世祖實錄』, 世祖 5年 4月 8日條.
28 『世祖實錄』, 世祖 12年 9月 28日條.
29 『睿宗實錄』, 睿宗 卽位年 9月 27日條.
30 『睿宗實錄』, 睿宗 1年 1月 6日條.
31 『睿宗實錄』, 睿宗 1年 7月 13日條.

내불당을 중심으로 한 불교 행사는 계속되었다.[32]

성종이 즉위하면서 내불당이 왕궁의 내맥(來脈)[33]에 영향을 주므로 혁파해야 한다는 주청이 이어짐에 따라[34] 내불당을 옛 장의동 화약고 터로 옮기는 공사가 시작되었다.[35] 2년여에 걸친 공사 후 불당이 완성됨에 따라 1474년(성종 5) 내불당에서 왕비를 위한 기도가 이루어지는 등[36] 내불당은 복세암(福世庵), 원각사와 함께 중요한 불당으로 자리 잡았다. 당시 내불당의 유지 비용 문제에 대해 많은 논란이 있어 계속 철폐 시비가 이어지기도 했지만 성종대에 내불당은 그대로 유지되었다.

연산군대에 이르러도 내불당의 철폐 시비는 계속되었다. 내수사로 하여금 봉선사 등 12개 절과 내불당에 잡인 출입을 규찰하게 하고[37] 내불당에 지급하던 쌀과 미곡, 채소 등을 지급하지 못하게 하는 등 규제가 잇달았다. 드디어 1504년(연산군 10) 7월 15일에 내불당과 남산에 있는 집들을 철거하고 7월 29일 내불당을 흥천사로 옮김으로써 사실상 내불당은 철폐되었다.[38] 연산군에 이어 즉위한 중종은 연산군 때 나라에 빼앗겼던 내불당의 토지를 모두 환속하라는 전교를 내림으로써 내불당 소속의 위전이 모두 환속되었다.[39] 중종은 이미 폐지된 도성 안의 내불당을 다시 재건하려 하였으나 조정 대신들의 반대에 부딪혀 3년간은 내불당을 복원하지 않기로 하였고,[40] 이에 따라 내불당은 황폐해진 채로 명맥만을 유지하였다. 그러나 내불당을 허물라는 주청이 계속 이어졌고, 결국 1517년(중종 12) 노비와 전답이 내수사에 편

---

32 『睿宗實錄』, 睿宗 1年 11月 28日條.
33 내맥은 풍수에서 太祖山에서 穴處로 이어지는 산 능선 전체를 말한다.
34 『成宗實錄』, 成宗 1年 2月 11日條.
35 『成宗實錄』, 成宗 1年 2月 12日條.
36 『成宗實錄』, 成宗 5年 4月 11日條.
37 『燕山君日記』, 燕山君 6年 4月 19日條.
38 『燕山君日記』, 燕山君 10年 7月 15日·29日條.
39 『中宗實錄』, 中宗 1年 10月 22日條.
40 『中宗實錄』, 中宗 2年 1月 13日條.

입되면서 내불당은 완전히 철폐되었다.[41] 이처럼 조선 초기 태종대에 태조의 명복을 빌기 위한 궁궐 내 불당으로 창건된 내불당은 존립과 철폐를 거듭하다가 중종대에 이르러 완전히 혁파되었다.

그렇다면 내불당에서는 어떤 의례와 불사가 이루어졌을까? 앞에서도 살펴보았듯이 돌아가신 왕의 명복을 빌며 추천불사를 행하거나 4월 초파일에 간경회가 개최되기도 했으며, 왕과 대군들의 치병기도 및 기우제 등 다양한 불교의식이 이루어졌다. 내불당 안에는 불상과 갖가지 불구들이 진설되어 있어 사찰과 동일한 모습이었던 것 같다. 태종은 즉위하자마자 내불당에 인왕불을 옮겨 안치하였으며[42] 1400년(정종 2)에도 인왕불을 내불당에 모셨다. 이 불상은 원래 환관들이 원불로서 오랫동안 궁중에 모셔 두었던 것으로, 태종 즉위 후 왕에게 바치고자 하였으나 태종이 이를 받아들이지 않고 내불당에 안치하여 주불이 되었다고 한다.[43] 1433년(세종 15) 문소전 불당을 철폐했을 때 불상과 여러 불구는 흥천사로 옮겼는데, 1438년(세종 20) 6월 내불당의 불상과 사리를 흥천사에서 궐내 상의원으로 옮겼다가 상소가 있어 다시 흥천사로 보냈다는 기록이 보인다. "옛날 불당의 금으로 만든 인왕불과 아미타삼존상 및 옥불상, 불치(佛齒), 불골(佛骨) 등은 아직까지 남아 있다"[44]라는 기록은 내불당에 인왕불과 아미타삼존상, 옥불상 등 다양한 종류의 불상이 봉안되었으며, 왕실 사원의 격조에 맞게 금불상, 옥불상 같은 호화로운 불사가 이루어졌음을 알려 준다.

조선 초기 궁궐에 설치되었던 내불당은 창덕궁 또는 경복궁의 문소전 옆

---

41 『中宗實錄』, 中宗 12年 7月 8日條. 명종 5년(1550)경부터 궐 내외에 많은 내불당이 설치되어 유행했지만 그것은 기존에 왕실에서 운영되어 온 내불당과는 성격이 다른 것이므로 뒤의 비구니 사찰에서 다시 언급하기로 한다.
42 김영태, 『한국불교사개설』(경서원, 1986), 249쪽.
43 『定宗實錄』, 定宗 2年 11月 13日條.
44 『世宗實錄』, 世宗 30年 12月 9日條.

에 있었다고 한다.[45] 문소전은 태조비 신의왕후(神懿王后)를 모신 사당으로, 1396년(태조 5)에 건립되어 신의왕후의 위패를 모신 뒤 인소전(仁昭殿)이라고 하였다. 1408년(태종 8)에 문소전으로 고쳤는데, 1433년(세종 15) 태조와 태종의 위패를 모시면서 조선 초기 왕실의 대표적인 사당이 되었다.[46] 따라서 문소전 옆에 돌아가신 선왕선후의 명복을 비는 내불당이 위치했던 것은 당연한 일이었을 것이다. 불당을 궁성 옆에 창건하였다는 기록,[47] "세종 말년에 내불당을 대궐 북쪽에 지었는데, 전하(성종)가 즉위하자 불당은 궁성 가까이 있는 것이 마땅치 못하다고 말하는 자가 있어서 다른 곳으로 옮기기를 명하였다"[48]라는 기록은 내불당이 경복궁 가까이, 경복궁의 북쪽에 있었음을 확실하게 보여 준다. 이에 대해 내불당이 대궐 담과 잇대어 있었을 것이 분명하기 때문에 궐문을 통해 내불당으로 드나들었을 것으로 보기도 하며, 내불당이 문소전 옆에 있었던 점으로 보아 경복궁도(景福宮圖, 18세기경, 삼성출판박물관 소장)에 문소전이 표시된 위치, 즉 경복궁의 동북 모서리에 내불당이 위치하고 있었다고 보기도 한다.[49] 그러나 내불당은 1456년(세조 2) 장의동 화장터의 옛터로 이전되었다가 1504년(연산군 10) 홍천사로 옮겨짐으로써 궁궐과는 완전히 멀어졌으며, 이에 따라 왕실의 불당으로서의 역할은 완전하게 끝났다고 할 수 있다.

삼성미술관 리움에 소장된 궁중숭불도(宮中崇佛圖, 도 74)는 조선 전기 내불당의 모습을 보여 주는 작품으로 주목된다. 이 그림은 궁궐도의 한 부분이었을 것으로 추정되는데,[50] 당시 내불당의 모습이 어떠했는가를 보여 주는

---

45 『太宗實錄』, 太宗 9年 8月 9日條.
46 문소전은 왕실의 忌祭를 지내는 곳이었는데, 원래는 선왕의 진영을 모시는 眞殿의 성격이 강했으나 세종대에 가서 『朱子家禮』에 입각한 국왕의 家廟로서의 성격을 갖게 되었다(지두환, 『朝鮮前期 儀禮研究』, 서울대학교출판부, 1994, 86–90쪽).
47 『世宗實錄』, 世宗 30年 7月 27日條.
48 『成宗實錄』, 成宗 9年 8月 4日條.
49 문명대, 「內佛堂圖에 나타난 內佛堂建築考」, 『불교미술』 14(동국대학교박물관, 1997), 159쪽.

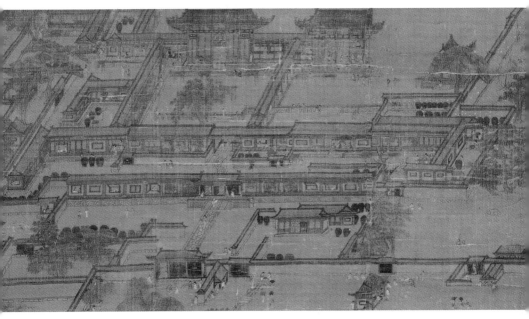

한편 궁중 내의 활발했던 호불 분위기를 엿볼 수 있는 좋은 자료이다. 그림
은 부감법으로 그려졌으며, ㄱ자로 꺾인 복잡한 담으로 둘러싸인 건물군과
회랑이 계속 이어져 있다. 화면 중심부 상단의 주 건물은 정면 5칸의 팔작지
붕 전각으로 그 안에는 수미단 위에 결가부좌한 불좌상과 보살입상 2구가
봉안되어 있다.[51] 이 건물은 가장 규모가 크며, 푸른 감색의 지붕 내림마루에
잡상이 배열되어 있어 중요한 건물로 추정되는데, 회랑 안과 마당 안에는 여
러 명의 인물들이 그려져 있어 건물 앞에서 어떤 의식을 행하고 있는 것처럼
보인다. 또 이 건물 왼쪽의 회랑에는 가사와 장삼을 걸친 승려가 있어 이 건

50 궁중숭불도에 대해서는 문명대, 앞 논문, 153-170쪽을 참조하였다. 이 작품은 일본에서 발견되어 삼
    성미술관 리움에 소장된 것으로, 현 상태로 볼 때 화재로 인해 북, 서, 남면이 절단되었고 동면은 약
    간 절단된 것으로 보고 있다.
51 문명대는 이 불상을 내불당에 봉안되었던 金三尊像으로 추정하였다. 문명대, 앞 논문, 161쪽.

물이 바로 내불당의 주 법당일 것으로 생각된다. 건물의 오른쪽 회랑과 이어져 있는 건물 역시 내불당의 일부인 것으로 보이는데, 주 법당처럼 정면 5칸의 팔작지붕이다. 그 안에는 회색 옷을 입은 인물들이 다수 배치되었으며 건물 앞에는 4기의 붉은 탁자가 놓여 있고, 건물 안에는 중앙에 위패, 좌우 양쪽에 불상이 봉안되어 있어 이 역시 내불당의 전각 가운데 하나로 추정된다.[52] 이 그림에 보이는 두 동의 건물이 정말 1448년(세종 30)에 중건된 내불당의 모습인지는 확실치 않다. 그렇지만 전각 안에 불상을 봉안한 모습이라든지 주변에 묘사된 승려의 모습 등으로 볼 때 당시 어떤 형태로든지 궁궐 옆에 내불당과 같은 예배원이 존재했던 것만은 분명하다.

---

52 문명대, 앞 논문, 160-162쪽. 문명대는 중앙에 있는 건물은 내불당의 主佛殿, 향우측의 건물은 위패를 모시고 있는 것으로 보아 願堂的 구실을 하는 건물로 추정하였다.

제6장 왕실 불사의 현장

2 비구니 사찰

　궁궐 내에 위치하여 사실상 왕실 불사의 중심이 되었던 내불당과 달리 궐 밖에 위치하여 왕실 비빈 및 선후(先后)들의 신행처 역할을 했던 곳이 정업원·자수궁·인수궁 같은 비구니 사찰들이다. 내불당이 국가의 공식적인 불당의 성격을 띠었다면 비구니 사찰은 왕실 여성들의 원당 같은 성격을 지닌 곳으로, 1661년(현종 2) 철폐될 때까지 내불당과 함께 조선 전기 왕실 불교를 이끌었다.[53] 조선 초기에는 태조의 딸 경순공주(慶順公主)와 문종의 딸 경혜공주(敬惠公主)를 비롯하여 태조의 여덟째 아들인 의안대군의 부인 심씨(沈氏), 세종의 다섯째 아들 광평대군의 부인 신씨(申氏), 광평대군의 아들 영순군(永順君)의 부인 최씨(崔氏), 세종의 아들 수춘군(壽春君)의 부인 정씨(鄭氏) 등 정변으로 남편을 잃었거나 불심이 깊었던 왕실 여성들이 출가하여 비구니가 되었는데, 그중 의안대군 부인 심씨와 수춘군 부인 정씨처럼 정업원에 머물며 주지를 지냈던 여성도 적지 않았다. 왕을 모시던 후궁들 역시 왕이 승하한 후 머리를 깎고 비구니가 되는 경우가 많았다. 후궁들은 왕이 죽으면 궁궐 밖으로 나가는 것이 일반적이었으나 갈 곳이 마땅치 않으면 대부분 자신

53　조선시대 비구니 사찰에 대해서는 현창호, 「정업원의 치폐와 위치에 대하여」, 『향토서울』 11(서울시 사편찬위원회, 1961); 김용국, 「자수궁과 인수궁」, 『향토서울』 27(서울시사편찬위원회, 1966); 한우근, 「정업원과 니승·니사 제한」, 『유교정치와 불교』(일조각, 1993); 이기운, 「조선시대 정업원의 설치와 불교신행」, 『종교연구』 25(한국종교학회, 2001); 「조선시대 왕실의 비구니원 설치와 신행」, 『역사학보』 178(역사학회, 2003); 황인규, 「조선시대 정업원과 비구니주지」, 『한국불교학』 51(한국불교학회, 2008); 「조선전기 왕실녀의 가계와 비구니 출가―왕자군의 부인과 공주를 중심으로 한 제기록의 검토」, 『한국불교학』 57(한국불교학회, 2010); 「조선전기 후궁의 비구니 출가와 불교신행」, 『불교학보』 57(동국대학교 불교문화연구원, 2011) 등 참조.

의 이름을 딴 별궁에 머물면서 내불당이나 왕실 및 귀족 사녀들의 출가도량
인 정업원에 가서 아침저녁으로 불법을 행하거나, 자수궁과 인수궁에 머물
다가 일생을 마쳤다.

1) 정업원(淨業院)

정업원은 고려시대와 조선시대 도성 안에 있던 대표적인 비구니 사찰이
다. 정업(正業)[54]이란 극락왕생의 정업인 염불을 이르는 말로, 정업원은 염불
왕생을 기원하며 불도를 닦는 곳이라는 의미로 붙여진 명칭인 듯하다. 정업
원의 설립연대는 정확하지 않지만 1164년(의종 18) 왕이 정업원에 이어(移御)
했다는 기록으로 보아[55] 그 이전에 이미 설립되었음을 확인할 수 있다. 그런
데 위의 기록 자체가 간단하여 당시 정업원이 처음부터 비구니 사찰로 설립
되었는지, 또 어디에 위치했는지는 알 수 없지만 왕이 이어했다는 기록에서
개경 도성 안 또는 가까운 곳에 있었던 것으로 추정된다. 이후 정업원의 역
할이나 의종이 정업원 외에도 여러 사찰의 여승들과 교유한 흔적이 있는 것
으로 볼 때 처음부터 비구니 사찰로 창건된 것으로 추정된다.[56]

강화도로 천도한 이후인 1251년(고려 고종 38)에는 박훤(朴暄)의 집을 정업원
으로 삼아 성안의 비구니들을 살게 하였는데, 승려들이 민간에 섞여 살면서
추한 소문이 있었기 때문에 바깥담을 쌓아 출입을 금지하였다고 한다.[57] 아
마도 천도 후 미처 비구니들이 기거할 곳을 만들지 못하자 임시로 박훤의 집
을 정업원으로 삼았던 게 아닌가 생각된다. 환도 후에는 다시 개경에 정업
원을 두었다. 1316년(충숙왕 3)에는 남편인 황주목사 이집(李緝)을 죽인 처 반

---

54 정업은 八正의 하나로 일체의 행동을 四諦의 진리에 맞는 正見과 正思惟에 따라 행하는 일을 말한다.
55 『高麗史』, 毅宗 18年 11月 24日條.
56 이기운, 「조선시대 정업원의 설치와 불교신행」, 155-156쪽.
57 『高麗史』, 高宗 38年 6月條.

씨(潘氏)가 그의 친척이자 충선왕의 총애를 받던 승려 굉민(宏敏) 덕분에 몇 번이나 왕의 교지로 풀려났음에도 결국 붙잡혀서 비구니가 되어 정업원으로 보내졌다.[58] 공민왕 사후에는 왕비였던 혜비 이씨(惠妃 李氏)와 신비 염씨(愼妃 廉氏)가 출가하여 여승이 되었는데, 혜비는 오랫동안 정업원 주지를 지내다가 1408년(태종 8) 2월에 사망하였다.[59] 또 공민왕대 화의옹주(和義翁主) 기씨(奇氏)는 강제로 머리를 깎여 비구니 사찰에 머물기도 했다.[60] 왕실 혹은 사대부 집안의 여인 등 신분이 높은 여성들이 정업원에 머물렀던 것을 보면 기씨가 머물렀던 비구니 사찰 역시 당시 왕족과 지배층 여성들이 출가했을 때 머물던 정업원 또는 안일원(安逸院)[61]이었을 것으로 생각된다.

우왕대에는 정업원 주지에 비구니가 임명되는 전통이 이루어진 듯하다.[62] 왕실이나 지배층의 부인들 가운데 남편이 죽은 후 출가한 비구니가 정업원 주지가 됨으로써 비구니 교단을 대표했는데, 나옹의 문도 중 정업원 주지 묘봉(妙峯)이 비구니로서 맨 앞에 기록되어 있는 것으로 보아 당시에는 정업원 주지가 비구니 중에서 가장 지위가 높았던 것 같다.[63] 묘장(妙藏) 비구니 역시

---

58 『高麗史』, 列傳, 趙仁規 趙延壽條.

59 『太宗實錄』, 太宗 8年 2月 3日條.

60 『高麗史』, 列傳, 盧頙條;『高麗史節要』, 恭愍王 18年 12月條.

61 안일원은 정업원과 함께 개경의 대표적인 비구니 사찰로 우왕 9년(1383) 3월에 우왕이 안일원을 방문했다는 기록이 있다. 『高麗史』 列傳, 辛禑條.

62 고려불화 가운데 1323년에 조성된 관경변상도(일본 知恩院 소장)는 大禪師 承□와 淨業院住持僧統 租□이 함께 발원하였는데, 발원자 중 정업원 주지인 승통 租□은 충숙왕 12년(1325) 9월 '祖衡을 王師로 임명하였다'라는 기록으로 볼 때(『高麗史』, 忠肅王 12年) 왕사였던 조형으로 추정된다(Kim Junghee, "The Patrons of Goryeo Buddhist Paintings," *The International Journal of Korean Art and Archaeology* Vol. 4, National Museum of Korea, 2010, 43-44쪽). 정업원은 懶翁의 문도로서 고려 말 정업원 주지를 지낸 妙峰 비구니, 妙藏 비구니 이래 조선조에 이르기까지 주지를 비구니가 맡았던 사실로도 정업원이 비구니 사찰이었던 것은 확실하다. 그런데 조형은 정업원 주지이자 승통이었다고 했는데, 고려시대에는 비구니에 대해서 僧科가 행해진 기록을 찾을 수 없고 僧錄司의 관직에 올랐거나 承繼를 받은 인물도 찾아볼 수 없는 것으로 볼 때 조형은 비구였음이 분명하다. 이에 대해 김영미는 당시에는 비구가 비구니 사찰을 통괄했으며, 이 불화가 조성된 1323년까지는 정업원 주지로 비구승이 임명되었을 것이라고 추정하였다(김영미, 「高麗時代 比丘尼들의 활동과 사회적 지위」, 『한국문화연구』 1, 이화여자대학교 한국문화연구원, 2001, 84-85쪽).

63 李穡, 「神勒寺普濟禪師舍利石鐘碑」(『韓國金石全文 下―中世』, 1211-1212쪽).

정업원 주지로서 나옹의 다른 제자들과 함께 돌을 사서 회암사에 지공(指空)의 부도를 건립하는 데 앞장섰다.[64] 고려 말 정업원 주지를 지낸 묘봉 비구니, 묘장 비구니 이래 조선조에 이르기까지 정업원의 주지는 비구니가 맡았던 사실로도 정업원은 비구니 사찰로 이어져 온 것으로 추정된다.[65]

개경에 있던 정업원은 조선 초기 한양에 도읍함에 따라 한양으로 옮겨졌다.[66] 정업원은 응봉(鷹峰) 아래 창경궁의 서쪽에 있었는데,[67] 불심이 깊었던 왕비와 후궁, 공주, 왕자의 부인, 귀족 사녀들은 모시던 왕이나 남편이 사망한 후 머리를 깎고 비구니로 출가하여 후궁 또는 정업원에 머물면서 일생을 마쳤다. 조선 초기에 정업원은 주로 후궁과 공주 등 왕실의 여인들이 출가한 후 머물렀던 곳이었기 때문에 강력한 억불정책이 시행되던 때였음에도 불구하고 별사전(別賜田) 같은 토지와 노비가 지급되는 등[68] 계속 지원이 이루어졌다. 이에 정업원에 소용되는 비용이 과다함을 들어 정업원을 철폐하자는 유생들의 주청이 이어졌다. 과감한 억불책을 시행하였던 세종조차도 "정업원을 설치한 지 오래되었고 주지가 친속들이라서 혁파함이 불가하다"라

---

64 李穡, 「西天提納薄陁尊者浮屠銘 幷序」, 『東文選』 119, 碑銘.
65 김영미, 「高麗時代 比丘尼들의 활동과 사회적 지위」, 80-81쪽; 황인규, 「조선시대 정업원과 비구니주지」, 103-129쪽.
66 조선 초기 왕실 여인들과 후궁의 출가에 대해서는 황인규, 「조선전기 후궁의 비구니 출가와 불교신행」에서 자세히 논하였으며 이하 내용은 황인규의 논문을 참조하였다.
67 정업원의 위치에 대해서는 『世宗實錄』에 한양의 풍수지리를 고찰하면서 "백악으로부터 동쪽으로 갈라져 나온 산줄기에 정업원이 있고 북동쪽 줄기에 동대문이 있으며 동남쪽 아래에 종묘 창덕궁이 있다"(『世宗實錄』, 世宗 15年 7月 29日條)라고 하고 『東國與地備考』에서 "창덕궁은 응봉 아래에 있다"라고 한 내용을 종합하여 창덕궁 후원 서동에 있었던 것으로 추정하고 있다. 정업원의 위치에 대해서는 현창호, 「정업원의 치폐와 위치에 대하여」, 27쪽 및 이기운, 「조선시대 정업원의 설치와 불교신행」, 164-169쪽 참조. 또한 "정업원은 宮牆 곁에 있는데 梵唄소리가 禁中에까지 들리니 진실로 적당한 곳이 아닙니다"(『成宗實錄』, 成宗 17年 12月 11日條), "尼僧이 거처하는 곳으로 성안에는 정업원이 있고 성 밖의 동남쪽에도 많이 있다"(『成宗實錄』, 成宗 15年 3月 13日條)라는 기록에서 궁궐의 담과 거의 붙어 있었음을 알 수 있다. 한편, 동대문 밖 東望峰 아래 1771년(영조 47) 영조가 세운 淨業院舊基라는 비가 남아 있어 이곳이 정업원 터라는 설도 있지만 그것은 단종비 정순왕후가 동망봉에 있었던 사실과 그가 정업원 주지로 있었던 사실이 얽혀서 잘못 전해진 것이다.
68 『太宗實錄』, 太宗 11年 9月 27日條.

고 하면서 그대로 존속게 하려 했으나,[69] 당시 내불당의 불사를 강행하면서
유신들의 반대에 부딪히고 있던 세종은 정업원 주지가 용문사로 놀러 간 사
건이 발생하자 결국 정업원의 혁파를 윤허하였다. 이에 따라 조선 초부터
비빈과 왕실 여인들의 신행처가 되었던 정업원은 1448년(세종 30) 11월 마침
내 혁파되었다.[70]

철폐된 지 약 10년 후, 정업원은 호불 군주였던 세조대에 이르러 다시 세
워졌다. 세조는 1457년(세조 3) 9월 8일 세종 때 폐지된 정업원을 옛터에 다시
세우도록 승정원에 하교하였다.[71] 당시 정업원의 복립을 위해 노비 30구와
전지 100결을 지급하여 여승들이 살아갈 곳을 얻도록 하고,[72] 다음 해 새로
70구의 노비를 더 지급하였으며, 1459년(세조 5) 5월 드디어 정업원을 중창
하였다.[73] 세조는 이후에도 정업원을 적극 후원하였지만 세종 때 정업원을
철폐할 당시 정업원의 규모가 서울에 있는 노비가 484명, 주현에 산재해 있
는 자가 3025명이었던 사실과 비교해 보면[74] 정업원의 규모는 전대보다 훨
씬 축소되었던 것 같다. 예종대에도 정업원에 대한 후원은 계속되어 1469년
(예종 1) 11월 15일에는 호조에 명하여 매달 갱미(粳米) 7석을 정업원에 주도록
하고, 이어 남이(南怡, 1441-1468)의 금은을 몰수하여 정업원에 주었으며, 또 한
성부(漢城府)에 명하여 선종, 교종 및 정업원 소속의 경거노비(京居奴婢)는 잡역
을 모두 면제하도록 하였다.[75]

성종대에는 정업원 중수가 이루어진 한편 유생들의 정업원을 폐지하자
는 논의가 여러 차례 대두되었다. 1486년(성종 17)에 이루어진 정업원 중수

---

69 『世宗實錄』, 世宗 1年 11月 28日條, 6年 6月 22日條.
70 『世宗實錄』, 世宗 30年 11月 28日條; 이기운, 앞 논문, 158쪽.
71 『世祖實錄』, 世祖 3年 9月 8日條.
72 『世祖實錄』, 世祖 3年 9月 16日條.
73 『世祖實錄』, 世祖 5年 5月 29日·6月 17日條.
74 『世宗實錄』, 世宗 30年 11月 28日條.
75 『睿宗實錄』, 睿宗 卽位年 11月 15日條, 1年 1月 21日·9月 4日條.

는 규모를 넓히고 단청을 화려하게 하는 등 많은 비용이 들었으며, 낙성을 축하하는 경찬회에는 부녀가 탄 가마가 길에 연이어 있고 등에 지고 머리에 인 자가 문간과 골목을 꽉 메웠다고 한다.[76] 이처럼 번성했던 정업원은 연산군대에 이르러 다시 철폐되기에 이르렀다. 연산군은 1504년(연산군 10) 7월 장의사의 불상을 8월 15일 이전에 모조리 다른 곳으로 옮기게 하고, 정업원·안암사의 비구니는 다 한치형(韓致亨)의 집으로 옮겨 살게 하였다. 또 내불당은 흥천사로, 향림사의 불상은 회암사로 옮기라는 명을 내렸으며, 8월에는 정업원을 철거하라는 명을 내리는 등 사실상 정업원을 철폐하기에 이르렀다.[77] 1506년(연산군 12)에는 성 밖에 있던 정업원의 비구니 중 일부를 연방원(聯芳院)의 방비(房婢)로 보내 노비로 삼음으로써, 정업원은 다시 혁파되고 비구니들은 성 밖으로 축출되었다.[78]

중종대에 이르러 정업원은 독서당(讀書堂)으로 사용되다가[79] 독서당을 두모포로 옮긴 1522년(중종 17) 이후 복구되어 연산군의 후궁 곽씨가 주지로 주석하기도 했다.[80] 명종이 즉위한 후 1545년(명종 즉위년) 7월, 인수궁을 수리하면서 정업원도 수리하라는 전교를 내림에 따라[81] 1549년(명종 4) 11월 옛 정업원 터에 다시 정업원이 건립되었다. 이때 유생들은 이미 인수궁과 자수궁이 있어 후궁들이 거처할 곳이 있으니 중창 불사를 중단하도록 주청하였지만 당시는 문정왕후에 의해 불교가 중흥되던 시기였기 때문에 정업원의 중창이 이루어질 수 있었다. 이후에도 유생들의 정업원 폐지운동은 꾸준히 계속되었으며, 특히 선조가 즉위한 후에는 더욱 격심해져 1607년(선조 40)에 마침

---

76 『成宗實錄』, 成宗 17年 12月 11日條.
77 『燕山君日記』, 燕山君 10年 7月 29日·8月 11日條.
78 『燕山君日記』, 燕山君 12年 3月 23日條.
79 『中宗實錄』, 中宗 1年 12月 3日條.
80 『中宗實錄』, 中宗 17年 3月 3日條.
81 『明宗實錄』, 明宗 1年 7月 26日條.

내 정업원은 폐지되었으며 비구니들은 성 밖으로 쫓겨났다.[82] 정업원은 그 뒤 다시 복구되지 못했다.

이처럼 고려의 정업원을 이어 개국 초에 설립된 정업원은 후궁과 공주 등 왕실의 여인들이 출가한 후 머물렀던 곳으로, 불심이 깊었던 왕실 여성들의 원당과 같은 곳이었다. 왕실 여성들은 출가 후 정업원의 주지가 되어 왕실 불교를 이끌어 갔으며, 돌아가신 선왕과 남편의 명복을 빌며 불사를 일으키기도 했다. 그럼 조선 초기의 정업원에는 누가 머물렀을까?

조선 건국 직후 정업원은 개경의 정업원을 그대로 가져다 세운 것이어서 1408년(태종 8)까지는 공민왕의 후비였던 혜비가 정업원 주지를 맡았다. 혜비는 1374년(공민왕 23) 공민왕이 시해된 후 바로 출가했기 때문에 그녀는 근 30여 년간 개경과 한양의 정업원에서 주지직을 맡았다.

혜비가 사망한 후, 조선 초기 왕실 관련 여성 가운데 가장 먼저 출가한 사람은 태조의 딸 경순공주와 태조의 아들 의안대군의 부인 심씨였다. 경순공주는 1396년(태조 5) 어머니 신덕왕후가 사망하고, 이어 2년 후에는 남편인 흥안군(興安君) 이제(李濟)를 비롯하여 두 남동생 방번(芳蕃, 1381-1398)과 방석(芳碩, 1382-1398)이 제1차 왕자의 난으로 죽음을 당하자 출가하여 비구니가 되었다.[83] 경순공주가 출가하여 어디에 머물렀는지는 알 수 없지만 정업원에 머물렀을 것으로 생각된다.[84] 즉 공주의 비구니 출가는 조선왕조에 들어 처음 이루어진 일이었으며, 혜비가 정업원 주지였던 사실을 본다면 경순공주 역시 정업원에 머물렀을 가능성이 있다. 경순공주는 10여 년을 비구니로 생

---

82 『宣祖實錄』, 宣祖 40年 5月 6日條.
83 『定宗實錄』, 定宗 1年 9月 10日條.
84 황인규는 경순공주가 후대의 후궁들처럼 후궁에 머무르거나 문종의 딸 경혜공주처럼 궁궐 밖에 거주했을 가능성과 함께 태조와 친밀한 고승들이 주석했던 회암사에 머물렀을 가능성이 있다고 보았다(황인규, 「조선전기 왕실녀의 가계와 비구니 출가-왕자군의 부인과 공주를 중심으로 한 제기록의 검토」, 183쪽 각주 13).

활하다가 1407년(태종 7) 8월에 사망했는데,[85] 1408년(태종 8)까지는 혜비가 정업원 주지를 맡았기 때문에 설령 정업원에 머물렀더라도 주지직은 맡지 못했을 것이다. 경순공주에 이어 의안대군의 처 심씨 역시 제1차 왕자의 난으로 친정아버지와 남편을 잃고 비구니로 출가하였으며, 1408년(태종 8)에 혜비가 사망하자 이어 주지가 되었다. 심씨는 1411년(태종 11) 정종비 정안왕후(定安王后)의 언니 김씨에게 주지직을 넘겨줄 때까지 3년 동안 정업원 주지로서 왕실 불교를 이끌었다.[86] 그녀는 정업원 주지를 그만둔 후에도 1420년(세종 2)과 1422년(세종 4)에 남편 의안대군을 위해 빈전에서 제수음식을 올리고,[87] 1431년(세종 13)에는 삼한국대부인(三韓國大夫人)으로 수신전(守信田) 100결을 받는 등 왕실 어른으로 예우를 받았다.[88] 그 후 비구니 해민(海敏)과 유자환(柳子煥)의 처 윤씨, 세종의 후궁 혜빈(惠嬪)의 아들인 수춘군의 부인 정씨, 연산군의 후궁 곽씨 등이 정업원의 주지직을 맡았다.[89]

단종비 정순왕후 역시 단종 사후 출가하였다. 세조는 정순왕후에게 흥인문 안의 연미정동에 집을 주었지만 왕후는 따로 초가를 짓고 자칭 정업원 주지 노산군부인(魯山君夫人)이라 하였다고 한다.[90] 정순왕후는 1504년(연산군 10) 정업원의 비구니들을 안암사 비구니와 함께 성 밖으로 쫓아내고 연미정동 정업원도 철폐함에 따라 연미정동 근처에 있던 안일원에서 머물렀으며, 그 후 안일암마저 철폐되자 단종의 후사로 임명된 정미수(鄭眉壽) 집에서 제사를 지내며 말년을 보냈다. 정순왕후가 머물렀던 연미정동 정업원은 세조 때 국

---

85 『太宗實錄』, 太宗 7年 8月 7日條.
86 『太宗實錄』, 太宗 11年 9月 27日條에 "정업원 주지 김씨는 상왕 대비의 윗누이[姉]"라고 기록하고 있어 이때 정원업 주지가 심씨에서 김씨로 바뀐 것으로 보인다.
87 『世宗實錄』, 世宗 2年 9月 1日條, 4年 7月 27日條.
88 『世宗實錄』, 世宗 13年 7月 30日條.
89 이기운, 「조선시대 정업원의 설치와 불교신행」, 171-172쪽; 황인규, 「조선전기 왕실녀의 가계와 비구니 출가—왕자군의 부인과 공주를 중심으로 한 제기록의 검토」, 197-200쪽.
90 『新增東國輿地勝覽』 備考篇 「東國輿地備考」 2(민족문화추진위원회, 1996), 432쪽.

가에서 복립한 정업원과는 또 다른 곳으로, 동망봉 앞의 연미정동에 위치하고 있으면서 단종의 사당 역할을 했던 것으로 추정된다.[91]

이처럼 정업원의 비구니들은 대부분 사족(士族)들이었고, 주지는 후궁 등 왕실 여인들이 맡았다. 이 때문에 조선 초기의 정업원에는 임금이 특별히 하사한 별사전과 향불을 피우고 도를 닦는 데 드는 분수료(焚修料), 노비가 지급되는 등 국가로부터 보호를 받았으며, 왕실 여성들의 대표적인 신행처이자 왕실 불교의 중심지가 되었다.

2) 자수궁(慈壽宮)·인수궁(仁壽宮)·안일원(安逸院)

(1) 자수궁

정업원이 공식적인 왕실 여성들의 출가 신행처라고 한다면 자수궁과 인수궁 등은 늙어 의지할 데 없는 후궁들이 살던 곳이었다. 자수궁은 문종대 이후 승하한 왕의 후궁들의 귀의처로서 궁궐 가까운 곳에 있으면서 준사찰의 기능을 담당하였다.[92] 자수궁은 원래 북학이 있던 자리였는데 태종대에 증설되었다가 폐지되었으며, 1450년(문종 즉위년) 무안군(撫安君)의 옛집을 수리하여 자수궁이라 하고 선왕의 후궁들을 머물게 한 데서 유래하였다.[93] 조선왕조에 들어 태종 때부터 왕의 사후 후궁들이 비구니로 출가하는 전통이 생겨났다. 태종이 사망하자 의빈 권씨(懿嬪 權氏)와 신빈 신씨(信嬪 辛氏)가 머리를 깎고 여승이 되니 후궁들이 서로 경쟁하여 머리를 깎고 염불기구를 준비하여 아침저녁으로 불법을 행하였다고 한다.[94] 세종의 후궁 10여 명도 세종이 사망하던 날 비구니로 출가하였는데, 이에 문종은 후궁들이 머리를 깎는

---

91 이기운, 「조선시대 정업원의 설치와 불교신행」, 168-169쪽.

92 이기운, 앞 논문, 42쪽.

93 『文宗實錄』, 文宗 卽位年 3月 21日·6月 6日條.

94 『世宗實錄』, 世宗 4年 5月 20日條.

것은 선왕인 태종도 금하지 못하였고 부왕을 위하는 일이었기 때문에 따를 수밖에 없다고 하면서[95] 무안군의 옛집을 수리하여 자수궁이라 하고 선왕의 후궁들을 머물게 하였다.[96]

세종의 후궁 중 신빈 김씨는 세종 사후 출가하여 계를 받고 자수궁에 살면서 선왕을 위해 묘적사를 중창하고 1450년(세종 32)에 사망한 아들 담양군을 위해 경문을 인쇄하는 등 불사를 행하였다.[97] 1485년(성종 16)에는 인수대비와 인혜대비의 지원 속에 자수궁 수리가 이루어져 세조와 예종의 후궁들을 옮겨 오도록 하였다.[98] 세조의 후궁이었던 근빈 박씨(謹嬪 朴氏)도 1483년(성종 14) 6월 빈에 오르면서 자수궁에 거처하다가 1485년 80세의 나이에 비구니로 출가하였다.[99]

이처럼 자수궁에 거처하는 후궁이 늘어나면서 1493년(성종 24) 성종은 "자수궁이 후궁들의 거처인데 지세가 습기 차고 궁 앞 냇물이 범람하므로 옮기든가 수리를 해야 한다"라고 전교하고,[100] 공사를 시작하여 다음 해 자수궁 불사를 완성하였다. 그러나 자수궁 중창 불사는 곧 유신들의 반대에 부딪혔으며 공사를 중단하라는 상소가 이어졌다. 그중 "지난달 15일에 자수궁에서 불사를 크게 일으키니 관에서 장막을 치고 도로를 닦았으며 내명부와 종실 부녀자가 앞을 다투어 가며 참석했다고 합니다. 도성 안에서 부처를 공양하는 것은 나라에서 금하고 있고, 더구나 자수궁은 바로 선왕의 후궁의 처소이니 또한 하나의 금액(禁掖)으로 정업원과 같지 않은데, 향화를 일삼으며 어찌 범석(梵席)을 널리 베풀어 부녀를 떼 지어 모이게 하고 여염 마을을 충동하여

---

95 『文宗實錄』, 文宗 卽位年 3月 1日・3日・5日條.
96 『文宗實錄』, 文宗 卽位年 3月 21日・6月 6日條.
97 『文宗實錄』, 文宗 卽位年 3月 16日條.
98 『成宗實錄』, 成宗 16年 5月 7日條.
99 『燕山君日記』, 燕山君 10年 9月 4日條.
100 『成宗實錄』, 成宗 24年 7月 4日・11日・10月 7日條.

사람들의 귀를 놀라게 함이 옳겠습니까"[101]라는 상소는 당시 자수궁이 후궁의 거처이자 준사원으로서 왕실 여성들의 중심적인 신행처였음을 말해 준다. 이 같은 반대에도 불구하고 불사는 그대로 진행되어 반승과 재회가 이루어졌으며 월산군부인과 선왕들의 후궁이 참여하였다.[102]

자수궁 역시 정업원과 마찬가지로 연산군대에 이르러 거의 황폐화되기에 이르렀다. 연산군은 비구니에 대한 탄압을 자행하여 1504년(연산군 10) 4월에 정업원의 비구니 일부만 남기고 나머지는 모두 연방원의 방비(房婢)로 삼는가 하면[103] 자수궁·수녕궁·창수궁 등에 머물던 세종·문종·세조의 후궁 출신 비구니를 자수궁으로 모아 통제하고, 세 곳의 불상을 한곳으로 모으게 하였다. 그는 성종의 후궁 또한 환속게 하려 했으나 시비(侍婢) 출신 비구니만 환속시켰다.[104] 이후 자수궁은 1504년 11월 임영대군의 집으로 옮겨졌다. 원래는 제안대군의 집으로 옮기려 하였으나 그곳이 대궐과 너무 가까워 불경과 주문소리가 들릴 것이기 때문이었다.[105]

성종의 후궁 홍숙의(洪淑儀)가 연산군의 불교 탄압정책으로 직첩을 빼앗기고 출궁하였다가 1506년(중종 1) 자수궁에 입궁하였다는 기록[106]으로 보아 자수궁은 중종대에 다시 복구되었던 것 같다. 1509년(중종 4)에 모든 궁궐의 수리는 정지되었지만 자수궁은 창경궁과 함께 수리가 이루어졌으며,[107] 1516년(중종 11) 2월 자수원에 인원을 배정하면서 기존의 불당, 선당도 모두 자수궁으로 부르도록 하면서 자수궁은 크게 확대되었다.[108] 자수궁은

101 『成宗實錄』, 成宗 25年 10月 9日條.
102 『成宗實錄』, 成宗 25年 10月 12日·20日條.
103 『燕山君日記』, 燕山君 12年 3月 23日條.
104 『燕山君日記』, 燕山君 10年 閏4月 19日·5月 1日條.
105 『燕山君日記』, 燕山君 10年 7月 27日·11月 1日條.
106 『中宗實錄』, 中宗 1年 9月 2日條.
107 『中宗實錄』, 中宗 4年 4月 22日條.
108 『中宗實錄』, 中宗 11年 2月 12日條.

1517년(중종 12) 안일원과 함께 철폐되었으나[109] 1522년(중종 17) 4월 초파일 자수궁 산등성이에서 관등(觀燈) 행사를 했다는 기사를 보면[110] 그사이에 복구되었던 것 같다. 이어 인종대에는 자수궁에 비구니들이 함께 거주하면서 늘 불사를 하는데 목탁소리가 바깥에서도 들리니 요사한 비구니들을 밖으로 내치라는 상소[111]가 있어 자수궁이 불당의 역할을 했음을 알 수 있다. 당시 자수궁에는 비구니 15명 정도가 거주하였는데 이곳에 거주하던 신심 있는 궁인들은 몰래 궁을 빠져나가 머리를 깎고 정식 비구니가 되기도 했다.[112]

자수궁이 크게 부흥된 것은 문정왕후를 중심으로 한 불교 중흥정책이 시행되었던 명종대였다. 1545년(명종 즉위년), 인종의 후궁 귀인 정씨(貴人 鄭氏)를 자수궁에 그대로 머물게 하였으며,[113] 자수궁 불사 역시 더욱 활발해졌다. 1554년(명종 9) 10월에는 자수궁에 종루(鐘樓)와 나한전(羅漢殿)을 지어 사찰의 면모를 갖추었는데,[114] 유생들은 정업원이 있는데 다시 자수궁 불사를 일으켜 민생을 도탄에 빠뜨렸다고 하면서 공사 중지를 요청하였다.[115] 그러나 유생들의 반대에도 불구하고 1557년(명종 12) 자수궁을 수리하도록 전교를 내렸으며,[116] 1563년(명종 18)에는 자수궁을 새로 지어 재회를 행함으로써[117] 여전히 자수궁은 후궁의 거처이자 명종대 왕실 여성들의 귀의처로서 중심 역할을 담당하였다. 이후 자수궁은 광해군대까지도 존속되다가 1661년(현종 2) 도성 내 비구니 사찰을 혁파하면서 정업원과 함께 철폐되었다.[118] "선조의 후

109 『中宗實錄』, 中宗 12年 8月 20日條.
110 『中宗實錄』, 中宗 17年 4月 28日 · 5月 1日 · 15日條.
111 『仁宗實錄』, 仁宗 1年 3月 24日條.
112 『仁宗實錄』, 仁宗 1年 4月 6日 · 7日條.
113 『明宗實錄』, 明宗 卽位年 12月 19日條.
114 『明宗實錄』, 明宗 9年 10月 30日條.
115 『明宗實錄』, 明宗 9年 11月 6日 · 13日條.
116 『明宗實錄』, 明宗 12年 1月 23日條.
117 『明宗實錄』, 明宗 18年 6月 2日條.
118 김용국, 「慈壽宮과 仁壽宮」, 『향토서울』 27(서울특별시시사편찬위원회, 1966), 3-38쪽 및 양만우, 「李朝 妃嬪 崇佛 小考」, 『全州敎育大學論文集』 2(전주교육대학교, 1967), 81-103쪽 참조.

궁 박상궁(朴尙宮)은 늙어 의탁할 데가 없어 머리를 깎고 비구니가 되어 자수원에 나가 수십 년을 살았는데 수년 전에 죽었고, 지금은 살고 있는 자가 없다"[119]라는 기록은, 혁파될 즈음 자수궁이 비구니 사찰로서의 역할을 거의 하지 못했음을 말해 준다. 자수궁이 혁파되면서 그 재목(材木)은 성균관 학사를 수리하는 데 사용되었으며, 자수궁 터에는 북학이 창건되었다.[120]

(2) 인수궁

자수궁과 함께 별궁이었던 인수궁은 본래 태종이 세자로 있을 때 거처하던 곳으로 인수원(仁壽院) 또는 인수사(仁壽寺)라 불리기도 했다.[121] 언제부터인지 모르지만 인수궁은 후궁들의 처소로 존속해 왔는데 1545년(명종 즉위년) 7월 26일 정업원을 인수궁에 소속시키고 인수궁을 수리하면서 정업원도 수리하도록 전교하였다.[122] 1549년(명종 4) 11월에 정업원 터를 잡는 토목 공사가 시작되자 유신들이 인수궁과 자수궁이 이미 있어 후궁들이 거처할 곳이 있는데 정업원 터에 다시 불우(佛宇)를 짓는 일은 사치한 공사라고 하면서 정업원 중창 불사를 반대하였는데,[123] 이것은 당시 인수궁이 자수궁과 더불어 후궁들의 중요 거주처였음을 말해 준다. 인수궁은 초기에는 왕실의 복을 닦고 후궁들이 출가하여 여생의 업을 닦았으며, 출가한 후궁뿐 아니라 병이 난 후궁들이 머무는 곳으로도 사용되었으나[124] 점차 재회(齋會)를 베풀고 많은 대중이 출입하여 마치 시장통과 같았으며, 인수궁에서는 궁궐 곁에서 종을 치고 범패를 부르는 등 사찰과 같은 의례가 행해졌다고 한다.[125] 1563년(명종

---

119 『顯宗實錄』, 顯宗 2年 1月 5日條.
120 이기운, 「조선시대 정업원의 설치와 불교신행」, 276쪽.
121 南九萬, 『藥泉集』 14 應製錄 昌嬪墓誌銘. 실록에서도 인수궁과 자수궁은 각각 인수사, 자수사라 불린다. 황인규, 「조선 전기 후궁의 비구니 출가와 불교신행」, 120쪽.
122 『明宗實錄』, 明宗 1年 7月 26日條.
123 『明宗實錄』, 明宗 4年 11月 8日條.
124 『明宗實錄』, 明宗 4年 11月 4日·8日條.

18) 6월에도 자수궁 불사와 함께 인수궁을 수리하였으며, 문정왕후는 인수궁에 새로 들어온 여승들을 직접 면대하여 격려하는 등[126] 명종대에는 문정왕후의 관심과 후원으로 인수궁이 크게 부흥하였다. 선조의 할머니인 중종의 후궁 창빈 안씨(昌嬪 安氏)가 중종 승하 후 관행처럼 인수궁에 들어가려고 했는데 문정왕후가 만류하였다는 기록도 보인다.[127] 인수궁은 이후 인수원보다는 정업원으로 불리면서 존속하다가 1661년(현종 2) 자수궁과 함께 철폐되었다.

(3) 안일원

안일원 역시 정업원과 함께 왕실 비구니 사찰로 설립되었다. 도성 내에 있으면서 비구니들이 머물고 있었는데, 왕실 인물로는 단종비 정순왕후가 머물렀다.[128] 중종 때까지 자수궁과 함께 비구니 사찰로 존속하다가 1517년(중종 12) 철폐된 것으로 보인다.[129] 그러나 명종대에는 안일원을 정업원이라고 부르기도 했고, 선조대에는 안일원과 정업원이 가까운 곳에 위치해 있어 모두 선왕의 후궁들이 거처하던 곳으로 알려졌던 것을 보면, 명종 직전에는 안일원이 정업원과 병칭되다가 명종 이후 정업원, 안일원이 인수원으로 통합되어 불리고, 선조 이후에는 인수원이 정업원으로 불리면서 안일원도 정업원과 별도로 존재했던 것으로 추정된다.[130] 1607년(선조 40)에는 빈터로 남아 있던 안일원에 여인들이 다시 집을 짓고 들어가 불당을 이루자 유생들의 반대가 이어졌던 것으로 보아[131] 선조대에 이르러 안일원은 더 이상 후궁들

---

125 『明宗實錄』, 明宗 8年 6月 26日條.
126 『明宗實錄』, 明宗 10年 4月 23日條.
127 「昌嬪墓致祭文」, 『弘齋全書』 卷23 祭文 5(황인규, 「조선 전기 후궁의 비구니 출가와 불교신행」, 120쪽 각주 7 재인용).
128 『국역연려실기술』 권4 「단종조고사본말조」.
129 『中宗實錄』, 中宗 12年 8月 20日條.
130 이기운, 「조선시대 왕실의 비구니원 설치와 신행」, 50쪽.

의 거주처로 기능하지 않고, 성안의 일반인들이 들어가 살고 있었던 것 같다. 안일원은 광해군대까지도 자수궁, 인수궁과 더불어 존속하였다가 다른 비구니 사찰처럼 인조 또는 현종대에 혁파된 것으로 생각된다.[132]

---

131 『宣祖實錄』, 宣祖 40年 5月 5日·6日條.
132 이기운, 앞 논문, 51쪽.

3 원당

조선시대 왕실의 불교 신행은 앞에서 언급한 비구니 사찰 외에 왕실의 원당 또는 원찰에서도 이루어졌다. 원당은 죽은 사람의 명복을 빌기 위하여 건립된 사찰로,[133] 궁궐 안에 있던 내불당과 달리 궁 밖에 건립되었다. 일찍이 신라시대에는 왕실 원당으로 황룡사와 영묘사 등이 있어 나라에서는 원당전(願堂典)이라는 관청을 설치하여 왕실의 원당을 관리하였다.[134] 통일신라시대에 들어서도 왕의 추선명복을 위해 감은사·봉덕사·봉은사 등의 원당이 건립되었으며, 귀족들의 명복을 빌기 위해 송화방·장의사·자추사 등의 원당이 건립되기도 했다.[135]

원당 및 원당의 건립이 유행했던 시기는 고려시대였다.[136] 왕실에서는 왕과 왕비의 진영을 모실 진전사원(眞殿寺院)을 세웠는데, 태조의 진영을 봉안한 봉은사와 현종의 진영을 봉안한 현화사, 문종의 진영을 봉안한 흥왕사, 인종의 진영을 봉안한 영통사, 보제사 등이 있었다. 또 왕실뿐 아니라 귀족들과 관인들까지도 원당을 건립하는 일이 성행하였다.

고려시대까지는 왕실뿐 아니라 관인층이나 일반 백성의 원당도 빈번하

---

133 한기문, 『高麗寺院의 構造와 機能』(민족사, 1998), 218쪽.
134 『三國史記』 卷39 雜志 第八 職官 中. 職官志에 보이는 '願堂典'이 원당을 관리하던 기구로 추정된다는 것(이영호, 「新羅時代 王室寺院의 官寺的 機能」, 『한국사연구』 43, 한국사연구회, 1983, 81-114쪽)과 「新羅閔哀大王石塔記」 1(황수영 편, 『韓國金石遺文』, 一志社, 1994, 157쪽)에 '桐藪願堂'이라는 사례가 있는 데서 알 수 있다(한기문, 『高麗寺院의 構造와 機能』, 218쪽).
135 松花房은 金庾信, 壯義寺는 長春郎 및 罷郎, 刺秋寺는 異次頓의 명복을 빌기 위하여 건립된 원당이다.
136 고려시대의 원당은 한기문, 앞 책 및 「고려시대 寺院의 운영기반과 願堂의 존재양상」(경북대학교 박사학위논문, 1995) 참조.

게 설치되었으나, 조선시대 이후에는 주로 왕실을 중심으로 원당이 설치 운영되었다.[137] 왕실 원당이란 왕과 그 혈족을 위하여 축수와 명복을 빌었던 사찰로서, 왕실로부터 사액을 받아 왕실과 국가의 안녕을 기원하는 곳이었다. 조선시대 왕실의 원당은 태조대부터 설치되기 시작하여 고종대까지 꾸준히 이어졌는데, 역대 왕이나 왕비의 능 근처에는 대부분 원당이 건립되었다. 원당은 능묘나 태실(胎室) 근처 혹은 원주 집안의 축수나 득남 기원을 위한 기도처로 설치되는 것이 일반적이었다. 승려의 도성 출입 금지나 도성 밖 비구니 사찰의 훼철 및 원당 혁파 등과 같은 억불정책의 시행으로 사찰과 통교가 용이하지 못하여 왕실의 불사는 현격히 줄어들었으나, 왕실에서는 당쟁이나 반정(反政) 등으로 인하여 실추된 왕권의 회복과 열성조에 대한 효를 다하기 위하여 원당을 설치하고, 불력으로 죽은 사람들의 영혼을 위로하고 극락왕생을 빌어 주기 위해 사찰에서 기신재·천도재·수륙재 등을 성대히 개최하였다.

개국 후 얼마 지나지 않아 한성부 내에는 새로 복세암(福世庵)·안암사(安巖寺)·정일암(淨逸庵)·향실암(香室庵)·수정암(首頂庵)·망성암(望城庵)·은암(隱菴)·일출암(日出庵)·대고산사(大高山寺)·소고산사(小高山寺)·입암사(立巖寺)·도장동사(道藏洞寺) 등의 많은 사찰이 창건되었다.[138] 이 사찰들은 국가 비보사찰(裨補寺刹)로 세워졌지만 그 가운데 장의사·진관사·봉선사·정인사·회암사 등은 특히 선왕선후의 기신재를 시행하는 사찰이자 왕실의 원당으로서 많은 불

137 조선시대 원당에 관해서는 정석종·박병선, 「朝鮮後期 佛敎政策과 願堂(1)—尼僧의 存在樣相을 中心으로」, 『민족문화논총』 18·19(영남대학교 민족문화연구소, 1998), 223-255쪽 참조. 김준혁은 조선 후기에 왕실 원당으로 기능한 인수원·자수원의 비구니들이 사회적 물의를 빚게 됨에 따라 이들 尼院을 철폐하는 과정을 통해 당시 비구니들의 존재 양상과 정부의 對佛敎政策에 관한 내용을 다루고 있으며(김준혁, 「朝鮮後期 正祖의 佛敎認識과 政策」, 『중앙사론』 12·13, 1999, 35-58쪽), 탁효정은 정조의 불교정책을 僧役減免政策·願堂政策·龍珠寺創建 등으로 구분하고, 정조의 왕권 강화정책의 일환으로 불교정책이 수행되었음을 강조하였다(탁효정, 「조선시대 왕실원당 연구」, 한국정신문화연구원 박사학위논문, 2012, 35-58쪽).
138 『成宗實錄』, 成宗 1年 9月 26日條.

사가 이루어졌다.[139] 기신재는 왕실에서 선왕과 선후의 기일을 맞아 이를 추모하는 불교식 기제사(忌祭祀)로서, 신라시대에 처음 설행된 이래 고려시대에 가장 활발하게 설행되었으며 조선시대에 들어와서도 계속 시행되었다.[140] 조선시대에는 문소전과 광효전(廣孝殿)·의묘(懿廟)·연은전(延恩殿) 등 선왕선후의 기신재를 지내는 사당이 있었지만[141] 왕실의 원당에서도 기신재를 지냈다. 태조는 1398년(태조 7)에 흥천사에서 신덕왕후의 대상재(大祥齋)를 베풀었으며,[142] 태종은 1411년(태종 11)에 태조와 신덕왕후를 위하여 승려 50명을 모아 흥천사에서 금자법화경(金字法華經)을 3일 동안 독송케 하였으며 사리탑을 수리하고 법회를 베풀었다.[143] 또 5일 후에는 흥덕사에서 태조의 기신재를 지내고[144] 같은 해 9월에도 흥덕사에서 신덕왕후의 기신재를 베푼 것으로 보아[145] 조선 초기에는 흥덕사와 흥천사가 왕실 원당으로서 큰 역할을 하였음을 알 수 있다. 원당에 대한 왕실의 배려는 1440년(세종 22) 가뭄으로 모든 공사를 다 그만두게 하면서도 화공 20여 명이 흥천사 사리각에 석가의 상을 그리는 것과 동우(棟宇)·종루에 단청을 하는 것은 오히려 그치지 않았던 사실,[146] 왕이 직접 단청 일을 주관한 승려 경여(瓊如)에게 쌀과 콩 넉 섬을 하사한 것에서도 확인할 수 있다.[147]

139 『成宗實錄』, 成宗 14年 4月 1日條.
140 조선시대 기신재에 대해서는 다음과 같은 논고가 참고된다. 김용조, 「조선전기의 국행기양불사연구」(동국대학교 박사학위논문, 1990); 이영화, 「조선 초기 불교의례의 성격」, 『청계사학』 10(한국학중앙연구원, 1993); 이병휴, 「조선전기 내불당 기신재의 혁파논의와 그 추이」, 『구곡황종동교수정년기념사학논총』(구곡황종동교수정년기념 사학논총간행위원회, 1994); 심효섭, 「조선전기 기신재의 설행과 의례」, 『불교학보』 40(동국대학교 불교문화연구원, 2003); 정재훈, 「조선 후기 왕실 陵晨祭의 설행과 운영」, 『규장각』 31(규장각한국학연구소, 2007).
141 문소전을 비롯한 조선왕조의 사당에 대해서는 이현진, 「조선 왕실의 기신제 설행과 변천」, 『조선시대사학보』 46(조선시대사학회, 2008), 96-101쪽 참조.
142 『太祖實錄』, 太祖 7年 8月 13日條.
143 『太宗實錄』, 太宗 11年 5月 18日條.
144 『太宗實錄』, 太宗 11年 5月 23日條.
145 『太宗實錄』, 太宗 11年 9月 22日條.
146 『世宗實錄』, 世宗 22年 4月 25日條.
147 『世宗實錄』, 世宗 22年 8月 7日條.

당시 왕실의 원당은 억불적인 분위기에도 불구하고 왕실의 배려 아래 상당히 화려하면서도 호화로운 불사를 이어 갔다. 『조선왕조실록』에 보이는 다음의 몇몇 기록은 이와 같은 사정을 잘 말해 준다.

좌부승지(左副承旨) 이숭지(李崇之)가 계문하기를, "황금과 하엽록(荷葉綠)은 불상을 그리고 진관사를 단청하는 데에 모두 소비하고 남은 것이 얼마 없습니다. 이 물건들은 본국에서 나는 것이 아니니, 만약 쓸 곳이 있으면 장차 어떻게 하겠습니까?" 하였다. 도승지 이계전(李季甸)이 또 계문하기를, "전하께서 종묘와 문소전·영녕전(永寧殿)에도 아직 채색을 아니하였는데, 절에는 어찌하여 채색으로 꾸밉니까?" 하였다.[148]

안완경이 아뢰기를, "신이 성상을 부처에 혹하였다고 함은 아닙니다. 진채(眞彩) 사용을 금지함은 『육전(六典)』에 실려 있는데, 진관사 단청을 오로지 금은진채(金銀眞彩)를 썼으니, 매우 적당하지 못합니다. 원컨대 진채를 쓰지 마소서. 또 진관수륙사를 이미 지었는데 어찌하며 해가 지나도록 일을 파하지 아니합니까? 원컨대 이 역사를 멈추소서" 하니, 임금이 말하기를, "관사(官寺)는 비록 진채를 써도 가하기 때문에 금하지 아니하였다. 그러나 불당 대자암에 비하면 줄었다. 수륙사는 비록 이미 이룩되었으나, 승도가 거처할 곳이 없기 때문에 할 수 없이 고쳐 짓는 것이고 장려하게 꾸미려는 것이 아니며 또 부처를 믿어서 하는 것이 아니다."[149]

진관사와 대자암은 조선 초기의 대표적 원당이었다. 진관사는 고려시대인 1011년(고려 현종 2)에 창건된 이후 여러 왕들이 왕래하면서 왕실의 각별한

148 『文宗實錄』, 文宗 1年 2月 16日條.
149 『文宗實錄』, 文宗 1年 2月 21日條.

보호와 지원을 지속적으로 받았다. 1090년(선종 7) 10월에 선종이 진관사에 행차하여 오백나한재(五百羅漢齋)를 성대하게 봉행했으며,[150] 1099년(고려 숙종 4) 10월에는 숙종이 친행했고,[151] 1110년(고려 예종 5) 10월에는 예종이 순행하는 등[152] 고려시대의 대표적인 국찰 중 하나였다. 조선시대에 들어와서는 일찍이 태조가 진관사에 거동하고 수륙재를 베풀었으며,[153] 이어 태종도 여러 차례 수륙재를 베풀고 1414년(태종 14)에는 매년 정월 15일에 진관사 등에서 수륙재를 여는 것을 항식(恒式)으로 삼으라고 명하였다.[154] 세종 즉위 후에는 모든 기신재를 수륙재로 일원화하는 과정에서 진관사는 왕실 원당으로서의 위치를 확고히 하였다.[155] 대자암은 태종의 넷째 아들 성녕대군이 14세에 병으로 죽자 그의 명복을 빌기 위해 지은 사찰로,[156] 경기도 고양의 성녕대군 묘소 남쪽에 있었다. 태종과 충녕대군(忠寧大君)은 대자암에 불사를 행하였고,[157] 세종은 감로사의 노비 100명을 대자암에 주도록 명하였으며,[158] 1420년(세종 2)에는 대자암의 지계승(持戒僧) 21명을 불러 광연루에 구병관음정근(救病觀音精勤)을 설치하였다.[159] 그다음 달에는 보현사에서 가져온 전단불(栴檀佛)을 대자암으로 옮겼으며,[160] 법화법석(法華法席)[161]과 수륙재를 행하였다.[162]

150 『高麗史』, 宣宗 7年 10月 27日條에는 "戊午 幸神穴寺 設五百羅漢齋"라고 되어 있는데, 여기서 신혈사는 진관사의 옛 이름이다.
151 『高麗史』, 肅宗 4年 閏9月 23日條.
152 『高麗史』, 睿宗 5年 10月 21日條.
153 『太祖實錄』, 太祖 6年 1月 28日·9月 24日條, 7年 1月 6日條.
154 『太宗實錄』, 太宗 1年 1月 7日·10月 16日條, 14年 2月 6日條, 18年 3月 3日條.
155 세종대의 진관사 관련 기록은 문명대, 『三角山 진관사, 津寬寺의 歷史와 文化』(한국불교미술사학회·진관사, 2007), 92-103쪽 참조.
156 『太宗實錄』, 太宗 18年 4月 4日條.
157 『太宗實錄』, 太宗 18年 5月 9日·11日條.
158 『世宗實錄』, 世宗 1年 2月 22日條.
159 『世宗實錄』, 世宗 2年 7月 8日條.
160 『世宗實錄』, 世宗 2年 8月 19日條.
161 『世宗實錄』, 世宗 2年 10月 14日條.
162 『世宗實錄』, 世宗 31年 11月 1日條.

왕실 원당으로서의 대자암의 위치는 아래의 기록에서도 잘 드러나 있다.

지난번에 중궁(中宮)께서 병환이 나시매 불사를 궁중에서 베풀어, 마침내 금은(金銀)으로써 불경을 쓰고, 등롱(燈籠)에 이르기까지 또한 금은과 주옥(珠玉)으로써 꾸몄으며, 또 듣건대 과천(果川) 등지에 큰 절을 창건하였다고 합니다. 지금 또 전경(轉經)으로써 대자암에 불사를 개최하려고 하는데, 대저 궁중의 불사는 절박한 지정(至情)으로써 미처 이를 말하지 못하였지마는, 전경에 이르러서는 이미 한 번 하였사오니, 원하옵건대 이 일은 정지시키소서.[163]

중들을 대자암에 많이 모아서 전경회(轉經會)를 베풀었다가 7일 만에야 파회(罷會)하였다. 중이 대개 천여 명이나 되었는데, 장설 관리(掌設 官吏)가 분주히 접대하면서 밤낮으로 쉬지 않았으며, 떡과 과일의 음식이 산더미처럼 쌓여 있었다. 처음에 임금이 왕비를 위하여 주부(主簿) 강희안(姜希顔)과 수찬(修撰) 이영서(李永瑞)에게 명하여 금은으로써 불경을 쓰게 하고, 불경의 거죽옷은 모두 황금을 사용하여 용을 그리게 하고, 또 주옥으로써 등롱(燈籠)을 만들어 그 정교(精巧)를 다하였는데, 이때에 이르러 재차 법회를 베풀어 전경을 하였다.[164]

그 후 대자암은 왕족의 기신재를 설행하는 처소로 자주 이용되었다. 또 당시 왕실 원당을 비롯한 큰 사찰은 금은 불상과 금벽 단청, 금자사경(金字寫經) 등으로 화려함의 극치를 이루었던 듯하다.

… (부처의) 빛을 형상하고자 하여 그 얼굴을 금으로 함은 오히려 가하거니와,

163 『世宗實錄』, 世宗 28年 10月 4日條.
164 『世宗實錄』, 世宗 28年 10月 15日條.

혹은 순금으로 몸을 만들고 혹은 은으로 몸을 만들며, 혹은 흙과 나무로 몸을 만들고는 아울러 이금(泥金)을 써서 그 몸과 사지를 도금하는 데 이르니, 그 괴이하고 망령됨이 심하옵니다. … (부처가) 머리에 이고 있는 집과 발로 밟는 판과 전후좌우와 당우·동량·서까래 끝과 벽까지 금벽(金碧)이 빛나지 아니함이 없으며 … 이제 본국 중외(中外)의 여러 절이 몇천만이 되는지 알지 못하겠사오나 큰 절에는 불상이 수백에 이르고 작은 절도 20-30에 내리지 아니하옵는데, 소상(塑像)은 순전히 금을 써서 바르고 화상은 사이에만 잡채(雜彩)를 써서 하나의 불상이라도 금을 쓰지 아니한 것이 없으니, 또한 그것이 몇만억이 되는지 알지 못하겠으며 금자경(金字經)도 몇만 권질이 되는지 알지 못하겠습니다. … 지금 새로 불상과 경권을 만드는 자가 날마다 불어 그치지 아니하며, 은으로 소상을 만들고 금으로 바르는 것과 은으로 경문을 쓰고 등에는 금·은으로 그림하는 것까지 있사오니, 만약 엄하게 금하지 아니하오면 금이 장차 모두 중에게로 돌아가서 남음이 없을 것입니다. …[165]

위의 기록은 비단 왕실의 원당만을 지칭하는 것은 아니지만 태종 때 축소된 7종을 선교 양종으로 통폐합하고 전국의 사찰을 선종 18사(寺), 교종 18사 등 36사만 남겨 두고 모두 폐사하는 강력한 억불책을 감행한 1424년(세종 6) 4월 이후에도 전국에는 여전히 많은 사찰들이 남아 있었으며, 특히 왕실 원당의 불사가 지나칠 정도로 사치스러웠음을 잘 보여 준다.

원당에서 기신재를 지낼 때에는 보통 국왕이 거동하여 승려들에게 반승(飯僧)을 하거나 불경을 읽게 하였다. 기신재는 유생들로부터 비판을 받아 오다가 연산군대에 잠시 폐지되었으나 중종대에 부활되었다가 기신재의 경비를 내수사에서 모두 충당하는 일로 혁파 논의가 다시 거론되자 1516년(중종

---

165 『世宗實錄』, 世宗 23年 12月 2日條.

11) 드디어 혁파되었다.[166] 그 후 공식적인 기신재는 설행되지 않았지만 원당에서는 여전히 왕실의 불사가 이어졌다. 국가의 공식적 차원이 아닌 왕실의 개별적인 기신재는 역시 그대로 행해졌던 듯, 숙종대에는 금강산 유점사에서 어진을 봉안하고 기신재를 지내기도 했다.[167] 그러나 원당에서 생기는 폐단이 많자 1776년(정조 즉위년) 원당의 금지를 법전화하여 이로부터 원당의 건립이 금지되었다.[168]

1484년(성종 15) 인수대비가 경기도의 수종사·봉선사·회암사·용문사·정인사·개경사 등과 강원도의 상원사·낙산사, 도성의 정업원·인왕산의 복세암·소격서동 연굴암 등 사찰을 예조에서 내수사로 이관하여 검찰케 했다는 기록[169]을 보면 이들 사찰 또한 왕실의 원당이었음에 틀림없다.

왕실의 원당에서는 이처럼 선왕선후의 기신재 설행이 가장 중요한 일 중의 하나였으며, 이곳을 중심으로 많은 불사가 이루어졌다. 세종의 다섯째 아들 광평대군의 부인 신씨는 1444년(세종 26)에 남편이 20세의 젊은 나이로 사망하자 머리를 깎고 비구니가 되었는데, 출가 후 정업원에 들어가지 않고 무안대군 부인 왕씨와 광평대군 부자를 위해 불사를 짓고 영당(影堂)이라 하였다.[170] 또 그녀는 1459년(세조 5)에 광평대군 및 세조의 큰아들인 의경세자, 무안대군 등의 명복을 빌기 위해 원당인 견성암에서 『법화경』을 발원하였으며,[171] 1474년(성종 5)에는 정희왕후·인수대비·성종·성종비 공혜왕후의 명복을 빌며 내수사의 출재로 견성암에서 『지장보살본원경(地藏菩薩本願經)』을 판

166 『中宗實錄』, 中宗 11年 6月 2日條.
167 『肅宗實錄』, 肅宗 34年 9月 11日條. 임진왜란 이후에는 불교식 기신재가 혁파되면서 왕릉에서의 능기신재로 대체되었는데, 능기신재는 영조대와 정조대에만 나타나는 특수한 현상으로 보고 있다. 이에 대해서는 정재훈, 「조선 후기 왕실 릉晨祭의 설행과 운영」, 201-214쪽 참조.
168 『正祖實錄』, 正祖 卽位年 6月 14日條.
169 『成宗實錄』, 成宗 15年 12月 17日條.
170 『文宗實錄』, 文宗 1年 4月 29日·5月 3日條.
171 당시 광평대군부인이 발원한 『법화경』은 현재 일본 사이라이지[西來寺]에 소장되어 있다.

각하였다.[172] 또 세종의 둘째 딸 정의공주는 1462년(세조 8) 남편 안맹담이 사망하자 1469년(예종 1) 원당인 삼각산 도성암에서 『지장보살본원경』, 『수륙의문(水陸儀文)』, 『결수문(結手文)』, 『소미타참(小彌陀懺)』 등을 간행하였다.[173]

후궁들의 불사 또한 활발하게 이루어졌다. 태종의 후궁 의빈 권씨는 1412년(태종 12) 자신의 원당인 보령 금강암에 시주하여 사찰을 중건하고 미륵불을 조성하였으며,[174] 1439년(세종 21)에는 금성대군과 함께 수종사 경내에 죽은 딸 정혜옹주의 사리탑을 건립하는 등 많은 불사를 행하였다.[175] 또한 1458년(세조 4)에는 태종의 후궁 명빈 김씨, 효령대군 등과 함께 법천사 목조아미타삼존불(영주 흑석사 소장)을 조성하였다.[176]

조선 후기는 임진왜란과 병자호란을 겪은 후 많은 사찰이 중창 또는 중수되었으며 이에 따라 불교미술이 새롭게 꽃을 피웠다. 왕실에서의 불사는 현저히 줄어들었지만 주로 왕이나 비빈, 대군 등의 원당을 중심으로 불사 후원이 이루어졌다. 조선 전기만 하더라도 왕실의 비빈들은 도성 내의 내불당(내원당), 정업원 등과 같은 비구니 사찰 또는 도성 밖 사원을 통해서 보다 용이하게 불사를 행할 수가 있었다. 그러나 후기에 이르러 왕의 사후 출가한 왕비와 후궁들의 신행 장소였던 궁궐 내 비구니 사찰이 철폐됨에 따라, 왕실과 궁방의 각종 불사를 담당할 사찰이 필요했다. 이에 내수사와 궁방의 재원 활용을 위해 궁궐과 비교적 가까운 경기도에 위치한 원찰을 통해 불사

---

172 박도화, 「朝鮮時代 刊行 地藏菩薩本願經 版畵의 圖像」, 『古文化』 53(한국대학박물관협회, 1999), 3-26쪽.
173 박도화, 앞 논문, 3-26쪽.
174 「玲嵓比丘創金剛庵碑銘」, 『문화유적총람(충청남도 사찰편)』(문화재관리국, 1990). 미륵불상에 대해서는 문명대, 「조선전반기 불상 조각의 도상해석학적 연구」, 『강좌 미술사』 36(한국불교미술사학회, 2011), 118-119쪽에 자세히 언급되어 있다.
175 엄기표, 「남양주 수종사의 조선시대 사리탑에 대한 고찰」, 『미술사학연구』 285(한국미술사학회, 2015), 131-164쪽.
176 흑석사 소장 불상에 관한 논고로는 김길웅, 「흑석사 목조아미타여래좌상고」, 『문화사학』 10(한국문화사학회, 1998), 37-50쪽; 최소림, 「黑石寺 木造阿彌陀佛坐像 硏究」, 『강좌 미술사』 15(2000), 77-100쪽이 있다.

후원이 계속 이루어졌다. 그러나 1770년(영조 46) '능침사찰 창건 금지령'과 1776년(정조 즉위년) '원당 건립 금지령'[177]이 내려짐에 따라 19세기 이후에는 사찰이 새로 창건된 경우는 별로 없고, 대부분 예로부터 왕실과 연고가 있던 사찰을 중건·중수하거나 기존 사찰 경내에 새롭게 왕족을 위한 위축원당(爲祝願堂)이 주로 건립되었다.[178]

조선 후기에는 주로 후궁이나 왕의 생부 등 친혈족을 위한 사당의 부속물로 사찰이 설치되는 경향이 강해지면서, 비빈과 상궁, 부유한 상류층들의 불사 참여가 빈번하게 이루어졌다.[179] 이 시기에 왕실의 원당이 적극적으로 설치된 것은 당시의 불교정책과도 깊은 관련이 있다. 당시 불교사찰은 국가의 례적 성격을 대부분 상실하고 왕실의 사사로운 불사 담당처로 기능하였으며, 불사의 성격도 가문 차원의 영혼천도의례 등으로 축소되었다. 또한 재정 확보정책의 일환으로 사원전(寺院田)이 환수되고 사찰에 각종 잡역과 부역이 부과되는 등 사원에 대한 경제적 압박이 가중되었다. 중앙정부와 각 지방관아에서 필요로 하는 물자와 용역이 사찰을 통해 충당됨으로써 사찰경제는 큰 위기를 겪게 되고, 역(役)을 피해 도망하는 승려의 수도 늘어남에 따라 폐사하는 사찰까지 발생하였다. 그러나 왕실이나 궁방의 원당으로 지정된 사찰에는 사원전이 수급되고 각종 면역, 면세의 혜택이 주어졌으며, 권력의 비호를 받아 다른 기관에 이중으로 역을 공급하지 않아도 되었다.[180] 따라서 각지의 사찰들은 왕가의 원당으로 지정받기를 원했고, 한편 왕실이나 궁방에서도 원당에 세를 부과하여 재정원으로 활용할 수 있었기 때문에 전국 각지에 수많은 왕실의 원당이 설치되었다. 「조계산송광사사고(曹溪山松廣寺史庫)」의 "나라 안의 명산대찰은 거의 모두 왕의 위패를 봉안하고 만세를 축수

---

177 『正祖實錄』, 正祖 卽位年 6月 14日條.
178 김갑주, 『朝鮮時代 寺院經濟 硏究』(동화출판사, 1983), 22쪽.
179 탁효정, 「朝鮮後期 王室願堂의 類型과 機能」(한국정신문화연구원 석사학위논문, 2001), 38쪽.
180 탁효정, 「조선시대 왕실원당 연구」, 9쪽.

한다"[181]라는 기록으로 보더라도 왕실에 의한 원당 건립이 난무했던 것으로 추측된다.[182]

왕실 원당은 경기 지역, 그중에서도 특히 양주군과 고양군에 밀집되어 있었다. 이 지역에 원당이 많은 것은 왕실의 능묘가 경기도에 위치하는 데다 거리가 가까워 왕실에서 불사를 의뢰하기에 용이했기 때문이다.[183] 그러나 전라남도와 관북 지방의 사찰에까지 왕실의 원당이 설치된 것으로 보아 전국 각지의 사찰이 왕실과 궁방의 원당 지정 대상이었던 듯하다. 또한 임진왜란 이후 궁방의 절수(折受)[184]가 전국적으로 확대되면서 원당 또한 수적으로 크게 증가하였고, 금강산이나 속리산 등 예로부터 불교성지 내지는 명산으로 숭앙된 곳에 위치한 사찰에 원당의 설치가 빈번하였다. 이러한 원인은 대체로 명산에 대찰들이 많이 분포하였고, 이들 사찰이 대대로 왕의 어필을 하사받는 등 왕실과 밀접한 관계를 지속하였기 때문이다. 또한 왕실 부녀자들이 왕자의 탄생을 기원하기 위해 영험하다고 알려진 명산대찰에 기도처를 마련했기 때문이다.

---

181 『曹溪山松廣寺史庫』「耆老所先生案序」(아세아문화사, 1977), 913쪽.
182 박병선은 17세기에 들어오면서 조선 후기 사회가 국가적 위난을 경험하고 유교적 지배체제의 강화를 위한 충과 효의 강조로 원당 역시 이러한 사회적 시세에 편승하여 설립되어 갔다는 전제하에 원당 설립의 주요 배경은 크게는 효이며 다음으로 근친에 대한 친애나 국가적인 충이라고 보았다. 따라서 원당 설립의 배경은 유교적 명분을 강조하고 있는 사회적 이념과도 합치되므로 유신들의 억불 이념을 적당히 견제할 수 있었다고 보았다. 박병선, 『조선후기 원당연구』(영남대학교 박사학위논문, 2002), 15쪽. 탁효정은 조선시대 왕실 원당의 특징을 다음과 같이 분류·정리하였다. ① 왕실 원당은 유교·불교의 접점에 위치한 시설물이었다. ② 불교식 국가의례의 폐지에 따라 왕실의 기복행위가 원당으로 집중됐다. ③ 왕실 원당이 왕권 강화 내지 왕실 권위의 대외적 표명 수단으로 활용됐다. ④ 조선 후기로 갈수록 유학자 관료 사이에서 불교에 대한 이단 시비가 사라지고 불교 시설물에 대한 거부감이 줄었다. ⑤ 조선 후기 왕실의 불교신앙은 구도가 아닌 기복에 치중됐다. ⑥ 조선 후기에는 왕실 원당이 궁방의 재정원으로 활용됐다. ⑦ 조선 후기에는 왕실 원당도 막대한 잡역에 시달렸다. ⑧ 조선 후기 왕실의 능묘나 진전을 관리하는 사찰을 지칭하는 조포사(造泡寺)라는 새로운 형태의 원당이 등장했다. 탁효정, 「조선시대 왕실원당 연구」, 161-163쪽.
183 또한 당시에는 승려들의 도성 출입이 금지되어 도성 내에는 사찰이 전혀 존재할 수 없었기 때문이다. 김봉렬, 「近世期 佛敎寺刹의 建築計劃과 構成要素 硏究」, 『건축역사연구』 8(한국건축역사학회, 1995), 11쪽.
184 절수는 조선시대에 정부에서 토지·노비 등 각종 재산 및 수조권 등을 궁방에 넘겨주던 것을 말한다.

조선 후기에 가장 많은 원당이 설립되었던 영조대에는 원당이었던 파계사가 왕실의 대대적 후원을 받았다. 일제강점기 무렵까지 성종·숙종·덕종·영조의 위패가 이곳에 봉안되었다는 점도 파계사가 왕실의 원당으로서 중요한 역할을 지속하였음을 말해 준다. 영조가 파계사를 원당으로 삼아 불사를 행했다면, 정조는 아버지 사도세자의 능을 화성군 화산으로 옮기면서 능침사찰로 용주사를 창건하고 많은 불사를 행했다. 정조는 1776년(정조 즉위년)에 사도세자를 장헌세자(莊獻世子)로 추숭하고 사당을 세워 경모궁(景慕宮)이라 했으며[185] 사도세자의 묘인 수은묘(垂恩墓)를 영우원(永祐園)으로 격상시켰고, 어머니 혜경궁 홍씨를 위하여 창경궁의 높은 언덕에다 자경전(慈慶殿)을 새로 지어 경모궁을 내려다볼 수 있게 하였다.[186] 이어 1783년(정조 7) 영우원을 참배한 후 이곳의 지세가 좁고 불길하다는 금성위(錦城尉) 박명원(朴明源, 1725-1790)[187]과 지사(地師) 차학모(車學模)의 상소에 따라 화산으로 천릉하기로 결정하고 1789년(정조 13) 10월 7일 현륭원으로 천릉하였다.[188] 이어 다음 해인 1790년(정조 14)에 현륭원 옆에 능사(陵寺)로 용주사를 창건하였다.

용주사의 역사(役事)는 1790년(정조 14) 2월 19일에 시작하여 3월 25일에 정초(定礎), 4월 10일에 입주(立柱), 4월 15일 상량(上樑), 8월 16일 조불(造佛), 8월 26일 점안(點眼), 9월 29일 불상 봉안 등의 순서로 진행되어 불과 216일 만에 완성되었다.[189] 가람배치는 남북 중심축 위에 외삼문, 천보루, 대웅전을 정연하게 세우고 대웅전 좌우로 제각과 향로전을 두었으며, 승당과 선당을 똑같

---

185 『景慕宮改建都監儀軌』(1776), 장서각소장본.
186 『日省錄』正祖 卽位年 8月 24日·25日條.
187 박명원은 1738년에 영조의 딸인 화평옹주와 결혼하여 영조의 사위가 되었는데, 사도세자와도 사이가 좋았으며, 정조에게는 고모부이다. 박명원은 사도세자의 묘를 顯隆園으로 옮기는 데 결정적인 도움을 주었고, 현륭원을 조성한 다음 해 박명원이 사망하자 정조는 직접 그의 신도비명(「錦城尉朴明源神道碑銘」)을 지었다.
188 현륭원으로의 천릉에 대해서는 박천우, 「隆陵과 龍珠寺」, 『인문사회과학연구』 12(장안대학교 인문사회과학연구소, 2003), 483-505쪽 참조.
189 『朝鮮寺刹史料』上, 「龍珠寺」(朝鮮總督府, 1911), 47-48쪽.

은 규모와 형태로 만들어 좌우대칭으로 배치하였는데, 이러한 배치는 일반 사찰건물에서는 볼 수 없는 특징이다.[190] 또 궁궐 양식으로 지어진 천보루 등 불전, 정면 계단 대우석의 비운문(飛雲文) 등도 왕실 원당으로서의 특징을 보여 준다.

당시 용주사의 불사에는 왕실에서 많은 사람을 파견하여 감독게 하였다. 공사가 끝난 후 시상한 사실에 대해 기록한 『일성록(日省錄)』의 1790년(정조 14) 10월 6일조에 의하면 수원부사 조심태(趙心泰)가 공사 전체를 주관하였으며 실질적인 공사 총감독은 이인찰방(利仁察訪) 조윤식(曺允植), 불화 조성감독은 김홍도와 김득신, 이명기, 현판 조성감독은 이명예(李命藝), 불상 조성감독은 황덕순(黃德淳)과 윤흥신(尹興莘) 등이었다고 한다.[191] 당시의 불사와 불사에 참여한 건축가와 조각가, 화가 등의 명단은 1825년(순조 25)에 용주사 주지 등운(等雲)이 기록한 「본사제반서화조작등제인방함(本寺諸般書畵造作等諸人芳啣)」에서 볼 수 있다. 『불설부모은중경(佛說父母恩重經)』을 새긴 석판은 1802년(순조 2)에 만들어 봉안하였으며 『법화경』 10건은 전라남도 순천 송광사에서 가져왔고, 대웅전 보탑 뒤에 봉안한 후불탱화는 김홍도, 삼장탱화는 민관, 하단탱화는 상겸, 칠성각의 칠성여래사방칠성탱화는 경옥·연홍·설훈, 대웅전 단청은 민관, 천보루 단청은 강원도 삼척 영은사의 팔정, 관음보살상은 관허당 설훈, 아미타불상은 전라북도 지리산 파근사의 봉현, 약사여래불상은 강원도 간성 건봉사의 상식, 석가여래상은 전라북도 정읍 내장사의 계초가 각각 조성했다고 한다.[192] 이 외에 승당은 평안도 묘향산 보현사의 의섭(義涉), 필성각은 죽산 칠장사의 설잠(雪岑), 선당은 강원도 건봉사의 운명(雲明), 대웅전은 전라남도 장흥 천관사의 문언(文彦), 누각은 경상북도 영천 은해사의 쾌성(快

---

190 용주사 가람배치의 특징에 대해서는 이강근, 「용주사의 건축과 18세기의 창건역」, 『미술사학보』 31(미술사학연구회, 2008), 116-121쪽 참조.
191 정해득, 「정조의 용주사창건 연구」, 158쪽의 〈표 2〉 '용주사 영건 참여인원과 시상내역' 참조.
192 『朝鮮寺刹史料』上(朝鮮總督府, 1911), 60-61쪽.

性) 등 각지의 도편수들이 각각 맡았다.[193] 이처럼 정조는 용주사를 창건하면
서 자신이 아꼈던 김홍도 등으로 하여금 용주사 불화 조성을 감독하게 하였
으며, 1796년(정조 20)에는 왕명으로 『불설부모은중경』을 나무·쇠·돌 등 세
가지의 판본을 만들게 하고, 영의정 채제공(蔡濟恭, 1720-1799)이 이를 써서 용
주사에 수장하게 하였다. 그런가 하면 같은 해에 손수 불교식 가사체인 「어
제화산용주사봉불기복게(御製花山龍珠寺奉佛祈福揭)」를 지었으며, 조선 초기 왕
실에서 사용하던 금동 향로와 중국제 향로를 하사하였다.

정조는 용주사를 중심으로 한 불사 외에도 1787년(정조 11)에 석왕사에 중
사(中使)를 파견하여 세자의 탄생을 기원하는 백일기도를 하는 등 불사를 행
하였으며, 1788년(정조 12)에는 석왕사를 중수하였다. 이어 1789년(정조 13)에
는 성종 선릉과 중종 정릉의 능침사찰인 봉은사를 크게 중수하도록 지원
하였고,[194] 1790년(정조 14) 6월 18일에 왕자가 탄생하자 선조의 생부인 덕흥
대원군의 능침사찰로 왕자 탄생 기원 백일기도를 드렸던 남양주 흥국사에
내탕금을 하사하여 1793년(정조 17)에 선사 기허(騎虛)가 중창 불사를 시도하
였다.[195] 1796년(정조 20)에는 불국사에 불구(佛具)를 하사하고, 1796-1800년
의 신륵사 중수 때는 왕실에서 가자첩(加資帖)을 하사하여 공사를 지원하였
다.[196] 후궁인 수빈 박씨가 순조를 낳자 수락산 내원암에 칠성각을 짓고 어필
을 하사하였으며, 사성전(四聖殿)을 건립하는 등 활발하게 불사를 행하였다.
또 대비 홍씨(혜경궁)가 함경남도 안변 석왕사 불상에 도금을 더한 지 2년 만
에 그 공덕으로 순조를 낳았다고 하여 1790년(정조 14) 8월 석왕사에 왕자 탄
생 감사비를 건립하도록 명하였고, 이듬해 4월에 직접 비문을 지어 내려 주

---

193 이강근, 앞 논문, 109-110쪽.
194 『봉은사 실측조사보고서』(서울특별시, 1990), 53쪽. 정조는 세자각, 대웅전, 명부전, 향각전, 관음당 및
　각 방사를 중수하도록 전교를 내려 내수사와 각궁에서 재물을 내어 중수토록 하였다.
195 『興國寺事蹟』「수락산흥국사기적비」(권상로 편, 『한국사찰전서』, 1210쪽).
196 「驪州鳳尾山重修事蹟記」.

었다.[197] 1799년(정조 23)에는 대비의 하교로 순조의 열 번째 생일을 맞아 경남 옥천사에서 탄일불공(誕日佛供)을 드리고「성절불공록(聖節佛供錄)」,「성절불공절차(聖節佛供節次)」라는 목판을 조성하기도 했다.[198]

이처럼 조선 후기 왕실의 원당에 대한 불사는 특히 서울·경기 지역의 사찰들에서 빈번하게 볼 수 있다. 봉선사를 비롯하여[199] 연화사,[200] 봉인사,[201] 진관사,[202] 수국사,[203] 봉은사,[204] 경국사,[205] 봉국사,[206] 봉원사,[207] 신륵사,[208] 전등사,[209] 적석사,[210] 고양 흥국사,[211] 봉릉사,[212] 봉영사,[213] 칠장사,[214] 청룡사,[215] 화계사,[216] 법련사,[217] 보광사,[218] 청계사,[219] 용주사,[220] 내원암[221] 등 서울·경기 지

197 『弘齋全書』卷15 碑「安邊雪峰山釋王寺碑」.
198 박상국,『全國寺刹所藏木板集』(문화재관리국, 1987).
199 숙종이 영빈 김씨를 위해 양주 봉선사를 원당으로 지정하였다.
200 1725년 경종과 그의 계비 선의왕후가 안장된 의릉이 근처에 조영되면서 절도 복구되어 다시 의릉의 능침사찰이 되었다.
201 1620년 광해군이 세자의 수복무강을 기원하기 위해 세웠다.
202 1707년 소의 유씨를 위해 고양 津寬寺에 원당을 설립하였다.
203 숙종 때 明陵을 위해 창건되었다.
204 봉은사는 성종비 정현왕후가 성종을 위해 사찰을 중창한 이래 인종과 명종에 걸쳐 원당이 설립되었으며, 1691년 숙종이 친림하여 공역을 살피고 돈과 폐물을 후사하고 열성조의 원당으로 지정하였다.
205 1669년에 태조비 신덕왕후의 묘인 정릉을 복원하면서 근처에 있던 약사사를 봉국사로 중창, 개명하고 흥천사와 함께 능묘의 원찰로 삼을 때 청암사도 원찰로 지정되어 경국사로 이름이 바뀌었다.
206 1669년 태조비 신덕왕후의 황폐화된 묘소를 능묘로 복원하면서 원당으로 삼았다.
207 영조대에 懿昭墓의 원당으로 지정되었다.
208 현종이 선왕인 효종을 위하여 능침사, 즉 능침원당으로 지정하여 제사 시 두부를 조달하는 造泡寺로 정하였다.
209 1726년 영조가 친행하여 친제어필을 봉안하는 원당으로 정하고 翠香堂의 제액을 직접 써 주었으며, 이후 곡식과 목재 등을 시주하기도 하였다.
210 1637년 인조의 이복고모인 貞明公主가 강화 積石寺에 원당을 설립하고 자신의 화상을 봉안하였다.
211 1770년 영조가 친행하여 자신의 생모인 숙빈 최씨의 원당을 설립하고 藥師殿 현판을 직접 써 주기도 했다.
212 1627년 인조가 아버지인 元宗을 위하여 부근의 廢寺를 이건하여 奉陵寺라 賜額하고 원종의 능인 章陵을 양주에서 김포로 移奉하면서 봉릉사를 중건하여 원당으로 지정하였다.
213 1738년 선조의 후궁인 仁嬪 金氏를 위하여 영조가 원당을 설립하고 인빈묘의 능침사로 기능토록 하였다.
214 1623년 인조반정으로 복위한 인목왕후가 광해군의 폭정을 피하여 자신이 은신하였던 안성 칠장사에 아들 영창대군과 친정아버지 金悌男을 위해서 원당을 설립하고 중창불사를 하였다.
215 효종의 아우인 인평대군의 원당으로 설립되었다.
216 1618년 화재로 인하여 화계사의 불전과 요사가 모두 전소되었을 때 덕흥대원군 가문의 시주를 받아 중창되었다.

역의 원당을 중심으로 왕과 왕비, 세자 및 상궁들의 다양한 불사가 이루어
졌다. 한 예로 흥천사 괘불도(1832)는 영안부원군, 영명도위, 숙선옹주, 동녕
도위, 명온공주, 창녕도위, 복온공주, 덕온공주, 상궁 최씨, 상궁 서씨 등 정
조·순조와 관련된 왕실 친인척들이 조성하였으며, 봉은사 괘불도(1886)는 헌
종의 후궁인 순화궁 김씨를 비롯한 여러 상궁들이 시주하여 조성하였다. 서
울·경기 지역 외에도 전국 각지의 사찰에 왕실의 원당이 설립되어 선왕선
후, 비빈들을 위해 명복을 빌고 무병장수를 기원하는 불사가 성행하다.[222]

이처럼 왕실 인물, 특히 여성들이 불교를 신앙하고 있다는 사실 그 자체
만으로 불교계는 엄청난 정치적 지지세력을 확보한 셈이었다. 이들의 불교
신앙은 양란 이후 전화에 소실된 사찰들을 중창할 수 있는 중요한 경제적 기
반으로 활용되었고, 전국 각지의 명산대찰은 왕실의 원당이라는 명목으로
지방정부의 가혹한 납세를 피할 수 있었다. 왕실 비빈들은 왕에게 요청하거
나 혹은 직접 해당 관청에 교지를 내리는 방법으로 왕실 관련 사찰들에 내려
진 과중한 납세의 시정을 요구했다. 그리고 이들의 요구는 대부분 수용되었
다. 조선 후기에 거의 100여 개에 달하는 원당이 설립되었던 사실을 보면 원
당의 설립이 얼마나 성행했는가를 알 수 있다. 조선 후기의 소용돌이 속에

---

217 1650년 효종비 仁宣王后가 자신의 아버지 張維의 명복을 빌기 위해 설립했다.
218 1740년 숙빈 최씨의 능인 昭寧園의 원찰로 지정되었다.
219 1761년 정조가 동궁으로 있을 때 이 절에 원당을 설치한 뒤 밤나무 3000주를 심고 園監을 두었으며,
    왕위에 오른 뒤에는 현륭원을 설치하고 봄가을에 제향했다.
220 1789년 정조는 비봉산에 있던 사도세자의 능을 수원으로 옮기고 사도세자의 능인 현륭원의 능사로
    활용하기 위해 이듬해 장흥 寶林寺의 사일을 都摠攝으로 임명하여 이 절을 창건하게 하였다.
221 정조의 후궁인 綏嬪 朴氏가 꿈을 꾸고 순조를 낳자 정조가 이 공을 기려 칠성각을 짓고 어필을 내렸
    으며 성전을 세워 주었다고 한다.
222 조선 후기에 서울·경기 이외의 지역에 설립된 원당으로는 중사자암(충북 보은), 정토사(충북 충주), 건
    봉사(강원도 간성), 용공사(강원도 통천), 보리암(경남 남해), 용문사(경남 남해), 파계사(대구), 보덕사(강
    원도 영월), 법주사(충북 보은), 유점사(강원도 고성), 송광사(전남 순천), 정양사(강원도 영월), 용문사(경
    북 예천), 신계사(강원도 고성), 화암사(강원도 양양), 상환암(충북 보은), 보석사(현 충남 금산), 천은사(강
    원도 삼척) 등이 있다. 이상의 목록은 탁효정, 「조선 후기 왕실원당의 유형과 기능」(한국정신문화연구
    원 석사학위논문, 2001) 부록 〈표 4〉 '조선시대 원당사찰표' 중 63-69쪽의 조선 후기편 참조.

서 왕실의 안정과 왕권 강화 측면에서도 원당은 적절히 수단화되기도 했다. 특히 왜란과 호란 이후 궁핍해진 궁방경제의 직접 수단으로 이용되어 민원은 물론 폐불의 근거를 제공하기도 했다.[223]

한편 조선 후기에 왕실에서는 특히 명산인 금강산을 중심으로 많은 불사를 행했다. 세조·예종·효종·영조 등 역대 왕의 위패가 대대로 모셔질 정도로 조선 왕실과 밀접한 관계를 유지했던 대표적인 왕실 원찰인 건봉사에는 1602년(선조 35) 의인왕후가 복호(復戶) 5결을 하사한 것을 비롯하여 1683년(숙종 9)에는 숙종의 모후 명성왕후가 불장(佛帳)과 탁의(卓衣)를 하사하고 천금을 보내 불상을 개금하였으며, 1724년(경종 4) 주지 채보(彩寶)가 9층탑을 세워 부처의 치아를 봉안할 때 명성왕후가 천금을 하사하였다. 또한 1754년(영조 30)에는 정성왕후가 상궁 이씨, 안씨를 보내 석가상을 조성케 하고 팔상전을 건립하여 원당으로 삼았다. 1776년(영조 52) 정순왕후는 국재(國齋)를 설하고 별제(別提) 이인배(李仁培)를 보내 재를 지냈으며, 1805년(순조 5)에는 왕비 김씨가 국재를 설하고 금자대병(金字大屛)과 『화엄경』 1부를 하사하였다. 또 1818년(순조 18) 귀빈 임씨가 농일산기(籠日傘旗) 등을 회사하고, 1820년(순조 20)에는 정조비 효의왕후가 평상을 하사하여 어각에 안치하기도 했다. 이 밖에 왕실과 각 궁으로부터 불구와 금품을 다수 회사받고 대왕대비 조씨(신정왕후)가 만전(萬錢)을 하사하여 명부전, 사성전의 단청을 입히고 십육전의 후불탱을 그려 봉안하는 등 왕실 여인들의 불사 내용은 토지와 의복·금·경전·불구·하사금 등 매우 다양했다.[224]

금강산 건봉사의 경우에는 워낙 왕실과 밀접한 사찰이었기 때문에 거의 대를 거르지 않고 왕실로부터 지원을 받은 기록이 사지를 통해 전해지지만

---

223 박병선, 「조선 후기 원당의 정치적 기반—관인 및 왕실의 불교인식을 중심으로」, 『민족문화논총』 25(영남대학교 민족문화연구소, 2002), 104쪽.
224 이상 건봉사에 대한 내용은 권상로 편, 『韓國寺刹全書』 上卷, 58-59쪽, 乾鳳寺條; 한용운, 『乾鳳寺及乾鳳寺末寺史蹟』(新丘文化史, 1980) 참조.

다른 금강산 사찰들의 경우에는 각종 문집을 통해 왕실과의 밀접한 관계를 간헐적으로 확인할 수 있다. 신익성의 「유금강내외산제기(遊金剛內外山諸記)」, 『유금강산기(遊金剛山記)』(1603, 이정구 등)에는 금강산에 위치한 사찰들에 왕실 여성들이 시주한 내용들이 비교적 상세하게 소개되어 있다.[225] 표훈사에 대한 기록에는 "비단에다 금물을 들여 그린 부처 영정이 있는데 그 아랫부분에 소인이 있었다. 그 소인은 덕흥대원군[226] 부인이 대원군의 명복을 빌고 아울러 여러 왕손의 장수를 기원한다는 내용인데 선조 임금의 어렸을 때의 이름으로 썼다"라고 적혀 있다. 표훈사는 세조의 원찰로 지정된 사찰로서, 덕흥대원군 집안과도 밀접한 관련이 있었던 것으로 보인다. 선조의 어렸을 때 이름이 쓰여 있다는 것으로 보아 선조가 즉위하기 전 덕흥대원군 집안에서 표훈사의 불화 조성에 크게 시주했던 것 같다. 또 신익성이 유점사에 들른 기록에는 "왼쪽 응진전에는 나한상을 안치하였고, 오른쪽 해장전에는 여러 불승 및 대비의 글씨, 정명공주가 손으로 옮겨 적은 불경이 매우 많았다"라는 내용이 남아 있다. 여기에서 대비는 선조의 계비인 인목왕후를 지칭하며, 정명공주는 인목왕후의 딸이다. 인목왕후는 광해군이 폐서인된 후 아들 영창대군과 아버지 김제남을 위해 안성 칠장사를 원찰로 삼고 전국의 여러 사찰에서 아들의 명복을 빌었다. 유점사에도 대비의 글씨와 정명공주가 직접 쓴 불경이 남아 있다는 기록으로 보아 이곳에서 아들과 아버지의 명복을 빌었던 것으로 보인다. 『유점사본말사지(楡岾寺本末寺誌)』(1942)에 따르면 영조대에 유점사에는 명례궁[227]과 어의궁의 원당이 설치되어 선조와 인조, 현종의 영정을 봉안했다고 전한다.

---

225 금강산 관련 기행문은 이경수·강혜선·김남기 편역, 『17세기의 금강산기행문』(강원대학교출판부, 2000) 참조.

226 덕흥대원군은 선조의 생부 이초(李岧, 1530-1559)이다.

227 명례궁은 인목왕후가 폐서인되었을 당시 머물렀던 덕수궁의 별칭으로, 인조반정으로 복권된 인목왕후와 관련된 덕수궁의 왕실 여인들과 인조의 직계 친인척들이 인조반정의 성사를 감축하는 목적으로 유점사를 왕실 원찰로 삼은 것이라고 추측된다.

제 7 장

왕실 불사의 재원(財源)

조선시대에 왕실에서 행해졌던 불사는 어느 곳에서 주관했으며, 어떤 비용으로 이루어졌을까? 조선 초기 세조와 효령대군처럼 불교를 독신하고 사찰의 창건과 중건, 탑의 건립 등 대규모 불사를 행하던 군주들은 국가적 사업으로, 국가의 비용으로 불사를 시행했다. 그렇지만 억불시대였던 조선시대에는 호불적인 군주를 제외하고는 국가의 비용으로 불사를 충당하기 어려웠을 것이다. 사원의 창건 같은 대규모 불사는 아니더라도 돌아가신 왕실 구성원의 명복을 빌고 수명장수를 기원하며 불상과 불화를 제작하는 등의 개인적인 불사, 예를 들어 문정왕후가 발원한 약사불회도(1561)를 비롯한 5점의 순금화, 순금 치성광불도(熾盛光佛圖, 1576), 삼각산 향림사 나한도 200점(1562), 회암사의 400탱(1565) 등의 불사에는 상당한 재원이 필요하였으며, 이러한 비용은 왕실 구성원 개인의 재산 또는 왕실의 재정을 담당하는 기관에서 그 비용을 충당하였다.

1 조선왕실의 재정

조선시대의 왕실재정은 정부재정의 일부로 존재한 공상(供上)[1]의 영역, 왕실의 전궁(殿宮)에 의해 운영된 내탕(內帑)의 영역, 그리고 왕실에서 분가한 왕자·공주 등의 궁방(宮房)에 의해 독자적으로 운영된 영역 등 여러 층위가 존재했다.[2] 조선시대에 왕실의 재정을 담당하는 부서는 고려시대부터 존속되었던 사장고(私藏庫), 즉 5고(庫) 7궁(宮)[3]이 기초가 되었다. 태조는 즉위교서에서 "전곡(錢穀)의 경비(經費)는 나라의 떳떳한 법이니, 의성창(義成倉)·덕천창(德泉倉) 등의 여러 창고와 궁사(宮司)는 삼사(三司)의 회계 출납하는 수효에 의뢰하고, 헌사(憲司)의 감찰(監察)은 풍저창(豊儲倉)과 광흥창(廣興倉)의 예에 의거하여 할 것이다"[4]라는 명을 내렸는데, 이것은 곧 고려시대 이래의 사장고제도를 그대로 존속했음을 말해 준다. 또한 태조는 같은 날 문무백관의 제도를 반포하면서 국가와 왕실의 재정과 관련된 각종 아문을 다음과 같이 새롭게 정하였다.

---

1 供上이란 왕, 왕비, 왕대비, 대왕대비 등의 소용공물 일부를 조달하는 것을 지칭한다. 공상의 실제 조달업무는 다수의 供上衙門이 담당하고 戶曹와 宣惠廳이 이에 대한 貢價를 지급하는 방식으로 운영되었다.

2 조영준, 「19세기 왕실재정의 위기상황과 전가실태—수진궁 재정의 사례분석」, 『경제사학』 44(경제사학회, 2008), 47쪽. 이 밖에 19세기 왕실재정에 대해서는 조영준, 「조선후기 왕실재정의 구조와 규모—1860년대 1司4宮의 재정수입을 중심으로」, 『한국문화』 47(서울대학교 규장각 한국학연구원, 2009), 203-228쪽도 참고가 된다.

3 5고는 義城庫·德泉庫·內藏庫·保和庫·義順庫이며, 7궁은 延慶宮, 延德宮, 興信宮과 이름을 알 수 없는 4개의 궁을 말한다.

4 『太祖實錄』, 太祖 1年 7月 28日條.

봉상시는 종묘·제향 등의 일을 관장하는데, 판사 2명 정3품, 경 2명 종3품, 소경 2명 정4품, 승 1명 종5품, 박사 2명 정6품, 협률랑 2명 정7품, 대축 2명 정7품, 녹사 2명 정9품, 영사 2명 9품인데, 거관하게 된다. 전중시는 친속 보첩과 전내의 급사 등의 일을 관장하는데, 판사 2명 정3품, 경 2명 종3품, 소경 2명 종4품, 승 1명 종5품이고, 직장 2명 종7품이다. … 사복시는 여마·구목 등의 일을 관장하는데, 판사 2명 정3품, 경 2명 종3품, 소경 2명 종4품, 주부 1명, 겸주부 1명 종6품이고, 직장 2명 종7품이다. 사농시는 적전의 경작과 전곡 및 사제의 주례와 희생을 진설하는 등의 일을 관장하는데, 판사 2명 정3품, 경 2명 종3품, 소경 2명 종4품, 승 1명, 겸승 1명 종5품, 주부 2명, 겸주부 1명 종6품이고, 직장 2명 종7품이다. 내부시는 부고에 재화를 저장하고, 복식을 출납하고, 등촉을 포진시키는 등의 일을 관장하는데, 판사 2명 정3품, 경 2명 종3품, 소경 2명 종4품, 주부 1명, 겸주부 1명 종6품이고, 직장 2명 종7품이다. 예빈시는 빈객과 연향 등의 일을 관장하는데, 판사 2명 정3품, 경 2명 종3품, 소경 2명 종4품, 승 1명, 겸승 1명 종5품, 주부 2명, 겸주부 1명 종6품, 직장 2명 종7품이고, 녹사 2명 정8품이다. 교서감은 문적·도서와 제초의 축소 등의 일을 관장하는데, 판사 2명 정3품, 감 2명 종3품, 소감 2명 종4품, 승 1명 종5품, 낭 2명 정7품, 저작랑 2명 정8품, 교감 2명 정9품이고, 정자 2명 종9품이다. 선공감은 재목·영선·시탄을 지응하는 등의 일을 관장하는데, 판사 2명 정3품, 감 2명 종3품, 소감 2명 종4품, 승 1명, 겸승 1명 종5품, 주부 2명, 겸주부 1명 종6품, 직장 2명 종7품이고, 녹사 2명 정8품이다. 사재감은 어량과 산택의 일을 관장하는데, 판사 2명 정3품, 감 2명 종3품, 소감 2명 종4품, 주부 2명, 겸주부 1명 종6품이고, 직장 2명 종7품이다. … 사선서는 내선을 공상하는 일을 관장하는데, 영 1명 종5품, 승 2명 종6품, 직장 2명 종7품, 식의 2명 정9품이고, 사리 2명인데, 권무로서 거관하게 된다. 사온서는 주례의 일을 관장하는데, 영 1명 종5품, 승 1명 종6품, 직장 2명 종7품이고, 부직장 2명 정8품이다. 요물고는 내선의 미곡을 수입·지출하는 일을 관장하는데, 사 1명 종5품, 부사 1명 종6품이고, 주부 2명 종8품이다. 의영고는 유밀·과실·곽용 등을 수입·지출하는 일을 관장하는데, 사 1명 종5품, 부사 2명 종6품, 직장 2명 종7품이고, 주부 2명 종8품이다. 장흥고는 포필·지석 등의 일을 관장하는데, 사 1명 종5품, 부사 1명 종6품, 직장 2명 종7품이고, 주부 2명 종8품이다. 풍저창은 국가의 재용을 수입·지출하는 일을 관장하는데, 사 1명 종5품, 부사 2명 종6품, 승 2명 종7품이고, 주부 2명 종8품이다. … 제용고는 필백·주저 등의 일을 관장하는데, 사 1명 종5품, 부사 2명 종6품, 승 2명 종7품, 주부 2명 종8품이고, 녹사 2명 종9품이다. … 공조서는 죽물의 일을 관장하는데, 영 1명 종6품이고, 승 2명 종7품이다. … 도염서는 염조하는 일을 관장하는데, 영 2명 정8품, 승 2명 정9품이고, 사리 2명이다. … 전구서는 가축을 양육하는 일을 관장하는데, 영 1명 종7품, 승 2명 종8품이고, 사리 2명이다.[5]

새로 정해진 아문 가운데 재정 관련 아문은 봉상시[奉常寺: 종묘(宗廟), 제향(祭享) 등 관장]·전중시[殿中寺: 친속 보첩(親屬 譜牒), 전내(殿內)의 급사(給事) 등 관장]·사복시[司僕寺: 여마(輿馬), 구목(廐牧) 등 관장]·사농시[司農寺: 경적(耕籍), 전곡(錢穀) 및 사제(祠祭), 주예(酒醴), 진설(陳設), 희생(犧牲) 등 관장]·내부시[內府寺: 화재부장(貨財府藏), 복식출납(服飾出納), 포진(鋪陳), 등촉(燈燭) 등 관장]·예빈시[禮賓寺: 빈객향연(賓客饗宴) 등 관장]·교서감[校書監: 문적(文籍)·도서(圖書), 제초(祭醮)의 축소(祝疏) 등 관장]·선공감[繕工監: 재목(材木), 영선(營繕), 시탄(柴炭) 등 관장]·사재감[司宰監: 어량(魚梁), 산택(山澤) 등 관장]·사선서[司膳署: 내선(內膳) 담당]·사온서[司醞署: 주례(酒醴) 담당]·요물고[料物庫: 내선미곡(內膳米穀) 담당]·의영고[義盈庫: 유(油), 밀(蜜), 과실(菓實), 곽용(藿茸) 등 관장]·장흥고[長興庫: 포필(布匹), 지석(紙

5　『太祖實錄』, 太祖 1年 7月 28日條.

席) 등 관장]·풍저창(豊儲倉: 국가재용의 수입·지출 관장)·제용고[濟用庫: 필(匹), 백(帛), 주(紬), 저(苧) 등]·공조서[供造署: 죽물(竹物) 등 관장]·도염서[都染署: 염조(染造) 관장]·전구서[典廐署: 축양(畜養) 관장] 등이었다.[6] 각 아문에는 정3품에서 종8품에 이르는 관인이 10~20명가량 소속되어 있으면서 왕실의 의식주와 관련된 일들을 분장하였다.

왕조 초기에는 정치상황에 따라 사장고를 왕실에 이속하거나 세자부, 태상왕부, 상왕부, 중궁부 등 사장고를 따로 설치하기도 했다. 이들 공상아문은 태종, 세종대에 이르러 이속 혹은 합속되면서 정비되었는데[7] 1401년(태종 1)의 관제개혁에 의해 내부시는 내자시(內資寺)로, 사농시는 전농사(典農司), 요물고는 공정고(供正庫)로 명칭이 바뀌었으며, 덕천고는 혁파되어 내섬시(內贍寺)가 되고 의성고(義成庫)는 내자시에 소속되었다. 또 내장고(內藏庫)는 승녕부(承寧府)에, 보화고(保和庫)는 공안부(恭安府)에, 의순고(義順庫)는 예빈시에, 흥신궁(興信宮)은 장흥고에, 연경궁(延慶宮)은 군자감에, 연복궁(延福宮)은 의영고에 각각 합속되었다.[8] 1405년(태종 5)에는 6조의 분직과 소속 아문이 정해지면서 공상아문도 각기 6조에 분속되었는데, 숭녕부·공안부·인녕부·사선서·사옹방은 이조, 사복시는 병조, 내자시·내섬시·공정고·제용고·의영고·장흥고는 호조, 봉상시·예빈시·사온서·선관서·복흥고·전구서는 예조, 선공감·사재감·공조서·도염서·침장고·상의원·상림원은 공조에 소속되었다.[9] 이렇듯 조선 건국 초의 재정 관계 관서들은 여러 번 개편, 폐합 등을 겪었으나 1485년(성종 16)에 『경국대전』이 완성되면서 일단 정비되었다.

조선시대 왕실 또는 왕실 구성원의 재산은 이러한 왕실 관련 기관들의 공적인 재산 이외에 개인이 사사로이 사용할 수 있는 사유재산, 즉 내탕금이

6   이 내용은 송수환, 『朝鮮前期 王室財政 硏究』(집문당, 2002), 40쪽의 〈표 1-1〉 참조.
7   공상아문의 변천 과정은 송수환, 앞 책, 'I. 조선전기의 供上制' 〈표 1-4〉 참조.
8   송수환, 앞 책, 44~45쪽. 『太宗實錄』, 太宗 1年 7月 13日條, 3年 6月 29日條.
9   『太宗實錄』, 太宗 5年 3月 1日條.

중요한 부분을 차지했다. 왕실의 재정은 공재정과 사재정으로 구분되며, 공재정은 공상제(供上制)·왕실수조지(王室收租地)·상의원·사용원·왕실 관련 사원전, 사재정은 내수사운용·왕실 사유지·왕실장리·왕실노비·내불당전으로 분류된다.[10] 여기서 공재정이란 왕 혹은 왕실을 하나의 국가적인 기구로 인식하여 국가의 경제제도로서 운용한 왕실재정, 즉 왕실에 대한 공상을 담당하는 각종 공상아문의 설치와 이를 통한 왕실 소용물산 공급, 국왕·왕자·부마에 대한 수조지[11] 분급과 그 운용, 왕실의 의례와 관련한 상의원, 사용원의 설치와 운용 등을 말한다. 이에 반해 사재정이란 왕실의 사적인 측면, 즉 국가기구가 아닌 사인(私人) 혹은 사가(私家)로서의 경제운용을 통하여 스스로의 수요에 따른 공급을 관철하는 재정, 즉 왕실 금고격인 내수사를 중심으로 이루어졌던 사유지 경영·장리운용·노비사역 등으로, 이것은 국가재정과는 별개로 이루어진 왕실의 독자적인 재정운용을 말한다.[12]

왕실이 곧 국가였던 시대에 왜 왕실의 사재정이 필요한가 생각할 수도 있지만, 왕실의 입장에서는 왕비·왕대비·대왕대비·후궁 등 왕실 여성들의 불사 비용 등을 비롯한 사사로운 소비 및 궁을 나간 왕자녀의 사인으로서의 경제생활과 권위 유지를 위한 비용을 국가재정으로는 충당할 수 없기 때문에 사재의 소유가 불가피했다.[13] 왕실 구성원 중 국왕과 왕비, 왕세자와 세자빈, 대군·군·공주·옹주·왕손 등이 왕실재정의 주요 수혜자였는데, 이들은 품계에 따라 수조지와 녹봉을 지급받았으며, 왕자나 공주·옹주는 장성하여 결혼한 뒤에 궁을 나갈 경우 부모로부터 토지와 노비를 상속받았다. 또 녹봉이 있기는 하였으나 경제력에 큰 비중을 차지하지 못하였다. 가령 대군의 녹봉은 관인의 제1과(科) 정1품에 준하였는데, 춘하추동 합처 중미 14석, 조

---

10 송수환, 앞 책, 25쪽.
11 나라에서 벼슬아치들에게 나누어 주던 땅으로, 조세를 거두어들일 수 있는 토지를 말한다.
12 송수환, 앞 책, 24쪽.
13 송수환, 앞 책, 20쪽.

제7장 왕실 불사의 재원(財源)

미 51석, 전미 3석, 황두 34석, 소맥 10석, 주 6필, 정포 15필, 자화 10장에 불과하였다고 한다.[14] 이 외에도 국가로부터 수조지를 받았지만, 분급수조지 제도가 쇠퇴하였던 시기에는 이 혜택마저 받지 못하였다. 그러나 조선 중기처럼 왕실 여성들이 불교를 믿고 불사를 행했던 시기에는 대왕대비를 비롯한 왕실 여성들의 사사로운 소비를 국가재정으로써 충당할 수 없으므로 왕실의 사재 소유가 불가피하였다. 결국 왕실은 필요로 하면서도 공식적으로는 분여받을 수 없는 소비를 위해서 사유재산, 즉 사재정을 필요로 하였다.[15] 따라서 사장고는 왕실의 사적 재정기구였다고 할 수 있다. 사장고는 때로 왕실의 제사 혹은 불사를 담당하기도 했다. 원래 왕실의 제사는 국가적 행사이지만 왕가의 사사로운 제사라고 인식하여 사장고가 담당하였는데, 이에 따라 왕실의 원당과 수륙사, 능침사 등 왕실 관련 사원에는 수조지를 지급하여 불사의 비용을 담당하게 하였다.[16]

조선 전기에 가장 대표적인 왕실 사장고로는 고려 말의 사장고였던 5고(의성고, 덕천고, 내장고, 보화고, 의순고)·3궁(연경궁, 연덕궁, 홍신궁)과 내부시(內府寺), 장원서(掌苑署)를 계승하여 노비를 소유한 상의원(尙衣院), 또 고려왕실의 내제석원(內帝釋院)과 도장고(道場庫) 및 이를 계승한 복흥고(福興庫), 태조가 설치한

14 송수환, 앞 책, 21쪽.
15 일찍이 조선왕실의 재정에 대한 연구를 남긴 周藤吉之는 고려에서는 王室私藏庫가 왕실재정의 중추적 역할을 담당했으며, 조선왕조 개창 후에도 왕실은 고려왕실의 사장고인 5庫, 7宮을 계승하여 왕실재정의 핵심적 기반으로 삼았다고 하였다. 그리고 이들 사장고는 태종, 세종대에 차츰 공속화함에 따라 이를 대신하여 내수사가 발전하여 조선왕실의 사장고가 되었다고 결론지었다. 반면, 田川孝三은 조선왕조의 貢納制와 進上制를 연구하여 공납의 대부분과 진상의 모두가 왕실에의 공상을 위하여 운용되었음을 밝혀 왕실재정의 특수한 분야 연구에 선구적 업적을 남겼다. 또 金玉根은 국왕을 비롯한 왕족의 생활비, 왕실제사비, 각 능묘 보존비, 왕실의료비 등이 왕실재정의 중요한 비목이었으며, 이를 위한 주요 재원은 공전의 결세와 力役을 비롯하여 진상, 대군, 왕자 과전 및 내수사전, 궁방전 등 왕실관계 토지에서 획득하는 지대(조세) 수입이 대종을 이루었다고 보았다. 송수환, 앞 책, 22-23쪽. 이 밖에 조선 전기 여성들의 私藏에 대해서는 신명호, 「조선전기 왕비, 대비의 本宮과 私藏」, 『역사와 경계』 89(부산경남사학회, 2013), 41-68쪽 참조.
16 송수환, 「조선전기의 사원전─특히 왕실관련사원을 중심으로」, 『한국사연구』 79(한국사연구회, 1992), 25-57쪽.

유비고(有備庫) 등이 있었다. 이들 사장고는 왕위의 변동에 따라 상왕부 혹은 태상왕부에 소속되거나 중궁부, 세자부에 소속되기도 했다. 각 부서는 소속 수조지와 노비를 재원으로 하여 왕실의 사적인 공상을 담당하였다. 반면 국가의 공상을 담당하는 아문으로는 사선서·요물고·전구서·상림원·사옹방 등이 있었으며, 국가에서 필요한 일반적인 공상을 담당하면서도 당해 업무와 관련된 왕실의 행사를 주관하거나 필요한 물산을 공상하는 아문으로는 사복시·사재감·전구서 등이 있었다.

조선 초기의 공상기구는 1423년(세종 5)에 왕실 사재 관리기구인 내수소(內需所)의 설립과 1445년(세종 27)의 국용전제(國用田制) 시행으로 크게 그 성격이 변화하였다. 즉 종래의 사장고는 수조지가 국용전으로 흡수됨에 따라 사장고의 기능을 상실하면서 내자시와 내섬시는 전공아문이 되었으며, 종전의 일부 전공아문 및 겸공아문들도 수조지가 혁파됨에 따라 그 기능이 약화되었다. 이후 세조 때 부분적인 개편을 거쳐 완성된 『경국대전』에는 조선 전기 왕실의 재정을 담당하는 아문으로 오로지 왕실의 사재정을 담당하는 사장고로서 내수사, 어부(御府)라 칭해진 상의원·사옹원, 왕실의 공상을 전담하는 전공아문인 내자시·내섬시·사도시(司䆃寺)·사온서·장원서·사포서(司圃署)·사축서(司畜署), 국가운용의 아문이면서 경우에 따라 왕실에 대한 공상도 겸하는 겸공아문인 봉상시·사복시·예빈시·의영고·장흥고·제용감(濟用監)·전생서(典牲署) 등으로 정착되었다.[17]

이후 조선 후기에는 수취체제의 모순에 따른 농민층의 분해, 생산력의 발달에 따른 상업과 화폐경제의 전개로 공납제가 대동법(大同法)으로 귀착되면서, 공상아문에는 대동상납미(大同上納米)가 지급되어 소용물산을 갖추어 갔다. 그러나 일부 진상은 여전히 존재하였고 또 공상을 전담하는 아문도 설

<hr>

17 『經國大典』 吏典 京官職; 송수환, 『朝鮮前期 王室財政 硏究』, 21-31쪽, 72-73쪽.

제7장 왕실 불사의 재원(財源)

치되지 못하였다. 이에 따라 조선 후기에는 왕실재정이 국가재정의 과다한 비중을 차지하여 조선 전기의 폐해를 극복하지 못하고, 공상과 함께 1사 4궁, 즉 내수사와 4궁(壽進宮·明禮宮·於義宮·龍洞宮)이 공상만으로는 부족한 왕실의 다양한 가변적 수요를 담당하였다.[18] 또한 조선 말기에 이르러서 왕실은 내수사뿐 아니라 후손이 없는 왕자나 즉위 전 왕의 가재(家財)에 대해 별도의 궁호를 정해 각 전에 분속시켜 각기 내탕으로 지칭되는 별도의 재원, 즉 궁방(宮房)을 독자적으로 관리하였다.

---

18 조영준, 「19세기 왕실재정의 운영실태와 변화양상」(서울대학교 박사학위논문, 2008), 18-26쪽.

2 왕실 불사의 재원

조선시대에 권력의 중심부에 있었던 왕과 대군, 군, 종친 등 남성 후원자
들은 국가에서 행하는 대규모 불사에 중심인물로서 적극적으로 참여하면
서 조선 초기 불교미술의 새로운 양식(궁정 양식)을 형성하는 데 큰 역할을 담
당하였다. 왕실 남성들의 불사는 국가의 적극적인 후원 아래 혹은 개인적인
불심으로 사찰의 중수와 중창에서 불상·불화·탑파·범종 등 불교미술의 조
성, 불경의 언해 및 간행, 법회 및 불교의식의 거행에 이르기까지 다양하게
이루어졌다.

이러한 왕실 남성들의 불사가 모두 국가의 공재정으로 이루어진 것은 아
니었다. 조선 초기 왕실의 대표적인 호불자로서 누구보다도 많은 불사를 행
했던 효령대군은 근 70여 년 동안 설재, 법회 개최, 사찰의 중수 및 중창, 경
전의 언해 및 간행 등의 불사와 불상·불탑·불화·범종 등 불교미술의 시주,
발원에 이르기까지 30여 건의 불사를 행했을 정도로 불심이 돈독했다.[19] 효
령대군은 1465년(세조 11)에 세조의 명을 받아 조성도감도제조(造成都監都提調)
가 되어 원각사를 창건하고 1467년(세조 13)에는 원각사 10층석탑을 세우는
등 국가적인 불사의 중심인물로서 큰 역할을 하였다. 13세 때인 1408년(태종
8) 부왕인 태종에게 아뢰어 백금 2만 냥을 하사받아 금강산 유점사 3000칸
을 중건케 하고[20] 87세인 1482년(성종 13)에는 전남 강진 만덕사에 전답 10결

---

19 김정희, 「孝寧大君과 朝鮮 初期 佛敎美術—後援者를 통해 본 朝鮮 初期 王室의 불사」, 『미술사논단』
    25(한국미술연구소, 2008), 142-144쪽의 〈표〉 '효령대군의 불사 및 불교미술조성례' 참조.
20 「孝寧大君願堂 完文」, 『乾鳳寺本末事蹟·楡岾寺本末事蹟』(아세아문화사, 1977), 2-3쪽.

을 시주하는 등[21] 개인 또는 왕실재산에 의한 불사도 많이 시행하였다. 효령대군이 부왕 태종의 명복을 빌고 삼전(三殿) 및 엄모(嚴母), 단월 및 모든 고혼들이 극락에 왕생하기를 기원하며 월산대군, 영응대군부인 송씨, 비구 혜심, 비구 성눌 등과 함께 시주하여 조성한 관경16관변상도(1465)는 개인적인 불사의 대표적 예라 할 수 있다.[22]

1495년(연산군 1)부터 이듬해까지 인수대왕대비와 성종의 계비인 정현왕후(자순대비)가 성종의 명복을 빌며 내탕으로 불경을 간행하기 위해 목활자(印經字)를 만들어 『육조법보단경언해(六祖法寶壇経諺解)』 300부 등을 간행하고[23] 1561년(명종 16)에 '저축한 재물을 희사하여[敬捨儲蓄之財]' 순금 약사불회도(일본 엔쓰지 소장)와 채화(彩畵) 등 7점의 불화를 조성한 사실, 1565년(명종 20)에 문정왕후가 '내탕의 보물을 덜어서[恭捐帑宝爱命]' 회암사 중창 불사 때 400점이나 되는 불화(도 34 등)를 제작했던 사실, 1576년(선조 9)에 비구니 혜국(또는 혜원)과 혜월 등이 사라수탱(沙羅樹幀)이 낡은 것을 보고 '궁중에서 약간의 재물을 얻어서[禁中得若干財]' 주상 전하(선조)와 왕비 전하의 복록장수, 태자의 탄생을 기원하고 공의왕대비 전하와 덕빈 저하, 혜빈 정씨 등의 장수, 보체를 기원하며 불화를 조성한 사실, 궁중에서 내탕금을 내어 붉은 비단으로 그림을 그렸다는 『나암잡저』의 내용 등은[24] 조선시대 왕실 불사가 왕실 구성원의 개인재산에 의해 이루어졌음을 말해 준다. 또한

---

21   李敦榮, 「萬德山白蓮寺施僧文」.

22   김정희, 「1465年作 觀經16觀變相圖와 朝鮮初期 王室의 佛事」, 『강좌 미술사』 19(한국불교미술사학회, 2002), 59-95쪽.

23   인경자로 간행된 책은 한자본 『천지명양수류잡문』, 『육조대사법보단경언해』와 『진언권공』, 『법화경언해』, 『능엄경언해』, 『금강경육조해언해』, 『심경언해』, 『영가집언해』, 『석보상절』, 『금강경오가해』, 『육경합부』 등 10여 종이 있다. 인경자는 글자체가 바르고 똑똑한 필서체로 새김이 정교하여 활자 모양이 가지런하며, 인쇄도 먹색이 사뭇 진하고 깨끗하여 인본들이 매우 정교하고 우아한 것이 특징이다.

24   『懶庵雜著』 「畵成五百應眞幀及寫華嚴殿點眼法會疏」, "… 金銀貴紙之藏竭殿裏絹丹華錦之儲 …."

주상에게는 내수사가 있고 대왕대비·왕대비·중전은 그들대로 각기 사유의 내탕이 하나씩 있었으며, 수진궁(壽進宮)·어의궁(於義宮)·명례궁(明禮宮)도 혹은 무후한 왕자의 가재(家財)이거나 혹은 대왕 잠저(潛邸) 때의 가재라 하여 별도로 1개의 궁호(宮號)를 정하고 그것을 각 전에 분속시켜 하나의 사재(私財)로서 환관(宦官)이 맡아 관리하게 하였으며, 친척들에 베푸는 은택이라든지 기타 법으로 정해진 이외의 수용은 모두 거기에서 나온 것으로 충당하였다.[25]

라는 기록은 조선시대에 왕실 구성원들이 다양한 형태의 개인재산을 갖고 있었음을 말해 준다. 이러한 부서 중에서 왕실 불사의 재원으로서 가장 큰 역할을 했던 곳은 내수사였으며, 공상아문이었던 상의원 역시 어부(御府)라 칭해질 정도로 왕실의 내탕금을 관리하던 부서로서 내수사와 함께 왕실 불사의 한 축을 이루었다. 조선 말기에 이르러서는 궁방이 설치되고 궁방에 소속된 궁방전이 왕실 불사의 재원으로 사용되기도 했다.

1) 내수사

『조선왕조실록』에는 1463년(세조 9)에 "내수소(內需所)에서 불상 4구를 만들어 함원전에서 점안하고 장의사에 안치하였다,"[26] "자수궁의 불사는 바로 내수사에서 나왔다,"[27] "내수사의 장리(長利)를 양전(兩殿)에서 반드시 불사에 쓰리라 하였다"[28]라는 기록이 보인다. 이 내용은 왕실의 불사를 내수소 또는 내수사에서 주관했다는 것이다.

25　『顯宗改修實錄』, 顯宗 4年 9月 5日條.
26　『世祖實錄』, 世祖 9年 9月 5日條.
27　『成宗實錄』, 成宗 25年 10月 12日條.
28　『燕山君日記』, 燕山君 10年 6月 19日條.

내수사(도 75)는 왕실의 대표적 사장
고였다. 왕실의 재정을 담당하는 기관
이 정식 관청으로 존재했던 것은 고려
시대부터였다. "문종 때에 종6품의 사
(使) 1명과 정8품의 부사 2명을 두었다.
충렬왕 34년에 충선왕이 사를 권참(權
參)으로 하였다. 이속은 문종이 사(史)
4명, 승지 20명을 두었다"[29]라는 기록으
로 보아 내고(內庫)는 문종 때에 이르러
정식 관청이 된 것으로 추정된다. 이

때 내고사(內庫使)는 53섬 5말, 내고부사(內庫副使)는 20섬, 시내고사(試內庫使)는
46섬 10말을 녹봉으로 받았다고 한다.[30] 고려의 왕들은 내고를 사장고처럼
사용하면서 급제한 신하에게 내고의 은과 피륙을 주기도 하고[31] 때로는 국학
의 섬학전(贍學錢)에 충당하기도 했다.[32] 충렬왕은 따로 자기의 창고를 설치하
고 내방고(內房庫)라고 이름을 짓고 내시 1명으로 하여금 그것을 관할케 하였
고, 각 도에 권농사(勸農使)를 파견하여 백성들을 모아 농사를 짓게 하고 공부
(貢賦)를 면제하여 주었다. 또 군현에 공문을 띄워서 호(戶)마다 은·모시·가
죽·비단·기름·꿀을 징수하게 하였으며, 심지어 대나무·나무·꽃·실과까
지 모두 징수하여 내고로 보내게 하였다.[33] 또 내고의 돈으로 연회를 열기도

---

29   『高麗史』, 志, 百官2 內庫.

30   『高麗史』, 志, 食貨3 祿俸.

31   『高麗史』, 明宗 18年 6月 4日條, "內侍中尙令 李唐髦 등에게 급제를 주었다. 합문 지후 李尙敦의 아들
      化龍도 급제를 하였는데 왕의 총애하는 궁녀의 딸을 처로 주고 왕이 명령을 내려 玄德宮에서 紅牌를
      받게 하였으며 內庫에 있는 銀과 피륙을 주었다."

32   『高麗史』, 志, 食貨1 田制, "충렬왕 30年 5월에 安珦의 건의로 각 품 관원들로 하여금 銀과 布를 차등
      있게 내어 국학의 贍學錢에 충당하게 하니 왕이 또한 內庫의 돈과 곡식을 내어 이를 원조하였다."

33   『高麗史』, 志, 食貨2 및 列傳, 安珦傳.

하고[34] 빈궁한 백성들에게 내고의 곡식을 나누어 주거나[35] 군량에 보충하기도 했다.[36] 충혜왕은 부인(富人) 대호군 임회(林檜)와 전호군 윤장(尹莊) 등 10여 명을 불러다가 내고의 보화를 주어 원나라에 가서 판매하게 하는 등[37] 내고의 보물을 팔아 재정을 마련하기도 했다.

이처럼 고려시대의 내고는 금은·포백(布帛)·보물과 전국 각지의 소(所)에서 상납하는 공물, 주현에서의 상공(上供) 일부, 중국에서의 하사품 등을 관리했는데, 소(所)제도가 붕괴함에 따라 내고가 주현의 공물수취를 강화했다. 토지겸병이 확대됨에 따라 왕실도 이에 편승하여 충렬왕 때 내고에 토지 문제를 전담하는 내방고를 설치한 것 외에 각종 창고·궁사를 신설하여 토지를 점탈하고 공부를 장악했다. 고려 후기에는 왕실재정기구가 확대됨에 따라 기능도 분화하여, 공민왕대에는 지방의 장인이 수납하는 공포(貢布)의 관리를 내고에서 보원고(寶源庫)로 옮겼다. 고려 말 내고는 내장고(內藏庫)로 바뀌어 5고 7궁의 하나가 되었다.

한편, 조선시대에 이르러서는 내수사가 왕실의 재정을 담당하는 기관으로 자리 잡았다. 내수사는 정5품의 아문으로 왕실의 수조지뿐 아니라 사유지와 노비 등 왕실 자체의 영역에 관련된 업무, 즉 왕실재정을 관장하던 이조의 속아문(屬衙門)이었다. 내수사는 원래 태조, 태종의 잠저였던 본궁에 기원을 두고 있는데, 왕조 초기 본궁의 사재는 일차적으로 왕자녀에게 상속되었지만 최대의 소비처는 왕실의 불교숭상과 관련된 행사였다. 1420년(세종 2) 태종비 원경왕후가 사망하였을 때 태종은 명복을 비는 칠재(七齋)를 설행하라 하고는 두 번의 설재 비용을 본궁저축으로 충당하겠다고 하였다.[38] 세

34 『高麗史』, 忠烈王 30年 4月 14日·7月 7日條, 31年 11月 10日條, 33年 5月 28日·10月 29日條 등.
35 『高麗史』, 忠烈王 23年 5月 12日條.
36 『高麗史』, 忠烈王 15年 3月 20日條.
37 『高麗史』, 忠惠王(後) 4年 3月條.

제7장 왕실 불사의 재원(財源)

종도 어머니를 위해 대자암에 법석을 베풀고 본궁으로 하여금 그것을 주관하게 하였다.[39] 이 세 차례의 불사에는 거액의 본궁사재가 지출되었을 것이며, 기타 왕실이 설행한 각종 불사에도 많은 경비가 지출되었을 것이다.

이어 1423년(세종 5)에는 왕실사재를 관장하기 위해 왕실 사장고로서 권위의 상징인 인신(印信)을 조급(造給)받아 내수소를 설치하였다. 당시 내수소는 소속된 어전(漁箭)을 관리하고 장리(長利)를 영위하였으며, 함경도 본궁에 소속된 응인(鷹人)과 해척(海尺)을 관리하였다. 또 내수소는 소속 노비를 추쇄하고 신공(身貢)을 수취하기도 하였으며, 사망한 관원가에 쌀을 지급하거나 국왕 장모에 대한 3년상과 대소 제사의 준비, 왕실의 장경(藏經) 제작에 경비를 지출하는 등 국왕이 앞장서서 거행하기에는 명분이 부족한 왕실의 잡다한 가사를 수행하였다.[40] 이후 내수소는 세조가 1457년(세조 3)에 제사와 동일하게 전지를 받은 후에 일을 시행할 것과 승정원이나 승전(承傳) 환관을 통해 아뢸 것을 명하여 아문의 성격을 갖추게 되었고,[41] 1466년(세조 12) 대대적인 관제개혁으로 인해 내수사로 개칭되었으며, 정5품의 아문으로 『경국대전』에 등재되었다.[42] 내수소는 왕실의 수조지뿐 아니라 고려 말부터 소유해 온 본궁 소속의 사유지 및 점차 확대된 사유지와 노비도 관장하였는데, 내수사로 개칭된 이후 더 많은 전민을 소유하게 되었다.[43]

내수사는 이와 같은 왕실 소유의 재정을 바탕으로 하여 일찍이 조선 초기부터 왕실의 불사를 수행하였던 것으로 보인다. 국왕이 내수사를 설치하고 장리를 운용한 것은 왕실이 사사로이 불사를 설행하고 그 비용을 염출하기

38　『世宗實錄』, 世宗 2年 7月 10日條.
39　『世宗實錄』, 世宗 2年 10月 14日條.
40　송수환, 『朝鮮前期 王室財政 硏究』, 240-242쪽.
41　『世祖實錄』, 世祖 3年 10月 2日條.
42　『世祖實錄』, 世祖 12年 1月 15日條.
43　한춘순, 「明宗代 王室의 內需司 運用」, 『인문학연구』 3(경희대학교 인문학연구소, 1999), 392쪽.

위한 것이라 해도 과언이 아닐 정도였다. 1400년(정종 2)에는 왕실에서 내탕고의 재물을 내어 석가와 오백나한상을 만들어 경기도 장단군 화장사에 봉안하였다.[44] 1450년(문종 즉위년)에는,

불사를 대자암에서 행한 지가 무릇 7일 동안이나 되었다. … 이때 신미(信眉)의 설(說)로서 대궐 안에 공장(工匠)을 모아 두고서 불상과 불경을 이룩하게 되는데, 안평대군 이용(李瑢)이 일찍이 대자암으로써 원찰을 삼아서 여러모로 비호를 베풀고, 임금에게 아뢰어 무량수전을 헐어 버리고는 이를 새롭게 하면서 그 예전의 제도에 보태어 단청을 중국에 가서 구해 사고, 등롱(燈籠)의 채옥(彩玉)을 구워 만들어 사치하고 화려함을 극도로 하여 절 이름을 극락전이라 하고, 또 불경을 간수할 장소도 건축하였다. … 이미 완성되어 마침내 불사를 크게 행하였으니, 이에 부고(府庫)가 텅 비게 되어 주현(州縣)의 공물을 미리 받아들여 오히려 모자라게 되었다.[45]

라는 기록에서 볼 수 있듯이, 대자암의 중수가 완성되어 7일 동안 불사를 하였는데 중수된 대자암은 단청을 중국에 가서 구하고 등롱의 채옥을 구워 만드는 등 사치하고 화려함이 극도에 달했고, 중수 이후에 왕실의 재물을 넣어두던 부고가 텅 비게 되어 주현의 공물을 미리 받아들여도 오히려 모자라게 되었다고 한다. 또 1446년(세종 28) 왕비 소헌왕후가 사망했을 때는 장의사에서 초재를 베풀고 이후 대상재(大祥齋)까지 대자사·진관사·회암사·장의사 등 왕실 관련 사원에서 설행하였는데, 이 불사는 내수소뿐 아니라 인순부·인수부·내자시·내섬시·예빈시가 번갈아 준비하였다고 한다. 당시 설재에는 매번 반승(飯僧)이 적어도 8000-9000명을 내려가지 않았고 많을 때는 1만

44　『定宗實錄』, 定宗 2年 3月 8日條.
45　『文宗實錄』, 文宗 卽位年 4月 10日條.

　　　　　제7장　왕실 불사의 재원(財源)

여 명에 이르렀으며, 여기에 잡객 수천 명에 걸인도 항상 1만여 명이나 된다 하였으니[46] 불사의 규모가 얼마나 컸는가를 알 수 있다. 따라서 불사에는 당연히 내수소 재곡도 막대하게 소비되었을 것이다. 1463년(세조 9)에는 내수소에서 불상 4구를 만들어 함원전에서 점안하고 이후 이 불상들을 장의사에 안치했다는 기록도 보인다.[47]

이렇듯 내수사를 중심으로 이루어졌던 왕실의 불사는 많은 반발을 받았던 듯하다.[48]

> (왕이) 전교하기를, "자수궁의 불사는 비록 선왕의 후궁이 한 바이니 내가 알지 못하는 것이며, 또 꾸짖어서 다스릴 수 없는 것이다 …" 하였다. 헌납(獻納) 남세담(南世聃)이 아뢰기를 "… 자수궁의 불사를 성상께서 알지 못하는 것이라 하시나 도중에서 이 일이 있었는데 전하께서 알지 못하심이 옳겠습니까? 신은 수용(需用)한 것이 어느 곳에서 나왔는지를 알지 못합니다만, 바로 내수사에서 나온 것이 아니겠습니까?"[49]

라는 기록은 내수사에서 행하는 불사에 대해 대신들의 상소가 끊이지 않았음을 보여 준다.

한편, 왕실은 내수사의 재곡(財穀)으로 능침사를 창건하기도 했다. 경릉(덕종릉)과 창릉(예종릉)의 정인사, 광릉(세조릉)의 봉선사, 선릉(성종릉), 정릉(중종릉)의 봉은사는 모두 내수사 재곡으로 창건한 능침사였다. 건원릉(태조릉)과 현릉(문종릉)의 개경사, 영릉(세종릉)의 신륵사 수리 또한 내수사가 담당하였

---

46 『世宗實錄』, 世宗 28年 3月 29日條.
47 『世祖實錄』, 世祖 9年 9月 5日條.
48 내수사의 폐지논쟁에 대해서는 윤인숙, 「조선전기 내수사 폐지논쟁과 군주의 위상」, 『대동문화연구』 84(성균관대학교 대동문화연구원, 2013), 133-163쪽 참조.
49 『成宗實錄』, 成宗 25年 10月 12日條.

다. 내수사는 왕실의 원당인 내불당을 유지하는 역할도 하였는데, 내수사가
경비를 들여 각지의 수륙사와 왕실 원당을 수리하거나 중창을 지원한 일은
일일이 열거할 수 없을 정도이다. 내불당으로 지정된 사찰은 1550년(명종 5)
에는 70개였으나[50] 1554년(명종 9)에는 약 300-400개에 이를 정도로 수가 급
증하였다.[51]

이때 여러 산에 불공을 드리느라 소요된 비용이 거만금이었고, 중사(中使)들
이 내원당 등 사찰을 오가느라 내수사의 경비가 고갈되기도 하였으므로 왕
자의 제궁(諸宮)에서도 비용을 조달하였다. 그래서 수령으로 있는 척리(戚里)
들이 사적으로 진상하기 시작하였는데, 그 후에는 먼 인척이 본받아 사적으
로 진상하는 폐단이 봉기하여 점차 극도에 달하게 되었다. 민생의 곤궁은
모두 자전(慈殿, 문정왕후)이 불사에 힘쓴 데서 연유된 것이다.[52]

내수사의 저축이 부처의 공양과 중들 밥 먹이는 경비로 다 들어가고 해사(該
司)의 경비를 모아 놓은 것도 또한 내수사로 보내졌다. … 모든 절에서 성대
하게 부처 공양하는 데에 보냈으므로 중들의 치성함이 이때보다 심한 적이
있지 않았다.[53]

위의 기록 및 "국왕이 평일에 하는 일은 오로지 내수사와 내원당에 관한
일뿐이다,"[54] 1574년(선조 7) "후궁이 왕자를 위해 복을 빌어 불사를 일으키고,

50 『明宗實錄』, 明宗 5年 3月 11日條.
51 『明宗實錄』, 明宗 9年 5月 19日條.
52 『明宗實錄』, 明宗 7年 7月 10日條.
53 『明宗實錄』, 明宗 10年 2月 10日條.
54 『明宗實錄』, 明宗 9年 5月 14日條.

그 비용은 모두 내수사에서 나왔다"라는 기록[55]은 내수사를 중심으로 하는 왕실의 숭불이 막강하였으며, 왕실의 불사 대부분이 내수사의 경비로 이루어졌음을 말해 준다. 이처럼 내수사가 왕실과 사원을 연결해 주면서 사원을 보호하는 역할을 담당하게 된 까닭은 왕실의 숭불이 언제나 떳떳하지 못한 것이었기 때문이다. 특히 왕실 여성들의 사사로운 불사는 유신들의 눈을 피해 은밀히 이루어져야 했고, 그렇기 때문에 불사의 주선과 준비에는 언제나 내수사가 앞장서야만 했기 때문이다.

조선 중기, 특히 명종대에 이르러서는 내수사의 왕실재정 담당 기능이 더욱 강화되었다. 연산군을 이어 반정으로 즉위한 중종은 왕실재정 확충을 위해 연산군이 혁파한 수륙사, 능침사, 내불당의 수조지를 환급하여 왕실재정 사원전을 복구하였다.[56] 또한 연산군대까지 강행해 온 내수사 장리도 계속하여 영위하였다. 그렇지만 중종 즉위 후 내수사 장리 혁파론이 대두되었고 마침내 사림의 활동에 따라 내수사 장리는 1516년(중종 11) 6월 기신재와 함께 폐지되었다.[57] 내수사 장리 혁파로 인하여 국왕은 왕자녀에게 장리곡을 분여할 수 없게 되었고, 장리 수입으로 설행하던 사사로운 불사 비용도 조달이 어렵게 되었다. 왕실은 이러한 재정 부족 현상을 타개하기 위해서 적극적으로 사유지를 확대하고 내불당을 개인사찰화하였다. 즉 왕실이 기복을 위해 특정한 사원을 내불당으로 지정하고 이 사원의 소유 토지에 대한 면세와 면역, 소속 승인에 대한 면역 등 일정한 특혜를 보장하는 것이었다. 이러한 조처는 곧 유신들의 반대에 부딪혔으나 국왕은 언제나 내수사를 내세워 유신들의 직접적인 비난을 피하려 하였는데, 조선 중기에 이르러 내수사는 왕실재정이 쇠퇴하는 시기에 이를 충당하는 임무를 수행했기 때문에 위상

55 『宣祖修正實錄』, 宣祖 7年 3月 19日條.
56 『中宗實錄』, 中宗 1年 10月 25日條.
57 『中宗實錄』, 中宗 11年 6月 2日條.

이 강화될 수밖에 없었다.[58]

명종 즉위로 수렴청정이라는 정치환경과 을사사화의 결과 정치적 입장이 강화된 문정왕후가 양종을 복립하고 불교정책을 추진하는 것과 맞물리면서, 내수사의 위상은 더욱 강화되었다.[59] 문정왕후는 "불법을 혹탐하여 독실한 마음으로 숭신하였으나 열 산의 사찰에 시주하지 않는 곳이 없어 사람들이 대단월(大檀越)이라 불렀다"[60]라고 할 정도로 불교를 혹신하였다. 문정왕후는 효과적인 불교정책의 시행과 왕실재정 및 불사 비용의 확보를 위하여 내수사를 정2품 아문으로 격상시켜 적극 활용하였는데, 당시 내수사는 문정왕후에 의해 불교정책을 추진하는 주무관청으로서 관련 업무를 전담하는 등 사사롭게 운용되었다.[61]

『명종실록』에 보이는 기록들, 예를 들어

요즈음 들으니 내수사에서 불사를 숭상한다고 합니다. 선왕조에는 사사(寺社)의 전민(田民)들을 모두 삭감하였었는데 지금 점차 환급하고 있고 각 산사의 주지가 있는 곳에도 많이 회복하고 있으며, 심지어는 능침 같은 데도 중들이 날이 갈수록 불어나고 있습니다.[62]

라는 지평 박대립(朴大立)의 말이라든가,

---

58 송수환, 『朝鮮前期 王室財政 硏究』, 258-260쪽.
59 명종대 내수사에 대해서는 한춘순, 「명종대 왕실의 불교정책」, 『인문학연구』 4(경희대학교 인문학연구소, 2000), 375-414쪽; 장희흥, 「조선 명종대 환관 활동—내수사 운영과 사찰관리 묘제를 중심으로」, 『동국사학』 38(동국사학회, 2002), 107-128쪽; 한춘순, 「조선 명종대 불교정책과 그 성격」, 『한국사상사학』 44(한국사상사학회, 2013), 83-123쪽 참조.
60 『明宗實錄』, 明宗 8年 3月 5日條.
61 한춘순, 「명종대 왕실의 불교정책」, 393-394쪽.
62 『明宗實錄』, 明宗 4年 8月 7日條.

사시(巳時)에 창덕궁 소덕당에서 (왕후가) 승하하였다. … (왕후는) 불사를 숭
봉함이 한도가 없어서 내외의 창고가 다 고갈되고 뇌물을 공공연히 주고
받고 백성의 전지를 마구 빼앗으며 내수사의 노비가 제도(諸道)에서 방자히
굴고 주인을 배반한 노비들이 못에 고기가 모이듯 숲에 짐승이 우글거리듯
절에 모여들었다. … (윤비는) 불교에 마음이 현혹되고 환관을 신임하여 나
라의 창고를 다 기울여 승도(僧徒)들을 봉양하고 남의 전지와 노복을 빼앗
아 내수(內需)를 부유하게 하고 상벌(賞罰)이 참람하여 사람들이 권계(勸戒)되
지 않았다.[63]

양종을 세우고 내원당을 설치하면서부터 여러 산의 사찰에 단청이 눈부셨
고, 도성 안에는 범패의 소리가 들렸으며, 내수사의 저축이 부처와 중들 밥
먹이는 경비로 다 들어갔다.[64]

(문정왕후가) 내탕의 정금(精金)을 희사하여 장수경(長壽經), 약사경(藥師經), 금
강경(金剛經), 옥추경(玉樞經) 등의 경전을 사경하기도 했다.[65]

라는 기록은 문정왕후에 이르러 내수사에 의한 불사가 가장 활발하게 이루
어졌음을 보여 주는 동시에, 조선 중기에 제작된 왕실 발원 불화의 제작 역
시 내수사에서 담당했음을 시사한다.[66]

명종대 내수사의 권력과 비리는 문정왕후가 사망(1565)하고 명종이 사망
(1567)한 뒤 선조가 즉위한 후에도 크게 개선되지 못했다. 이 시기 내수사는

---

63 『明宗實錄』, 明宗 20年 4月 26日條.
64 『明宗實錄』, 明宗 10年 2月 10日條.
65 『懶菴雜著』 寫經跋.
66 문정왕후의 불사에 대해서는 김정희, 「文定王后의 中興佛事와 16世紀 王室發願 佛畵」, 『미술사학연
     구』 231(한국미술사학회, 2001), 5-39쪽 참조.

여전히 사익을 추구하였는데, 이에 대해 율곡 이이(李珥)는 "궁중과 부중(府中)을 일체로 하고 내수사 노비가 사사로움을 믿고 그릇된 욕망을 품지 못하게 하고, 내탕을 유사(有司)에게 맡기고 사물(私物)로 삼지 마라"라고 경고하기도 했다.[67] 인조대에 원종(1580-1619)[68]의 기일에 매년 내수사를 시켜 보은현 속리산에 있는 사찰에 제물을 보내 재(齋)를 베풀고 부처에 공양토록 하였으나[69] 그 후 내수사의 왕실 불사는 거의 단절되었다.

이상에서 살펴보았듯이 내수사는 왕실 불교의 중심처였다. 조선시대, 특히 조선 전반기 왕실의 불사는 왕실의 소용경비를 전담하던 내수사에서 상당 부분 담당하였으며, 내수사에서는 왕실 소속의 화가와 조각가들을 동원하여 왕실의 불사를 지원하였다. 이에 따라 왕실에서 후원한 불교미술은 왕실 예술가에 의해 '궁정 양식'이라고 부를 수 있는 특징적인 양식을 갖게 되었다.

2) 상의원

내수사와 함께 왕실 불사의 재정을 담당했던 기관으로 상의원이 있다. 상의원은 정3품 아문으로 국왕의 의복 및 궐내의 재화·보물 등 물품을 맡아보던 기관이다. 고려시대에는 상의국(尙衣局)·장복서(掌服署)에서 같은 일을 했다. 1392년(태조 1) 7월 관제를 개정할 때 내부시(內府寺)를 두어 창고의 재물 출납과 의복 등에 관한 일을 맡겼다가[70] 1393년 5월 이전에 상의원을 따로

---

67 『栗谷全書』卷5 萬言封事 甲戌.
68 원종은 인조의 아버지로 생전의 작위는 定遠君이고 사후에 대원군으로 추존되었다가 다시 왕으로 추존되었다.
69 『仁祖實錄』, 仁祖 25年 12月 29日條.
70 『太祖實錄』, 太祖 1年 7月 28日條, "內府寺는 府庫에 財貨를 저장하고 服飾을 出納하고, 燈燭을 鋪陳시키는 등의 일을 관장하는데, 判事 2명 정3품이고, 卿 2명 종3품이고, 少卿 2명 종4품이고, 注簿 1명, 兼注簿 1명 종6품이고, 直長 2명 종7품이다."

설치한 듯하다.[71]

내자시·내섬시에서도 왕에게 올리는 의복 등 물품을 관장했으나 1422년 (세종 4) 10월부터 능라(綾羅) 직조를 못 하게 하고, 상의원에 능라장(綾羅匠)을 이속시켜 전담하게 했다.[72] 『경국대전』에 의하면 상의원에는 관원으로 제조 2명, 승지가 겸임하는 부제조 1명, 별좌와 별제를 합쳐 2명, 정3품 정 1명, 종4품 첨정 1명, 종5품 판관 1명, 종6품 주부 1명, 종7품 직장 2명이 있었다고 한다. 주부 이상 1명은 구임(久任)이었다.[73] 문종 때에는 조각방(雕刻房)·화빈 방(火鑌房)·묵방(墨房) 등도 상의원에 소속시켰다.[74] 상의원에는 공장(工匠)들이 많이 소속되어 있었는데, 1439년(세종 21)에는 정원 401명에 66명을 더하여 정원이 467명으로 늘어났으며,[75] 세조 때에는 지방에 있는 잠실(蠶室)도 상의 원에서 주관했다.[76] 1895년(고종 32)에 상의사(尙衣司)로,[77] 1905(고종 42)에는 상방사(尙方司)로 고쳤다.[78]

1399년(정종 1) 문하부(門下府)에서 올린 시무 10개조에 관한 글 가운데,

상의원은 전하의 내탕이므로, 의대(衣帶)·복식(服飾)의 물건을 일체 모두 관 장하는데, 다만 간사한 소인의 무리로 하여금 맡게 하여 절도 없이 낭비하는

---

71 『太祖實錄』, 太祖 2年 5月 23日條. 判內侍府事 金師幸이 상의원 소속으로 脫漏된 서북면 사람을 點考하 고자 청했으나 윤허하지 않았다는 기사로 보아 그 이전에 상의원이 설치되었을 것으로 추정된다.

72 『世宗實錄』, 世宗 1年 10月 8日條.

73 『經國大典』 吏典 京官職 正3品衙門 尙衣院條, "尙衣院은 왕에게 드리는 의복 및 궐내의 財貨·金寶 등의 물품을 맡는다. 提調 2員, 副提調 1員(承旨), 別坐·別提는 합하여 2員을 둔다. 主簿 이상 1員은 久任으 로 한다. 正三品 [堂下] 正 1員, 從四品 僉正 1員, 正五品 別坐, 從五品 判官 1員, 別坐, 正六品 別提, 從六品 主簿 1員, 別提, 從七品 直長 2員."

74 『端宗實錄』, 端宗 1年 5月 2日條.

75 『世宗實錄』, 世宗 21年 1月 22日條.

76 『世祖實錄』, 世祖 8年 4月 18日條.

77 『高宗實錄』, 高宗 32年 4月 2日條, "尙衣司는 임금의 의복 공급에 관한 사무를 맡는다. 장은 1인인데 주 임관이고, 주사는 2인인데 판임관이다."

78 『高宗實錄』, 高宗 42年 3月 4日條, "尙方司는 임금의 의복과 황실에서 쓰는 물품을 맡아본다. 장이 1인 인데 칙임관이고, 理事가 1인, 織造課長과 織造所長이 각각 1인, 기사가 4인인데 奏任官이며, 주사가 6인인데 판임관이다."

데에 이르니, 이제부터 공정하고 청렴한 선비를 뽑아서 그 일을 감독하게 하
소서.[79]

라는 기록과

현인비(顯仁妃)가 정의궁주(貞懿宮主)에게 백은 100냥을 주었는데, 명하여 상
의원에 간직하였다.[80]

본원은 본디 내탕을 관장하던 아문인데, 종들이 각전의 공역에 역사하게 되
고, 또 어가(御駕)가 행차할 때면 상시 짐을 가지고 가게 되니, 원컨대 내자
시·내섬시·인순부·인수부의 예에 따라 사적으로 받는 상과 관노비로는 정
하여 주지 말게 하소서.[81]

상의원은 직책이 내탕을 맡고 있으니, 진실로 적임자가 아니면 임명할 수 없
습니다. 한충례(韓忠禮)는 본래부터 광망(狂妄)하다고 일컬어졌는데, 지금 군
공(軍功)으로써 상의원 정에 임명되었으니, 사람들의 기대에 만족스럽지 못
합니다.[82]

상의원의 채백(綵帛)과 나견(羅絹)을 내주어 불사에 쓰는 가사(袈裟)와 좌구(座
具)를 만들게 하였다.[83]

79 『定宗實錄』, 定宗 1年 5月 1日條.
80 『太宗實錄』, 太宗 9年 10月 21日條.
81 『世宗實錄』, 世宗 10年 2月 17日條.
82 『成宗實錄』, 成宗 11年 1月 7日條.
83 『文宗實錄』, 文宗 卽位年 6月 19日條.

제7장 왕실 불사의 재원(財源)

어제 홍문관이 상소하기를 "내탕의 물건은 저축이 없어 저자에서 사들인 것이 많다" 하였다. 내간(內間)에서는 이런 일이 없겠으나, 외간(外間)에서는 상의원을 내탕으로 여긴다.[84]

등의 기록은 왕실의 내탕금을 관리하던 곳으로서 상의원의 성격이 어떠했는가를 알려 준다. 특히 상의원에서 불사에 사용하는 가사와 좌구를 만들었다는 기록은 상의원과 왕실 불사와의 관련성을 짐작게 한다. 1555년(명종 10)의 기록 중에는

상의원의 능금(綾錦)과 해사(該司)가 간직한 채단(綵緞)도 모두 내탕으로 실어다가 드디어 모든 절에서 성대하게 부처 공양하는 데에 보냈으므로 중들의 치성함이 이때보다 심한 적이 있지 않았다. 그런데도 번번이 통령(統領)을 만들어 그들이 퍼지는 것을 막으려는 것이라고 핑계 대었으니, 이는 곧 그들의 기세가 떨치도록 해 준 것이다. 이것은 모두 문정왕후가 요망한 중 보우의 화복설(禍福說)에 현혹되었기 때문이었는데, 제궁(諸宮)과 큰 가문들도 또한 따라서 호응하며 그들의 기세를 조장하여 드디어 이처럼 극도에 이르게 된 것이다….[85]

라 하여 상의원의 능금과 채단도 모두 내탕으로 실어다가 드디어 모든 절에서 성대하게 부처를 공양하는 데에 보냈다는 기록이 보인다. 다시 말하면 왕실의 불사에 내수사뿐 아니라 상의원의 재정도 소용되었다는 내용이다.

상의원은 국왕의 의대(衣襨)와 내부의 재화, 금보(金寶) 등의 공상을 담당하던 기관으로, 선왕대의 각종 보물 및 귀중품을 보관하는 한편 왕실이 필요로

---

84 『中宗實錄』, 中宗 19年 8月 15日條.
85 『明宗實錄』, 明宗 10年 2月 10日條.

하는 귀금속 및 보석으로 각종 물품을 제작하여 진상하였다. 상의원에는 금
은보화로 총칭되는 왕실의 각종 보물인 선왕대의 금보를 비롯하여 선대부
터 보관한 책보(冊寶), 보인(寶印)과 선대왕조의 보물 그리고 왕실이 수장한 서
화류 등이 소장되어 있었다.[86] 상의원에 소장된 물품은 국왕이 임의로 개인
에게 사급하기도 했다. 1426년(세종 8) "영응대군이 사망하자 세종이 일찍이
내탕 진보(珍寶)를 모두 염(琰, 영응)에게 하사하려 하였으나 뜻을 이루지 못함
에, 이후 문종이 즉위하여 내탕을 모두 그의 집에 실어다 주었고, 이때 어부
에 소장한 선대부터 내려오는 보물이 모두 염에게 돌아가 그의 재산이 누거
만(累鉅萬)이 되었다"[87]라는 기록은 왕실에서 상의원에 소장된 재화를 사사로
이 사용했음을 말해 준다.[88]

　상의원이 제작한 물품은 일차적으로는 왕실 소용이었지만, 외국의 사신
과 국방에 공이 있는 장수, 선왕선후의 능을 관리하는 관원에게 사사로이 지
급되기도 하였다. 또한 국왕이 임의로 종친과 외척 등에게 사사로이 사급하
기도 했다. 특히 연산군대부터 사라·능단·금은 등 보석이 왕자녀의 혼수로
사급되어 사치풍조를 조장하였으며, 이러한 풍조는 중종, 명종, 선조대에도
계속되었다.[89]

　상의원의 재물은 주로 왕자녀의 혼례 비용으로 소비되었다. 조선 전기 왕
실의 사치와 소비는 왕자녀의 길례 때 내탕에서 지출하는 치장 비용과 금은,
포백 등이 헤아릴 수 없을 지경에 이르렀으며, 기묘사화(1519) 이후에는 왕실
의 사치와 소비가 더욱 늘어 갔다고 한다. 1524년(중종 19)에 홍문관 부제학

86　송수환,『朝鮮前期 王室財政 硏究』, 164-165쪽. 이 외에도 상의원에 소장되었음이 확인되는 재보는 御
　　帶를 제작한 양주산 옥, 진주, 침향, 여러가지 보석류가 있었으며, 서화류로는 문종조에 세종이 잠저
　　시절에 그린 난죽도, 조맹부의 작품을 비롯하여 이름을 알 수 없는 중국 화가들의 작품들이 보관되
　　어 있었다고 한다.
87　『世祖實錄』, 世祖 13年 2月 2日條.
88　송수환, 앞 책, 171쪽.
89　송수환, 앞 책, 189쪽.

채소권(蔡紹權) 등이 "내탕에 저장한 물건 중에 혹 다 없어진 것이 있어서 시전(市廛)에서 사들이기까지 하였다"라고 상소하니[90] 중종이 "내간에서는 이런 일이 없겠으나, 외간에서는 상의원을 내탕으로 여긴다. 해마다 바치는 의대 같은 것은 상의원이 장만하여 바쳐야 하겠으나, 세자의 가례 때에 쓸 물건 중에 사들인 것이 많은데, 이런 일은 나는 모르더라도 사람들이야 어찌 모를 리가 있겠는가?"라고 대답한 사실은[91] 왕실의 사치가 극에 달해 내탕이 모두 소비되었음을 말하는 한편, 국가제도상의 어고(御庫)인 상의원 이외에 또 사적인 내탕고인 상고(廂庫)가 발달하고 있었음을 말해 준다. 특히 중종 때부터 상의원과 별도로 상고가 공물을 수취하고 세시례로 국고를 전용한 것은[92] 왕실의 사사로운 소비가 크게 증가하였음을 말해 주며, 또 왕실이 당시에 하나의 사익집단으로 변모해 가는 경향을 보여 준다.[93] 명종대에 이르러서는 문정왕후와 국왕이 사사로이 사무역에 동참하여 대중무역으로 사치를 누리고 이익을 취하기도 했다.[94] 이렇듯 상의원은 제도상으로는 공상아문이었으나 국왕의 의대, 재화, 보물을 관장하는 왕실의 보물창고였으며, 결국 이렇게 얻어진 재산은 왕실의 불사에 한 역할을 담당했을 것이다.

3) 궁방

조선 후기의 왕실은 왕의 내수사뿐 아니라 대왕대비·왕대비·중전 등도 후손이 없는 왕자나 즉위 전 왕의 가재(家財)에 대해 별도의 궁호를 정해 각 전에 분속시켜 각기 내탕으로 지칭되는 별도의 재원을 독자적으로 관리하

90 『中宗實錄』, 中宗 19年 8月 14日條.
91 『中宗實錄』, 中宗 19年 8月 15日條.
92 『中宗實錄』, 中宗 4年 11月 23日條, 10年 6月 23日條, 21年 11月 9日條.
93 송수환, 앞 책, 173-177쪽.
94 송수환, 앞 책, 187쪽.

였다. 즉 공상과 내탕 외에 왕실에서 분가한 왕자·공주 등에 의해 운영되는 재정이 존재했는데, 이것이 곧 궁방(宮房)이다.[95] 조선 전기 왕실재정은 주로 왕실의 재산을 관리하던 내수사의 장리를 운영하며 얻은 재원이 큰 비중을 차지하였으나[96] 1516년(중종 11) 내수사 장리가 혁파되면서 대비전 등의 재정은 큰 타격을 입었다.[97] 이를 만회하기 위해서 명종대까지는 내수사의 위상을 강화하고 여기에서 얻은 재원을 대비전 등에서 사용하였다.[98] 또한 국왕은 즉위와 함께 잠저시절에 소유하고 있던 재산을 모두 내수사로 이속시켰다. 그러나 인조의 잠저 재산은 내수사로 이관되지 않고 그대로 유지되면서 대비전 등의 사적 재산이 되었는데, 이것이 바로 수진궁(壽進宮)[99]·어의궁(於義宮)[100]·명례궁(明禮宮)[101]·용동궁(龍洞宮)[102] 등 내수사와 같은 위상을 지닌 사재정기구인 4궁이다.[103]

이후 조선 후기에는 궁방으로 지칭되는 토지로부터의 수입이 왕실재정의 가장 큰 비중을 차지하였다.[104] 궁방전(宮房田)은 임진왜란 중 극심한

---

95 송양섭, 「정조의 왕실재정 개혁과 '궁부일체'론」, 『대동문화연구』 76(성균관대학교 대동문화연구원, 2011), 84쪽. 궁방은 內需司, 壽進宮, 於義宮, 明禮宮, 龍洞宮, 毓祥宮, 宣禧宮, 景祐宮의 一司七宮을 비롯하여 총 68개소가 알려져 있다.

96 『燕山君日記』, 燕山君 6年 10月 9日條.

97 『中宗實錄』, 中宗 11年 6月 2日條.

98 『明宗實錄』, 明宗 卽位年 8月 6日條.

99 어려서 죽은 왕자, 대군, 공주 등을 제사하는 궁이다.

100 사직동에 있던 仁祖의 潛邸이다.

101 원래 月山大君의 사저로 德壽宮의 옛 이름이다.

102 명종의 아들인 順懷世子의 옛 궁이다.

103 『顯宗改修實錄』, 顯宗 4年 9月 5日條; 이욱, 「인조대 궁방, 아문의 어염절수와 정부의 대책」, 『역사와 현실』 46(한국역사연구회, 2002), 149쪽.

104 조선 후기 궁방전에 대해서는 김용섭, 『朝鮮後期 農業史研究』(일조각, 1970); 박준성, 「17, 18세기 宮房田의 擴大와 所有形態의 변화」, 『한국사론』 11(서울대학교, 1984); 이영훈, 『朝鮮後期 社會經濟史研究』(한길사, 1988); 이범직, 「英祖·正祖代 왕실구조 연구」, 『통일인문학논총』 36(건국대학교 인문학연구원, 2001); 박진, 「朝鮮初期 敦寧府의 成立」, 『한국사학보』 18(고려사학회, 2004); 송양섭, 『朝鮮後期屯田研究』(경인문화사, 2006); 조영준, 「18세기 후반~19세기 초 궁방전의 규모, 분포 및 변화」, 『조선시대사학보』 44(조선시대사학회, 2008); 「19世紀 王室財政의 運營實態와 變化樣相」(서울대학교 박사학위논문, 2008); 정정남, 「효종대 仁慶宮內宮家의 건립과 그 이후 宮域의 변화」, 『서울학연구』 39(서울시립대학교 서울학연구소, 2010); 이정란, 「고려·조선전기 王室府의 재정기구적 면모와 운영방식의 변화」, 『한

재정난 속에서 선조가 23인의 왕자와 옹주에게 어전(漁箭)·염분(鹽盆)·시지(柴地) 등을 임시로 변통해 나누었고,[105] 뒤에 이 선례에 따라 토지를 나누어 주었다. 후비·왕자대군·왕자군·공주·옹주 등의 궁방에서 소유하거나 또는 수조권(收租權)을 가진 토지로서 궁방의 소요경비와 그들이 죽은 뒤 제사를 받드는 비용을 위해 지급되었는데, 1사(司) 7궁(宮)[106]이 가장 대표적이며,[107] 그 밖에 수시로 왕자·왕녀의 궁방전이 설정되었다. 왕실은 1사 4궁의 수입인 전답과 지대 상납, 사찰로부터의 특산물 진상을 받아 사적 재산을 소유하였고, 왕자 탄생과 왕실의 안녕 등의 기복을 위해 궁방전을 통해 원당의 불사 비용 등을 마련했을 것으로 추정된다. 특히 조선 말기에는 왕실의 원당에 내탕금으로 활발한 불사가 이루어졌는데, 이것은 주로 왕실의 궁방전에 의한 것이었다. 한 예로 왕실 원당 중 하나였던 경기도 고양 흥국사[108]에 건립된 「만일염불회비기(萬日念佛會碑紀)」(1929)의 "1867년(고종 4) 가을에 화주 곽명스님이 약사전을 중건하고, 1876년(고종 13) 여름에 화주 뇌허스님이 칠성전을 짓고, 1878년(고종 15) 가을에 주실 완해스님이 주선하여 내탕금을 얻어 괘불탱을 조성하니 대단히 넓고 길었

국사학보』 40(고려사학회, 2010); 양선아, 「18·19세기 도장 경영지에서 궁방과 도장의 관계」, 『한국학연구』 36(고려대학교 한국학연구소, 2011); 최주희, 「18세기 중반 定例類에 나타난 王室供上의 범위와 성격」, 『장서각』 27(한국학중앙연구원, 2012); 양선아, 「19세기 宮房의 干拓」, 『한국문화』 57(서울대학교 규장각 한국학연구원, 2012) 등의 논고가 있다.

105 조선 후기 궁방과 아문의 어염을 통한 재원조달에 대해서는 이욱, 「인조대 궁방, 아문의 어염절수와 정부의 대책」 참조.

106 內需司와 壽進宮·明禮宮·於義宮·毓祥宮·龍洞宮·宣禧宮·景祐宮을 이른다.

107 원래 궁실의 경비로는 고려 때에는 宮院田이나 公廨田이 지급되었다. 조선 초기에는 이것이 왕족에게 賜田·職田의 형식으로 지급되었다. 직전으로 대군은 225결, 군은 180결을 분급받았는데, 명종 때 직전제가 소멸되면서 자연히 궁방전의 지급에 대한 필요성을 촉진시켰다.

108 흥국사는 1770년 英祖가 生母인 숙빈 최씨의 묘소인 소령원에 행차하다가 큰 눈을 만나 이 사찰에 머무른 인연으로 직접 편액을 써 주고 왕실의 원당으로 삼았다. 19세기 말부터 20세기 초까지 흥국사는 엄상궁이었다가 淳嬪, 淳妃, 皇貴妃의 지위에 오른 엄씨가 괘불에서부터 萬日念佛會 결사 등을 후원하였다. 유경희, 『무량수불, 극락에서 만나다—한미산 흥국사 괘불』(국립중앙박물관, 2014), 16-24쪽 참조.

다"[109]라는 내용은 승려가 원당의 불사를 주선하고 왕실에서는 궁방전을 통한 수입금, 즉 내탕을 주어 불사를 후원했던 사실을 확인케 한다.[110]

궁방전은 인조 때부터 궁방의 전토와 어전·염분이 국고 수입을 감소시키고 민전 침탈로 인하여 민원의 대상이 되기도 했지만[111] 왕실의 고민은 일차적으로 이들 궁방전이 누리는 면세·면역의 특권으로 인한 재정 수입의 감축에 있었다.[112] 그럼에도 불구하고 왕권을 등에 업은 내수사와 각 궁방의 사적인 재정 확보로 인한 폐단은 쉽사리 근절되지 않았다.[113] 1663년(현종 4)에는 궁방전의 면적을 축소해 대군·공주는 400결, 군과 옹주는 250결로 감하였으나[114] 궁방전은 갈수록 늘어났다. 궁방전을 늘리는 방법으로는 황무지의 개간, 궁방의 권세로써 남의 토지를 빼앗는 것, 범죄자로부터 몰수한 토지의 분급 등이 이용되었다. 1750년(영조 26)에는 균역법이 실시되면서 궁방이 소유하던 어전과 염분이 혁파되어 국가의 수세 재원이 되었다.[115] 그러나 궁방전에는 면세의 특권과 그 전호들에게 여러 가지 요역을 경감해 주는 혜택이 주어져 궁방에 민전이 투탁(投託)되었고, 이로써 무토면세전(無土免稅田)은 확대되어 갔다.

궁방전의 운영은 왕실의 권력을 배경으로 강력한 지주권을 행사함에 따라 궁방전 전호에 대한 처벌권·차압권·인신구속 등이 강제적으로 행해졌다. 궁방의 관리는 궁방 직속 관원인 궁차(宮差)를 파견해 관리하거나 궁방의 토지를 관리하고 도조(賭租)와 결미(結米)를 징수하는 도장(導掌)을 파견해 관

---

109 「萬日念佛會碑紀」(1929), "高宗丁卯秋 化主廓明公 重造藥師殿 同丙子夏 化主雷虛公 建七星殿 同戊寅秋 籌室玩海公周圓遂賜內帑金 造挂掛幀 甚廣長."

110 조선 말기 왕실 원당을 중심으로 한 불사 중 불화에 대해서는 유경희, 「朝鮮末期 王室發願佛畵의 硏究」(한국학중앙연구원 박사학위논문, 2015) 참조.

111 『顯宗實錄』, 顯宗 3年 9月 5日條, 7年 1月 26日條.

112 박준성, 「17, 18세기 宮房田의 擴大와 所有形態의 변화」, 185-278쪽.

113 송양섭, 『朝鮮後期屯田硏究』, 83-84쪽.

114 『顯宗實錄』, 顯宗 3年 9月 5日條.

115 『英祖實錄』, 英祖 30年 12月 30日條.

리하였으며, 궁방 직속으로 감관(監官)·마름(舍音) 등을 두었다. 1894년(고종 31)에는 제도 개혁으로 면세의 특권과 무토면세전의 수조권이 폐지되었다.[116] 유토면세지도 왕실 소유로 하여 궁내부에 이관시켰으며, 투탁·점탈에 의한 것임을 분명히 알 수 있는 것은 본래의 주인에게 돌리고, 나머지는 모두 국유지로 편입시켰다.

정조대에 창건된 용주사(도 76)는 어마어마한 재원이 필요한 불사였다. 현륭원의 공역이 완료된 직후인 1789년(정조 13) 10월 17일 원소도감(園所都監) 당상 이문원(李文源)은 신원소(新園所)의 조포사(造泡寺)[117] 설치를 건의하였는데,[118] 조포사는 사도세자의 묘인 영우원에도 있었기 때문에 정조가 윤허하였다.[119] 그 후 실무자들은 적당한 장소를 물색하는 한편, 건립 비용 충당에 나섰다. 11월 25일 우의정 김종수(金鍾秀)는 제릉(齊陵: 태조비 신의왕후의 능)과 후릉(厚陵: 정종과 왕비 정안왕후의 능)의 원찰인 연경사를 중창할 때 공명첩 150장

---

116 『高宗實錄』, 高宗 29年 1月 17日條.

117 陵이나 園所에 속하여 나라 제사에 쓰는 두부를 맡아 만들던 절이다.

118 『備邊司謄錄』, 正祖 13年 10月 20日條, "今十月十七日都監堂上以下入侍時園所都監堂上李文源所啓新園所不可不設置造泡寺依他陵園例帖加與勸善預爲出給然後可以營作敢此仰達矣上曰依爲之." 정해득, 「정조의 용주사창건 연구」, 『사학연구』 93(한국사학회, 2009), 152쪽.

119 용주사와 조포사에 대해서는 손신영, 「19세기 왕실 후원사찰의 조형성―고종년간을 중심으로」, 『강좌 미술사』 42(한국불교미술사학회, 2014), 37-39쪽 참조.

을 발급한 전례를 들며, 현륭원의 경우 조포사를 새로 건립하는 것이기 때문에 비용이 배나 들어가므로 우선 공명첩 250장을 발급한 후 문제가 있을 때 다시 추가하자고 건의하여 공명첩으로 재원을 조달하게 되었다.[120]

용주사는 창건 당시 제각(祭閣)은 6칸에 중문(中門) 3개, 안쪽 담장(內藏垣) 16칸이며, 법당(法堂)은 9칸, 칠성각(七星閣)은 6칸에 중문 1개, 안쪽 담장 10칸이고, 향로전(香爐殿)은 12칸에 중문 1개, 바깥 중문 1개에 안쪽 담장 11칸이었다. 또 선당(禪堂)은 39칸, 승당(僧堂)은 39칸, 누각은 15칸이며, 삼문(三門)의 익랑(翼廊)은 모두 17칸이고, 용가(舂家: 방앗간)가 2칸, 중문 3개, 바깥 담장 212칸, 새로 판 석정(石井)이 50칸, 연지(淵池)가 1곳 등으로, 총 145칸에 중문은 9개, 담장은 249칸에 이르는 대규모의 사찰이었기 때문에[121] 엄청난 재원이 필요했을 것이다.[122] 용주사 창건 비용은 총 8만 7505냥 1전이 소요되었는데, 승려 보경(寶鏡)이 각 사찰에서 시주받은 금액 1만 3779냥 9전, 백성들이 시주한 금액 5만 2273냥 2전,[123] 조정관료와 각 궁방에서 제공한 금액 1만 8461냥, 서울의 시전상인들이 시주한 금액 2991냥으로 공사 비용을 충당하였다. 이 가운데 건축 비용이 5만 7388냥 8전, 용주사 위전(位田) 구입에 2만 8116냥 3전, 화주승들의 여비로 2000냥이 사용되었다고 한다.[124] 다시 말하

---

120 『備邊司謄錄』, 正祖 13年 11月 25日條, "今十一月二十五日次對入侍時右議政金所啓顯隆園造泡寺營建時空名帖成給事旣回都監堂上陳達有成命矣向來齊厚陵字內衍慶寺重刱時空名帖一百張成給後以物力不足五十張加毅成給矣新建比重刱功力似當倍入空名帖二百五十張爲先成給以爲更覿來頭處之地何如上日依爲之."

121 『日省錄』, 正祖 14年 10月 6日條, "龍珠寺祭閣六間中門三內墻垣十六間法堂九間七星閣六間中門一內墻垣十間香爐殿十二間中間一外中門一內墻垣十一間禪堂三十九間僧堂三十九間樓閣十五間三門翼廊竝十七間舂家二間中門三外墻垣二百十二間新鑿石井五十間淵池一處以上一百四十五間中門九墻垣二百四十九間."

122 용주사의 건축에 대해서는 이강근, 「용주사의 건축과 18세기의 창건역」, 『미술사학보』 31(미술사학연구회, 2008), 101-131쪽 참조.

123 정해득은 그동안 『朝鮮寺利史料』의 기록에 의해 팔도도화주를 맡은 보경이 8도의 감사와 각 군영, 호조와 속아문, 각 궁방 등에서 시주를 거두어들인 것으로 설명되어 왔으나 당시 불교계의 위상이나 경제사정으로 볼 때 용주사 창건의 막대한 자금을 승려가 조달하는 것은 불가능하다고 보고, 공명첩을 사들인 사람들의 원납전으로 보는 것이 타당하다고 주장하였다. 정해득, 「정조의 용주사창건 연구」, 157쪽.

124 『朝鮮寺利史料』上, 「龍珠寺」 '大施主縉紳案' 및 '八路邑鎭與京各宮曹鷹施主錄.'

면 왕실의 불사에 공명첩 250장을 판 비용과 왕실의 궁방, 조정관리, 각 사찰 등지에서 받은 시주 등이 모두 사용되었다.

이상에서 살펴보았듯이, 조선 초기부터 말기까지 왕실을 중심으로 이루어졌던 불사의 재원은 왕실 재정 중 왕실 구성원의 사유재산으로 이루어진 사재정, 즉 내탕금이었다. 조선 초기–중기에는 왕실의 대표적인 사재정기구였던 내수사를 중심으로 불사 후원이 이루어졌으며, 아울러 왕실의 소용을 담당하였던 상의원에서도 불사를 후원했다. 문정왕후 때 가장 최고조에 달했던 내수사의 권력은 그 후 점차 약화되어 갔으며 이에 따라 17세기 이후 내수사의 불사 후원은 급격하게 줄어들었고, 대신 조선 후기와 말기에는 왕실 구성원들에게 지급된 궁방전을 바탕으로 불사 후원이 이루어졌다.

내수사, 상의원, 궁방 등을 중심으로 한 왕실의 불사 후원은 튼튼한 재정을 바탕으로 최고의 장인에 의한 높은 수준의 불교미술을 탄생시켰으며, 결과적으로 조선시대 불교미술의 '궁정 양식'을 형성하는 데 큰 역할을 했다.

제 8 장

조선시대 왕실 발원 불교미술의 특징

지금까지 조선시대에 왕실에서 이루어진 불사를 크게 네 시기로 나누어 각 시기의 불교의 성격과 불사의 형태, 왕실 발원 불교미술의 특징 등에 대해 살펴보았다. 왕실의 불사는 때로는 개인적인 것도 있었지만 국가 및 왕실과 관련된 것도 적지 않았다. 사찰의 중수나 중창처럼 대규모의 불사는 왕과 대군, 종친이 함께 참가하는 경우도 많았고, 원각사 창건처럼 왕명으로 대군이 담당자가 되어 불사를 지휘하고 감독하는 경우도 있었다. 또 권력의 중심에 있지는 않았지만 정희왕후와 같은 인물은 왕과 대군 못지않게 사찰을 중수하거나 중건하는 데 많은 힘을 기울이기도 했다. 조선시대 왕실에서 중심이 되어 이루어진 불사 중 불교미술은 어떠한 특징을 갖고 있을까.

첫째, 왕실의 후원자들이 발원한 불교미술 중에는 일반인들이 시주, 발원한 작품들에 비하여 양식적으로 뛰어난 작품들이 많다. 그것은 왕실의 화원과 조각가, 주종장(鑄鐘匠) 등이 작품 제작에 직접 참여했기 때문이다. 왕실 미술가들이 불교미술 제작에 참여하는 것은 왕실 발원 불사가 가장 활발했던 조선 초기에 두드러진다. 도화서 화원이었던 이맹근(정5품 司直)이 관경16관변상도(1465)를 그리고, 역시 화원인 김중경(金仲敬, 종6품 宣敎郞), 백종린(白終璘), 이장손, 이백련(李百連, 종4품 朝奉大夫) 등은 왕실 발원 범종 제작에 참여했다.[1] 화원이 불화 제작에 참여한 기록 중 가장 이른 것은 1417년(태종 17)

---

1   조선 초기 왕실 화원들의 불사 참여에 관해서는 유경희, 「王室 發願 佛畵와 宮中 畵員」, 『강좌 미술사』 26(한국불교미술사학회, 2006), 575-608쪽 참조.

"명하여 화원 이원해(李原海) 등 15인을 각림사(覺林寺)에 보내니, 절에서 낙성을 알렸기 때문이다. 또 여러 물감을 내려 주었다"²라는 기록으로, 화원들이 사찰에 파견되어 불화 제작에 관여한 사실을 확인할 수 있다. 이들이 각림사에서 행한 불사가 어떤 것이었는지는 알 수 없지만 전각에 봉안하는 불화를 제작하고 전각에 단청하는 일을 맡았을 것이다.

안견(安堅)과 동시대의 화원인 최경(崔涇)은 1462년(세조 8)에 흥천사 범종의 주조에 참여하였다. 종의 명문에 의하면 최경은 출납을 맡았다고 되어 있지만 범종 상단 보살상의 정교하면서도 예리한 각선에서 궁중화원의 뛰어난 솜씨를 엿볼 수 있어, 최경이 밑그림을 그렸을 것으로 생각된다.³ 1463년(세조 9) 도화원 제거(圖畵院 提擧) 최경을 파직시키라는 내용 중 "내 비록 그림을 업으로 하고 있으나, 세종으로부터 명을 받아 그림을 그린 이후로 어용··불상과 인물을 그렸으니 다른 화원과 비할 바 아니다"라는 말로써 최경이 불화도 그렸음을 알 수 있다.⁴ 이 외에 백종린과 이장손은 1474년 정희대왕대비 등이 발원한 『예념미타도량참법(禮念彌陀道場懺法)』 판화의 권수 도상인 과거칠불(過去七佛)과 서방(西方) 아미타불(阿彌陀佛), 미륵불(彌勒佛)의 9불과 『상교정본자비도량참법(詳校正本慈悲道場懺法)』 판화의 과거칠불과 미륵불을 그렸다.⁵ 여기에 보이는 존상은 뾰족한 육계와 정상계주 등 15세기 불화 양식을 잘 보여 준다. 그런데 이장손은 판각을 하는 각수(刻手)의 명단에도 보여 판화의 도상을 그리는 일과 판각작업을 함께 한 것을 알 수 있다.⁶ 이후 이장손

---

2 『太宗實錄』, 太宗 17年 4月 2日條.

3 명문: "…出納 郎廳折衝將軍行忠佐衛大護軍幹辦內 直司樽院事臣金石梯 奉正大夫行 戶曹正郎臣禹垓 顯信校尉 行忠佐 衛中部司勇臣金石山承義校尉行 忠武衛左部 司勇臣趙峻 圖畵院別坐折衝將軍行義興衛護軍崔涇 監役奉承大夫披庭署鑰金德生 衛前軍器監權知直長金貴同 兪得海學生 吳孟孫…."

4 『世祖實錄』, 世祖 9年 3月 7日條.

5 貞熹大王大妃 발원의 『禮念彌陀道場懺法』 판화와 『詳校正本慈悲道場懺法』 판화에 대해서는 박도화, 「15세기 후반기 王室發願 版畵─貞熹大王大妃 發願本을 중심으로」, 『강좌 미술사』 19(한국불교미술사학회, 2002), 155-183쪽 참조.

6 관아에 소속된 工匠들은 官板을 비롯해 刊經都監 및 王室板 佛書를 판각한 공으로 雜職을 제수받은 것

은 김중경과 함께 1469년(예종 1)에 낙산사 범종 주성에 참여하여 종의 밑그림 제작을 담당했는데, 종신 상부에 새겨진 보살상은 유려하면서도 각선이 뚜렷하여 힘찬 각법을 느끼게 한다. 김중경은 1469년(예종 1) 이백련과 함께 봉선사 범종 불사에도 참여하였다. 봉선사 범종 역시 흥천사 범종, 낙산사 범종과 거의 동일한 양식으로, 명문에는 화원 이백련과 김중경의 이름이 적혀 있어 이들 역시 화원으로서 종의 밑그림을 그린 것으로 추정된다.[7]

최경·이장손·김중경·이백련이 참여한 범종의 보살상 및 문양은 양식상 공통점을 갖고 있으며, 특히 낙산사와 봉선사의 것은 동일한 초본에 의해 제작된 듯 하단의 문양이 세 종 모두 파도문으로 거의 유사하다. 이러한 사실은 당시 왕실 화원들이 일정한 양식을 보유하고 있었던 사실을 말해 주는 것이며, 이것이 곧 궁정 양식이라고 할 수 있다. 이처럼 도화서 화원들은 왕실의 제반 회사를 담당하면서도 왕실 발원 불화의 제작 및 불서, 판본의 도상 제작, 범종 불사의 밑그림 제작 등에서 활약하는 등 불교미술의 조성에 깊이 관여했다.

이러한 경향은 조각과 공예에서도 예외는 아니었다. 앞에서 살펴보았던 흑석사 아미타불삼존복장기(1458)에는 불상을 조성한 장인으로 "화원(畵員) 사직(司直) 이중선(李重善)·이흥손(李興孫), 부금(付金) 한신(韓信)·김박(金朴)·이송산(李松山), 칠금(漆金) 우구막동(牛口莫同), 각수(刻手) 황소봉(黃小奉), 마조(磨造) 김궁동(金弓同), 소목(小木) 양일봉(梁日峯)" 등 중앙관아 소속 공장들의 이름이 기록되어 있다. 『경국대전』 공전편(工典篇)에 의하면 금박공은 공조와 상의원, 칠공은 공조와 상의원과 군기시(軍器寺), 마조공(磨造工)은 상의원과 군기시와 선공감(繕工監), 목장은 군기시와 교서관(校書館), 선공감, 내수사(內需司), 조지

으로 추정되는데 조선 초의 王室板 佛書는 王室의 비용으로 당대 일류 刻手들이 공을 들여 정성껏 판각했다. 김상호, 「朝鮮朝 寺利板 刻手 研究」, 『도서관학』 20(한국도서관학회, 1991), 353-354쪽.

7   명문: "奉先寺鐘銘幷書 … 鑄成 定細將軍行義興衛司猛金德生 畵員 朝奉大夫李百連 宣敎郎金仲敬 鑄成匠 鄭吉山 李波廻 李命仇 吳春敬…."

서(造紙署), 귀후서(歸厚署) 등에 각각 소속되어 있어[8] 이들 또한 왕실 혹은 관청 소속 장인이었음을 알 수 있다. 그리고 화원으로 사직(정5품) 이중선과 이홍손의 이름이 보이는데, 조선 후기에도 조각장을 화원이라 칭했던 것을 보면 여기서 화원은 도화서 화원이 아니라 관청 소속의 장인을 일컫는 것이라 생각된다. 이 중 이중선은 1456년(세조 2) 견성암 약사삼존발원문에도 그 이름이 보인다.[9] 범종의 경우, 흥천사 범종의 명문에는 종 제작을 맡은 장인 중 감역을 맡은 김덕생(金德生)과 조각을 담당한 양춘봉(梁春奉)은 종4품인 봉승대부(奉承大夫)의 칭호가 사용되었으며, 보신각 범종에는 정략장군(政略將軍, 종4품) 김덕생과 봉승대부 양춘봉, 낙산사 범종에는 선략장군(宣略將軍) 김덕생, 봉선사 범종은 정략장군(定略將軍) 김덕생, 조봉대부(朝奉大夫) 이백련, 선교랑(宣敎郎) 김중경 등의 이름이 보이고 있어 세조·예종대에 조성된 왕실 발원 범종의 주종장이 봉승대부, 정략장군, 선략장군 등 종4품의 품계를 받았던 당대 최고의 장인들이었음을 확인할 수 있다.[10]

이처럼 조선 초기 왕실 발원 불교미술의 제작에는 도화서 화원이나 왕실 혹은 관청 소속 장인들이 참여함으로써 수준 높은 '궁정 양식'을 형성하였으며, 이것은 곧 당시 불교미술에도 큰 영향을 끼쳤다. 조선 후기에 이르면 왕실 화원이나 조각가들이 불교미술 제작에 참여하는 경우는 많지 않지만, 1790년(정조 14) 사도세자의 능을 화성으로 옮긴 후 능침사찰로 창건한 용주사의 불사에 김홍도가 불화의 감동(監董)을 맡고 『불설부모은중경』 판각을

---

8 人文研究院編輯, 『譯註 經國大典―註釋篇』 국역총서 86-1(한국정신문화연구원, 1986) 工典篇; 강만길, 「王朝前記의 官匠制와 私匠制」, 『朝鮮時代商工業史研究』(한길사, 1984), 15-25쪽.

9 장충식, 「景泰七年銘 佛像腹藏品에 대하여」, 『미술사학연구』 138·139(한국미술사학회, 1978), 48-49쪽.

10 조선 전기 왕실 발원 범종에 대해서는 주경미, 「朝鮮前期 王室發願鐘의 研究」, 『동양학』 42(단국대학교 동양학연구소, 2007), 221-241쪽; 최응천, 「조선 전반기 불교공예의 도상해석학적 연구―명문과 도상적 특징」, 『강좌 미술사』 36(한국불교미술사학회, 2011), 317-345쪽; 「조선전기 왕실발원 범종과 흥천사종의 중요성」, 『강좌 미술사』 49(한국불교미술사학회, 2017), 123-144쪽; 이광배, 「發願者 階層을 통해 본 朝鮮 前期 梵鍾의 樣式」, 『미술사학연구』 262(한국미술사학회, 2009), 5-32쪽 참조.

담당했던 것으로 보아 왕실 화원 및 조각가들의 불사 참여가 꾸준히 이어졌음을 확인할 수 있다.

둘째, 조선시대 왕실 후원 불교미술에서는 고려시대로부터 이어지는 전통 양식을 계승하면서 새로운 시대 양식을 적극 받아들인 점을 주목할 수 있다. 먼저 고려적 요소를 계승한 예로는 탑과 범종을 살펴볼 수 있다. 원각사 10층석탑은 고려의 양식을 계승한 대표적인 예로서 주목된다. 효령대군이 1465년(세조 11)에 원각사의 조성도감도제조(造成都監都提調)를 맡아 원각사를 창건하면서 조성한 이 탑은 개성 경천사 10층석탑(1348)을 모델로 하였으나 조각 양식에는 조선 초기 불상 양식이 그대로 반영되어 있다.[11] 원각사 10층석탑의 양식은 이후 조선시대 석탑 양식의 주류를 형성하지는 못했지만, 화강암 대신 대리석을 사용한 점이라든가 기단부의 운룡문 조각 등은 세종 영릉의 자복사(資福寺)로 1472년(성종 3)에 재건된 여주 신륵사의 다층석탑에서도 보이므로 이 역시 궁정 양식의 하나로 자리 잡았음을 알 수 있다. 효령대군의 감독하에 제작된 흥천사 범종(1462)과 유점사 범종(1469) 또한 전체적인 종신의 형태·연곽·보살상 등이 전통 종의 양식을 계승하였다. 그러나 쌍룡의 용뉴, 당좌가 없어지고 대신 돌출된 횡대선이 표현된 점, 복련의 연꽃이 새겨진 상대·하대가 위로 올라가 붙고 나선형의 파도문이 새겨진 점 등은 1346년(충목왕 2) 원 장인이 만든 연복사 범종을 비롯한 중국 원·명대 범종의 양식을 따르고 있다. 이후 흥천사 범종의 양식은 낙산사 범종(1469)·봉선사 범종(1469) 등으로 이어지면서 조선 초기 범종 양식의 전형을 이루었다.

조선 초기 왕실 발원 불교미술에 나타난 새로운 시대 양식은 명과의 교섭을 통해 이루어졌다. 조선왕조는 초기부터 사대정책을 적극적으로 펼침으로써 명과의 관계를 단단하게 유지하였으며, 문화교류를 활성화하였다. 왕

---

11 문명대, 「圓覺寺十層石塔 16佛會圖의 圖像特徵」, 『강좌 미술사』 19(한국불교미술사학회, 2002), 5-39쪽.

조 초기에 사대외교를 적극적으로 펼쳤던 것은 무엇보다도 나라를 지키기
위한 보국지도(保國之道)의 정치적 측면이 강했으며, 한편으로는 공무역적인
성격의 경제적 이윤 추구와 선진의 문화를 수용하기 위한 방편이기도 했다.
명나라로 파견되는 사신 중에는 화원도 포함되어 있었는데, 성종 때 이계진
(李系眞)을 비롯하여 일부 화가들이 명나라에 다녀온 것으로 알려져 있다. 이
들은 중국에서 사행을 기록하는 등의 회화에 관련된 일과 함께 각종 안료와
비단, 종이 등 재료를 구하기도 하였으며, 사행을 통해 당시 유행하던 미술
양식을 받아들였다. 그런가 하면 중국의 사행원들도 내조하여 직접 그림을
그리거나 화원들의 그림을 가져가는 등 양국 간에 활발한 미술 교류가 이루
어졌다. 바로 이러한 왕래를 통해 원에서 명으로 전해진 불교미술 양식 또
는 명나라의 불교미술 양식이 조선 초기 미술에 영향을 주었을 것으로 생각
된다.[12]

　당시 조선은 억불정책을 시행하고 있어 중국 명대의 불교 교섭이 적극적
으로 수용되기는 어려웠겠지만, 『제불여래보살명칭가곡(諸佛如來菩薩名稱歌曲)』
(이하 『명칭가곡』으로 약칭)을 비롯한 다양한 서적들이 중국으로부터 조정에 기
증되었다. 『명칭가곡』은 명 영락제(永樂帝, 재위 1360-1424)의 칙명에 의해 만들
어진 불교서적으로 1417년(태종 17)과 1418년(태종 18)에 각 100책과 300책, 세
종 즉위 후에 1000책, 1419년(세종 1)에 30궤 등 엄청난 양이 기증되었다.[13] 또
한 사절사로 파견된 화원들은 중국에서 여러 유명 사찰들을 방문함으로써
자연스럽게 명대 불교미술을 접하거나 명대 불교미술품을 가지고 돌아오기
도 했고, 때론 중국 사신들이 내조할 때 불교미술품을 진상하는 경우도 있었

12　조선 초기 명과 조선의 교섭에 대해서는 안휘준, 「朝鮮王朝 前半期 美術의 對外交涉」, 『朝鮮前半期 美
　　術의 對外交涉』(예경, 2006), 9-77쪽 참조.
13　『世宗實錄』, 世宗 1年 12月 12日條. 『명칭가곡』에 대해서는 정형우, 「諸佛菩薩如來名稱歌曲의 수입과
　　그 보급, 공급문제」, 『동방학지』 54·55·56(연세대학교 동방학회, 1987), 718-721쪽 참조.

다.[14] 한 예로 1406년(태종 6)에 명나라 내시 황엄(黃儼) 등이 조선에 사신으로 와서 제주 법화사의 동제아미타삼존상이 원나라 때 양공에 의하여 주조된 것이라 하여 돌려주기를 청했다. 또 1407년(태종 7)에는 황엄이 태상왕궁을 찾아와서 소(小)동불상을 헌납하고 이어서 정비(靜妃)를 입견하고 불상과 경전을 헌상하였으며, 1419년(세종 1) 경녕군(敬寧君) 등이 사절사로 명나라에 갔을 때 영락제가 사신들에게 수현사(隨現寺)와 보탑사(寶塔寺) 등의 상서로운 그림 5축을 선물했다고 한다.[15]

이상의 기록 외에도 조선 초기 왕실 발원 불상과 불화에 명나라 양식이 그대로 반영되고 있는 점은 양국 간에 불교미술의 교류가 이루어졌음을 방증해 준다. 먼저 효령대군이 의빈 권씨와 명빈 김씨, 연창위 안맹담 등과 함께 발원, 시주한 흑석사 목조아미타불좌상(1458)은 천주사 목조아미타불좌상(1482)과 함께 조선 초기 불상 양식을 대표하는 작품이다. 즉 나발의 머리에 높은 육계, 원형의 정상계주, 계란형의 긴 얼굴, 단정하면서도 아담한 불신, 세장한 상체, 군의의 단정한 띠 매듭 등은 14-15세기 중국 명대 초기 불상 양식을 잘 보여 준다.[16] 이들 왕실 발원 불상 외에도 금강산에서 출토된 것으로 전해지는 금동관음보살좌상(14세기 말-15세기 초)과 기림사 건칠보살좌상(1501)의 허리가 가늘면서도 길쭉한 신체 표현 역시 명대 불상 양식과의 관련성을 보여 준다.

불화에서도 전대인 고려시대 불교미술의 양식과 함께 새로운 양식이 나타나고 있다. 예를 들어 1465년 관경16관변상도의 경우, 인물 표현에서 아미타불이 앉은 팔각의 화려한 대좌, 붉은 법의에 새겨진 금니의 원 문양, 9관의 불상 왼쪽 가슴에 표현된 치레 장식, 오른손에 걸쳐진 법의자락을 군

---

14 박은경, 「朝鮮 前半期 佛畵의 對中交涉」, 『朝鮮 前半期 美術의 對外交涉』(예경, 2006), 87쪽.

15 『世宗實錄』, 世宗 1年 12月 7日條.

16 문명대, 「朝鮮前半期 彫刻의 對 中國(明)과의 交涉研究」, 『朝鮮 前半期 美術의 對外交涉』(예경, 2006), 146-148쪽.

의 안으로 여미 입은 착의법 등은 고려시대 양식을 계승하였지만, 신체에 비하여 얼굴이 크게 표현된 점이나 이목구비가 유난히 작은 점, 허리가 다소 길어 세장한 느낌을 주는 점 등은 명대 초기 불화 양식을 반영하고 있다.[17] 이러한 명대 양식이 주로 왕실 발원 불교미술에 나타나는 이유는 명의 불교미술품을 대할 수 있었던 궁중화가와 장인들이 작품을 제작한 데 기인하며, 왕과 대군 같은 왕실의 불교 후원자들이 그들에게 불교미술의 제작을 의뢰함으로써 가능했던 것이다.

조선 중기의 왕실 발원 불화에 대해서는 그동안 여러 학자들이 양식과 구도 등 몇 가지 측면에서 그 특징을 지적하였다. 즉 얼굴 표현에서는 "가늘게 치켜 올라간 눈, 아치형으로 뻗은 눈썹, 콧등을 연결하여 그린 뒤 좌우로 콧방울을 각각 덧붙인 기법, 콧등 폭을 넘지 않을 정도로 상당히 작은 크기의 입술 등이 특징적이며, 구도에서는 고려 불화적 요소를 강하게 반영하고 있다"[18]라고 지적하였다. 그런가 하면 세부 표현에서는 법의의 윤곽과 의습, 군의 등에는 굵은 선, 문양에는 가는 필선을 사용하였으며, 눌러서 그린 흔적은 없지만[19] 400탱의 경우 동일한 초본을 사용하여 제작되었다는 점,[20] 순금화가 유행하였고[21] 금니를 사용한 불화 대부분이 바탕색으로 주(朱)를 사용하고 있다는 점,[22] 일부 불화에서는 조선 전기 산수화의 특징이 잘 반영되어 있다는 점[23] 등을 들고 있다. 이 외에도 여러 단으로 이루어져 앙련과 복련

---

17 김정희, 「1465年作 觀經16觀變相圖와 朝鮮初期 王室의 佛畵」, 『강좌 미술사』 19(한국불교미술사학회, 2002), 81-83쪽.

18 박은경, 「朝鮮 前半期 佛畵의 對中交涉」, 137쪽.

19 山本泰一, 「李朝時代文定王后所願の佛畵について―館藏藥師三尊圖を中心に」, 545쪽, 551쪽.

20 박은경은 문정왕후 발원 불화 중 일본 寶壽院 소장 藥師三尊圖(1565)를 상세하게 고찰하면서 이 불화의 초본 문제를 거론하였는데, 400탱 제작에는 적어도 4점 이상의 동일한 초본을 사용하였으며, 같은 도상 중에서도 彩畵와 純金畵의 초본이 각각 달랐음을 지적하였다. 박은경, 앞 논문, 137쪽.

21 박은경, 「朝鮮前期 線描佛畵―純金畵」, 『미술사학연구』 206(한국미술사학회, 1995), 5-27쪽.

22 정우택, 「來迎寺 阿彌陀淨土圖」, 『불교미술』 12(동국대학교박물관, 1994), 59-60쪽.

23 홍윤식, 「觀音三十二應身佛―佛畵와 山水畵가 만나는 鮮初名品」, 『계간미술』 25(중앙일보사, 1983), 161쪽.

등으로 화려하게 장식된 본존의 대좌라든가 착의법, 옷에 표현된 문양 등도 일정한 양식을 형성하면서 왕실 발원 불화만의 특징을 보여 준다.

인물 표현과 착의법, 대좌 등에서 볼 수 있는 이러한 특징은 당시 불상이나 간경도감 간행의 왕실 판화에서도 나타나는 것으로, 양식적으로 명대 불교미술의 특징을 반영하고 있다.[24] 따라서 왕실 발원 미술에 보이는 양식적 특징을 규명하기 위해서는 당시 명나라와의 미술교류에 대해서 살펴볼 필요가 있다.[25]

명은 송이나 원과는 달리 쇄국적인 경향을 띠었으며, 이에 따라 조선 초기의 명과의 교역은 대부분 조공무역을 통하여 이루어졌다. 양국의 사신교섭에 의해 명의 회화가 조선에 들어오고 또 조선의 회화가 명에 건너가게 되었다. 사인(士人)으로는 1445년(세종 27) 부사(副使)로 북경을 다녀온 강희안과 1463년(세조 9)에 역시 부사로 연행했던 강희맹 형제가 알려져 있고, 명나라 측의 화가로 조선에 건너왔던 사람들로는 고인(顧仁), 육우혈(陸禹頁), 김식(金湜) 등이 알려져 있다.[26]

불교미술의 교섭 관계에 대해서는 양국 간의 불화교섭을 짐작할 수 있는 기록들이 산재해 있어 조선 초기 불교미술의 대중교섭을 추측하는 데 좋은 자료를 제공해 준다. 먼저 불화의 경우, 1429년(세종 11) 명나라 사신인 창성(昌盛)이 아미타불과 팔대보살을 그리는 데 쓸 금 1전 5푼을 요구하고, 윤봉(尹鳳)이 작은 불상을 장식할 채색을 요구하니 임금이 명하여 요구하는 것을 주라고 하였다는 기록,[27] "어렸을 때 동학 2-3인과 함께 산사에 놀러가서 불

---

24 1459년 廣平大君夫人 申氏가 발원한 『妙法蓮華經』을 飜刻한 1463년 刊經都監刊 『妙法蓮華經』(동국대학교도서관 소장)에서 그러한 특징이 잘 보인다. 박도화, 「朝鮮 前半期 佛經版畵의 硏究」(동국대학교 박사학위논문, 1997) 〈도판 12〉 참고.

25 이하 조선 전기 불화에 보이는 明代 佛畵와의 관계에 대해서는 김정희, 「朝鮮前期 美術의 傳統性과 自生性」, 『한국미술의 자생성』(한길아트, 1999), 143-173쪽의 내용을 요약하였다.

26 안휘준, 「高麗 및 朝鮮初期의 對中 繪畵交涉」, 『아세아학보』 13(아세아학술연구회, 1979), 157-161쪽.

27 『世宗實錄』, 世宗 11年 6月 8日條.

화를 한 점 보았는데 그 위에는 '공자찬(孔子讚) 오도자화(吳道子畵) 소식서(蘇軾書)'라 쓰여 있었다"[28]라는 기록, 조선 중기 정양사 약사전에 오도자가 그린 불화가 있었다는 기록 등이 전한다.[29]

1467년(세조 13)과 1468년(세조 14)에는 명의 사신들이 사찰에서 불사를 베푸는 것 외에 숙소였던 태평관(太平館)이나 한양의 노들강변에서까지 불사를 행했으며,[30] 1468년(세조 14) 명 황제의 명으로 사신들이 금강산에서 불사를 행하려 할 때 왕이 절에 남아 있는 폐불에 관한 문서들을 사신들의 눈에 띄지 않게 조처하고 최대한 불사를 뒷받침해 주기도 하였다.[31]

이상의 기록은 명과 조선 전기의 미술교섭 관계를 알려 주기에는 부족한 자료이지만, 현존하는 불상과 불화에서는 명의 영향을 보이는 작품들이 있어 양국 간의 교류가 있었음을 보여 준다. 고려 말, 조선 초기 수월관음도 중 관음보살이 정면을 향하여 오른쪽 무릎을 세우고 앉아 있는 모습, 상체에 끈으로 엮은 천의를 입고 있는 점, 관음보살의 오른쪽 상부에 위태천(韋駄天)의 모습이 표현된 점 등은 1443년(명 영종 8)에 제작된 명대 법해사(法海寺) 벽화의 수월관음도의 모습과 흡사하여 두 나라 간에 불교도상의 교류가 있었음을 시사해 준다. 또한 명대 사녀화(士女畵)에서 애용되던, 콧잔등이라든가 눈썹 등 일부 부위에 흰색을 칠하여 명암을 강조하는 표현법이라든가 조선 전기에 새롭게 나타난 삼장보살도(三藏菩薩圖), 감로도(甘露圖)의 도상이 중국 명대의 수륙화(水陸畵)와 관련이 있는 점 등을 볼 때[32] 조선 전기 불화에 끼친 명나라의 영향을 확인할 수 있다.

---

28 徐居正, 『筆苑雜記』 卷2, "小日 與同學二三人遊山寺 見一畵佛題其上日 孔子讚 吳道子畵 蘇軾書."
29 『景淵堂集』 卷2 次藥師殿佛畵, 『惺所覆瓿藁』 卷1 八角殿看佛畵, 『東洲集』 卷6, 『慵隱集』 卷5 遊金剛錄, 『松月齋集』 關東錄, 『養窩集』 東遊錄, 『虛靜集』 卷下 遊金剛錄 등에 기록되어 있다. 진홍섭 편, 『韓國美術史資料集成』 (4), 일지사, 1996, 459-460쪽.
30 『世宗實錄』, 世宗 13年 8月 26日·9月 9日·13日條, 14年 6月 21日條 등.
31 『世祖實錄』, 世祖 14年 4月 9日·10日·11日條.
32 김정희, 「朝鮮前期 美術의 傳統性과 自生性」, 195-199쪽.

불상에서는 수종사 탑 발견 금동여래좌상(1493)에 보이는 팽이 모양의 육계와 뾰족한 정상계주 및 태종의 후궁인 의빈 권씨와 명빈 김씨, 효령대군 등이 시주하여 조성한 흑석사 목조아미타불좌상(1458)에서 볼 수 있는 양식적 특징, 즉 어깨가 좁고 좌폭이 그리 넓지 않아서 전체적으로 길쭉한 이등변삼각형을 형성하며 정상계주가 강조되어 육계 끝이 뾰족한 모습,[33] 천주사 목조아미타불좌상(1482)의 길쭉한 신체 표현 역시 명대 불상의 양식과 공통된다. 그런가 하면 1407년(태종 7) 회암사지 부도와 1429년(세종 11) 강원도 금강산 향로봉 출토 금동아미타삼존상(평양 조선중앙역사박물관 소장)의 앙·복련이 맞붙은 대좌의 연화문 역시 원대 티베트 양식을 이어받은 명대 불상에서 흔히 볼 수 있는 특징들이다.[34]

이상에서 살펴본 바와 같이 조선 전기에는 명과의 미술교섭에 의하여 명대 불교미술의 도상과 양식이 전래되어 조선 전기 미술, 특히 궁정을 중심으로 이루어진 불교미술의 양식에 영향을 주었다. 이러한 양식은 조선 중기 왕실 발원 불교미술에도 그대로 나타나면서 왕실 발원 불교미술만의 특징적인 양식으로 발전하였다. 불화의 경우, 도상적으로 명대 불화와의 관련성을 살펴볼 수 있는 좋은 예로서 도갑사 관음보살32응신도(1550)를 들 수 있다. 관음보살32응신도는 1550년(명종 5) 공의왕대비 전하(인종비 인성왕후)가 돌아가신 인종의 명복을 빌며 제작하여 영암 도갑사 금당에 봉안하였던 불화이다. 그림의 중앙에는 보타락가산에 앉아 있는 관음보살의 모습을 그리고 하단에는 산수를 배경으로 하여 관음이 여러 모습으로 변화하여[應身] 어려움에 처한 중생을 구제하는 제난구제(諸難救濟) 장면이 묘사되어 있다. 이 불화에서와 같이 중앙에 관음을 중심으로 하여 응신 장면과 제난구제 장면이 함

---

33 최소림, 「黑石寺 木造阿彌陀佛坐像 硏究」, 『강좌 미술사』 15(한국불교미술사학회, 2000), 91쪽.
34 조선 전기 불상에 보이는 명대 불상의 영향에 대해서는 이은수, 「朝鮮初期 金銅佛像에 나타나는 明代 라마불상양식의 영향」, 『강좌 미술사』 15(한국불교미술사학회, 2000), 47-76쪽; 김경미, 「朝鮮前半期 티베트계 명양식 불교미술의 영향 연구」(고려대학교 박사학위논문, 2014)에 자세히 언급되어 있다.

께 배치되는 구도는 성당대 돈황석굴 45굴의 보문품변상(普門品變相)에서부터 보이지만, 45굴의 변상도는 입상의 관음보살이 중앙에 배치되어 있고 좌우로 응신 장면이 배치되어 있어 관음보살의 위치와 모습 등에서 도갑사본과는 차이를 보인다. 도갑사 관음보살32응신도의 구도, 응신 장면 등과 관련지어 볼 때 가장 유사한 특징을 보여 주는 것은 명대의 관세음보살보문품 관련 판화이다. 홍무 연간(1368-1398), 영락 연간(1403-1424), 선덕 연간(1426-1435)의 관세음보살보문품 판화는 관음보살의 32응신이 각각 한 장면씩 판화로 구성되어 있다는 점에서 도갑사 관음보살32응신도와 전체적인 구도는 다르지만, 응신의 표현에서 몇 가지 유사한 장면을 볼 수 있다. 즉 바위에 걸터앉아 화려한 갑옷을 입고 한 손에 탑을 들고 있는 비사문천과 그를 둘러싸고 있는 4명의 인물들을 그린 비사문신득도자(毗沙門身得度者)를 비롯하여 번을 든 시녀와 함께 표현된 자재천신득도자(自在天身得度者),[35] 전각 안에 앉아 있는 관리의 모습으로 표현된 재관신득도자(宰官身得度者) 등 여러 응신 장면에서 명대의 보문품 판화와 도갑사 관음보살32응신도는 동일한 모습을 보여 준다.

한 화면에 관음보살과 응신, 제난구제 장면을 모두 표현한 1586년 관음보살제난구제변상도(미국 인디애나폴리스박물관 소장)는 화면의 구성 면에서 도갑사 관음보살32응신도와 가장 유사하다. 화면 한가운데에 앉아 있는 관음보살을 중심으로 그 주위에 제난구제 장면이 배치되어 있는 이 판화변상도는 각 장면이 간단하게 표현되었고, 산수 대신 구름으로 각 장면을 연결시키고 있는 점에서 도갑사본과 다소 차이가 있지만 전체적인 구성은 상당히 유사하다. 그러나 이 판화는 도갑사 관음보살32응신도보다 다소 늦은 시기에 제작되었기 때문에 도갑사 관음보살32응신도에 영향을 주지는 않았다고 본

---

35   이 장면은 도갑사 관음보살32응신도에서는 帝釋身得度者로 묘사되어 있다.

다. 그렇지만 적어도 이 판본 이전에 이와 같은 도상이 성립되어 있었을 것으로 생각되며, 따라서 도갑사 관음보살32응신도의 구성은 중국 명대의 관세음보살보문품 변상도에서 영향을 받은 것으로 생각된다.

도상에서뿐 아니라 양식적 측면에서도 왕실 발원의 불화에는 명대 불화의 영향이 많이 나타나고 있다. 앞에서도 언급하였듯이, 조선 중기 왕실 발원 불화에 보이는 특징 중 가장 눈에 띄는 것은 얼굴 모습이다. 육계가 뾰족하며 이목구비가 둥글고 작게 묘사된 특징적인 얼굴은 거의 모든 왕실 발원 불화에서 볼 수 있어 마치 한사람이 그린 것이 아닌가 하는 생각을 갖게 한다. 특히 두 눈은 대단히 가늘고 길며 눈 끝부분이 약간 위로 올라가 있으며, 코는 먹선으로 콧대를 묘사한 뒤에 콧볼을 그리고 비량 앞에 농묵으로 콧구멍을 그렸다. 입술은 붉은색으로 칠한 후 아랫입술과 윗입술에 가는 먹선을 일직선으로 그려 경계를 짓고 있는 듯하며, 입은 매우 작게 묘사되었다. 목에는 삼도가 3개의 먹선으로 간단하게 그어져 있다. 이러한 모습은 지온인(知恩院) 소장 도갑사 관음보살32응신도를 비롯하여 문정왕후 발원 400탱, 청평사 지장시왕도, 미국 보스턴 미술관 약사여래십이신장도 등 대부분의 작품들에서 공통적으로 나타나는 특징으로, 명대 불화에서도 흔히 볼 수 있다.

이와 함께 여러 단으로 이루어져 앙·복련으로 화려하게 장식된 대좌 역시 왕실 발원 불화에 보이는 특징 중의 하나이다. 대좌는 3단으로 구성되었는데, 각각의 단이 형식화된 연판문으로 구분되었고 대좌의 각 부분마다 가장자리에는 연주문을 일렬로 장식하였으며 그 안쪽은 보상화문으로 채웠다. 이러한 대좌는 조선 중기 불화의 대좌에 모두 공통적으로 나타나는데, 명대 감지금니 묘법연화경 변상도(1511), 산서성 대동시 선화사 불상 등에서 보듯이 명대의 전형적인 대좌이다. 그런가 하면 명대 인물화의 특징 중의 하나인 하이라이트 기법이 1562년 청평사 지장시왕도, 1575-1577년 자수궁정사 지장시왕도, 1576년 사라수탱 등 왕실 발원 불화에 많이 보이고 있다. 인물의 콧잔등과 눈썹 등 일부 부위에 흰색을 칠하여 명암을 강조하는 수법은 일본 쥬린지 소장 오불회도와 사이호지 소장 지장보살도, 이야다니지 소장 지장시왕도(1546), 자수궁정사 지장시왕도(1575-1577), 세이잔분코 소장 사라수탱(1576), 일본 사이다이지[西大寺] 소장 제석천도, 일본 혼가쿠지[本岳寺] 소장 석가탄생도 등에서 볼 수 있듯이 조선 초중기 불화에 일반적으로 보이는 특징이다. 이러한 기법은, 물론 고려시대 불화에서도 볼 수 있지만, 명대 사녀화에서 주로 보이던 것으로 왕실 발원 불화들이 대개 왕실 화원들에 의해 제작되었던 점을 고려할 때, 명나라 불화를 가까이에서 접할 수 있었던 왕실 화원들이 명대 사녀화에 주로 사용되던 하이라이트 기법을 보고 응용한 것으로 추정된다.[36] 이 밖에 도갑사 관음보살32응신도에 표현된 관음보살의 착의법과 자세가 법해사 수월관음도와 흡사한 점[37] 등 왕실 발원 불화에서는 명대 불교미술의 양식을 볼 수 있다.[38]

셋째, 왕실 불사의 또 하나의 특징으로 꼽을 수 있는 것은 비싼 재료를 많이 사용하였다는 점이다. 순금으로 불상을 만들고 불화를 조성하는 전통은 15세기부터 성행하였다. 1429년(세종 11)에 명나라 사신 창성이 아미타불과 팔대보살을 제작하기 위해 금 1전 5푼을 요구하자 왕이 직접 명하여 화원으로 하여금 금자경(金字經)을 제작하라는 지시를 내릴 정도였으며,[39] "소상(塑像)은 순전히 금을 써서 바르고 화상(畫像)은 사이에만 잡채(雜彩)를 써서 하나의 불상이라도 금을 쓰지 아니한 것이 없으니, 또한 그것이 몇만억이 되는지 알

---

36 김정희, 「朝鮮朝 明宗代의 佛畫研究—淸平寺 地藏十王圖를 中心으로」, 『역사학보』 110(역사학회, 1986), 157쪽.
37 김정희, 「朝鮮前期 美術의 傳統性과 自生性」, 190-193쪽.
38 조선 후기 불교미술에 보이는 명대의 영향에 대해서는 김정희, 「朝鮮後期佛畫における明代版畫の圖像受容について」, 『東アジアIV-朝鮮半島』(東京: 中央公論美術出版, 2018), 543-566쪽 참조.
39 『世宗實錄』, 世宗 11年 6月 8日條.

지 못하겠으며, 금자경도 몇만 권질이 되는지 알지 못하겠습니다"[40]라는 기록은 금불상과 순금불화의 제작이 널리 행해졌음을 말해 준다.

조선 중기에 이르러서 순금으로 그린 불화가 성행하였음은 기록을 통해서도 확인된다.[41] 고려불화 중에는 사경변상도를 제외하고는 순수하게 금니만으로 제작된 불화는 거의 찾아볼 수 없는 반면, 조선 중기의 불화 중에서도 특히 왕실 발원의 불화 중에는 채색은 거의 배제하고 단일한 바탕에 금니만을 사용하여 선묘 위주로 그려진 그림들이 많이 남아 있다. 청허 휴정(淸虛休靜, 1520-1604)의 『청허당집(淸虛堂集)』에는

… 가정 을미년(1535) 가을에 이 산의 스님인 성희(性熙)가 나무를 베고 돌을 깎아 먼저 중료3칸(衆療三間)과 판두2칸(板頭二間)을 세우고 단청을 마치고는 이내 낙성하였다. 이듬해 무신년(1548) 봄 3월에 요사의 서쪽에 극락전 3칸을 높다랗게 세우고 금불상 7구를 지어 극락전 안에 모시었다. 극락전 벽에는 순금으로 미타회 탱화 한 점과 서방구품회(西方九品會) 탱화 한 점을 걸었으니 붉고 푸른 장엄한 광채는 사람을 황홀하게 하였다. …[42]

라고 하여 1548년 3월에 순금으로 미타회와 서방구품회를 제작하고 극락전 벽에 걸었음을 확인할 수 있다. 이어서,

… 가정 말에 산승 의웅(義雄)이 상선암의 앞뒤 5칸을 세웠으니 무오년(1558) 가을에 시작하여 기미년(1559) 봄에 마쳤다. 암자 동편 언덕에 높다랗게 경

40 『世宗實錄』, 世宗 23年 12月 2日條, "…欲像其色金其面 猶之可也 至於或純金爲軀 或銀軀或土木軀而竝用 泥金 遍鍍其身體四肢 … 其怪妄已甚矣 無非金碧輝, … 塑像則純用金塗 畫像則間用雜彩 無一像不用金者 亦未知幾萬億也金字經 亦未知幾萬卷帙也…."
41 이하 내용은 김정희, 「朝鮮前期 美術의 傳統性과 自生性」, 200-201쪽의 내용을 요약하였다.
42 『淸虛堂集』, 卷3 記 「金剛山兜率庵記」.

성당 3칸을 일으키니 … 기미년 봄에 시작하여 경신년(1560) 여름에 마치고 이내 단청하고 낙성하였다. 또 종민(宗敏)이란 스님이 금상의 석가·미타·약사·관음·지장의 다섯 구를 주조하고 순금의 영산회·순금의 미타회·순금의 약사회 등 세 탱화를 만들었는데, 임술년(1562) 가을에 시작하여 계해년(1563) 여름에 마치고 이내 점안하고 안치하였다….[43]

라고 하여 1562년(명종 17)에 종민이 순금으로 영산회·미타회·약사회 등 삼세불도를 제작하여 1563년(명종 18)에 마쳤다는 기록이 있다. 또한 허균(許筠)의 『성소부부고(惺所覆瓿藁)』에도 "화사 이배련(李陪連)과 그의 아들 흥효(興孝)에게 명하여 붉은 비단에 금으로 용주(龍舟)를 인접하는 장면을 그렸다"[44]라는 기록이 보인다. 이 기록을 통해 붉은 비단에 금을 사용한 불화, 즉 홍지금선묘(紅地金線描)의 용선접인도(龍船接引圖)가 제작되었음을 확인할 수 있는데 실제로 홍지에 용선접인의 내용을 그린 일본 라이고지 소장 아미타정토도(1582)가 남아 있어 당시 이러한 도상이 성행했음을 알 수 있다. 이 외에도 "인헌왕후(仁獻王后) 구씨는 서산대사(西山大師)와 그의 선제자(禪弟子)인 영규대사(靈圭大師) 등 두 대사에게 명하여 금화를 제작하여 운문암에 봉안하게 하고 국가의 축수원당(祝壽願堂)으로 삼았다,"[45] "인헌왕후 때 회금(繪金)으로 제작한 구품도(九品圖)를 불전 후불로 걸었다"[46]라는 기록은 왕실에서 순금으로

---

43 『淸虛堂集』, 卷3 記「太白山上禪庵記」, "…嘉靖末山之僧義雄建上禪庵前後五間也始於戊午秋終於己未春也庵之東塢特起慶聖堂三間也軒窓戶闥也皆芿桃花也始於己未春終於庚申夏也因以丹靑也因以落成也又山之人宗敏也塑鑄金像釋迦也彌陀也藥師也觀音也地藏也竝五軀也純金靈山會純金彌陀會純金藥師會竝三幀也始於壬戌秋終於癸亥夏也…."

44 『惺所覆瓿藁』, 卷16 文部13「重修兜率院彌陀殿碑」, "…又命畵士李陪連及其子興孝以金繪引接龍舟會於紅綃…."

45 『朝鮮寺刹史料』 願佛左錄, "仁憲王后具氏殿下下敎于西山大師法叔一禪弟子靈圭兩大師以綵金畵成願佛幀奉安于山中雲門庵以爲年年正初辰爲國祝壽之願堂."

46 『朝鮮寺刹史料』 上,「白巖山淨土寺極樂殿佛糧稧序」, "…仁獻王后時繪金作九品圖像下署氏姓口之佛殿後…."

불화를 그려 사찰에 봉안했음을 보여 주는 귀한 자료이다.

금니의 단일선으로 도상을 표현한 순금화는 현재 조선 전반기의 작품이 20여 점이나 전해지고 있어 가히 조선 전·중기 불화의 한 특징을 이룬다. 순금불화의 제작 배경에 대해서는, 명문이 있는 조선 중기 금니선묘불화는 대다수가 왕실 발원에 의한 것으로 왕실과 관계된 사람들이 가장 장식성이 강하고 어떤 색보다도 독자적인 색채를 지닌 금으로 장식된 견본 순금화로 써 공덕을 쌓아 대원(大願)의 의미로 삼고자 했으며, 반대로 일반민중들은 삼 베에 붉은색을 바르고 금은선 대신에 백선을 사용한 마본(麻本) 선묘불화를 제작했다고 추정한다.[47] 이와 함께 순금불화의 발원자가 왕실과 관련 있는 여성이라는 점에 착안하여 적어도 고려불화의 섬세하고 수많은 색을 사용 하여 호화스럽게 장식된 것은 배불을 기본으로 하는 조선왕조에서는 경원 하지 않을 수 없었을 것이며, 따라서 왕실 관계의 여성 신자들은 금니선묘라 고 하는, 간결한 묘사이기는 하지만 눈부신 인상을 주는 순금화를 요구했다 고 보기도 한다.[48] 그렇지만 후자의 견해는, 조선 전반기에 왕실 관계 여성들 이 발원한 불화 중에는 순금화보다는 화려한 진채색의 불화가 오히려 더 많 은 것으로 보아 타당성이 약하다.

당시의 왕실 불교가 주로 비, 빈 등 여성들에 의하여 이루어졌기 때문에 발원자 중 여성이 많은 것은 당연한 일이며, 특히 고액의 경제적 부담을 필 요로 하는 순금화는 당연히 왕실 관계 발원에 의해 제작되었을 것이다. 또 한 금화는 사찰의 후불탱화로는 적합하지 않기 때문에 대부분 원찰 내지 내 불당에 봉안하였을 것으로 생각되는데, 시대가 조금 떨어지기는 하지만 17- 18세기 티베트에서 제작된 순금화[49] 역시 예배화가 아니라 특별히 제작된

---

47 박은경, 「朝鮮前期 線描佛畫―純金畫」, 12쪽.

48 武田和昭, 「中國·四國地方의 高麗·李朝佛畫의 硏究」, 『靑丘學術論集』 11(2006), 122-123쪽; 「日本 福井縣 善妙寺 소장 조선 초기 〈阿彌陀八大菩薩圖〉」, 『미술사논단』 3(한국미술연구소, 1996), 350쪽.

49 Marylin M. Rhie & Robert A. F. Turman, *Wisdom and Compassion: The Sacred Art of Tibet*, Asian

봉헌화였다는 점을 생각해 볼 때, 조선 전반기 순금화의 용도 또한 왕과 왕비 등의 명복을 빌기 위하여 특별히 제작된 불화였을 가능성이 크다. 이러한 사실은 몇몇 작품을 제외한 금화의 대부분이 1m를 넘지 않는다는 점에서도 증명된다. 결국 조선 전반기에 집중적으로 조성된 금화는 왕실 불교의 성격을 갖는 조선 전반기 불교의 특성에서 기인한 것이며, 불화가 대중화되어 가던 조선시대에 있어 조선 전반기라는 특수한 시대 상황을 반영하는 것이라 할 수 있다. 앞에서도 언급하였듯이, 문정왕후 발원 400탱 중 200점이 순금화로 제작되었고 그 밖에도 많은 순금화가 제작되었던 것을 생각해 본다면 순금화는 가히 조선 전·중기 불화, 그중에서도 왕실 발원 불화의 한 특징을 이룬다고 할 수 있다.

넷째, 조선 전반기 왕실 발원 미술의 특징 중 하나로 또 꼽을 수 있는 것은 불화 속에 산수화를 적극적으로 사용한 점이다.[50] 불화 속에 산수를 적극적으로 끌어들이는 수법은 일본 지온인 소장 오백나한도(五百羅漢圖)에서 보듯이 이미 고려불화에서부터 나타났으며, 조선 중기 왕실 발원 불화 가운데는 도갑사 관음보살32응신도(1550)와 향림사 나한도(1562), 사라수탱(1576)에 산수화적 요소가 풍부하게 엿보인다. 도갑사 관음보살32응신도에는 중앙의 관음보살 주위로 원산의 암봉을 배치하고 그 전면으로 주봉을 배치하였으며 보살의 좌우 하단으로 관음보살이 응신하는 장면의 사이사이에 산수 요소를 표현하였다. 이 불화의 산수 표현은 조선 전기 안견파 화풍의 영향을 받은 산수도에서 보이는 산수 표현과 유사하여 도갑사 관음보살32응신도를 그린 이자실이 당시의 일반 화단의 화풍을 수용하여 그렸던 도화서 화원이었음을 짐작게 한다. 특히 비스듬하게 대각선으로 솟은 언덕 위에 자

Art Museum of San Francisco and Tibet House of New York, 1991, 〈도 51〉.

50 조선 중기 불화의 산수적 요소에 대해서는 정우택,「朝鮮王朝時代 前期 宮廷畵風 佛畵의 硏究」, 148-150쪽 및 유경희,「朝鮮前期 王室發願 佛畵와 宮中 畵員」, 599-601쪽 참조.

라는 해조묘(蟹爪描)로 그린 소나무는 송대 이곽(李郭)과 화풍의 영향을 받은 조선 전기 산수화에서 자주 볼 수 있으며, 관음이 앉아 있는 바위의 표현에서도 바위의 양감을 표현하기 위해 준법(皴法)이 사용되었다. 또한 동글동글한 열매의 유실수는 원대에 이곽파 화풍을 수용한 당체(唐棣, 1296-1364)의 작품이나 명초 이곽파 화풍을 보여 주는 작자미상의 송옥독서도(松屋讀書圖)에서도 볼 수 있는 것으로, 같은 시기인 조선 중기 산수화에서는 볼 수 없는 특징이다. 조선 전반기에 중국과 문화교류가 활발히 행해지고 있었던 것을 볼 때 명대 초기 회화가 수용되었다고 생각되며, 이러한 명나라의 궁정 양식이 조선에도 유입되어[51] 도화서 화원이 불화를 제작하였을 경우 그 영향이 불화의 산수 요소에도 반영된 것으로 보인다. 향림사 나한도(1562)에서는 나한 위쪽의 소나무 묘사, 바위 표현에서 조선 중기 절파계(浙派系) 산수화의 요소를 엿볼 수 있으며, 사라수탱에서는 전면에 배치된 쌍송과 수목의 배치에서 명나라 궁정화풍이 엿보인다.[52]

이처럼 조선 전반기 왕실에서 발원한 불화는 왕실의 도화서 화원들이 적극적으로 불화 제작에 참여함에 따라 송대-명대의 이곽파 화풍 등 당시 중국 화단에서 유행하던 산수화적 요소를 적극적으로 반영하는 한편, 순금화라고 하는 왕실 불화의 화려하면서도 수준 높은 양식을 창출하였다. 또한 얼굴 표현에서는 궁정 양식이라고 할 수 있는 특징적인 양식을 공유하고 있기도 하다. 이것은 다시 말하면 불화 제작을 담당하였던 계층이 왕실 제반 회사를 담당하던 도화서 화원이라는 것이 가장 큰 이유라 할 수 있다. 왕실의 든든한 재정적·정치적 후원 아래 도화서 화원들은 자신들의 기량을 불화 제작에 투영함에 따라 조선 전반기 왕실 발원 불교미술은 세련되면서도 수준 높은 '궁정 양식'을 창출할 수 있었다.

51 문명대, 『世宗時代의 美術』(세종대왕기념사업회, 1986), 17쪽.
52 유경희, 「朝鮮前期 王室發願 佛畵와 宮中 畵員」, 599-601쪽 참조.

다섯째, 조선 후기에는 왕실에서 계속해서 사찰 건축, 불상 조성과 개금·개채·탱화 조성·불서 간행·불량답 헌납 등 다양한 방식으로 불사에 참여하였으나 조선 전반기처럼 도화서의 화원이나 왕실의 장인들이 왕실에서 발원한 불교미술 조성에 참여하는 일은 매우 드물었다. 물론 1790년(정조 14) 정조에 의해 창건된 용주사의 대웅전 삼세불회도처럼 김홍도 등 도화서 화원들이 참여한 경우도 있지만, 왕실의 후원은 주로 서울과 인근 지역의 원찰을 중심으로 이루어졌으며, 이를 담당하던 사람들은 대부분 각 지역의 화승 내지 조각승, 주종장 등 지방의 승려 기술자였다. 따라서 이들이 조성한 불교미술은 명이나 청나라 양식 등 새로운 양식을 받아들이기보다는 각 지역의 유파적 특징을 보여 주는 것이 특징이다. 예를 들어 1622년(광해군 14)에 광해군비 장렬왕후(章烈王后)가 광해군과 세자, 세자빈, 본인 및 작고한 친정 부모, 작고한 대군과 공주의 천도를 위해 조성한 목조비로자나불좌상은 직사각형의 얼굴에 날카로운 콧날, 가늘고 긴 눈매, 정사각형에 가까운 신체와 약간 앞으로 굽은 등, 드러난 오른쪽 팔과 유려한 옷 주름, 불룩한 배, 약간 안정된 자세 등에서 이 불상의 수화승인 현진(玄眞)이 조성한 관룡사 대웅전 석가불좌상과 적천사 대웅전 석가모니불좌상 등 17세기 전반기 불상의 특징을 잘 반영하고 있다. 인목왕후가 발원하여 수종사 5층석탑에 봉안한 불상들(1628) 역시 신체에 비해 머리가 큰 점, 어깨는 좁고 처져 있는 점, 결가부좌한 하반신은 폭이 좁고 낮아 비례가 맞지 않고 불안정한 점, 목을 앞으로 내밀고 웅크린 자세로 허리를 약간 구부리거나 뒤로 젖히고 있는 모습, 형식적이고 간략화된 옷자락 표현 등은 17세기 불상에서 흔히 나타나는 특징 중 하나로서, 왕실 발원 작품의 특정한 양식이 아니라 당시의 일반적인 불상 양식을 따르고 있는 것이 주목된다.

이런 특징은 불화에서도 볼 수 있다. 물론 왕실에서 발원, 조성한 작품이 다른 작품에 비해 규모도 크고 화려하며 금니, 금박과 같은 값비싼 안료를 많이 사용하는 등 차이가 있기는 하지만 도화서 화원들이 대거 불화 조성에 참여했던 조선 전반기와는 차이가 난다. 영조가 연잉군 시절인 1707년(숙종 33)에 발원한 파계사 영산회상도는 17세기 후반~18세기 초반에 팔공산 자락에서 화명을 떨쳤던 수화승 의균(義均)이 조성하였다. 이 불화는 의균의 작품 가운데서도 대표작으로 꼽을 만하지만, 가는 철선묘(鐵線描)의 양감 있는 얼굴과 균형 잡히고 안정된 신체비례, 섬세한 인물 표정, 담채색의 은은한 색조 등은 동화사 아미타불회도(1699), 동화사 아미타후불도(1706, 국립중앙박물관 소장), 포항 보경사 괘불도(1708), 북지장사 지장시왕도(1725) 등 그의 다른 작품과 같은 양식을 보여 주고 있어 왕실불화만의 특징이 뚜렷하게 드러나지 않는다. 이것이 바로 조선 전반기와 후반기의 왕실 발원 불교미술의 가장 큰 차이점이라고 할 수 있다.

여섯째, 왕실 불사와 관련하여 주목할 것은 왕실 구성원뿐만 아니라 왕실 주변 인물들도 왕실의 안녕을 위하여 불교미술을 발원, 조성했다는 점이다. 이러한 현상은 조선 중기 이후에 두드러졌다. 중기에는 특히 왕실과 관련 있는 비구와 비구니들이 왕실을 위해 발원한 작품들이 많다. 1562년(명종 17)에 조성된 청평사 지장시왕도는 문정왕후와 함께 불교 증흥의 중심인물이었던 보우대사가 명종과 인순왕후, 문정왕후, 인성왕후, 세자와 세자빈 등 왕실 일가의 성수를 기원하며 제작하였으며, 사라수탱은 1576년(선조 9)에 비구니 혜국(慧國, 또는 慧圓)과 혜월(慧月) 등이 주상 전하(선조)와 왕비 전하의 복록장수와 태자의 탄생을 기원하고, 공의왕대비 전하·덕빈 저하·혜빈 정씨 등의 장수, 보체를 기원하며 제작하였다. 아미타정토도는 1582년(선조 15)에 비구니 학명(學明)이 혜빈 정씨의 수명장수와 인종대왕과 인종비 인성왕후, 찬의 정씨의 영가천도, 삼전하(선조와 선조비, 세자)의 성수를 기원하며 제작하였다. 또 문경 봉암사 소장 목조아미타불좌상(1586)은 비구니 박씨와 윤씨가 명종의 며느리인 순회세자빈 덕빈 저하를 위해 발원, 조성하였다.

반면, 조선 후기 이후에는 궁중의 상궁들이 불사에 적극적으로 참여한 점이 눈에 띈다. 상궁은 내명부(內命婦)의 궁관계층(宮官階層)에 속하는 정5품의 여관(女官)으로, 조선시대에 내명부제도가 정비되면서 상궁은 궁관의 가장 높은 위치에서 궁내의 사무를 총괄하였던 궁인들을 일컫는다. 그들은 소속된 바와 처소에 따라 신분과 직분이 달랐는데, 내전 어명을 받들며 내전의 대소 치산(治産)을 총괄하는 제조상궁(提調尙宮)과 그 밑에서 내전 별고(別庫)를 관리하는 부제조상궁, 지밀상궁(至密尙宮)이라 불리는 대명상궁(待命尙宮) 등은 관료 못지않은 권력과 실세를 가졌다고 한다. 특히 이들 중 불심이 깊은 사람들은 서울 주변의 사찰을 비롯하여 전국의 사찰에 많은 불사를 했는데,[53] 왕궁 출입이 자유로운 상궁들은 화주승(化主僧)을 비롯한 사찰 측과 왕실 사이에 중간 역할을 맡거나 직접 인권화주(引勸化主)의 역할을 수행하기도 했다. 특히 왕명을 받아 왕이나 왕비를 대신하여 불사에 중요한 역할을 하였다. 상궁들은 때로 고위 관료들과 함께, 또는 직접 주요한 시주자가 되어 불사에 참여하였다. 이들은 자신이 모시는 왕과 비빈 혹은 자신의 부모형제들의 극락왕생을 위해 개인 또는 여러 상궁들이 함께 뜻을 모아 불사를 행하였다.

상궁들의 불사 참여는 19세기 이후 활발하게 이루어졌다. 현재까지 알려진 19세기 서울·경기 지역 사찰에 상궁이 후원한 불사는 건축 불사가 11건, 불화 불사가 50건이 넘는다.[54] 상궁들은 품계는 비록 5품에 불과하지만, 제조상궁 같은 경우 당상관(堂上官) 이상의 양반 관료보다도 더 많은 월급을 받았을 뿐 아니라 기본급과 수당으로 구성된 삭료(朔料) 외에도 봄가을 의복 마련을 위한 의전(衣錢)과 식비인 선반(膳飯)을 지급받았으며, 연말이나 명절에

---

53 조선 말기의 宮人들의 불사에 대해서는 장희정, 「朝鮮末 王室發願佛畵의 考察」, 126-127쪽 참조.
54 손신영, 「19世紀 佛敎建築의 硏究—서울·경기지역을 중심으로」(동국대학교 박사학위논문, 2007), 161-164쪽의 〈표〉; 김정희, 「서울 전통사찰의 불화 1」(서울역사박물관, 2007), 〈표 1〉 '서울지역 불화 시주자명단'; 이은정, 「조선후기 상궁발원불화 연구」(동국대학교 석사학위논문, 2009) 참조.

는 일종의 보너스도 받았다고 한다.[55] 상궁들은 바로 이러한 경제력을 바탕으로 적극적으로 사찰을 후원할 수 있었다.

　이상에서 살펴본 바와 같이, 조선시대는 숭유억불시대라고 할 만큼 유교를 숭상하고 불교를 억압했던 시대라고 알려졌으나 억불의 중심지였던 왕실에서는 조선 초기에서 말기에 이르기까지, 왕·비빈·대군·군·공주·옹주·대원군·부위·종친·상궁에 이르기까지 호불적인 인물들에 의해 꾸준히 불사가 이루어졌고, 이에 따라 왕실 발원 불교미술이 발전해 왔음을 알 수 있었다. 왕실 발원의 불교미술은 때로는 왕실의 예술가들에 의해 제작되면서 수준 높은 궁정미술 양식을 창출하기도 했고, 또 때로는 승려장인들에 의해 주도되면서 제작 당시의 불교미술 양식을 반영하는 등 각 시대마다 특색 있는 미술 양식을 이루었다.

55　신명호, 『궁궐의 꽃, 궁녀』(시공사, 2007), 196-201쪽.

도판목록

도 1   금동대탑, 고려, 높이 1.55m, 삼성미술관 리움 소장, 충남 논산 개태사 출토, 국보 제
       213호.

도 1-1 금동대탑 세부.

도 2   『법화경』, 1422년, 목판본, 대자암간, 서울 은평구 수국사 소장.

도 3   수종사 사리탑, 1439년, 경기 남양주 수종사.

도 4   『법화경』, 1448년, 목판본, 20.8×13.2㎝, 개인 소장.

도 5   태안사 청동대바라, 1447년, 지름 92㎝, 전남 곡성 태안사 소장, 보물 제956호.

도 6   파계사 원통전 건칠관음보살좌상, 1447년 중수, 높이 113㎝, 대구 파계사 소장, 보물 제
       992호.

도 7   금강령, 1453년, 높이 17.2㎝, 동국대학교박물관 소장.

도 8   흥천사 범종, 1462년, 높이 2.82m, 구 서울 덕수궁 소장, 보물 제1460호.

도 9   유점사 범종, 1469년, 높이 2.1m, 묘향산 보현사 소장.

도 10   낙산사 범종, 1469년, 높이 1.58m, 소실.

도 11   관경16관변상도, 1465년, 견본채색, 269×201㎝, 일본 지온인[知恩院] 소장.

도 12   환성사 목조아미타불좌상, 1466년, 상높이 77㎝, 경북 경주 왕룡사원 소장.

도 13   원각사 10층석탑, 1467년, 높이 12m, 서울 탑골공원.

도 14   청곡사 은입사향완, 1397년, 높이 39.1㎝, 국립중앙박물관 소장.

도 15   금강암 석조미륵불좌상, 1412년, 높이 183.7㎝, 충남 보령 금강암 소장.

도 16   흑석사 목조아미타불좌상, 1458년, 높이 72㎝, 경북 영주 흑석사 소장, 국보 제282호.

도 17   상원사 목조문수동자좌상, 1466년, 높이 98㎝, 강원 평창 상원사 소장, 국보 제221호.

도 18   수종사 범종, 1469년, 높이 48.5㎝, 국립중앙박물관 소장.

도 19   현등사 사리기, 1476년, 경기 가평 현등사 소장.

도 20   약사삼존십이신장도, 1477년, 85.7×56㎝, 개인 소장.

도 21   봉선사 범종, 1469년, 높이 238㎝, 입지름 168㎝, 경기 광주 봉선사 소장, 보물 제397호.

도 22　삼제석천도, 1483년, 견본채색, 115.5×76.7cm, 일본 에이헤이지[永平寺] 소장.

도 23　해인사 대적광전 범종, 1491년, 높이 84.8cm, 입지름 56.2cm, 해인사성보박물관 소장, 보물 제1253호.

도 24　수종사 금동불감 석가불좌상 등, 1479년 이전 주조, 1493년 봉안, 본존 높이 15cm, 불교중앙박물관 소장.

도 25　수종사 금동불감 내부, 21×18.4×10cm.

도 25-1　수종사 금동불감 뒷면 아미타팔대보살도.

도 26　수월관음도, 15세기, 견본금선묘, 170.9×90.9cm, 일본 사이후쿠지[西福寺] 소장.

도 27　관경16관변상도, 1434년, 견본채색, 223×161cm, 일본 지온지[知恩寺] 소장.

도 28　오불회도, 15세기 후반, 견본채색, 160.4×111.7cm, 일본 주륜지[十輪寺] 소장.

도 29　도갑사 관음보살32응신도, 1550년, 견본채색, 235×135cm, 일본 지온인 소장.

도 30　영산회상도, 1560년, 102×60.5cm, 견본채색, 개인 소장.

도 31　약사불회도, 1561년, 견본금선묘, 87×59cm, 일본 엔쓰지[圓通寺] 소장.

도 32　향림사 제153 덕세위존자도, 1562년, 견본채색, 44.5×28.4cm, 미국 L.A. 주립미술관 소장.

도 33　사불회도, 1562년, 견본채색, 90.5×74cm, 국립중앙박물관 소장.

도 34　약사삼존도, 1565년, 견본금선묘, 54.2×29.7cm, 국립중앙박물관 소장.

도 34-1　약사삼존도, 1565년, 견본채색, 56×32.1cm, 일본 류조인[龍乘院] 소장.

도 34-2　약사삼존도, 1565년, 견본채색, 53.4×33.2cm, 일본 호쥬인[寶壽院] 소장.

도 34-3　약사삼존도, 1565년, 견본금선묘, 58.7×30.8cm, 일본 도쿠가와[德川]미술관 소장.

도 34-4　석가삼존도, 1565년, 견본채색, 53.2×28.8cm, 일본 고젠지[江善寺] 소장.

도 34-5　석가삼존도, 1565년, 견본채색, 69.5×33cm, 미국 버크 컬렉션(Burke Collection, 현 뉴욕 메트로폴리탄 박물관) 소장.

도 35　자수궁정사 지장시왕도, 1575-1577년, 견본채색, 209.5×227.3cm, 일본 지온인 소장.

도 36　약사여래십이신장도, 조선 중기, 견본채색, 122×127cm, 미국 보스턴 미술관 소장.

도 37　천수관음보살도, 1532년, 견본채색, 82.9×59.6cm, 일본 지코지[持光寺] 소장.

도 38　아미타팔대보살도, 1532년, 견본채색, 108.8×55.7cm, 일본 엔랴쿠지[延曆寺] 소장.

도 39　지장시왕도, 1562년, 견본채색, 85.7×94.5cm, 일본 고묘지[光明寺] 소장.

도 40　사라수탱, 1576년, 견본채색, 108.8×56.8cm, 일본 세이잔분코[靑山文庫] 소장.

도 41　아미타정토도, 1582년, 견본금선묘, 115.1×87.8cm, 일본 라이고지[來迎寺] 소장.

도 42 봉암사 목조아미타여래좌상, 1586년, 높이 51.5cm, 경북 문경 봉암사 소장, 보물 제 1748호.

도 43 봉인사 사리탑, 1620년, 국립중앙박물관.

도 43-1 봉인사 사리장엄구, 1620년, 국립중앙박물관 소장.

도 44 목조비로자나불좌상(구 지장암), 1622년, 높이 117.5cm, 국립중앙박물관 소장, 보물 제 1621호.

도 45 수종사 금동불상군, 1628년, 불교중앙박물관 소장.

도 46 화엄사 영산회괘불도, 1653년, 마본채색, 1009×731cm, 전남 구례 화엄사 소장.

도 47 송광사 목조관음보살좌상, 1662년, 전남 순천 송광사 소장, 보물 제1660호.

도 48 파계사 원통전 영산회상도, 1707년, 견본채색, 340×254cm, 대구 파계사 소장, 보물 제 1221호.

도 49 불국사 대웅전 영산회상도(견본채색, 498×447cm) 및 사천왕벽화, 1769년, 경북 경주 불 국사 소장, 보물 제1797호.

도 50 용주사 대웅전 목조삼세불상, 1790년, 경기 화성 용주사 소장.

도 51 용주사 대웅전 삼세불도, 1790년, 견본채색, 417.7×348cm, 경기 화성 용주사 소장.

도 52 용주사 삼장보살도, 1790년, 견본채색, 188×324cm, 경기 화성 용주사 소장.

도 53 용주사 감로도, 1790년, 견본채색, 156×313cm, 경기 화성 용주사 소장.

도 54 용주사 중종, 1790년, 높이 86.8cm, 경기 화성 용주사 소장.

도 55 용주사 목조불패, 1790년경, 높이 103.2cm, 너비 56.8cm, 경기 화성 용주사 소장.

도 56 용주사 목조소대, 1790년경, 높이 97.5cm, 너비 34.2cm, 경기 화성 용주사 소장.

도 57 봉선사 괘불도, 1735년, 지본채색, 78.5×45.8cm, 경기 광주 봉선사 소장.

도 58 흥천사 괘불도, 1832년, 556×403cm, 서울 성북구 흥천사 소장.

도 59 학도암 마애관음보살좌상, 1872년, 높이 13.4m, 서울 노원구 학도암.

도 60 불암사 괘불도, 1895년, 면본채색, 573×346cm, 경기 남양주 불암사 소장.

도 61 봉은사 괘불도, 1886년, 686×394.5cm, 서울 강남구 봉은사 소장.

도 62 진관사 칠성각 칠성도, 1910년, 면본채색, 91.6×153cm, 서울 은평구 진관사 소장.

도 63 운수암 산신도, 1870년, 견본채색, 116×86.5cm, 경기 안성 운수암 소장.

도 64 운수암 아미타불회도, 1873년, 견본채색, 158×229.5cm, 경기 안성 운수암 소장.

도 65 운수암 현왕도, 1873년, 견본채색, 106×103cm, 경기 안성 운수암 소장.

도 66 청계사 비로자나삼신괘불도, 1862년, 견본채색, 600×330cm, 경기 하남 청계사 소장.

도 67   홍국사 대응보전 신중도, 1868년, 170.7×188.6cm, 경기 남양주 홍국사 소장.

도 68   보광사 명부전 지장시왕도, 1872년, 견본채색, 187.7×187.7cm, 경기 파주 보광사 소장.

도 69   보광사 십육나한도, 1877년, 견본채색, 137×146cm, 경기 파주 보광사 소장.

도 70   망월사 괘불도, 1887년, 견본채색, 640×354cm, 경기 의정부 망월사 소장.

도 71   홍천사 천수관음보살좌상, 고려 말-조선 초, 높이 71.5cm, 서울 성북구 홍천사 소장, 보물
        제1891호.

도 72   봉은사 대응전 삼세불도, 1892년, 견본채색, 319.7×291.8cm, 서울 강남구 봉은사 소장.

도 73   수국사 극락구품도, 1907년, 견본채색, 158.7×254cm, 서울 은평구 수국사 소장.

도 74   궁중숭불도, 조선 전기, 견본채색, 46.5×91.4cm, 삼성미술관 리움 소장.

도 75   내수사 터, 서울 종로구 내수동.

도 76   용주사, 1790년 창건, 경기 화성 송산동.

참고문헌

1. 문헌 및 저서

『經國大典』.

『高麗史』.

『高麗史節要』.

『朝鮮王朝實錄』.

권상로 편, 『韓國寺刹全書』(上卷·下卷), 동국대학교출판부, 1979.

김용섭, 『朝鮮後期農業史硏究』, 一潮閣, 1970.

김용숙, 『조선조 궁중풍속연구』, 일지사, 1983.

김정희, 『찬란한 불교미술의 세계, 불화』, 돌베개, 2009.

박은경, 『조선 전기 불화 연구』, 시공사, 2008.

송수환, 『朝鮮前期 王室財政 硏究』, 집문당, 2002.

송양섭, 『朝鮮後期屯田硏究』, 경인문화사, 2006.

송은석, 『조선후기 불교조각사(17세기 조선의 조각승과 유파)』, 사회평론, 2012.

이영훈, 『朝鮮後期 社會經濟史硏究』, 한길사, 1988.

지두환, 『朝鮮前期 儀禮硏究』, 서울대학교출판부, 1994.

한기문, 『高麗寺院의 構造와 機能』, 民族社, 1998.

한형주, 『朝鮮初期 國家儀禮 硏究』, 일조각, 2002.

황인규, 『고려후기·조선초 불교사 연구』, 혜안, 2004.

2. 논문

강관식, 「용주사 후불탱과 조선후기 궁중회화—대웅보전 〈삼세여래체탱〉의 작가와 시기, 양
       식 해석의 재검토」, 『미술사학보』 31, 미술사학연구회, 2008.

강만길, 「王朝前記의 官匠制와 私匠制」, 『朝鮮時代商工業史硏究』, 한길사, 1984.

강희정, 「조선전기 불교와 여성의 역할—불교미술의 조성기를 중심으로」, 『아시아여성연구』

41, 숙명여자대학교 아시아여성연구소, 2002.

계승범, 「공빈 추숭 과정과 광해군의 모후 문제」, 『민족문화연구』 48, 고려대학교 민족문화연
　　구원, 2008.

고영섭, 「한국불교에서 奉印寺의 寺格―광해군과 봉인사의 접점과 통로」, 『문학/사학/철학』
　　18, 한국불교사연구소, 2009.

김길웅, 「흑석사 목조아미타여래좌상고」, 『문화사학』 10, 한국문화사학회, 1998.

김봉렬, 「近世期 佛敎寺刹의 建築計劃과 構成要素 硏究」, 『건축역사연구』 8, 한국건축역사학회,
　　1995.

김상영, 「조선 초기 사사혁파의 내용과 성격」, 『승가』 19, 중앙승가대, 2003.

김선곤, 「이조초기 비빈고」, 『역사학보』 21, 역사학회, 1963.

김승희, 「道岬寺 觀世音菩薩三十二應幀의 圖像 考察」, 『觀世音菩薩32應身圖의 藝術世界』, 韓國宗
　　敎學會, 2005.

김영미, 「高麗時代 比丘尼들의 활동과 사회적 지위」, 『한국문화연구』 1, 이화여자대학교 한국문
　　화연구원, 2001.

김영태, 「朝鮮 太宗朝의 佛事와 斥佛」, 『동양학』 18, 檀國大學校 東洋學硏究所, 1988.

김용곤, 「世宗, 世祖의 崇佛政策의 目的과 意味」, 『朝鮮의 政治와 社會』, 최승희교수정년기념논
　　문집간행위, 2002.

김용숙, 「慈壽宮과 仁壽宮」, 『향토서울』 27, 서울시사편찬위원회, 1966.

김정교, 「朝鮮初期 變文式 佛畵―安樂國太子經變相圖」, 『공문』 208, 공간사, 1984.

김정희, 「朝鮮朝 明宗代의 佛畵硏究―淸平寺 地藏十王圖를 中心으로」, 『역사학보』 110, 역사학
　　회, 1986.

＿＿＿, 「文定王后의 中興佛事와 16世紀의 王室發願 佛畵」, 『미술사학연구』 231, 한국미술사학
　　회, 2001.

＿＿＿, 「1465년작 관경16관변상도와 조선 초기 왕실의 불화」, 『강좌 미술사』 19, 한국불교미
　　술사학회, 2002.

＿＿＿, 「서울 奉恩寺 佛畵考」, 『강좌 미술사』 28, 한국불교미술사학회, 2007.

＿＿＿, 「서울 전통사찰의 불화」, 『서울의 사찰불화』, 서울역사박물관, 2007.

＿＿＿, 「朝鮮 後半期 佛畵의 對中交涉」, 『朝鮮 後半期 美術의 對外交涉』, 예경, 2007.

＿＿＿, 「孝寧大君과 朝鮮 初期 佛敎美術―後援者를 통해 본 朝鮮 初期 王室의 佛事」, 『미술사논
　　단』 25, 한국미술연구소, 2007.

＿＿＿, 「朝鮮末期 王室發願 佛事와 守國寺 佛畵」, 『강좌 미술사』 30, 한국불교미술사학회,

2008.

_____, 「碧巖 覺性과 華嚴寺 靈山會掛佛圖」, 『강좌 미술사』 52, 한국불교미술사학회, 2019.

김준혁, 「朝鮮後期 正祖의 佛教認識과 政策」, 『중앙사론』 12·13, 중앙사학회, 1999.

김창균, 「조선전반기 불화의 도상해석학적 연구」, 『강좌 미술사』 36, 한국불교미술사학회, 2011.

김춘실, 「충북지역의 혜희작(惠熙作) 불상(佛像) 연구」, 『중원문화논총』 20, 충북대학교 중원문화연구소, 2013.

김현정, 「조선 전반기 제2기 불화(조선 중기)의 도상해석학적 연구」, 『강좌 미술사』 36, 한국불교미술사학회, 2011.

남진아, 「朝鮮初期 王室發願 梵鐘 硏究」, 『불교미술사학』 5, 불교미술사학회, 2007.

남희숙, 「조선후기 王室의 佛教信仰과 佛書刊行—『佛說長壽滅罪護童子陀羅尼經』의 간행을 중심으로」, 『國史館論叢』 99, 國史編纂委員會, 2002.

노세진, 「16世紀 王室發願 佛畵의 一考察」, 『동악미술사학』 5, 동악미술사학회, 2004.

_____, 「조선 중기 왕실발원 불화의 연구—문정왕후 시기의 불화를 중심으로」, 『동악미술사학』 5, 동악미술사학회, 2005.

문명대, 「朝鮮前期 彫刻樣式의 硏究」, 『梨花史學硏究』 13·14, 이화사학연구소, 1983.

_____, 「〈內佛堂圖〉에 나타난 內佛堂 建築考」, 『불교미술』 14, 동국대박물관, 1997.

_____, 「圓覺寺 10層石塔 13佛繪圖의 圖像特徵—한성의 조선 초기 조각」, 『강좌 미술사』 19, 한국불교미술사학회, 2002.

_____, 「원각사 십층석탑 16불회도(佛會圖)」, 『고려·조선 불교조각사 연구』, 예경, 2003.

_____, 「상원사(上院寺) 목문수동자상」, 『高麗·朝鮮 佛教彫刻史硏究—삼매와 평담미』, 예경, 2003.

_____, 「朝鮮 前半期 彫刻의 對中國(明)과의 교류 연구」, 『朝鮮前半期 美術의 對外交涉』, 예경, 2006.

_____, 「왕룡사원의 1466년작 목 아미타불좌상 연구」, 『강좌 미술사』 28, 한국불교미술사학회, 2007.

_____, 「17세기 전반기 조각승 현진파(玄眞派)의 성립과 지장암 목(木)비로자나불좌상의 연구」, 『강좌 미술사』 29, 한국불교미술사학회, 2007.

_____, 「조각승 혜희(慧熙)의 작품세계와 부산 금정사 봉안 용문사(龍門寺) 목아미타불상의 복원적(三世佛像)연구」, 『강좌 미술사』 34, 한국불교미술사학회, 2010.

_____, 「조선전반기 불상 조각의 도상해석학적 연구」, 『강좌 미술사』 36, 한국불교미술사학

　　　회, 2011.

_____, 「1592년작 장호원 석남사(石楠寺) 왕실발원 석가영산회도의 연구」, 『강좌 미술사』 40, 한국불교미술사학회, 2013.

문명대·박도화, 「廣德寺 妙法蓮華經 寫經 變相圖의 硏究」, 『불교미술연구』 1, 東國大學校 佛敎美術文化財硏究所, 1995.

박도화, 「朝鮮時代 刊行 地藏菩薩本願經 版畵의 圖像」, 『古文化』, 한국대학박물관협회, 1999.

_____, 「15世紀 後半期 王室發願 版畵—貞憙大王大妃 發願本을 중심으로」, 『강좌 미술사』 19, 한국불교미술사학회, 2002.

박병선, 「조선 후기 원당의 정치적 기반—관인 및 왕실의 불교인식을 중심으로」, 『민족문화논총』 25, 영남대학교 민족문화연구소, 2002.

박아연, 「1493년 수종사 석탑 봉안 왕실발원 불상군 연구」, 『미술사학연구』 269, 한국미술사학회, 2011.

_____, 「1628年 仁穆大妃 발원 水鐘寺 金銅佛像群 硏究」, 『강좌 미술사』 37, 한국불교미술사학회, 2011.

박윤미, 「松廣寺 木造觀音菩薩坐像 腹藏 織物의 特性과 編年 考察」, 『문화사학』 37, 한국문화사학회, 2012.

박은경, 「尾道市光明寺所藏地藏十王圖」, 『デ·アルテ』 8, 九州藝術學會, 1992.

_____, 「朝鮮時代 15·6세기 佛敎繪畵의 特色—地藏十王圖를 중심으로」, 『석당논총』 20, 동아대학교 석당학술원, 1994.

_____, 「朝鮮前期 線描佛畵—純金畵」, 『미술사학연구』 206, 한국미술사학회, 1995.

_____, 「조선전기의 기념비적인 四方四佛畵」, 『미술사논단』 8, 한국미술연구소, 1998.

_____, 「朝鮮 前半期 佛畵의 對中交涉」, 『朝鮮 前半期 美術의 對外交涉』, 예경, 2006.

박준성, 「17, 18세기 宮房田의 擴大와 所有形態의 변화」, 『韓國史論』 11, 서울대학교, 1984.

박　진, 「朝鮮初期 敦寧府의 成立」, 『한국사학보』 18, 고려사학회, 2004.

박천우, 「隆陵과 龍珠寺」, 『인문사회과학연구』 12, 장안대학 인문사회과학연구소, 2003.

백은정, 「地藏十王18地獄圖 硏究」, 東國大學校 碩士學位論文, 2010.

사재동, 「安樂國太子傳硏究」, 『어문연구』 5, 어문연구회, 1967.

손신영, 「19세기 왕실 후원사찰의 조형성—고종년간을 중심으로」, 『강좌 미술사』 42, 한국불교미술사학회, 2014.

송수환, 「조선전기의 사원전—특히 왕실관련사원을 중심으로」, 『한국사연구』 79, 한국사연구회, 1992.

송양섭, 「정조의 왕실재정 개혁과 '궁부일체'론」, 『대동문화연구』 76, 성균관대학교 동아시아학술원 대동문화연구원, 2011.

송은석, 「法靈派 彫刻僧과 佛像―法靈, 惠熙, 祖能」, 『불교미술사학』 5, 佛敎美術史學會, 2007.

_____, 「17세기 조각승 유파의 합동작업」, 『미술사학』 22, 한국미술사교육학회, 2008.

신광희, 「朝鮮前期 明宗代의 社會變動과 佛畫」, 『미술사학』 23, 한국미술사교육학회, 2009.

_____, 「미국 L.A. County Museum of Art 소장 香林寺〈羅漢圖〉」, 『동악미술사학』 11, 동악미술사학회, 2010.

안계현, 「불교억제책과 불교계의 동향」, 『한국사』 11, 국사편찬위원회, 1981.

안호용, 「朝鮮初期 喪制의 佛敎的 要素」, 『사회와 역사』 11, 한국사회사학회, 1988.

안휘준, 「高麗 및 朝鮮初期의 對中 繪畫交涉」, 『亞細亞學報』 13, 亞細亞學術研究會, 1979.

_____, 「朝鮮王朝 前半期 美術의 對外交涉」, 『朝鮮前半期 美術의 對外交涉』, 예경, 2006.

양만우, 「李朝 妃嬪 崇佛 小考」, 『全州敎育大學論文集』 2, 全州敎育大學校, 1967.

양선아, 「19세기 宮房의 干拓」, 『한국문화』 57, 서울대학교 규장각 한국학연구원, 2012.

_____, 「18·19세기 도장 경영지에서 궁방과 도장의 관계」, 『한국학연구』 36, 고려대학교 한국학연구소, 2011.

엄기표, 「順天 松廣寺 木造觀音菩薩坐像 腹藏物 調査와 意義」, 『문화사학』 37, 한국문화사학회, 2012.

오경후, 「朝鮮後期 佛敎政策과 性格研究―宣祖의 佛敎政策을 中心으로」, 『한국사상과 문화』 58, 한국사상문화학회, 2011.

오형근, 「朝鮮前期의 佛敎와 生活世界」, 朝鮮時代 篇, 『韓國佛敎學研究叢書』, 불함문화사, 2004.

유경희, 「王室 發願 佛畫와 宮中 畫員」, 『강좌 미술사』 26, 한국불교미술사학회, 2006.

_____, 「조선 말기 王室發願佛畫의 연구」, 한국학중앙연구원 박사학위논문, 2015.

_____, 「조선 말기 흥천사(興天寺)와 왕실(王室) 발원(發願) 불화」, 『강좌 미술사』 49, 한국불교미술사학회, 2017.

유경희·이용진, 「용주사 소장 正祖代 王室 內賜品」, 『미술자료』 88, 국립중앙박물관, 2015.

유근자, 「조선전반기 불상조각의 조성기 분석을 통한 조성배경 연구」, 『강좌 미술사』 36, 한국불교미술사학회, 2011.

유마리, 「水鍾寺 金銅佛龕佛畫의 考察」, 『미술자료』 30, 국립중앙박물관, 1982.

_____, 「조선 전기 불교회화」, 『불교회화―한국불교미술대전』 2, 한국색채문화사, 1994.

_____, 「朝鮮後期 서울, 경기지역 掛佛幀畫의 考察」, 『강좌 미술사』 7, 한국불교미술사학회, 1995.

유영숙, 「선조대의 불교정책」, 『황실학논총』 73, 한국황실학회, 1998.

유원동, 「李朝前期의 佛敎와 女性」, 『아시아여성연구』 6, 숙명여자대학교 아시아여성연구소, 1968.

윤무병, 「水鐘寺八角五層石塔內發見遺物」, 『金載元博士回甲紀念論叢』, 을유문화사, 1969.

윤인숙, 「조선전기 내수사 폐지논쟁과 군주의 위상」, 『대동문화연구』 84, 성균관대학교 대동문화연구원, 2013.

이강근, 「17世紀 佛殿의 再建役」, 『미술사학연구』 208, 한국미술사학회, 1995.

_____, 「完州 松廣寺의 建築과 17世紀의 開創役」, 『강좌 미술사』 13, 한국불교미술사학회, 1999.

_____, 「17세기 法住寺의 再建과 兩大 門中의 活動에 관한 연구」, 『강좌 미술사』 26, 한국불교미술사학회, 2006.

_____, 「조선 전반기 궁궐건축의 형식과 의미에 대한 연구」, 『강좌 미술사』 36, 한국불교미술사학회, 2011.

_____, 「용주사의 건축과 18세기의 창건역」, 『미술사학보』 31, 미술사학연구회, 2008.

_____, 「17세기 碧巖 覺性의 海印寺·華嚴寺 再建에 대한 연구」, 『강좌 미술사』 52, 한국불교미술사학회, 2019.

이경미, 「기문으로 본 세조연간 왕실원당의 전각평면과 가람배치」, 『건축역사연구』 18(5), 한국건축역사학회, 2009.

이경화, 「서울 학도암 마애관음보살좌상연구」, 『미술사연구』 16, 미술사연구회, 2002.

_____, 「坡州 龍尾里 磨崖二佛立立像의 造成時期와 背景―成化7年 造成說을 提起하며」, 『불교미술사학』 3, 佛敎美術史學會, 2005.

이광배, 「發願者 階層을 통해 본 朝鮮 前期 梵鐘의 樣式」, 『미술사학연구』 262, 한국미술사학회, 2009.

이규대, 「조선 초기불교의 사회적 실태―영동지방사원을 중심으로」, 『국사관논총』 56, 국사편찬위원회, 1994.

이규리, 「19세기 畿甸地域의 王室佛事」, 『天台學研究』 10, 원각불교사상연구원, 2008.

이기운, 「조선시대 정업원의 설치와 불교신행」, 『종교연구』 25, 한국종교학회, 2001.

_____, 「조선시대 왕실의 비구니원 설치와 신행」, 『역사학보』 178, 역사학회, 2003.

이동주, 「〈主夜神圖〉의 제작연대」, 『韓國繪畵史論』, 열화당, 1987.

이 만, 「조선 초기 불교계의 상황과 언해경전의 성격」, 『불교문화연구』 3, 1992.

이범직, 「英祖·正祖代 왕실구조 연구」, 『통일인문학논총』 36, 건국대학교 인문학연구원, 2001.

이병휴, 「조선전기 내불당, 기신제의 혁파논의와 그 추이」, 『구곡황종동교수 정년퇴임기념 사학논총』, 1994.

이봉춘, 「朝鮮 成宗朝의 儒教政治와 排佛政策」, 『불교학보』 28, 東國大學校 佛教文化研究所, 1988.

_____, 「朝鮮 世宗朝의 排佛政策과 그 變化」, 『伽山 李智冠스님화갑기념 韓國佛教文化思想史』 上, 伽山佛教文化研究院, 1992.

_____, 「朝鮮 開國初의 排佛推進과 그 實際」, 『한국불교학』 15, 한국불교학회, 1990.

_____, 「朝鮮前期 崇佛主와 興佛事業」, 『불교학보』 38, 東國大學校 佛教文化研究所, 2001.

_____, 「孝寧大君의 信佛과 朝鮮前期 佛教」, 『佛教文化研究』 7, 東國大學校 佛教社會文化研究院, 2006.

이영호, 「新羅中代 王室寺院의 官寺的 機能」, 『韓國史研究』 43, 한국사연구회, 1983.

이영화, 「조선 초기불교의례의 성격」, 『청계사학』 10, 한국학중앙연구원, 1993.

이완우, 「安平大君 李瑢의 文藝活動과 書藝」, 『미술사학연구』 246·247, 한국미술사학회, 2005.

이　욱, 「인조대 궁방, 아문의 어염절수와 정부의 대책」, 『역사와 현실』 46, 한국역사연구회, 2002.

이은수, 「조선 초기금동불상에 나타나는 명대 라마불상양식의 영향」, 『강좌 미술사』 15, 한국불교미술사학회, 2000.

이은주·이명은, 「順天 松廣寺 木造觀音菩薩坐像 腹藏 服飾에 관한 考察」, 『문화사학』 37, 한국문화사학회, 2012.

이은희, 「朝鮮末期 掛佛의 새로운 圖像 展開」, 『문화재』 38, 국립문화재연구소, 2005.

이정란, 「고려·조선전기 王室府의 재정기구적 면모와 운영방식의 변화」, 『한국사학보』 40, 고려사학회, 2010.

이정주, 「朝鮮 太宗, 世宗代의 抑佛政策과 寺院建立」, 『한국사학보』, 고려사학회, 1999.

이현진, 「조선 왕실의 기신재 설행과 변천」, 『조선시대사학보』, 조선시대사학회, 2008.

이훈상, 「17세기 중반 순천 송광사 목조관음보살좌상의 조성과 늙은 나인 노예성의 발원－內人 노예성의 발원문을 통하여 본 17세기 조선의 정치사와 나인의 생애사」, 『호남문화연구』 51, 전남대학교 호남학연구원, 2012.

인용민, 「孝寧大君 李補(1396-1486)의 佛事活動과 그 意義」, 『선문화연구』 5, 선리연구원, 2008.

장희흥, 「조선 명종대 환관 활동－내수사 운영과 사찰관리 묘제를 중심으로」, 『東國史學』 38, 東國史學會, 2002.

장희정, 「朝鮮末 王室發願佛畵의 考察」, 『동악미술사학』 2, 동악미술사학회, 2001.

_____, 「연잉군 발원 파계사 석가모니불도의고찰」, 『동악미술사학』 5, 동악미술사학회, 2004.

전영근, 「왕실주관 불사권선문의 조성과 운용─상원사 권선문과 용주사 권선물을 중심으로」, 『서지학보』 30, 서지학회, 2006.

정명희, 「17世紀後半 동화사 불화승 義均 硏究」, 『미술사학지─동화사·은해사의 불교미술』 4, 국립중앙박물관, 2007.

정병삼, 「19세기의 佛敎界의 사상적 추구와 佛敎藝術의 변화」, 『한국사상과 문화』 16, 한국사상 문화학회, 2002.

정석종·박병선, 「朝鮮後期佛敎政策과 願堂(1)─尼僧의 存在樣相을 中心으로」, 『민족문화논총』 18·19, 영남대학교 민족문화연구소, 1998.

정소영, 「조선 초기 원묘의 불교적 성격과 치폐론 연구」, 『한국문화의 전통과 불교─ 연사 홍윤 식교수정년퇴임기념논총』, 논총간행위원회, 2000.

정영호, 「泰安寺의 大鉢과 銅鍾 2區」, 『고고미술』 74, 한국미술사학회, 1966.

정우택, 「朝鮮王朝時代 前期 宮廷畵風 佛畵의 硏究」, 『미술사학』 13, 한국미술사교육학회, 1999.

_____, 「조선왕조시대 釋迦誕生圖像 연구」, 『미술사학연구』 250·251, 한국미술사학회, 2006.

_____, 「조선전기 금선묘아미타삼존도 일례」, 『미술사연구』 22, 미술사연구회, 2008.

정은우, 「1662年 松廣寺 觀音殿 木造觀音菩薩坐像과 彫刻僧 慧熙」, 『문화사학』 39, 한국문화사학 회, 2013.

정재영, 「안락국태자전변상도」, 『문헌과 해석』 2, 태학사, 1998.

정정남, 「효종대 仁慶宮內宮家의 건립과 그 이후 宮域의 변화」, 『서울학연구』 39, 서울시립대학 교 서울학연구소, 2010.

정해득, 「정조의 용주사창건 연구」, 『史學硏究』 93, 韓國史學會, 2009.

조영준, 「18세기 후반-19세기 초 궁방전의 규모, 분포 및 변화」, 『조선시대사학보』 44, 조선시 대사학회, 2008.

_____, 「19세기 왕실재정의 위기상황과 전가실태─수진궁 재정의 사례분석」, 『경제사학』 44, 경제사학회, 2008.

주경미, 「李成桂發願 佛舍利莊嚴具의 硏究」, 『미술사학연구』 257, 한국미술사학회, 2008.

_____, 「朝鮮前期 王室發願 鐘의 硏究」, 『동양학』 42, 檀國大學校 東洋學硏究所, 2007.

차문섭, 「朝鮮 成宗朝의 王室佛敎와 役僧是非」, 『이홍직박사 회갑기념 한국사학논총』, 1969.

최선일, 「용주사 목조석가삼존불좌상과 조각승─戒初비구를 중심으로」, 『동악미술사학』 4, 동 악미술사학회, 2003.

최소림, 「黑石寺 木造阿彌陀佛坐像硏究」, 『강좌 미술사』 15, 한국불교미술사학회, 2000.

최웅천, 「조선 전반기 불교공예의 도상해석학적 연구—명문과 도상적 특징」, 『강좌 미술사』 36, 한국불교미술사학회, 2011.

최주희, 「18세기 중반 定例類에 나타난 王室供上의 범위와 성격」, 『장서각』 27, 한국학중앙연구원, 2012.

한동민, 「근대 불교계의 변화와 奉先寺 주지 洪月初」, 『중앙사론』 18, 韓國中央史學會, 2003.

한우근, 「정업원과 니승·니사 제한」, 『유교정치와 불교』, 일조각, 1993.

한지연, 「조선전반기 불교미술의 조성사상연구」, 『강좌 미술사』 36, 한국불교미술사학회, 2011.

한춘순, 「明宗代 王室의 內需司 運用」, 『人文學研究』 3, 경희대학교 인문학연구소, 1999.

_____, 「명종대 왕실의 불교정책」, 『인문학연구』 4, 경희대학교 인문학연구소, 2000.

_____, 「조선 명종대 불교정책과 그 성격」, 『한국사상사학』 44, 한국사상사학회, 2013.

허상호, 「朝鮮 後期 祇林寺 沙羅樹王幀 圖像考」, 『동악미술사학』 7, 동악미술사학회, 2006.

허흥식, 「한국불교사에서 회암사의 중요성과 국제적 위상」, 『회암사—묻혀 있던 조선 최대의 왕실 사찰』, 경기도박물관, 2003.

현창호, 「정업원의 치폐와 위치에 대하여」, 『향토서울』 11, 서울시사편찬위원회, 1961.

홍승재·안선호, 「궁궐내 원묘건축 연구」, 『대한건축학회논문집』 27(1), 대한건축학회, 2011.

홍윤식, 「觀音三十二應身佛—佛畵와 山水畵가 만나는 鮮初名品」, 『季刊美術』 25, 中央日報社, 1983.

_____, 「朝鮮 明宗期의 佛畵製作을 通해서 본 佛敎信仰」, 『불교학보』 19, 東國大學校 佛敎文化研究所, 1982.

_____, 「조선전기의 불교미술」, 『조선전기 국보전』, 호암미술관, 1996.

_____, 「조선 초기상원사 문수동자상에 대하여」, 『고고미술』 164, 한국미술사학회, 1984.

_____, 「朝鮮初期 十輪寺所藏 五佛會上圖」, 『불교학보』 29, 동국대학교 불교문화연구원, 1993.

황인규, 「여말선초 연복사 탑의 중영과 낙성」, 『동국역사교육』 7·8, 동국대학교 역사교육과, 1999.

_____, 「조선시대 정업원과 비구니주지」, 『한국불교학』 51, 한국불교학회, 2008.

_____, 「조선전기 왕실녀의 가계와 비구니 출가—왕자군의 부인과 공주를 중심으로 한 제기록의 검토」, 『한국불교학』 57, 한국불교학회, 2010.

_____, 「조선전기 후궁의 비구니 출가와 불교신행」, 『불교학보』 57, 동국대학교 불교문화연구원, 2010.

강소연(姜素妍), 「朝鮮前期の觀音菩薩の樣式的變容とその應身妙法の圖像—京都・知恩院藏『觀世音菩薩三十二應幀』の明朝樣式の受容を中心に」, 『佛敎藝術』276, 每日新聞社, 2004.

구마가이 노부오[熊谷宣夫], 「龍乘院藏藥師三尊畵像について」, 『佛敎藝術』69, 每日新聞社, 1968.

＿＿＿＿＿＿＿＿＿＿＿, 「靑山文庫藏 安樂國太子變經相」, 『金載元博士回甲記念論叢』, 乙西文化社, 1969.

김정희(金廷禧), 「朝鮮後期佛畵における明代版畵の圖像受容について」, 『東アジアIV—朝鮮半島』, 中央公論美術出版, 2018.

다케다 가즈아키[武田和昭], 「本島・來迎寺の阿彌陀淨土變相圖について」, 『文化財保護協會』特別號, 香川縣文化財保護協會, 1988.

＿＿＿＿＿＿＿＿＿＿, 「兵庫・十輪寺の五佛尊像圖について」, 『密敎圖像』7, 密敎圖像學會, 1990.

야마모토 야스카즈[山本泰一], 「李朝時代文定王后所願の佛畵について—館藏藥師三尊圖を中心に」, 『金鯱叢書』2, 德川黎明會, 1975.

Kim, Hongnam, *The Story of a Painting—A Korean Buddhist Treasure from the Mary and Jackson Burke Foundation*, N.Y.: The Asia Society Galleries, 1991.

찾아보기

ㄱ

간경도감(刊經都監) 17, 18, 26

강문환(姜文煥) 243, 244

강재희(姜在喜) 220, 243

견성암 영산회상도 233

경복궁도(景福宮圖) 254

경순공주(慶順公主) 257, 263, 264

경옥 190, 284

경천사 10층석탑 58

경태 4년명 금강령 42, 43

계법(戒法) 230

계초(戒初) 188, 284

고종 210, 223-225, 237

공명첩 210

공상아문 297, 304

공의왕대비 101, 129, 140-142, 147, 339

공혜왕후 84

공회빈 윤씨 143

관경16관변상도 303, 329, 335

관세음보살32응신탱 101

관음보살32응신도 143

관음수상(觀音繡像) 207

『관음현상기(觀音現相記)』 44

광평대군부인 신씨 발원 『법화경』 113

구 보신각 범종 48

국립중앙박물관 소장 약사삼존도 121

궁방(宮房) 159, 280-282, 301, 304, 320, 322, 325

궁방전(宮房田) 304, 320-322, 325

궁정 양식(宮廷樣式) 14, 53, 85, 302, 314, 325, 331, 332

궁중숭불도(宮中崇佛圖) 254, 255

궁중화원 140

권찬 120, 121

근빈 박씨 266

금강암 64

금강암 석조미륵불좌상 62

금곡(金谷) 영환(永煥) 230, 232

금선묘불화(金線描佛畵) 105, 111, 345

금성대군(錦城大君) 36, 37, 280

긍엽(亘燁) 231

긍조(亘照) 220

기신재 15, 23, 90, 92, 95, 274, 276-279

김덕생(金德生) 332

김득신(金得臣) 284

김문근(金汶根) 228, 236

김병주(金炳疇) 212

김병학(金炳學) 236

김사행(金師幸) 61

김신강(金信剛) 61

김조순(金祖淳) 17, 212, 213

김좌근(金左根) 228

김중경(金仲敬) 331, 332

김진(金溱) 61

김현근(金賢根) 212

김홍도(金弘道) 190, 191, 284, 332

ㄴ

『나암잡저(懶庵雜著)』 117

낙산사 범종 48, 73, 331, 333

내고 305

내방고 305, 306

내불당 25, 26, 247, 248, 250-254, 256, 257, 261, 272, 280, 310, 311, 345

내수사 14, 159, 278-280, 300, 301, 304, 306, 307, 309-311, 313, 317, 320, 322, 325

내수소 300, 304, 307-309

내원당 91, 92, 108, 247, 280

내장고 306

내탕 294, 303, 304, 314, 315, 318, 319

내탕고 308, 319

내탕금 115, 206, 209, 220, 285, 297, 304, 321, 325

노사신(盧思愼) 75

노예성(盧禮成) 176-178

『능엄경(楞嚴經)』 98

능침사(陵寢寺) 90

ㄷ

대방부부인 송씨(帶方府夫人 宋氏) 69, 70

대자암 275-277, 307, 308

대자암 『법화경』 34

덕빈(德嬪) 18, 137, 140-143, 147, 149, 151

덕양군 이기 120

덕온공주(德溫公主) 212, 287

덕흥대원군 210

도갑사 101

도갑사 관음보살32응신도 96, 97, 339-342, 346

도승법(度僧法) 92, 107, 108

도첩제(度牒制) 23

도화서 102, 332, 346, 348

돈조(頓照) 220

등삼(等森) 230

ㅁ

마본(麻本) 선묘불화 345

만일염불회(萬日念佛會) 238

만일회(萬日會) 238

망월사 괘불도 238, 239

명대 미술 양식 84

명대 티베트 불상 55, 78

명빈 김씨 14, 18, 19, 64-66, 77, 80, 335, 339

명성황후 16, 19, 210, 213, 215-217, 219, 232

명숙공주(明淑公主) 71-73

명온공주(明溫公主) 212, 287

목조비로자나불좌상 163, 170, 348

무위사 목조아미타삼존상 67

무차대회(無遮大會) 109, 121

문소전(文昭殿) 14, 249-251, 253, 254, 274

문정왕후 14, 18, 19, 60, 90-92, 95, 96, 102, 105-110, 115, 117, 121, 125, 129, 137, 142, 187, 268, 270, 312, 319

문정왕후 발원 400탱 341

문정왕후 발원 약사삼존도 65, 102

미국 버크(Burke) 컬렉션 소장 석가삼존도 121

미국 보스턴 미술관 소장 약사여래십이신장도 119, 341

미국 호놀룰루 미술관 소장 영산회도 105

민관(旻官) 190, 193, 284

민두호(閔斗鎬) 222, 241

ㅂ

방심곡령(方心曲領) 128

백종린(白終璘) 330

법천사 목조아미타삼존불상 66

『법천사아미타삼존조성보권문』 64, 65

법해사 벽화의 수월관음도 338

법해사 수월관음도 342

『법화경』「관세음보살보문품(觀世音菩薩普門品)」 96, 100

벽암(碧巖) 각성(覺性) 155, 175

보광사 명부전 지장시왕도 236

보광사 십육나한도 237

보암(普庵) 긍법(肯法) 232

보우대사(普雨大師) 90, 92, 96, 108-110, 121, 141, 143, 238, 349

복온공주(福溫公主) 212, 287

봉선사 156

봉선사 괘불도 198, 199

봉선사 범종 73, 331, 333

봉암사 목조아미타불좌상 149, 349

봉원사 괘불도 220

봉은(奉恩) 230

봉은사 156, 285

봉은사 괘불도 208, 220, 287

봉인사 162, 163

봉인사 부도암 범종 226

봉인사 부도암지 사리탑 및 사리장엄구 160, 163

봉현(奉絃) 188, 284

불국사 대웅전 영산회상도 184

불암사 괘불도 210, 217-219, 234

비구니 158, 262, 264, 265, 268

비구니 사찰 257-259

ㅅ

사라수탱 143, 144, 147, 149, 303, 342, 346, 349

사불회도(四佛會圖) 102, 117, 119

사장고(私藏庫) 294, 299, 300, 305, 307

사회탱(四會幀) 120

삼제석천도 75, 84, 135

상겸(尙謙) 190, 196, 284

상고(廂庫) 319

상궁 16, 95, 96, 136, 222, 226, 233, 236, 237, 239, 240, 287, 350

상궁 엄씨 210, 217-219

상궁 차씨 233

상식(尙植) 188, 284

상원사 120

상원사 목조문수동자좌상 66, 67, 150

상의국(尙衣局) 314

상의원(尙衣院) 250, 299, 300, 304, 314-318, 325

서긍 30

서방구품용선접인회도 149

선교 양종 107

선묘불화(線描佛畵) 81

설훈(雪訓) 189, 190, 284

성렬인명대왕대비 105, 106, 115, 116, 124, 140-142

성인(性仁) 173

세조 14

소혜왕후 75

송광사 156

송광사 관음전 목조관음보살좌상 176

수국사 211, 241-243

수국사 괘불도 234

수국사 극락구품도 242

수녕궁 267

수륙사(水陸寺) 25, 90

수륙재(水陸齋) 13, 15, 23, 39, 40, 276

수륙화(水陸畵) 338

수빈 한씨 68

수연(守衍) 164

수월도량공화불사(水月道場空花佛事) 222, 237, 238

수종사 범종 68, 76

수종사 소종 68

수종사 8각5층석탑 36, 169

수종사 8각5층석탑 금동불감 65, 77, 79

수종사 8각5층석탑 금동석가불좌상 67, 78, 339

수진(守眞) 92

숙빈 윤씨 96, 125, 128-130, 149

숙선옹주(淑善翁主) 212, 287

숙안공주(淑安公主) 173, 175

숙원 윤씨 18

순금화(純金畵) 81, 105, 109, 336, 343-346

순빈(純嬪) 219

순원왕후 206, 209, 213

순종 237

순헌황귀비 엄씨(純獻皇貴妃 嚴氏) 16, 19, 211, 219, 223-225

순화궁 김씨(順和宮 金氏) 16, 19, 208, 220, 222, 223, 241, 287

순회세자 이부 108, 125, 142, 143

숭유억불정책 23

승과제 108

승과첩(僧科牒) 93

신덕왕후 44, 47, 60, 61

신빈 김씨 266

신석희(申錫熙) 236

신원사 중악단 216

신정왕후 207, 208

ㅇ

아미타팔대보살도 136

안락국태자경변상도 144

안락국태자전 144

안맹담(安孟聃) 65, 335

안순왕후 75

안일원(安逸院) 259, 264, 265, 268, 270

안평대군 38, 39, 186, 308

약사불회도(藥師佛會圖) 111

약사삼존십이신장도 71, 72

약사십이신장 114

약사여래십이신장도 102

약사유리광여래회도(藥師琉璃光如來會圖) 115

『약사유리광칠불본원공덕경(藥師琉璃光七佛本願功德經)』 114

양종도회소 108

연방원 267

연복사 29, 30, 32

연복사 범종 45

연복사 5층목탑 16, 23, 29-33

연잉군 179, 182-184, 349

연홍 190, 284

영명(影明) 천기(天機) 220

영빈 김씨 198, 200

영산회상도(靈山會上圖) 102, 105, 110

영안부원군 287

영은부원군 228

영응대군(永膺大君) 17, 4-44, 70, 71, 186

영응대군부인 송씨 18, 43, 50, 303

『예념미타도량참법(禮念彌陀道場懺法)』 330

5고(庫) 7궁(宮) 294

오백나한재(五百羅漢齋) 116, 117, 276

오불회도 139

옥산군(玉山君) 이제(李躋) 81

완선(完善) 230

왕룡사원 목조아미타여래좌상 150

왕실 발원 불교미술 351

왕실 발원 불화 337, 341

왕실 불사 13

용주사(龍珠寺) 159, 187, 189-191, 195, 283-285, 323, 332, 348

용주사 감로도 194, 196

용주사 대웅전 목조삼세불상 187

용주사 소장 목조불패(木造佛牌)와 목조소대(木造疏臺) 197

용주사 중종 196, 197

용주사 칠성여래사방칠성탱화 190

운수암 232

운수암 산신도 229

운수암 아미타불회도 231

운수암 현왕도 232

원각사 57

원각사 10층석탑 56, 58

원경왕후 62

원당 272-274, 277-283, 286, 287, 299, 310, 321

원류관 128

원찰(願刹) 14, 159, 280, 308, 345, 348

원통불사(圓通佛事) 220

월산대군 50, 54, 71, 73, 186, 303

월초(月初) 거연(巨淵) 211, 242

유점사 범종 47, 333

유정(惟政) 93

윤계원(尹啓元) 196

윤덕칭(尹德稱) 196

윤덕흥(尹德興) 196

윤익(潤益) 234

윤흥신(尹興莘) 284

응원(應元) 164

의균(義均) 181, 349

의빈 권씨 14, 18, 37, 62-66, 265, 280, 335, 339

의숙공주(懿淑公主) 66

의인왕후 151

이맹근 53, 329

이맹근필(李孟根筆) 관경16관변상도 50, 54, 71

이명기(李命基) 284

이백련(李百連) 331

이성애(李性愛) 198, 200

이자실(李自實) 101, 102, 346

이장손(李長孫) 50, 330, 331

이재면(李載冕) 229, 230

이종린(李宗麟) 17, 96, 119-121

이중선(李重善) 331, 332

이창호(李昌浩) 236

이하응(李昰應) 209, 229, 232

이흥손(李興孫) 331, 332

익산군부인 순천 박씨 82, 83

익평위(益平尉) 175

익풍부원군 홍씨 228

인권화주(引勸化主) 350

인균(印均) 164

인목왕후 156, 169, 171, 172

인성왕후 18, 19, 96, 101, 137, 142, 147, 187

인수궁(仁壽宮) 147, 151, 168, 257, 258, 262, 265, 269-271

인수대비 69, 73, 76, 266

인수사(仁壽寺) 91, 95, 269

인수원(仁壽院) 156, 157, 269

인순왕후 18, 19, 108, 128, 129, 137, 142

일본 고젠지(江善寺) 소장 석가삼존도 121

일본 구 린쇼지(隣松寺) 소장 관경16관변상도 52

일본 도쿠가와(德川)미술관 소장 약사삼존도 121

일본 라이고지(來迎寺) 소장 아미타정토도 344

일본 류조인(龍乘院) 소장 약사삼존도 121

일본 사이호지(西方寺) 소장 지장보살도 342

일본 사이후쿠지(西福寺) 소장 수월관음도 80

일본 에이헤이지(永平寺) 소장 삼제석천도 74

일본 엔쓰지(圓通寺) 소장 약사불회도 119

일본 쥬린지(十輪寺) 소장 오불회도 119, 342

일본 지온인(知恩院) 소장 오백나한도(五百羅漢圖) 346

일본 호쥬인(寶壽院) 소장 약사삼존도 121

1사(司) 7궁(宮) 321

임영대군 45

ㅈ

자수궁(慈壽宮) 14, 28, 95, 129, 135, 147, 149, 151, 168, 257, 258, 262, 265-271, 304, 309

자수궁정사(慈壽宮淨社) 125

자수궁정사 지장시왕도 143, 149, 341, 342

자수원 156, 157, 269

자수원과 인수원 166, 168

장경왕후 106

장렬왕후(章烈王后) 157, 163, 167, 168, 348

장엽(莊曄) 214

정난종 74

정순왕후 264

정업원(淨業院) 14, 25, 28, 68, 69, 91, 93, 135, 250, 257-265, 268-270, 279, 280

정의공주 280

정현조(鄭顯祖) 17

정혜옹주 37, 38, 62, 63, 280

정혜옹주 사리탑 69

정희왕후 18, 73, 75

제153 덕세위존자도(德勢威尊者圖) 115

『제불여래보살명칭가곡(諸佛如來菩薩名稱歌曲)』 334

조영하(趙寧夏) 233

종친 117, 226, 233

지장보살본원경변상도(地藏菩薩本願經變相圖) 126

지장시왕십팔지옥도(地藏十王十八地獄圖) 126

진관사 275, 276

진관사 칠성각 칠성도 224

ㅊ

창수궁 267

천도재(薦度齋) 13, 15

천수관음도 135

천수관음보살도 133

천주사 목조아미타불좌상 55, 335, 339
천진화(天眞華) 209
청계사 비로자나삼신괘불도 233
청곡사 은입사향완 60
청룡사 삼세불도 233
청암(淸菴) 운조(雲照) 232
청평사 지장시왕도 341, 349
청평산인 나암 140, 142
청허(淸虛) 164
청헌(淸憲) 164
총선(摠善) 234
총섭제(摠攝制) 93
최경(崔涇) 330, 331
칠혜(七惠) 200

ㅌ
태안사 청동대바라 40, 41, 44
태허(太虛) 체훈(體訓) 220
티베트식 탑 58

ㅍ
파계사 15, 182, 183, 283
파계사 건칠관음보살좌상 41
파계사 영산회상도 179, 181, 349

ㅎ
하이라이트 기법 342
학도암 마애관음보살좌상 213-216
학명(學明) 96
한봉(漢峰) 창엽(瑲曄) 231
함안군부인 윤씨 80, 81
해인사 대적광전 범종 76
해인사 법보전 목조비로자나불 71
해인사 중수기 71
행호 83
향림사 나한도 110, 117, 346, 347

현등사 사리기 69
현진(玄眞) 164, 165, 348
혜국(惠國) 96
혜비 이씨 263, 264
혜빈 정씨 147, 149, 349
혜월(慧月) 96
혜희(慧熙) 179
혼가쿠지[本岳寺] 소장 석가탄생도 342
홍득기(洪得箕) 173, 175
홍상(洪常) 71-73
홍현주(洪顯周) 211
화남(化南) 234
화담(華潭) 신선(愼善) 212
화엄사 영산회괘불도 173
화완옹주(和緩翁主) 184-187
화장사 괘불도 237
환성사(還城寺) 목조아미타불좌상 54, 77
황덕순(黃德淳) 284
황엄(黃儼) 335
회암사 109, 110, 121, 125
회암사 400탱 110, 121, 125
회암사 약사삼존도 139
효령대군(孝寧大君) 14, 19, 34, 35, 38-42, 44-47, 50,
    54-56, 64-66, 70, 83, 186, 302, 303, 335, 339
효정왕후 235
흑석사 목조아미타불좌상 55, 64, 77, 150, 335, 339
흥국사 괘불도 234
흥국사 대웅보전 신중도 235
흥선대원군 210, 232, 236
흥천사 61
흥천사 괘불도 211, 212, 234
흥천사 범종 44, 48, 330, 331, 333
흥천사 사리각 46, 250, 274
흥천사 사리전 47
흥천사 천수관음보살좌상 239